日本経済の長い近代化

統治と市場、そして組織 1600-1970

Long Wave of Modernization
in the Japanese Economy
Governance, Markets, and Organizations, 1600-1970

Masaki Nakabayashi
中林真幸 ──【編】

名古屋大学出版会

Long Wave of Modernization in the Japanese Economy:
Governance, Markets, and Organizations, 1600-1970
Masaki NAKABAYASHI, Editor
The University of Nagoya Press
ISBN978-4-8158-0725-2

はしがき

　1980年代から1990年代半ばにかけて，日本経済の制度と組織についての関心が高まったとき，人々の意識の底には，なぜ，日本経済は強いのか，上手くいっているのか，という問いがあった。日本には労働以外の資源はないし，当時における日本の技術がアメリカのそれに比べて特に優れていたわけでもない。そうであるとすれば，強さの秘密は，制度と組織にあると考えるほかはない。制度分析の金字塔，Masahiko Aoki, *Information, Incentives, and Bargaining in the Japanese Economy*, Cambridge：Cambridge University Press, 1988（青木昌彦著，永易浩一訳，『日本経済の制度分析―情報・インセンティブ・交渉ゲーム―』，筑摩書房，1992年）は，そうした熱い思いが確かにそこにあったことを伝えてくれる。

　本書もまた，日本経済の制度と組織の特徴を，より深く，より長く考えようとする試みである。しかし，意識の底にある問いを自ら探ってみるならば，それは，言うまでもなく，日本経済はなぜ強いのか，ではない。なぜ，20年にわたって停滞しているのか，それが共著者に共有されている思いの一部である。

　弱い理由を，なぜ，技術や生産要素ではなく，制度や組織に求めるのか。よく知られているように，日本における研究開発費投資の対国内総生産比率がアメリカを抜いて世界一となったのも，そして，特許の純輸出が赤字から黒字に変わり，黒字を拡大し続けているのも，1990年代後半以降のことである。世界に冠たる日本の技術なるものが存在したことがあったとしたら，それは，1990年代前半以前の時代ではなく，この20年のことである。この20年の問題は，技術革新が進まないことにあったのではない。ある部門の技術革新が生産性を高めても，生産性の低い部門から高い部門への資源の移動を促す創造的破壊が起こらなかったことにある。陰鬱な日本経済像を直視した作品として読み継がれるであろう，深尾京司，『「失われた20年」と日本経済―構造的原因と再生への原動力の解明―』，日本経済新聞出版社，2012年は，その事実を残酷なまでに明快に描いている。そうした問題を引き起こしている原因の少なくとも一端は，労働市場と金融市場の制度，それらと補完的な企業組織のあり方に求められよう。

日本経済の制度と組織に今再び立ち返ろうとする問題意識を，なるべく客観的に述べるならば，こうした言い方になる。しかし，共著者たちと十歳以上離れた編者には，もうひとつ，直観に近い思いがある。編者は1999年，初めて教壇に立った。そのときの驚きは，今でも鮮やかに甦える。

　1960年代末から1970年代初めの大学紛争期に破壊された大学教育は，編者が学生時代を過ごした1990年代前半まで，再建されることはなく，大学は娯楽施設となっていた。もちろん，学びたい者は学び，研究機関としては機能し続けていたのだが，すべての学生に一般的な人的資本を投資することを社会から負託された公教育機関としての役割は，1960年代末から1990年代前半まで，20年余りにわたって停止されていた。その間に，どの産業，どの企業でも役に立つ一般的な人的資本投資は初等中等教育だけが担い，それを超える人的資本投資は，4年間の空白を経た就職後に企業が担う「日本的な」制度が形成された。企業が担う人的資本投資は，当然，他企業への転職に向かわない企業特殊的なそれに傾くことになった。多くの若者が大学の4年間を遊び暮らし，卒業後は就職した企業にどっぷり染まるという時代が30年ほど続いたのである。

　自分もその空気のなかで学生生活を過ごしたので，多数を占めるであろう，愉快だが怠惰な学生たちにどう向き合おうかと，いささか身構えつつ，教壇に立ったのである。その予想は完全に裏切られた。学生たちは怠惰ではなく，真面目に授業に来た。しかし，教室の学生たちは明朗愉快な連中ではなく，能面のような顔をこちらに向けていた。そして，期末試験においては，つまらなそうに聞いていたはずの学生たちが，すばらしい答案を書いてくれた。

　団塊の世代を筆頭に，編者の世代くらいまでは，大なり小なり，高度成長の遺産に安住する経験を持つことができた。しかし，1990年代末以降に大学に入ってきた来た若者たちは，多くの企業が「終身雇用」を守れなくなった厳しい時代しか知らない。彼，彼女たちは，厳しい時代に屈するのではなく，大学において一般的な人的資本に投資する覚悟を，誰に強いられることもなく，自ら，静かに固めていたのだ。その体温の低そうな能面にさえ慣れてしまえば，学ぶ覚悟の定まっている若者に教える仕事ほど楽しいものはない。宮澤賢治の一節に倣うならば，1999年以来，編者は，「この仕事で疲れをおぼえたことはない」。

　問題は，彼，彼女たちが卒業した先にある。編者たちの世代よりもはるかによ

く鍛えられている編者の教え子たちは，しかし，編者たちの世代よりもはるかに厳しい職業人生を歩まなければならない。学生たちの話を聞くと，採用にあたって大学における学びの質を問う企業も少なからず現れてきているし，世界的に展開しようとしている企業は，確かに人材の多様化を進めている。しかし，依然として，若年労働市場は，新規卒業者の一斉採用という慣行に支配されており，しかも，そこでは，18歳時点の学力を計る出身大学が選別の道具となっている。大学入学以後に蓄積された人的資本を評価する中途採用市場の再建には程遠い。

　自分たちよりも豊かな人的資本を備えた若者たちが，なぜ，追い詰められなければならないのか。労働市場の制度と，企業の組織が，変わるべき方向に変わっていないからではないのか。それが，編者の抱く，苛立ちに近い直観である。

　制度と組織が変わるには，それを支えている人々の意識が変わらなければならない。現在の制度と組織のなかに暮らす人々に漠然と共有されている意識は，多くの場合，高度成長期以後，古くても第二次世界大戦中に作られたものである。ひとつの企業で働き続けるのは日本の伝統である，あるいは，市場志向は日本的ではない，そうした常識も，その一部である。が，これらはいずれも事実ではない。学校を卒業した後，ひとつの企業で働き続けることが一般化するのは，遡っても1970年代半ば以降，すなわち，高度成長が終わった後のことである。高度成長期に至るまで，日本経済を支えた職業人は自分の腕一本に頼って転職を厭わない人々であった。加えて，日本経済が市場経済から逸脱したのは1938年国家総動員法以降のことで，「終身雇用」に比べれば多少は古いが，伝統と言えるほどの長さではない。楽市楽座政策を掲げた織田信長，農民の土地所有権を保障しようとした豊臣秀吉，そしてそれらの理念を制度化した徳川家康の治世以降，4世紀にわたる歴史の大部分を，日本経済は，所有権保護を基礎とする市場経済として成長してきた。

　将来に向けて，今の日本経済を支配している制度と組織を変えていくには，私たちを無意識裡に縛っているかもしれない，ここ数十年の経験から，私たち自身を解放する必要がある。そのためには，私たちが暮らす日本経済を，それが市場経済として機能し始めた4世紀のなかに位置付け直すことも意味があるのではないか。それが，本書において，日本経済の制度と組織を「長く」振り返る理由である。そして，具体的に制度や組織を変えていく参考とするには，かつて機能し

た制度や組織における人々の意思決定を、なるべく細かく、できるならば、その意識にまで遡って調べることが望ましいであろう。それが、本書において、「深く」、しばしば執念に近い細かさを以て制度や組織を調べる動機である。

　本書に登場するのは、保障された所有権を盾に蓄財に走る富農や、押し付けられた自由貿易を事業機会と捉えた農民、あるいは株主総会で自身の利益を声高に主張する株主たちを正面から説得して自らの方針を貫く経営者、そして乞われればひとつの企業に勤続もするが、気に食わなければ自分の腕一つで企業を渡り歩く労働者たちである。彼、彼女たちの姿は、今の平均的な職業人とは異なって見えるかもしれない。しかし、日本経済が再建されるとすれば、それを率いるのは、本書に出てくるような、個人として闘う緊張感から逃げない人々であろう。その姿を知っておくことは、若い諸君にとっても、決して損ではないと思う。

　同輩諸兄姉の多くは、編者と同様に、今の若者たちに無愛想な印象を抱いたことがあるのではなかろうか。私たちが最初に違和感を覚える、あの愛想の悪さは、要するに、彼、彼女たちが私たちの世代ほど、目の前の人間関係に甘える気のないことの裏返しなのである。侍や農民や鉱夫に喩えるならば、家中や村や会社の仕来りに容易になじまない、と言い換えられるかもしれない。その代わり、私たちの世代の多くが遊んで暮らした大学生活の4年間を、彼、彼女たちは自己鍛錬に使い、一般的な人的資本を蓄積している。侍や農民や鉱夫に喩えるならば、愛想は悪いが腕っ節は強い、といったところであろう。労働市場と職場において彼、彼女たちを理解し、戦力とするには、おそらく、私たちが先輩世代から直に引き継いだ作法を押し付けるよりも、少し飛んで、1970年以前の職業人のあり方を思い出す方が近道であろうと、私は思う。ひとつの企業に終身雇用される夫と、専業主婦として彼に庇護される妻。そんな閉じた人間関係に甘える人生を送ることができた時代はもう戻って来ない。日本経済は、かつて普通の市場経済であった時代の、本来の軌道に戻りつつある。その予感を持っている彼、彼女たちの方が正しいのであって、正気に戻らなければならないのは、私たちの方なのだ。

2013年1月21日

編　者

謝　辞

　本書は，中林真幸／石黒真吾編，『企業の経済学―構造と成長―』，有斐閣，近刊，とともに，全体として，2006-2009 年度日本学術振興会科学研究費補助金基盤研究（A）(18203024) の成果の一部である．研究計画の遂行にあたって，編者と共に中核的に運営にあたっていただいた石黒真吾氏，石田潤一郎氏，清水崇氏，滝井克也氏，山本和博氏，積極的に参画いただいた川田恵介氏，北村紘氏，鈴木俊夫氏，中村尚史氏，橋野知子氏，堀井亮氏，松村敏弘氏をはじめとする研究分担者，連携研究者，研究協力者の各氏に，そして，計画の一環として開催された「制度と組織の経済学」研究会（https://sites.google.com/site/theoeio/）を報告者や参加者として応援してくださった，伊藤秀史氏，川口大司氏，佐々木弾氏，田中隆一氏をはじめとする諸氏に感謝したい．歴史家として事実の細部にこだわりつつ，同時に諸事実を一貫する論理をつかもうとする共同研究は，マイクロ，マクロ，歴史の専門家が集う「制度と組織の経済学」研究会という場がなければ，思いつくことすら困難であったと思われる．

　また，研究計画の遂行と研究会の運営にあたっては，中林研究室秘書として勤務された森（旧姓能勢）圭子氏，北林有里氏，そして現在に至るまで献身的に勤務されている神馬紫氏に支えられた．科学研究費補助金の執行にあたっては，大阪大学大学院経済学研究科および東京大学社会科学研究所において会計，庶務，研究協力を担当する職員の方々から暖かい支援と厳格な助言を与えられた．

　本書に編まれた共同研究を進めるにあたり，著者たちは，「制度と組織の経済学」研究会のほか，日本経済学会 2008 年度秋季大会（2008 年 9 月，近畿大学）において特別セッション I : "States, Institutions, and Development : Emergence of Designed Enforcement Mechanism in Comparative History" として，XVth World Economic History Congress（August 2009, Utrecht University）において Session J7 "States, Institutions, and Development : Standardization and Enforcement of Trades in Diverse Markets" として，そして第 79 回　社会経済史学会全国大会（2010 年 6 月，東洋大学）において，パネル・ディスカッション「企業統治，所有構造，そして労働

組織—日本における近代的な企業組織の形成と発展—」として，暫定的な成果を共同発表し，御批判いただく機会に恵まれた．日本経済学会において特別セッションを組織してくださった川口大司氏，World Economic History Congress において討論者をお引き受けくださった Patrick O'Brien 氏，社会経済史学会において討論者をお引き受けくださった石井寛治氏，尾高煌之助氏，宮本又郎氏，司会をお引き受けくださった中村尚史氏，そしてそれぞれに参加してくださった諸兄姉に御礼申し上げたい．また，World Economic History Congress 参加にあたり，中林は日本学術振興会国際学会等派遣事業（212157）により，高槻と森本と結城は東京大学大学院経済学研究科経済学高度インターナショナル・プログラムにより，それぞれ渡航費の交付を受けた．

著者たちが本書の構想を温めつつあった 2009 年，編者は，『日本経済新聞』，2009 年 11 月 20，23-27，12 月 1-3 日に「やさしい経済学—「社会科学」で今を読み解く　日本の「長い近代化」と市場経済」(1)-(10)と題して，『経済セミナー』第 647 号，2009 年 11 月 20 日に「自由な市場経済の歴史—諸市場の発展と取引統治—」と題して，本書の構想を素描する場を与えられた．それぞれの担当記者，担当編集者として機会を作り，原稿に手を入れてくださった館道彦氏，小西ふき子氏に御礼申し上げたい．

本書原稿の入稿に先立ち，編者は原稿を教材とした講義「日本経済の長い近代化」を 2012 年度夏学期に東京大学大学院経済学研究科において開講し，聴講した学生諸君の助言を得る機会に恵まれた．なかでも，経済学部 4 年生の川嶋稔哉君は校正刷りをも丁寧に検討し，仕上がりの完成度を高めてくれた．

各章の執筆にあたっては，少ない紙面に尽くしえない人々にお世話になったが，全体として御支援いただいた上述の諸氏，諸機関に加えて，格別の御高配をいただいた方々，諸機関に感謝したい．

序章には 2009-2010 年度三菱財団人文科学研究助成による研究成果が含まれている．

第 1 章の執筆にあたっては，宇佐美英機氏，滋賀大学経済学部附属史料館の堀井靖枝氏，公益財団法人三井文庫の賀川隆行氏に，史料の閲覧と分析にあたり便宜と御教示をいただいた．

第 2 章には 2011 年度二十一世紀文化学術財団奨励金による研究成果が含まれ

ている。

　第4章の執筆にあたっては杉原薫氏と Patrick O'Brien 氏に御教示をいただいた。また，第4章には2006年度全国銀行学術研究振興財団助成による研究成果が含まれている。

　第5章の執筆にあたっては東洋紡績株式会社の村上義幸氏と三谷直子氏より史料閲覧に便宜をいただき，岡崎哲二氏，中村尚史氏，北浦貴士氏に御教示いただいた。第6章の執筆にあたっては，神戸大学経済経営研究所の加納亜由子氏より史料閲覧の便宜をいただき，岡崎哲二氏，中村尚史氏，田中光氏に御教示いただいた。また，第5章と第6章には，2011年度日本学術振興会科学研究費補助金研究活動スタート支援（23830070）による研究成果の一部が含まれている。

　第7章および第8章の執筆にあたっては，九州大学附属図書館付設記録資料館の三輪宗弘氏，三浦壮氏，宮地英敏氏に御高配いただいた。特に，三輪氏と三浦氏の御助力がなければ，一次史料の大量観察に基づく分析は不可能であった。

　第9章の執筆にあたっては，新日本製鐵株式会社釜石製鐵所（2012年10月より新日鐵住金株式会社釜石製鐵所）の千葉栄公氏と長澤義幸氏に格別の御高配をいただいた。両氏をはじめ，釜石復興の中核を担われている釜石製鐵所各位に重ねて御礼を申し上げたい。また，中林研究室秘書の御手洗由美子氏をはじめとする諸氏にはデータ作成に尽力いただいた。加えて，川口大司氏，玄田有史氏，中村尚史氏，北野泰樹氏，佐々木弾氏，中村圭介氏，仁田道夫氏，沢井実氏に御教示をいただいた。

　本書は2012年度日本学術振興会科学研究費補助金（研究成果公開促進費・学術図書）（245172）の交付を得て刊行される。原稿整理と校正にあたっては名古屋大学出版会の長畑節子氏の緻密な作業に導かれ助けられると共に，神馬氏と御手洗氏に支えられた。そして名古屋大学出版会の三木信吾氏には，本書に至る共同研究が始まった当初から，私たちの構想を面白がっていただき，鼓舞していただき，まとまりのある本とするための助言をいただいた。著者たちの思いを具体的な形にする三木氏の熱意と腕力なかりせば，本書は生まれえなかったであろう。

2013年1月21日

著者一同

目　次

はしがき i
謝　辞 v

序　章　取引の統治と諸市場の逐次的な拡大 ……………………… 1

　はじめに 1
　1　基本的な概念 2
　2　国民経済の成立と外なる差異の裁定 14
　3　企業組織の深化と内なる差異の創出 31
　おわりに──本書の構成 35

第 I 部　取引の統治と市場の形成

第 1 章　財市場と証券市場の共進化 ……………………………… 46
　　　　　──近世期地方米市場と土地市場の動態

　はじめに 46
　1　玉尾家の農業経営 52
　2　湖東農村における玉尾家の位置 59
　3　玉尾家による投機取引 70
　おわりに 75

第 2 章　財政国家の成立 …………………………………………… 78
　　　　　──財政基盤の確立と公債市場の成立

　はじめに 78
　1　財政基盤の確立 82
　2　明治維新 87

3　帝国憲法と国際金本位制　91
　　おわりに　109

第3章　株式市場の誕生と金融政策の成立 …………………… 113
　　　　　──日本銀行と資本市場

　　はじめに　113
　　1　株式担保金融と日本銀行　115
　　2　日本銀行株式担保品付手形再割引の効果　118
　　3　リスク配分の歪みとその帰結　123
　　おわりに　129

第II部　市場と企業

第4章　市場と生産の相互作用 ……………………………………… 132
　　　　　──横浜生糸市場と蚕糸業の再編

　　はじめに　132
　　1　国際市場と近代製糸業の勃興　138
　　2　横浜市場における効率的な生糸価格形成　144
　　3　効率的な市場の利益としての速やかな産業化　152
　　おわりに　156

第5章　企業統治の成立 ……………………………………………… 160
　　　　　──合理的な資本市場と紡績業の発展

　　はじめに　160
　　1　大阪紡績会社における所有と企業金融の構造　164
　　2　1890年代から1900年代初頭における企業統治　174
　　3　1900年代から1910年代における企業統治　180
　　おわりに　188

第 6 章　企業組織内の資源配分 …………………………………… 190
　　　　──紡績企業における中間管理職

　はじめに　190
　1　中間管理職の役割　192
　2　鐘淵紡績会社における中間管理職（工場長）の役割　197
　3　経営の成果　209
　おわりに　215

第 III 部　内部労働市場の成立

第 7 章　労働市場と労働組織 ……………………………………… 218
　　　　──筑豊炭鉱業における直接雇用の成立

　はじめに　218
　1　炭鉱の技術と組織　221
　2　労働組織の端緒的変化　230
　3　麻生藤棚第二坑における選別と人的資本投資　239
　おわりに　255

第 8 章　内部労働市場の形成 ……………………………………… 259
　　　　──筑豊炭鉱業における熟練形成

　はじめに　259
　1　技術進歩と生産性の推移　260
　2　筑豊石炭産業における労働組織の変化　272
　3　内部労働市場の形成　285
　おわりに　299

第 9 章　内部労働市場の深化と外部労働市場の変化 …………… 303
　　　　──製鉄業における教育と経験と賃金

　はじめに　303
　1　内部労働市場に想定される機能　306
　2　分析対象事業所における内部労働市場の実在　311

  3　内部労働市場における賃金の成長　322
  おわりに　330

終　章　共同体と市場，市場と企業 ……………………………333

 はじめに　333
 1　共同体と市場——外なる差異の裁定　337
 2　市場と企業——内なる差異の創出　341
 3　持続可能な資本主義経済へ　346
 おわりに　348

参考文献　351
図表一覧　371
索　　引　375

序章
取引の統治と諸市場の逐次的な拡大

中 林 真 幸

はじめに

　人と人は物やサービスを交換して，それぞれにより，大きい効用を得ようとする。交換の範囲が家族や親族，村といった小さな共同体を超えて広がると，それを私たちは，自給自足の経済とは異なるという意味を込めて，商品経済と呼んできた。交換にともなう比較優位への特化は，個々人の生産性を増大させ，それは，交換に供される余剰の一層の増大をもたらす[1]。かくして，より遠い他者との交換が経済成長をもたらすことは，平氏や奥州藤原氏の交易政策にも見られるように，中世初期には既に統治者の強く自覚するところとなっていた。以後，江戸幕府による国民通貨の確立と司法制度の整備，そして明治維新による近代的な司法制度の導入を経て，今日に至るまで，交換の可能性を拡げてゆくことと経済発展とは，常に相ともなってきた。強力な司法制度の下に可能となった匿名的な取引が支配的な市場経済は，その極限的な形態である。
　しかし，一方，市場が加速度的に開かれてきた近代を通じて，私たちは，一見すると逆方向とも取れる変化を経験している。企業の出現と拡大である。企業とは，村社会や家父長制から自由な労働市場に解放されたはずの個人を，再び，市場から引き揚げて業務に従事させる組織にほかならない。市場の開放と拡大を支

---
1) Smith (1937), pp. 17-21 ; Marx (1988), pp. 374-375.

えてきたのは，外部において与えられた差異を裁定[2]することによって利益を得ようとする動機である。一方，企業組織の発展を支えてきたのは，まだ市場が知らない組織や技術を新たに創り出し，市場が追いついてくるまでの間，そうした内部に創出された差異を裁定し続けることによって利益を得ようとする動機である。近世から近代にかけて進んだ市場経済の拡大と，近代における企業組織の深化，それを統一的に捉える歴史的視点を提示することが，本書の目的である。

　本章では，まず，第1節において，各章を通じて分析の基礎となる基本的な概念が整理され，第2節は第1-6章において分析される市場経済の継起的な拡大と企業組織の深化を概観し，第3節は第7-9章において分析される企業組織の深化を概観しておきたい。

1　基本的な概念

1)　閉じた統治機構と開かれた統治機構

　何者にも束縛されない者同士の間に取引は成り立つであろうか。成り立たない。およそ人間の社会において，お互いのことを完全に知っていることも，お互いの行動を完全に監視できることもありえない。それゆえ，商品市場においては，売る側は売買契約[3]の前に品物を偽るかもしれないし，買う側も，売買契約の後に代金の支払いを渋るかもしれない。労働市場においても，契約前には企業や求職者は自社の社風や自己の能力を偽る誘因を持つし，契約後には，契約通りの賃金を支払わなかったり，あるいは怠業する誘因を持つ。契約前において情報が非対称的であれば，売り手は低品質を高品質と言い募り，買い手は正しくそれを見抜き，すべての取引対象を低品質と決めつけて低価格を提示する。結果とし

---

[2] 異地点もしくは異時点，すなわち地理的または時間的に異なる2点の間において価格に差があると推測されるとき，安く買い，高く売って利益を得ること。その価値をまだ知られていない財を安く仕入れて高く売ったり，割安に放置されている株式を買って値上がりしてから売るなど，総じて，割安感のあるものに対して「買い」を，割高感のあるものに「売り」をかける行為。

[3] 本書に言う「契約」は文書として作成されたものに限らない。口頭であれ文書であれ，当事者間の債権と債務を約束することを契約と呼ぶ。たとえば，コンビニエンスストアにおいて現金でチョコレートを買う行為も，チョコレート売買の契約とその履行と見なす。

て市場には低品質品が溢れかえる逆選択が生じる。一方，契約後において情報が非対称的であれば，債務者が対価の支払いや労務の提供を怠るモラル・ハザードが生じる。いずれも資源配分を歪め，社会的な損失をもたらすことになる[4]。情報の非対称性が著しく大きければ，相手の裏切りを互いに正しく予想し，関わらないことを選択するであろう。

　友人，家族，地域社会，そういった諸々の束縛は，互いの間に長期的な関係を結ぶことによって，誠実な行動こそが長期的な利益をもたらすように人間が工夫してきた仕組みである。それらの仕組みのなかでは，束縛されない者同士の，裏切りを予想しての没交渉という均衡は回避され，誠実な取引が均衡となりうる。

　それでは，そのような閉じた村社会の外側ではどのようなことが起こるのであろうか。近代における自由な市場経済を考えてみよう。自由な市場経済とは，匿名的な取引，見ず知らずの他人と安心して取引できる経済である。そこではより広い交易関係によってより効率的な資源配分が達成される。友人や隣近所を頼ることのできない匿名的な取引を統治する制度とは何か。それは強い国家が提供する司法制度である[5]。債権者を保護するために強制執行を発動する強い裁判所があれば，少なくとも，裁判官に対して立証可能な契約は履行される。情報の非対称性ゆえに交易が抑制されることにともなう社会的厚生の損失は相当に緩和されよう。

　長期的な関係の網の目が織りなしている村社会と，暴力装置を独占する国家が統治する，匿名的な，その意味で自由な市場経済との間に共通することは，いずれにおいても，相手を騙し，搾取することによって利益を得る可能性が，注意深く抑制されているということである。そして，交換経済を持続し，拡大させることができるのは，村社会のように長期的な取引関係が織りなす閉じた統治機構か，もしくは，そうした村社会から解放された人々を圧倒的な暴力機構で支配しうる統治機構か，そのいずれかでしかない。人々がしがらみからも国家からも解放されてしまった社会においては，交換経済は拡大しないのである[6]。

　一方，長期的な関係によって統治される村社会と，国家が統治する市場経済との間の相違は，後者が，個々の取引関係に依存することなく，匿名的な取引を可

---

[4] 石黒（2010a），91-93頁。
[5] Holmes and Sunstein（1999）．

能にし，そのことによって飛躍的に交換の範囲を拡げうることである。

それでは，どのような場合に村社会が望ましく，どのような場合に国家が望ましいのであろうか。両者の間の選択にあたってひとつの鍵となるのは，それぞれの統治機構における費用関数の形状である。多くの場合，顔の見える長期的な取引関係を維持する費用は，取引範囲の拡大にともなって逓増するであろう[7]。一方，国家による統治は裁判所の建設や常設司法官の雇用をはじめとする大きな固定費用を要するが，取引の手続きを一国単位で標準化できれば，個々の取引を統治する限界費用は小さくなる。すなわち，市場が拡大すると国家による統治の持つ相対的な優位性が高まるのである[8]。

次項では本書において議論の基礎となる概念を確認しておこう。

2) 制度と組織と文化

①**ナッシュ均衡と誘因とリスク**　ある人間関係が安定的であるとしよう。この関係が安定的であるのは，当事者がいずれもそこから逸脱しようとしないからである。なぜ逸脱しないのかと言えば，逸脱することにともなう利得と逸脱することによって失う利得を比較衡量して，後者の方が大きいと考えるからである。このように，「関係する当事者が逸脱の誘因を持たない」状況を，ナッシュ均衡と呼ぶ[9]。

ナッシュ均衡の意味で安定的な人間関係は，たとえば友人関係のように，相互依存を深める関係ばかりではない。逆に，互いに絶対的な不信感を抱いているがゆえに一切関わらない状態が安定的に続いているならば，その人間関係もまたナッシュ均衡である。契約を結ぶ前に取引対象や取引当事者に関する情報が著しく非対称であったり，契約を結んだ後において取引当事者の行動に関する情報が

---

6) もちろん，国家が財産権を侵害したり，契約に介入するならば，自由な市場経済は成り立たない。それゆえ，自由な市場経済を志向する人々は，強大な国家を建設するにあたり，市場統治の要となる司法府を行政府や立法府に対して独立させた立憲主義体制を作り上げてきた。国家による財産権の保護と，財産権と自由契約の国家からの保護，この二つの微妙な両立の上に維持される経済制度が自由な市場経済であると言ってもよい。

7) たとえば，n人の個対個関係は$n(n-1)$，すなわち人数の2乗に比例する。

8) Dixit (2004), pp. 59-95.

9) 石黒 (2010a)，62-65頁。

著しく非対称である場合，より多くの情報を持つ者，すなわち，情報優位に立つ当事者には，情報劣位に立つ当事者を騙して搾取する誘因が存在する。このとき，そのことを情報劣位者も正しく予測するから，両者の間において取引しないことがナッシュ均衡として達成され，安定的に持続する。実現されれば双方の利得を改善する取引が実現されずに放置されているのであるから，この均衡はパレートの意味で非効率的である[10]。しかし，もし何らかの仕掛けによって相互不信を緩和し，取引の実現をナッシュ均衡として達成できれば，両者の利得を増加させ，社会的厚生を改善できるかもしれない。このように，互いが互いを疑い，一切関わらず，取引しないという最悪のナッシュ均衡を回避し，取引を実現させるよりましなナッシュ均衡に両当事者を到達させることを，取引の統治と呼ぼう[11]。

取引関係からの逸脱によって失う利得は，家族や友人の信頼かもしれないし，商売仲間との関係かもしれない。あるいは国家の刑罰によって剥奪される自由かもしれない。いずれにせよ，ある取引関係がよく統治され，関係する当事者が，そこからの逸脱，すなわち裏切りや詐欺の誘因を持たない状況，言い換えれば，正直に取引することがナッシュ均衡となっている場合には，その均衡を成り立たせている何らかの仕掛けが働いている。裁判所による取引統治の仕組みであれ村社会の絆であれ，取引を統治して正直な取引が均衡となるための仕掛けを，制度と呼ぼう。

取引を統治するとは，具体的には，契約前における情報の非対称がもたらす逆選択，契約後における情報の非対称がもたらすモラル・ハザード[12]による社会的損失をなるべく小さくすることにほかならない。特に，委託販売契約や小作契約，雇用契約など，何らかの役務提供を一方当事者に求める代理人契約においてモラル・ハザードを緩和するためには，しばしば，役務の提供と役務の対価を連動させる誘因体系が契約に含められる。

代理人契約の行動に関して情報が対称的である，すなわち，代理人の行動を観

---

10) 誰の利得も損わずに誰かの利得を増やしえないように資源が配分されている状態，すなわち資源が無駄なく配分されている状態を，パレートの意味で効率的，パレート最適であると言う。
11) Aoki (2001), pp. 59-62.
12) 石黒 (2010b), 91-93 頁。

察できる場合には，モラル・ハザードは発生せず，契約のなかに追加的な誘因を含める必要はない。契約に定めた水準における役務の限界費用に等しい対価を支払えば，代理人は契約通りの役務を提供する。このような場合には，市場の価格機構が最適な資源配分を実現するであろう。

しかし，契約後の代理人の行動を観察できない場合には，代理人が役務の量や質を落とさないような誘因を契約に含める必要がある。しかし，代理人の行動を観察できない以上，役務の遂行状況に完全に連動する誘因を設計することはできない。そこで，売上高など，役務内容と完全に一致しているわけではないが正に相関している指標に報酬を連動させる出来高契約のような誘因を用いることになる。もっとも，そうした指標は，役務内容と相関はしていても，一致しているわけではなく，多くの場合，代理人の行動とは無関係の外生的な要因を含んでいる。言い換えると，役務に正相関しているが一致してはいない指標に報酬を連動させることは，代理人自身では左右できない外生的なショックによる結果の変動というリスクを，代理人に負担させることを意味する。代理人の行動を観察できるならば誘因契約は不要であるから，誘因契約が導入されるときとは代理人の行動を観察できないときである。ところが，代理人の行動を観察できないときの指標は定義により不完全である。したがって，誘因契約の導入は，必然的に，代理人に対して追加的なリスク負担を強いることになる[13]。

代理人の効用関数が報酬の期待値（平均値）にのみ依存し，変動には依存しないリスク中立的な形状をしている場合には，追加的なリスク負担は問題とはならない。しかし，代理人がリスク回避的である場合，追加的にリスクを課されると，報酬の期待値が同じであっても，得られる効用が減少する[14]。この効用の減少分をリスク・プレミアムと呼ぶ。誘因契約を導入する際には，代理人をつなぎ止めておくために，委託者はリスク・プレミアムを補填できるよう，代理人の期待利得を増やさなければならない。委託者は，誘因契約の導入によって期待される成果の増大と，誘因契約の導入にあたって代理人に移転される利得とを比較し

---

[13] 石黒（2010b），101-106頁。
[14] たとえば，確率1で年俸500万円を得られる契約と，確率0.5で年俸1,000万円，確率0.5で年俸0円となる契約の期待値はいずれも年俸500万円であるから，リスク中立的な個人は両者から同じ効用を得る。

て，最適な誘因を決める。たとえば，代理人のリスク回避度が小さければ，より強く結果に連動した報酬体系を，リスク回避度が大きければ固定的な報酬体系を導入するであろう[15]。

②部分ゲーム完全均衡とベイジアン均衡と文化　取引を統治する制度の一方の極は，取引当事者相互間において内生的に形成される制度であり，もう一方の極は，第三者である国家の裁判所が統治する制度である。内生的に形成される制度とは，具体的には，継続的な取引関係を結ぶことによって，正直な取引をナッシュ均衡に導くものである。まず，この内生的な制度のあり方を見ておこう。

取引が複数回繰り返されるとき，各回ごとに，それぞれの当事者は判断の分岐点に直面する。各回の分岐において，その回に得られる利得だけでなく，次回以降における判断の分岐が積み重ねられた先にある最後の利得まで考え，その結末から現時点まで遡って来て，今，どちらを選ぶべきか選択する。このような判断の仕方を後ろ向き推論法と呼び，関係する当事者すべてが後ろ向き推論法によって判断した先に到達されるナッシュ均衡を，部分ゲーム完全均衡と呼ぶ。部分ゲームとは，各回における分岐から先のゲームを指す。各回の分岐それぞれについてナッシュ均衡が成立するとともに，それらをつなげた全体のゲームにおいてもナッシュ均衡が成立していることを含意して，部分ゲーム完全均衡と呼ばれるわけである[16]。

そして，どの回まで進んでも，その次の回においても取引がなされる確率が正である，すなわち，ゲームが続く確率が正であるとき，その全体ゲームを無限回繰り返しゲームと呼ぶ。無限回繰り返しゲームにおいて，それぞれの当事者が，一度でも裏切った者とは二度と取引しないという戦略を採っていると仮定しよう。たとえば，代々続く家だけで構成されている村において，一度でも，互いの助け合いを拒否した家は永遠に村八分にされる場合などがこれに該当する。このとき，正直な取引がもたらす利得が十分に大きく，かつ，それぞれの当事者が，十分に忍耐強いならば，すなわち，目先の利得だけでなく将来の利得も重視する性質を持っているならば，当事者すべてが正直な取引を永続する行動が，部分ゲーム完全均衡戦略の結果として導かれる[17]。

---

15) 石黒（2010b），111-117頁。
16) 石黒（2010a），78-82頁。

取引が頻繁に、あるいは長期にわたって続いており、互いの取引履歴が観察可能で、かつ来期も取引する確率が常に正となっている状況においては、今期、取引相手を騙すことは、来期以降の取引機会を失うことを意味する。今期の詐欺瞞着による利得と、正直な取引を持続させた場合に将来にわたって得られる累積利得の割引現在価値とを比較し、後者の方が大きいならば、誰に強いられることもなく、当事者すべてが今期もまた正直な取引に勤しむ行動が部分ゲーム完全均衡戦略の結果として導かれることになる。

　こうした取引統治の制度の極限は、外界から孤立した、自己完結的な村社会、あるいは共同体であるが、そのほかにも、たとえば、国家が極端に小さかった中世における商取引もこうした制度によって統治されていたし、近代における、研究開発や部品生産における企業間の協力関係も同様の制度と見なすことができる[18]。

　もっとも、厳密には、部分ゲーム完全均衡が成り立つためには、当事者が互いの手の内を正確に知り、かつ、互いに正確に理解し合っていることを知っていなければならない。端的に言えば、行き違いが起こりえないことが前提となっている。悪意は確実に悪意として、善意は確実に善意として理解し合えることが、均衡の安定性を支えているのである。しかし、行き違いが起こりえないほどに洗練された関係が成り立つことは、たとえ長年連れ添った夫婦であっても難しい。現実の世界では、分岐点に直面するたびに、当事者たちは、相手の選択を確実に予測するのではなく、相手が取りうる選択肢のそれぞれに実現確率を割り当てて、その上で、自身の期待利得を計算している。そのように相手に割り当てる確率の体系を「信念の体系」（belief system）と呼ぶ。そして、当事者たちの信念の体系が互いに整合的であるとき、均衡は、あたかも部分ゲーム完全均衡のように、安定的なものとなる。状況に応じた互いの出方を完全に知っているわけではないが、互いにおよその察しはつき、そのことを互いに分かっているような状態である。これをベイジアン均衡と呼ぶ[19]。国家であれ企業であれ村であれ、安定的な人間関係の多くは、実際にはベイジアン均衡として維持されている。

---

17) 石黒 (2010a), 84-87 頁。
18) 岡崎 (2010), 40-47 頁；伊藤 (2010b), 157-161 頁。
19) 岡田 (1996), 162-171 頁。

ベイジアン均衡が安定的である条件は，当事者の信念の体系が整合的となっていることである。信念の体系が整合的であれば，互いの出方を推測し合う費用を大幅に節約できるからである。これは，私たちが日常的に，文化や慣習を共有できていると感じる状態に相当する。国家であれ企業であれ村であれ，安定的な人間関係は，ほとんどの場合，固有の文化をともなっているが，それは，文化の共有，すなわち整合的な信念の共有が，互いについての情報の不足を補うからである。そして，それは，制度の変化が必然的に文化の変化をともなうことを意味している[20]。

③国家と市場と企業 内生的な制度に対して，取引を統治する制度のもう一方の極限は，完全な第三者に契約の執行を委ねる制度，すなわち，完全な司法制度である。刑罰の執行力を備えた国家が存在しているならば，当事者の逸脱があった場合にそれを裁判所において証明することができる契約については，裁判所の取引統治に委ねられる。将来起こりうるすべての事象に対応した完備契約を書くことができ，かつ，国家が判決を完全に執行する能力を持つならば，情報の非対称性に乗じた機会主義的な行動はすべて抑止され，情報が対称的な社会と同様に，パレートの意味で最適な資源配分，すなわち最善解が達成される。

契約された債務の履行が確実ではないならば，債権者の融資や投資の水準は，債権者が期待する債務不履行の可能性に応じて，小さくなってしまう。逆に，債務履行が確実であれば，融資や投資，あるいは労働の投下といった経済活動は，技術的に最適な水準まで拡大するであろう。そうした強い国家の強い裁判所が保護する請求権のなかでも，経済活動拡大への特に強い誘因を与えるものに，所有権がある。経済学における所有権概念は残余（利益）請求権と残余制御権から構成される[21]。残余請求権とは，契約されたあらゆる債務を弁済した後に残る利益に対する請求権である。たとえば，株主が配当を受け取る権利もこれに含まれる。一方，残余制御権とは，契約と法と慣習に反しない限り，対象物を裁量的に使用する権利である。たとえば，企業はその所有する設備を誰にどのように使わせるかを決める権利を持っている。株主はこの残余制御権を，経営者の任免権を

---

20) 青木 (2010), 10-12 頁。
21) Grossman and Hart (1986), pp. 691-695 ; Hart and Moore (1990), pp. 1120-1121 ; Hart (1995), pp. 5-6.

通じて,間接的に行使していることになる。その意味で,株主は企業の所有者である[22]。もちろん,耕作権と残余利益請求権を保障された近世期の本百姓もまた,土地の所有者である。残余利益請求権と残余制御権をひとつに束ねることによって,前者を最大化するために後者を最も効率的に使用させる。それが,所有権保護という発想にほかならない。

　もっとも,現実の世界において国家の執行能力は無限ではない。そして,社会的な厚生を大きく改善する取引は,しばしば,裁判所において第三者である判事に対して証明することが難しいそれである。たとえば,新たな製品の共同開発は,成功すれば当事者企業に大きな利益をもたらし,社会的な厚生も大いに拡大されるかもしれない。しかし,そうした大きな利益は,その製品が,まだ市場に知られていない何物かであることに決定的に依存している。市場参加者の多くはその実態をまったく知らず,そして開発当事者も,消費者の選好を確実に知ることは一般に不可能であるから,開発が実現した場合の利益を正確に予測することは難しい。その製品が斬新であればあるほど,開発の成果を事前に予測し,その分け前を立証可能な形で契約書に書き込むことは難しいのである。米や麦,そして穀物同様に一般化した工業製品に関しては,取引内容を立証可能な契約として書き上げることは可能かもしれないが,新しい商材の調達や新しい製品の開発といった,取引当事者への大きな利益と,社会に対する大きな厚生改善をもたらしうる取引の契約は,しばしば立証困難である。そのように第三者に対して立証困難な契約を履行するために,企業はしばしば継続的な取引関係を構築し,正直な取引を部分ゲーム完全均衡もしくはベイジアン均衡として内生的に実現しようとする[23]。

　第三者執行による取引統治の制度が整って市場が拡大した後になお,継続的な取引関係が構築されるとき,それは,程度の差こそあれ,取引対象物の評価基準を市場の価格機構から隔離することを意味する。その時々の市場価格とは必ずしも一致しない基準で互いの利得を決め,それを正直な取引への誘因とすること,

---

[22) 法律用語としては,法人格を持つ企業が誰かに「所有」されることはない。株主は企業の所有者である,とは,所有権を残余利益請求権と残余制御権を束ねた権利と定義した場合に成り立つ言明である。

23) 伊藤(2010b),157-161頁。

それが，継続的な取引関係によって内生的に取引を統治する際に用いられる仕掛けである。もちろん，この隔離は，双方当事者に，市場取引よりも大きな利得をもたらす限りにおいて維持される。たとえば，2 企業間の継続的な取引関係であれば，それぞれの企業は実際にはその時々において取引の継続から期待される利得と，市場に戻った場合に価格から得られる利得とを比較し，後者が勝るならば継続的な関係から逸脱する。それが長期的な投資にとって望ましくないと考えられる場合には，一方が他方を買収する垂直統合が選択され，市場からの隔離はより強められることになる[24]。

　他社の買収や部門の売却は企業経営者が下す判断のなかでも，最も重要なそれであるが，その判断は，突き詰めれば，どの取引までを自社内で統治し，どの取引から市場に委ねるかという，企業の境界を画定する判断と言ってよい。その判断を分けるのは，自社内取引にともなう費用と市場取引にともなう費用のいずれが大きいのか，そして，自社内で取引を統治することによって新たに生み出される価値がどれだけ大きいのか，という基準である。まだ市場に知られていない生産方法を知っており，かつ，情報の非対称性から生ずる取引費用の増大を抑制する誘因体系を構築できるならば，それに応じて，より広い範囲の取引を自社内に取り込むことによって，より大きな超過利潤を稼ぎ出すことができるであろう。

　そうした論理が成り立つ最小単位は一本の雇用契約である。今，甲は生産設備を所有する一方，乙は生産業務を提供する能力を持つとしよう。乙が，法と慣習に反しない限り，甲の裁量的な指揮命令に従って甲の所有する生産設備において生産業務を提供する一方，甲が事前に定めた基準によって生産業務提供の対価を支払う契約を結んだとき，私たちはそれを雇用契約と呼ぶ。甲はこの雇用契約によって乙を裁量的に使役する債権を得る。そして，乙に支払われる対価は事前に契約に定められているから，その債務を弁済した後の残余利益は甲に帰属する。すなわち，甲と乙が雇用契約を結ぶとは，甲を所有者とする企業がそこに誕生することを意味する[25]。雇用契約に利点がある場合とは，ひとつには，生産業務をその時々の市場調達価格で取引するよりも，事前に決めた賃金率で労働時間を取引する方が，取引費用を節約できる場合である。もうひとつは，甲が，価格機構

---

24) 伊藤 (2010b), 153-157 頁。
25) Coase (1937), pp. 390-392.

を通じた分権的な生産要素の組み合わせ方よりも効率的に誘因を与え，より小さな費用で生産を実現したり，あるいはより高い付加価値を実現したりできる場合，端的に言えば，生産要素を提供させる動機付けにおいて，企業の誘因体系が価格機構を超える場合である。市場の利子率を超える株主利益率を実現している企業は，いずれも，こうした意味で価格機構を超える誘因体系を備えた企業である[26]。言い換えれば，生産調整のための誘因付与にともなう取引費用の節約において市場を超えられない企業が，資本主義社会において生き残ることはできない。労働市場において，個々の質に応じて競争的に決まる価格で労働を調達し，しかる後に，市場の価格機構からは隔離された誘因体系によって労働者に生産業務にあたらせ，賃金を超える付加価値を実現することによって，その差額である残余利益を獲得する。それが，資本主義社会における企業の営みにほかならない[27]。

このように，価格機構から隔離された誘因体系によって，市場における取引とは異なる資源配分をもたらそうとする契約の束もしくは網があり，当事者が市場取引へと逸脱する誘因を持たず，組織内の誘因に従った行動を取ることが均衡となっているとき，この契約の束や網を組織と呼ぶことにしよう。もちろん，将来起こりうるすべての事象に対応した完備契約を書くことは一般的に困難であるし，そもそも組織が市場を凌駕する場合の多くは，将来の不確実性が高い場合であろうから，完備契約を書くことはなおさら困難である。したがって，組織が実現している均衡もまたベイジアン均衡であり，そこには共有された信念の体系，すなわち，組織の文化がともなっていなければならない。こうした組織のなかでも，組織を構成する契約から生ずる残余利益に対する請求権を持つ者が，同時に，生産設備の所有権に裏付けられた残余制御権も持つことによって，一元的な権限関係が構成されているときには，特に企業組織と呼ぼう[28]。企業組織の場合には，企業と労働者の間に結ばれた雇用契約の束として構成される。一方，ギルドや同職者集団，カルテルのように，ひとりひとりの構成員が他の構成員全員と契約を結ぶ網状の構造もありうるであろう。

---

[26] Alchian and Demsetz (1972), pp. 794-795.
[27] Marx (1988), pp. 192-530.
[28] 伊藤 (2010a), 18-20 頁。

3) 市場の逐次的拡大と企業の勃興

　市場の統合は司法制度による統治の相対的な優位性を高め，そして，司法制度による統治は，匿名的な取引を可能にすることによって，市場の統合と拡大を加速させてきた。もっとも，匿名的な市場経済の拡大の速さは，取引対象の性質にも強く依存する。司法制度による取引統治においては，取引対象の属性や，取引の成立後に債務者が採るべき行動を，第三者である裁判官に証明できる形で契約書に書けることが前提となる。言い換えれば，取引対象の属性が一定であるとともにその情報が両当事者に事前に開示されており，かつ，取引の手続きを標準化しやすい場合には，立証可能性が高く，したがって司法制度による統治になじみやすい[29]。実際，多くの社会においては，取引の前後で属性が変わらない財，そして土地の取引において司法制度の普及が先行し，債務内容を貨幣や穀物による名目額で確定できる金融サービスの取引がそれに続いた。人間に有期もしくは無期の物権を設定し，売買する奴隷制や年季奉公制においても，司法制度による統治は早く浸透した。それに対して，契約後における提供業務の質と量が，賃金の対価として業務を提供する債務者側の意思に依存する自由労働の場合には，司法制度による統治の浸透と市場の拡大ははるかに遅れることになった。

　そして，金融と労働の取引について，手続きの標準化が相対的に困難であるという事実は，そのまま，経済制度の多様性とは多くの場合，金融市場と労働市場を統治する制度の多様性であるという事実を導いている[30]。たとえば，日本とアメリカの経済制度が異なるといった議論がなされるとき，そこで主に取り上げられることは，日本とアメリカの企業がどのように金融を調達し，どのような雇用契約を結んでいるか，であって[31]，消費財市場の統治についてではない。

　それはまた，言い換えれば，土地市場，財市場へと浸透してきた，司法制度の統治を前提とする匿名的な取引が，金融市場と労働市場にいかに波及したかを調べることによって，私たちの社会が他の社会といかなる部分において異なるかを知りうるということでもある。本書の目的は，財市場と金融市場の標準化が始まった近世期から，労働市場の標準化が始まった近代以降に至る370年ほどの

---

29) Williamson (1985), pp. 69, 74-75.
30) 斎藤 (2008)，300-301頁．
31) Aoki (2001), pp. 275-375.

「長い近代化」を見渡しつつ，日本における市場経済の形成と企業組織の発達に関する具体的な実証分析を提供し，私たちの生きる現代経済への立体的な理解を与えることにある．本章の第2節と第3節においては，本書において共有されている長い近代化の歴史的視角を整理しておこう．

2　国民経済の成立と外なる差異の裁定

1）近世における財市場の統合

　荘園制における武士の職分は治安維持にあり，民事訴訟は鎌倉幕府や室町幕府の法廷の主要業務ではなかった．むしろ，中世の幕府はしばしば債権債務関係の帳消しを命ずる徳政令を発令した．しかし，中世の近畿地方において商品流通が拡大したことも事実である．幕府法廷による第三者執行を期待できないこの時代に商取引の統治にあたったのは，公家や寺社といった荘園領主によって地域独占の特権を与えられた，座と呼ばれるカルテルであった．特定の荘園において特定の商業を代々営み，互いに頻繁に取引する商人同士の間では，正直な取引が均衡となる．このカルテルに独占を認めて超過利潤（rent）を帰属させることは，逸脱の誘因をさらに低め，取引の統治をより安定させるであろう．取引統治に要する費用を，消費者が座に支払う超過利潤によってまかなう仕組みである．これが中世の「商品経済」であった．

　この「商品経済」は，「顔の見える」当事者同士の間に繰り返される取引のなかで完結していた．しかし，国家の法廷が取引統治業務を提供する第三者執行の仕組みは，常勤司法官の給与や法廷設備といった大きな固定費用を要し，したがって一定規模以上の領域支配が実現しない限り，設置にともなう社会的費用が社会的便益を上回ってしまう．土地所有権も国家権力も様々な社会的階層の間に分散していた中世社会において，第三者執行の採用は技術的に困難であった．座の取引統治は実現可能な次善解のひとつだったのである．

　そして，第三者執行を引き受けたのが，領域支配を確立した戦国大名であったこともまた，必然であった．織田信長が1577年に安土城下に発令した楽市令は，公認独占の廃止，自由な取引，そして，徳政令を発令しないこと，を明確に宣言している．債権債務関係の統治に国家の法廷が責任を持つことと，匿名的な取引

の拡大とが不可分であることが，そこには正確に洞察されていた。

　織田政権，豊臣政権を継承して「公儀」，すなわち中央政府となった江戸幕府は楽市楽座政策を継承し，大坂，江戸，京都，大津といった直轄都市に町奉行を置き，民事訴訟業務を積極的に提供して匿名的な取引の拡大を促した。戦国期における楽市楽座政策の導入には，他都市からの商人誘致に重要な動機があったが，17世紀の幕府官僚は，カルテルに対する統治の委任ではなく司法の業務提供によって自由な市場経済が拡大すること，そしてそれが，当該都市の商業集積を促すだけでなく，社会全体の厚生を拡大することを明確に自覚するようになっていた[32]。

　加えて幕府は，金貨，銀貨，銅貨から成る実効的な法定通貨体系を日本史上，初めて確立した。1636年に鋳造が始まった江戸幕府の法定銅貨である寛永通宝が中国銭に取って代わるまで，古代以来，等質な「日本の通貨」なるものは流通したことがなく，また，流通する中国銭や私鋳銭の平価も品質によって千差万別であった。発行収入を目的としない，言い換えれば，一般的交換手段の提供を目的とする通貨を日本史上初めて発行した幕府の通貨政策は，道路網や航路網の整備とあいまって，輸送と取引の費用を劇的に低下させ，全国市場の統合を強く促すことになったのである[33]。

　それらの制度改革と社会基盤整備の成果が最も顕著に表れたのが米市場であった。残余請求権を保障された農民は米生産を増大させた。そして諸藩は，幕府の整備した輸送網を用いて大坂をはじめとする幕府直轄都市に年貢米を輸送して販売し，幕府通貨を獲得しようとした。特に大坂と大津に米を廻送する諸藩は，一定期限内における米現物との兌換を保証する短期証券である米切手を発行し，それを米商人に販売して幕府通貨を得た。米切手債権は幕府法廷である町奉行所に

---

[32] たとえば，京都所司代板倉重宗は1622（元和8）年の町触に「諸国商人交易自由之便，諸人之要用也」と述べ，カルテル公認を排し自由市場を維持することは全市民の厚生に資するとしている（桜井（2002b），143-144頁）。確認されている限り，板倉重宗は幕府公共事業の請負業者選定に入札を用いた最初の官吏であり，彼が突出して近代的であったことは否めない。しかし，続く17世紀半ばには幕府公共事業において入札は一般化し，特に1665年には落札後における請負の放棄等を禁じた幕府公共事業にかかる規則が最高裁に相当する評定所において決定されており（藤田（2008），38-39頁；戸沢（2009），94-95頁），その言動は幕府官僚の進路を先取りしていたと考えて大過ないであろう。

[33] 岩橋（1988），120-121頁；桜井（2002a），54-55頁；岩橋（2002），436頁。

よって保護されており、匿名的な取引の制度的な条件は与えられていた。実際、大坂と大津には米切手の現物と先物を取引する二次証券市場である米会所が設立され、町奉行監督下の商人によって運営されていた。この米切手先物市場が世界最古の商品先物市場だったことは特筆されてよい[34]。幕府の整備した飛脚網によって、全国の情報は数日のうちに大坂に伝達された。そしてその情報を時々刻々、効率的に織り込む大坂米市場の価格に、地方の米市場は追随した[35]。全国的に統合された「国民経済」が出現したのである。

　しかし、戦国期以後、一貫して市場統合を促してきた財市場に対する統治は、18世紀に一定の転換を見ることになる。17世紀初頭以来、大坂や江戸における匿名的な財取引は飛躍的に拡大し、それにともなって町奉行所の民事訴訟業務は激増した。そうしたなか、徳川吉宗政権は、18世紀初頭、楽市楽座政策から後退し、特に重要な財とサービスの取引について、自生的なカルテル組織である仲間に対して取引統治機能の拡大を求め、その反対給付として、地域独占の特許状である「株」を発行したのである。以後、幕府は「株仲間」の公認を拡大してゆく。さらに、吉宗政権は時限政令である「相対済令（あいたいすましれい）」を江戸に発令した。無担保債権の保護など、重要度が低いと幕府が判断した事案について、民事訴訟受理を停止する可能性を宣言したのである。一連の政策の背後には株仲間による非匿名的な取引統治が期待されていた[36]。もちろん、町奉行所の執行能力が保障する独占利潤の存在ゆえに取引を統治しえた株仲間は、もはや自生的なカルテルではなく、幕府が統治の財政負担を節約するために用いる、幕府の統治機構と補完的な組織である。町奉行所にとっても民事訴訟は最重要の職務であり続けた。そして、何よりも、法の支配の下における市場原理と株仲間の論理とが衝突する場合には、前者が優越した。たとえば、三井越後屋は株仲間の競争抑制から逸脱し、執拗な妨害にもかかわらず「現金掛け値なし」の商法によって呉服市場を一変させ、商人仲間の反感を無視して屋敷地の買収を重ねて急成長した。匿名的な「市場」と顔の見える「仲間」が衝突するならば、幕府司法は前者の側に立った[37]。

---

34) 髙槻 (2012), 294-314 頁。
35) 宮本 (1988), 386-430 頁；髙槻 (2012), 315-367 頁。
36) 岡崎 (2010), 47-49 頁。
37) 吉田 (2002), 64-88, 126-137 頁。

しかし，吉宗政権期以降，天保改革期に至るまで，匿名的な市場を拡大する努力が鈍ったことは否めない。

1670年，寛永通宝の十分な供給を待って幕府は輸入銭および私鋳銭の流通を禁じ，金銀銅の三貨から成る自己完結的な通貨体制を確立する。そして，幕府は地金通貨のみを供給し，紙幣も債券も発行しなかった。このように極端に保守的な通貨政策と財政政策は初めての国民通貨である幕府通貨への信認を強め，また本百姓の所有権保護は，それと引き替えに安定した財政収入をもたらし，明治政府の財政基盤として継承された（第2章）。

同時に，17世紀初頭以降の100年余りの間に米穀生産高と人口がほぼ3倍に増加する成長を見た一方，ベースマネー供給がそれにともなわなかったことは，地方経済に深刻なデフレーション圧力を及ぼした。さらに幕府は1707年に諸藩に対しても紙幣（藩札）の発行を禁じた。1730年にこれを解禁した後は，諸藩が発行し藩内に流通する紙幣が，幕府の保守的な通貨政策を補完することになる。

2）近世における要素市場の分断

①近世的所有権の成立　701年大宝律令は，土地の私有を認めず，国家による分配を繰り返すことを建前としたが，それが現地支配者の開発意欲を殺ぐことになり，743年墾田永年私財法によって，墾田を開発した者，もしくは購入や寄進によって墾田を譲渡された者の私有が認められた。公認された私有地のなかには，永年私権権に加えて，国家公権行使の代行に対する給付として，租税を減免する特権を付与された不輸田，免田も設定された。一方，745年には国司に規定の朝廷納付額を超える租税等収入の収取を認める公廨稲制も導入され，国司にも任国経営の誘因が与えられた[38]。こうした政策の下，開発が進んだが，租税の減免措置には混乱も見られたことから，朝廷は1069年延久荘園整理令以降，私有地のうち，課税を免除された私領と免除されない公領とを峻別し，公領内の土地所有者による徴税妨害への取り締まりを強化した。こうして，12世紀以降，私有地のうち，朝廷から課税を免除された不輸免田である「荘園」と，国司が徴税

38）西谷（2006），34-39頁．

権を持つ「公領」とが併存する荘園公領制が成立した。荘園領主は朝廷（中央政府）への納税を免除される代わりに，朝廷の委任を受けて国家公権を代理行使する義務を負う。特に，中央政府から直接に課税免除を受けた荘園領主は本所（本家）と呼ばれ，荘園内に対して国家に代わって司法業務を提供することは本所の義務であった[39]。

さらに本所は行政権を階層によって領家，預所，下司といった役職に，また営農業務を名主や作人といった役職に分割し，墾田を寄進されたり買い取ったりする際に，その行使をしばしば元の所有者に委任するとともに，その行使の対価として，定額の収得（得分）を認めた。そのように階層化された業務の遂行と，遂行にともなう得分を合わせた義務と特権の組み合わせを「職」と呼ぶ。たとえば，耕作者からの年貢徴収を請け負うとともに用水路等の農業投資に責任を持つ職は，名主職と呼ばれた。下位の職の任命（補任）は本所の所管とされたが，建前としては国家から委任された業務であり，実際，13世紀半ば以降，朝廷は，本所が慣習法や律令に反している場合には，幕府の軍事力を背景とした強制力を以て下位の職を直接に安堵するようになった。こうして，本家職から下位の職に至るまで，すべての職はそれぞれが国家公権行使を委任されたものと見なされるようになり，本所法廷は，国家の法廷として公正な業務の提供を義務づけられることになった。「職の体系」は公的な秩序として安定するに至ったのである[40]。

こうして安全な資産となった職は活発に売買された。その取引の統治は本所裁判権の管轄とされ，職が荘園内部で取引される場合には，その統治機構はよく機能した。たとえば，14世紀前半，京都近郊においては，作職の価格は得分の5年分，すなわち，年収益率2割で取引されていたのに対して，金銭貸付の利率は年利約6割であった。この差4割分が，徳政令発令の有無にかかわらず本所法廷によって保護される職の得分請求権に対して，徳政令によって保護を解除されるかもしれない金銭貸付債権に固有のリスクに対応している[41]。

しかし，この統治機構においては，荘園境を越えて取引される職の得分請求権

---

39) 西谷 (2006), 39-95 頁。
40) 永原 (1973), 28-53 頁；西谷 (2006), 161-184 頁。
41) 西谷 (2006), 460-471, 465-466 頁。

は十分に保護されない。他方，室町幕府は，本所が一円排他的に統治する荘園に対しても，朝廷とともに，あるいは朝廷に代わって，下位職を安堵する執行力を充実させつつあった[42]。そして，15世紀半ば以降，室町幕府は雑務沙汰訴訟（民事訴訟）制度を拡充し，荘園を越えた職の取引に関わる訴訟を幕府法廷において積極的に受理し，職の得分請求権を上級審として保護する政策に転じた[43]。

　本所に対して年貢納付の責任を負う地主の職は，京都近郊においては，14世紀までは名主職，加地子名主職，作手と呼ばれ，それ以降は，作職や百姓職が，地主の請求権を指すようになった。本所法廷において売買取引を統治され，第三者に対して対抗しうる物権として確立されていたのは，これら地主の職であった。売買契約の際には手継証文が作成され，本所もしくは領家が最初の所有者に充てた職補任状（充行状）に累積的に添付された。不在地主や荘園内の地侍をはじめとする富豪層が作職の売買当事者の中心であり，彼らは耕作を下作人と呼ばれる小百姓に請け負わせていた[44]。

　作職を補任された地主の経営には，雇用労働力を用いた直接経営，直接耕作者に請け負わせる請負経営，1年契約で耕地を貸し出す賃租の三つの選択肢があった。地主は，技術的条件と直接耕作者のリスク態度に合わせて最適なものを選ぶことになる。直接経営の場合，地主は召し抱えた隷属民に定額の飲食給付を保障する代わりに残余利益のすべてを得る。請負の場合，地主は定額の得分（加地子）を獲得し，請け負った耕作者は地主に年貢と加地子を支払った後の残余に対する請求権を持つ。賃租の場合も，賃借料を支払った後の残余に対する請求権は耕作者に属した[45]。

　農業生産性が低く，耕作者の創意工夫や努力があまり農業の成果を左右しない場合には，耕作者に残余請求権を割り当てて誘因を与えても増産は期待できない。一方，刈敷，草木灰などが普及し，現地耕作者の努力と創意工夫が生産高を左右する場合には，残余請求権を割り当てることによって，追加的な努力や創意工夫を引き出すことができるであろう。また，農業生産性が低く，貧しければ，

---

42) 高橋 (2008), 284-302 頁。
43) 早島 (2006), 170-187 頁；西谷 (2006), 467-468 頁。
44) 稲垣 (1981), 209-228 頁；西谷 (2006), 305-315, 327-337, 444-452 頁。
45) 西谷 (2006), 316-320 頁。

耕作者のリスク回避度も高いであろう。生産の成果は耕作者の努力と創意工夫にも依存するが，天候など，それ以外の条件にも依存する。成果主義的な誘因は，そうした，自身の行動に由来しないリスクを請負人に負わせることにほかならない。一方，農業生産性が高まってくれば，耕作者のリスク回避度も下がるであろう。地主はこれらの条件を踏まえて，定額給付を保障する直接経営を選択するか，もしくは，請負にした上で地主得分（加地子）を割り引き，リスク・プレミアムを補塡するか，いずれかのうち，自身の得分を最大化する契約を選択する。概して，農業生産性が高い近畿地方においては，耕作請負人に大きな残余請求権を与えて誘因とする請負契約が支配的であったのに対して，後進地では直接経営が長く残った[46]。

　請負経営においては，用水路整備費をはじめとする農業投資は地主が負担する一方，耕作労働に加えて，種苗代，畦整備労働，肥料代といった年々歳々の農業費用は請負耕作者が負担した。すなわち，予想しうるリスクのすべてを負担する代わりに残余請求権を与えられた耕作者が，自身の利得を最大化するように諸費用を決定する契約となっていた[47]。

　彼ら請負耕作者の残余請求権は年毛(ねんけ)[48]と呼ばれ，地主の請求権とは切り離されて売買された。本所もその取引を統治し，請求権の移転を保障した。本所に保護された請求権である年毛は安全な資産であり，請負耕作者はこの年毛を担保に農業費用を借り入れることができた[49]。

　中世前期には耕作者は一般に流動的であったが，中世中期以降，定住の度合いを強めた。その最大の理由は農業生産性の向上による経営の安定であろうが，それは，本所の利益にもかなっていた。耕作者が荘園を越境して移動するよりも，自荘内の村落に定住する方が，年貢の収取には望ましかったことから，本所は年貢を負担する耕作者個々人を把握し，徴税台帳に記録するようになる[50]。そして，室町期になると，定住化した耕作者で構成される村のなかには，農業投資を負担し，また，個々の村内耕作者の年貢納付を領主に対して保障する村請制(むらうけ)契約

---

46) 西谷 (2006), 316-320, 322-323, 455-457 頁。
47) 西谷 (2006), 317-318, 322-324, 452-454 頁。
48) 西谷 (2006), 340 頁。
49) 西谷 (2006), 323-324 頁。
50) 西谷 (2006), 337, 452-454 頁。

を結ぶものが現れてくる[51]。こうして，個々の耕作者の年毛請求権は本所によって保護される一方，名主職保有者が負っていた農業投資と年貢納付保障の権能は次第に村落に吸収されていった。その延長上に，村落が領主に対して村落構成員の年貢納付を一括して保障する代わりに，領主は村内の耕作権保障を村落に委ねる，戦国期の村請制がある。そこでは，かつての名主職保有者や作職保有者が有した耕作請負人の契約更改権は村に接収され，村が個々の耕作権を安堵し，年貢未納の場合にはこれを立て替えるとともに未納者の耕作権を没収する仕組みが形成された。村落に包摂された耕作者の請求権が領主によって一括して保護される制度が形成されつつあったのである[52]。

そして，そのさらに先に，村落が領主に対して年貢納付を保障するとともに，村単位で年貢が完納されている限り，村役所が作成，保存する徴税台帳である検地帳に記載された者の耕作権を領主が保障する，近世的な土地所有制度が形成される[53]。中世地主の職保有権は，累積的な売買契約書である手継証文を本所が認めることによって，保障された。これに対して，近世期の幕府領においては，村役人（名主）宅に保存される検地帳に特定の地片と，その年貢を負担する者（名請人(うけにん)）が記載され，それが彼の所有権の権源となった。年貢を支払った後の残余に対する請求権は排他的に名請人に帰属し，また，その農地を用益する残余制御権もまた彼に帰属したのである。村役所は幕府司法機構の最下級審であり，村内における土地担保金融や土地売買はすべて村役所によって統治された。所有権が移転された場合にはその事実が検地帳に書き込まれ，新たな所有者の権利を保護したのである。さらに，一方の当事者が村役所の裁定に不満を持つ場合，彼は上級審である代官所もしくは最高裁である評定所に控訴することができた。検地帳に名請人として登記された本百姓となることによって，耕作者の権利は，残余制御権と残余請求権を備えた実質的な所有権としてのみならず，第三者に対抗しうる物権として，中央政府法廷の保護を受けることができたのである[54]。

その画期を豊臣秀吉政権下の太閤検地に求めるか，あるいは近世初期の検地に

---

51) 西谷（2006），453-454，459頁。
52) 田中（1998），190-215頁；黒田（2004），102-121頁；神田（2004），74-77頁；西谷（2006），343-344，467-468頁。
53) 安良城（1986），1-178頁；稲葉（1998），288-292頁。
54) 渡辺（2002），247-248頁；白川部（2004），273-287頁。

求めるかについては依然として議論があるが[55]，近世初期までに，少なくとも先進地においては，直接耕作者が本百姓として土地所有権を保護されるようになり，それが農業生産性の上昇とともに他地域にも波及したことには合意があろうかと思われる。このような土地所有制度が近世前半期に拡大し，2世紀半にわたって安定的に存続したのは，何よりも，直接に耕作する小百姓自身がそれを望んだからである。名請人となることは，豊凶リスクを引き受けるとともに残余請求権を保障されることを意味するから，生産性上昇によってリスク耐性を拡大させた直接耕作者にとっては望ましい変化であった。

②**近世の農業金融市場** 13世紀半ば以降，朝廷の介入によって本所に対する下位職の対抗力が強められ，請求権が保障されるようになると，各階層の職に付随する得分請求権の資産としての安全性もそれに応じて高まった。さらに，室町幕府法廷の土地売買統治は得分請求権の安全性をより強めることになった。そのひとつの現れが，名主職，百姓職，作職といった，本所，領家に対して年貢納付の責任を負う代わりに残余制御権を認められた職を担保とする金融の発達である。幕府法廷の統治によって荘園境を越えて統合された土地市場の背後には，それを担保としている金融市場の統合と拡大があった[56]。

そして，名主職，百姓職，作職保有者から耕作を請け負う小農もまた，深化した中世金融市場に依存していた。中世期における農業生産性の上昇は，肥料の投入増加をはじめとする小農経営の技術進歩に支えられており，耕作を請け負った小農は自己の効用を最大化する費用水準を選択しようとした。そして，農業費用支出は春に多く，収穫は秋といった具合に，双方に強い季節変動がある以上，金融市場が機能するならば，農業費用は金融市場から調達することが望ましい。それを支えたのが，年毛を担保とする農業金融であった。年毛請求権を認められた耕作者は，秋の収穫を担保として，春に農業資金を借り入れたのである[57]。

年毛担保金融は，手続き的には年毛請求権保有者が当該年の年毛（「一年毛(いちねんけ)」）を売却し，秋に契約に定められた量の米で買い戻す形をとって行われ，その売買

---

55) 太閤検地論に対する諸批判については，中林（2012），63-64頁。
56) 西谷（2006），170-183頁；早島（2006），167-187頁；井原（2011），53-85，129-143，199-226頁。
57) 西谷（2006），340-341，456頁。

は本所の統治を受けた。返済がなされなければ，貸し手である購入者は，延滞料を加算した上で返済を求めるか，あるいは購入者が「一年毛」として契約された量の米を現地で差し押さえる。年毛請求権は特定の土地の上に設定されており，一年毛を売却した借り手が逃亡などによって移動し，別の耕作者が当該田地を耕作する場合には，その新たな耕作者が弁済することになる[58]。

近世期になると，検地帳に名請人として登録された本百姓（ほんびゃくしょう）は，登記された土地の排他的所有権を認められた。小農が名請を望んだ理由はひとつには実物の残余に対する請求権を保護されることにあったが，もうひとつには，農業金融を有利に調達することにあった。物権として所有権を認められた土地は安全な資産であり，それを担保として有利な農業金融を調達することができたのである[59]。

一方，1643年田畑永代売買禁止令において，幕府が村外への農地売却を「禁止」していたことはよく知られている。幕府行政機構の規模に照らして幕府が積極的に売買を抑制しえたとは考えにくく，実効的な意味は村境を越えた土地売買取引を代官所が統治しなかったことに求められよう。村境をまたぐ土地売買取引に公的な統治が与えられないとは，具体的には，ある富農が村内の土地を購入した場合には，村役所において検地帳の名請人が購入者に書き換えられ，その所有権は幕府法廷によって保護されるが，村外の土地を購入した場合には，その土地が帰属する村の検地帳の名請人は変更されず，その土地の所有は物権としての対抗要件を持たないということである。すなわち，村内の土地抵当金融契約や小作契約は村役所，引いては代官所の統治を受けることができ，より安全であるが，村境を越える小作契約や土地抵当金融契約の統治は長期的な関係による内生的な制度に委ねられることになる。富農が負担する取引統治の費用や貸し倒れリスクが後者においてより大きいことは言うまでもない（第1章）。

すなわち，村境をまたぐ土地売買を統治しない政策の意味は，地方金融市場の統合を抑制した点に求められよう。小農が高梃子率の（highly leveraged）農業金融を調達することを実質的に抑制したこの政策は，どう評価すればよいであろうか。ひとつ，参考になる経験があるとすれば，中世において徳政令を求めて組織された土一揆（つちいっき）（徳政一揆）である。中世の小農は農業資金調達のために年毛担保

---

58) 西谷（2006），321-322，341頁。
59) 白川部（1994），49-50頁；長谷川（2004），139-149頁；白川部（2004），291-292頁。

金融を用いていたが、本所はその取引を統治したから、小農を対象とする農業金融市場は村境を越えて拡大していた。一方、小農が土地所有者から請け負った年貢を納付できなければ、それは借り入れとなり、弁済には家族の売買や年季売買（債務労働）が充てられることもあった。近世と異なり、中世においては有期もしくは無期の物権を人間に設定することは合法であり、本所や幕府の法廷もそうした取引を統治した[60]。室町幕府や本所は、決して強力な政府ではなかったが、その統治が及ぶ範囲内においては、江戸幕府よりも市場志向的な統治を農村金融に提供していたと言ってよい。その帰結が、徳政一揆の発生であった。予期せざる天候不順によって債務の累積が一定の水準を超えると、小農たちは村ごとに土一揆を組織し、それらが連合して徳政令発令を要求したのである。そして、鎌倉幕府、室町幕府は、たびたびこれを認める徳政令を発令した[61]。

近世期に抑制された農業金融市場は、明治維新後、再び拡大する。地租改正と司法制度の整備、そして銀行の設立は、村境を越えた土地担保金融を急速に拡大させた。こうして、養蚕が普及していた東日本を中心に借り入れへの依存度を急速に高めた小農経営に対して、まさしく予測困難な外生的ショックを与えたのが、1882年に始まる松方デフレであった。そして、それに対する養蚕農民の反応は、1884年の秩父事件を筆頭に各地に頻発した困民党事件であり、彼らは共通して債務取消を求めた。予測困難なマクロ的ショックが引き起こした農業金融危機に際しては債務不履行を求めうると考える倫理観は、まだ生きていたのである[62]。維新政府正規軍を投入してなお収束に半月を要した秩父事件と同規模の徳政一揆が、近世期に起こっていたら、江戸幕府はおそらくそれを制御できなかったであろう。かといって譲歩して徳政令を発令すれば、平時における借入利率を引き上げ、むしろ小農経営を圧迫することになりかねない。小農のリスク引き受けを、統治機構と社会が支えうる範囲に抑制しようとした江戸幕府の政策は、一定の合理性を持つと思われる。

③**近世の労働市場**　もちろん、中世においても近世においても、すべての人々が自らのリスク負担において利潤を追求する企業家たる本百姓になることを

---

60) 西谷（2006）、340-341頁；井原（2011）、385-391頁。
61) 田中（1998）、268-276頁；西谷（2006）、341-342頁。
62) 稲田（1990）、185-250頁。

欲したわけではない。中世においては下作人として耕作を請け負う小農家長自身の流動性が高く、年毛請求権を持ち続けるリスクを取れないと判断すれば逃散した。あるいは、自活するリスクを取れない者は家長の下でその指示に従って働かなければならなかっただけでなく、家長に農業金融の質権を設定され、有期の下人もしくは無期の下人、すなわち奴隷として販売されることもあった。流動的な下作人市場と下人市場とは、生産要素のより良い組み合わせを実現するために不可欠の装置であったし、また、自らリスクを取りたくない者には、飲食を保障される下人身分の方が高い効用を提供したかもしれない。

しかし、近世における本百姓体制の確立は、主たる耕作者の流動性を引き下げただけでなく、外部農業労働市場の流動性も引き下げた。小農経営は、多くの場合、農繁期に合わせた家族員数を維持して労働需要をまかなったからである。一方、兵農分離にともなう武士の城下町集住によって、都市には巨大な未熟練労働需要が発生した。加えて、豊臣政権と江戸幕府は、人身売買を公式に禁止し、実質的にも厳しく抑制する政策をとった。かくして、近世期には、独立小農にならなかった者が流入する都市に自由労働者が形成されることになった[63]。

しかし、幕府や諸藩が自由労働市場の統合を積極的に促進したわけではない。近世期において個人が法の保護を受けるには、その名を宗門改帳に記載されることが必要であった。近世期にはすべての国民が仏教徒であることを建前として、すべての個人は老若男女にかかわらず、自家が檀信徒となっている寺が作成する宗門改帳への記載を義務づけられた。元来はキリスト教弾圧のために導入された制度であったが、キリスト教が排除された後は戸籍として機能した。そして、財産の保護はもとより、生命の保護を含む法の保護を受けるにはそこへの記載が条件とされ、したがって、個人の側にも、宗門改帳に記載される強い誘因があった[64]。しかも、宗門改帳に記載された本籍と現住所とは一致することが原則であった。したがって、農村居住者が江戸の労働市場に合法的に参入するには、幕府が公認した人材派遣業者である人宿の家人として、江戸町奉行所が管理する人別改帳に記載される必要があった。幕府は人材派遣業者への規制を通じて都市への流入を規制することができたのである[65]。そして、財政収入のほとんどを土

---

63) 森下 (1995)、8-9 頁。
64) 尾崎 (1985)、47-54 頁；Saito and Sato (2011)。

地税である年貢に依存していた幕府にとって，農村の疲弊は避けなければならなかったから，都市への移住は，少なくとも奨励すべきことではなかった。

3) 近代における財市場統合の加速と要素市場の統合

①統一的な司法制度　吉宗政権以降における司法制度拡充の停滞を象徴する「相対済令」は，近世期における民事訴訟業務の享受が，法に則って普遍的に認められる権利ではなく，政府の裁量によって伸縮する，その意味で特権であったことを端的に示している。裁判を受ける権利が普遍的に保障されるのは明治維新後のことであった。維新政府は独立した大審院（最高裁判所）を頂点に，全国に控訴院（高等裁判所），地方裁判所，区裁判所（簡易裁判所）を設置した。大日本帝国憲法が施行される 1890 年にはほぼ現在の裁判所機構が完成しており，裁判官は全国の臣民の手に届く距離に現れていたのである。近代国家の建設途上における司法の独立性確保は困難な課題のひとつであるが，帝国憲法は司法権を天皇に直隷させることによって，内閣と議会に対して独立させていた。統帥権の独立が陸軍参謀本部と海軍軍令部を独立官庁たらしめたように，司法権の独立によって，裁判官と検察官からなる司法部もまた独立官庁として内閣と議会に対峙したのである。独立した司法部は，刑事面では，独自の意思を持つ政治主体として思想弾圧等の問題も起こしたが，民事面においては政治の介入を排した公平な訴訟業務を提供した[66]。

②土地市場と金融市場の統合　近代的な司法制度の整備は財市場の統合を加速するとともに，土地市場と金融市場を激変させた。まず，1872 年の土地売買譲渡ニ付地券渡方規則施行と地券交付，さらに 1873 年地租改正条例にともなって裁判所は自由な土地売買を統治することになった。そして，1873 年に施行された地所質入書入規則によって，幕府司法の保護を受けた村内占有担保金融である質入に加えて，村境を越えた非占有担保金融である書入についても，裁判所の保護が得られることになった[67]。こうして村境を越えた土地売買や土地抵当金融が裁判所の統治を受けられるようになるや，農地は村々の境界を越えて匿名的に取

---

65) 吉田（1998），192-203 頁。
66) 三谷（2001），42-90 頁。
67) 川口（1998），95-106 頁。

引されるようになった。加えて1872年国立銀行条例および1876年改正国立銀行条例により，全国各地に銀行が設立され，土地担保金融を積極的に提供した。農業金融の調達を村内富農からの借り入れや村内無尽講に限定されてきた小農たちに，突如として，自由な農業金融市場への接続が許されたのである。地主制の急激な拡大もその帰結である。

　土地市場の流動化には家制度の大幅な変更も間接的に作用したと思われる。婚姻関係を中核とする経営単位である「家」は，9世紀以降，自立する経営基盤を持った階層において，順次，血縁集団である「氏」から独立していったと考えられている[68]。鎌倉期において，持続的経営体としての家，すなわち家系を確立できた下限は御家人級の武士であったと思われるが[69]，戦国期における村請制の確立，そして太閤検地と近世初期の検地を経て本百姓の所有権が確立されると，家制度は国土を覆い尽くすことになる。この家制度の重要な特徴は，当代家長個人の消費ではなく，継続的な家計収入の最大化を目的とする「王朝モデル」的な構造にあった。仮に当代家長の効用最大化と継続的な家計収入の最大化とが矛盾することがあれば，後者が優先されたのである。

　戦場においてその論理は，「一所懸命」，すなわち自家の所領を維持拡大するためには当代家長は戦死をも受け入れるという先鋭的な形をとって現れた。そして，戦争がなくなった近世期の武士，あるいは農民である本百姓の場合であれば，それは，経営者として適性を欠く家長を親族会議において解任して強制隠居させる制度，すなわち家長廃立制度として機能した。自生的に形成されたこの制度は，近世期には幕府によって公認され，公的な財産権制度の一部を構成した[70]。

　当代家長の機会主義的な行動を抑止する制度として機能してきた家長廃立制度は，明治維新後もただちには廃止されず，廃戸主制度として維持された。しかし，それは自然人個人に財産権を帰属させる近代私法の発想になじまない。1880年代までは家長廃立制度は廃戸主制度として残ったが，家産の所有者を家と見る

---

68) 義江 (1985)，31-36頁。
69) 石井 (1987)，338-339頁。
70) 近世大名の家長廃立制度も形式的には親族会議における家長解任であり続けたが，17世紀半ば以降，実質的には，大名およびその親族とともに経営に参画する重臣による大名解任（「主君押込」）も幕府に許可されるようになった。笠谷 (1988)，165-167頁。

か個人と見るか,すなわち,廃戸主によって財産権が新戸主に移転するのか否かについては政府内にも対立があった。さらに,未施行に終わった1890年民法(旧民法)は廃戸主制度を全廃したが,それは穂積八束ら保守派の強い反発を受けた。しかし,1896年に公布施行された民法も,結局,廃戸主制度を全廃した。法は永続的な家に尽くす忠孝ではなく家長個人の自由を保護することに決着したのである[71]。そこに至る過渡期には,家族と家長個人とが裁判において対立することもありえたが,裁判実務においては,民法公布を待たずに,土地所有権を家族ではなく個人に認める方向に傾いていった[72]。太閤検地以来,小農家族の所有地であった耕作地は,戸主個人の一存で処分しうる個人の財産となったのである[73]。王朝的な最大化行動が利己的な最大化行動に置き換えられたことが,経済成長にどのような効果を及ぼしたのかは今後の検討課題であるが,少なくとも,土地市場および土地抵当金融市場の流動化には貢献したであろう。

　また,債権の普遍的な保護は,近代的な金融制度の導入とあいまって,匿名的な金融市場を極めて短期間の間に誕生させた。全国の地方銀行の為替網は既に相互に接続されていたのである[74]。1859年における自由貿易の開始にともなって,地方市場は横浜市場に反映された国際市場価格に敏感に反応し,近代製糸業の成長をもたらした。その急激な変化の要因のひとつは,欧米の領事裁判権を押し付けられて作られた横浜市場が効率的であったことにあるが(第4章),横浜と地方の財市場と金融市場を一元的に統治する司法制度と,その下で発達した荷為替金融網もまた,製糸家の機動的な行動に不可欠の条件であったことは言うまでもない。

　企業とは,金融市場や労働市場,原料市場といった生産投入要素の市場と,製品を販売する財市場とをつなぐ組織である。そして,財市場側はもとより,要素

---

71) 川口 (1998), 184-185, 252-253, 296-297 頁。
72) 佐藤 (1980), 64-70 頁。
73) 現代の日本においては,アメリカに比べれば王朝的な貯蓄動機がわずかに強いものの,利己的な動機の方が圧倒的に大きく,実態としての家制度とそれを支える信念の体系としての家意識は解体している(ホリオカ (2002), 32-34 頁;Horioka (2002), pp. 42-46)。穂積八束の恐れた通り,「日本固有法」の「忠孝」は民法とともに滅びたと言ってよいであろう。
74) 靏見 (1991), 102-151 頁。

市場側においても匿名的な取引が支配的な，自由な市場経済が成立しているような社会を，私たちは資本主義社会と呼んでいる。そうした社会が成立すれば交易の範囲が一挙に広がるから，資源配分の効率性は増し，財とサービスの生産は拡大するであろう。財市場と要素市場における匿名的な取引の拡大を背景に産業化が急激に進む現象が「産業革命」であり，日本においては，司法制度の整備を重要な背景として 1880 年代半ば頃に始まった。

匿名的な市場において生産要素を調達するとは，たとえば，東京株式取引所（現東京証券取引所）において株式を発行して設備投資に必要な資金を得ることであるが，それが，顔の見える継続的な関係から資金を調達する[75]よりも低利回りであるためには，株主の残余利益請求権を裁判所が保障することが不可欠である。さらに，1880-1890 年代における株式投資熱は市中銀行による証券担保金融に支えられていたが，その前提には，日本銀行が証券担保付きの手形を再割引する仕組みがあった（第 3 章）。

株式会社による資金調達は，企業の所有者である株主と実際に経営に従事する経営者とを分かつことになる。そして，企業経営に関する情報をより多く保有するのは経営者であるから，彼らが株主の利益に仕えるように企業統治が機能しなければ，資源配分が歪められてしまうことになる。産業革命期の主要産業であった近代紡績業の場合，株主は，概して，長期的な成長が見込める企業の経営者には配当の増加ではなく設備投資を，成長の見込めない企業の経営者には配当の増加を求めており，役員報酬の設計を通じて経営者をそれに従わせていた。近代紡績業の急激な成長もまた，大勢としては，合理的な投資家が参入している効率的な資本市場によってもたらされたのである（第 5 章）。

③**労働市場の統合**　明治維新後における移動の自由の保障と，その裏付けとしての戸籍の一元化，そして寄留(きりゅう)によって本籍と現住所との間の労働移動はより容易となり，労働市場の統合が促された。山村から産業都市に急成長した長野県諏訪郡の近代製糸業の例を挙げるまでもなく，労働移動の自由がなければ，産業革命は不可能であったと言っても過言ではない[76]。しかし，労働市場における匿名的な取引の拡大は業種によって様々であった。雇用契約とは，特定サービス

---

75) 中村（2011），100-243 頁。
76) 斎藤（1998），109-134 頁。

を提供することではなく，労働時間内において雇用主の裁量に服することを約束する契約である。そこには，契約前には労働の質を識別しにくいこと，そして，契約後においても，作業の完全な監視が不可能である以上，自由意思を持つ労働者の働き方は雇用主が希望する働き方とは異なりうること，それらゆえの問題が生じる。そこで企業側は，労働者が企業側の指示に沿って働くことが労働者の所得増大につながるように誘因体系を設計し，事後における情報の非対称から生ずる厚生の損失，すなわちモラル・ハザードを抑えようとした。また，労働市場における取引も，契約後における誘因体系に合わせて，事前の情報の非対称から生ずる問題，すなわち逆選択を抑えるように工夫されていた（第1節2項②）。

長野県諏訪郡の近代製糸業の場合，必要とされる技能は標準化されていたので，誘因体系としては，一律の基準によって労働成果を賃金に反映させる仕組みが採られていた。技能が標準化されているがゆえに企業間の労働者の引き抜き合いも活発であり，雇用契約も一般に1年以内であった。そして，労働市場においては，労働者の移籍にともなう企業間の取引費用を小さくするために，雇用労働者を業界団体に登記して交換する私的な制度が運営されていた[77]。

これに対して，福岡県筑豊地方の炭鉱業の場合，1880-1890年代においては，伝統的な技能への依存度が高かったため，市場における労働者の調達も，坑内における労働者の監視も，納屋頭（なやがしら）と呼ばれる中間管理者に担われていた。納屋頭は企業との間に業務請負契約を結び，そして自ら選別した労働者を納屋と呼ばれる組織において管理したのである。しかし，1900-1920年代にかけて，新たな採炭法の導入と機械化が進むにともなって，伝統的な技能の必要性が低下するとともに企業側による監視の技術的困難は減少する一方，企業内における近代的な技能訓練の必要性が増していった。そのため，次第に納屋は廃止され，企業が労働者と直接に雇用契約を結ぶ労働組織に移行するとともに，匿名的な市場における未経験者の採用も積極化し，また長期勤続を促す誘因体系が導入された（第7章）。

---

77) 中林（2003），289-330頁。

3 企業組織の深化と内なる差異の創出

1) 企業における定型業務

　企業とは，市場と代替的な資源配分の仕組みのひとつである[78]。企業の最小単位を構成する雇用契約を考えてみよう。弁護士業務，会計士業務，医療業務，派遣労働業務，日雇い労働業務といった業務（サービス）の市場においては，取引の事前に業務が定義され，定義された業務が市場価格によって取引される。それに対して，労働時間を取引する雇用契約の場合，従事する業務は事前には定義されない。被使用者は，雇用契約に定められた労働時間内において使用者の裁量的な指揮命令に服し，使用者が望む業務を望む時に供給する債務を負う。一方，使用者は，その労働時間内に被使用者に発生させた業務の市場調達価格の如何にかかわらず，雇用契約に定められた賃金を支払うことを保証する。市場価格で買い取った労働時間内に提供させた業務を組み合わせた生産活動の原価が，個々の業務を市場から調達して組み合わせた場合における積み上げ業務価格の合計よりも小さければ，その差額である残余が，市場取引を通したならば実現できなかった利益として，企業に帰属する。企業とは，この残余利益を最大化するために，業務受託者が提供する業務を自由に組み合わせる残余制御権を行使する組織にほかならない（第1節2項③）。

　残余利益が負の場合，企業は組織されないし，また，ある部門がもたらす残余利益が負となった場合には，部門の売却や外製化，あるいは派遣労働への切り替えといった形で，その部門は企業から切り離されるであろう。一方，ある企業が持っている何らかの特性により，市場において取引している業務や部品の生産を内製化すれば残余利益を得られる可能性がある場合，その部門は新規事業として立ち上げられたり，あるいは当該事業を営む他企業の買収が行われたりする。

　業務の組み合わせにおいて企業が市場に優越する場合とは，端的には，市場価格が与える誘因よりも，企業が与える賃金や昇進体系といった誘因の方が，被使用者により効率的に業務を提供させ，組み合わせることができる場合である。そ

---

78) 伊藤 (2010a), 15-17 頁。

れは，典型的には，業務受託契約の後における情報の非対称性が深刻な場合である。

業務の量と質を完全に監視することができれば，当該業務の限界価値を価格として取引することにより，社会的に最適な資源配分が実現される。しかし，個々の業務の量と質を監視することが技術的に困難である場合や，状況の変化に応じて随時に業務の組み合わせを変える必要がある場合などには，市場価格による個別業務の取引はそれに応じて難しくなる。けれども，一定の労働時間を拘束して努力に正相関する指標を収集し，業務の質，量と正の相関を持つ指標に賃金を連動させるような誘因を設計できれば，市場の価格機構に委ねるよりはましな次善解を得ることはできるかもしれない。

もちろん，拘束すれば業務の質と量を確実に知ることができるというわけではない。企業内においてそれが可能ならば，市場においても可能であるはずであり，したがってその業務は企業内に取り込まれてはいないであろう。さらに，状況の変化に応じる可塑性の高さを求められる業務の場合には，それを事前に定義することは困難である。それゆえ，現実の企業においては，起こりうる状況に対して労働者が採るべき行動について，緩やかな幅を以て定め，その幅の範囲内に収まる行動に誘因を与える仕組みを採っている。起こりうる様々な事象の下において提供すべき業務に確率を割り当てる信念の体系を「企業文化」，あるいは「うちの仕事の回し方」などと呼び慣らわされる命題の体系として共有する。企業は，この信念の体系を前提として，賃金体系等の誘因を用い，一定の幅を持った定型業務（routine）の遂行に労働者を誘導する。この定型業務の質が，企業組織の効率性を，したがって収益性を左右することになる[79]。たとえば，企業買収において，被買収企業の事業所の生産性が上がる場合，それはしばしば，より優れた定型業務が移植されることによる（第6章）。定型業務と誘因体系の改善によって，市場よりも，すなわち他企業よりも効率的な組織を作り，他企業が追い付いてくるまで超過利潤を獲得する。それが企業による利益の創出である。それは，組織内部に，他企業に対する差異を創り出し，裁定益を獲得する営みと言ってもよい。

---

79) Teece (1982), pp. 43-46.

2) 熟練の調達と創出

　企業組織に組み上げられる人的資本は，人間に生まれながらに備わっているわけではない。目指す職業に従事する特定の個人に学び，個人特殊的な人的資本に投資することが望ましいのか，それとも，学校や，あるいは異なる職場経験を重ねることによって一般的な人的資本に投資することが望ましいのか，特定の業界において経験を積んで産業特殊的な人的資本に投資することが望ましいのか，あるいは，特定の企業において企業特殊的，もしくは事業所特殊的な人的資本に投資することが望ましいのか。その決定は，生産技術に関する情報を，どの経済主体が，どの程度偏って持つかに依存する。たとえば，近代製糸業や近代紡績業のように，明治維新後に突然に移植された産業の場合，在来製糸業や在来綿業における熟練は役に立たなかったし，それゆえ，企業の外側に熟練を身につける場もなかった。労働者の大多数を占めた若年女子は，小学校卒業後，他に雇用経験を持たずに近代製糸工場や近代紡績工場に入職し，製糸機械や紡績機械を操作する産業特殊的な熟練を修得した。

　これに対して，伝統工法である残柱式採炭法と手掘りに依存していた筑豊炭鉱業の場合，採炭技術に関する知識は，企業ではなく作業現場に蓄積されており，その技術を操作する熟練の形成過程は企業側が観察できない領域であった。契約前において熟練の質を判断する知識，そして契約後においてその熟練の行使を観察する知識を企業が持たない場合，企業が直接に労働者を採用し，管理することは，最も望ましい次善解とはならない。現場の知識を集積した納屋頭と呼ばれる間接管理者に，採炭費を一括して渡し，労働者の採用と監視を委任することになる。この間接雇用管理には，当然に，納屋頭への情報レント移転がともなう。にもかかわらず，納屋頭に帰属する情報レントが，直接雇用管理下における情報の非対称性がもたらす損失よりも小さい限り，間接雇用管理の方が，よりましな次善解であった（第7章）。

　1880年代まで支配的であったこうした間接管理が変化し始めるのが，1890年代以降である。坑内運炭設備や坑内排水設備の機械化により，その工程に関する知識が企業に属するようになると，その工程においては間接管理が排され，直接管理と直接雇用に移行した[80]。さらに1900年代に入ると，採炭鉱夫についても，直接雇用の部分的採用や，納屋頭による管理を弱める漸進的な直轄組織化が図ら

れるようになる。採用を直轄化する試みにおいて注目されることのひとつは，鉱業経験のない農業出身者が，既存の大規模納屋だけでなく，企業側による改革の試みである「直轄」納屋においても積極的に採用されていたことである。採用の直轄化は，人的資本投資の直轄化を同伴していた（第 7 章）。そして採炭工程の機械化が進む 1920 年代，炭鉱業における間接雇用管理組織である納屋は消滅する[81]（第 8 章）。

3） 内部労働市場

炭鉱の鉱床にはそれぞれの個性がある。また，造船業や製鉄業といった装置産業においても，個々の事業所ごとに設備の癖がある。こうした産業においては現場に蓄積される事業所特殊的な知識が生産性を左右する。伝統技術に依存していた炭鉱業において納屋頭が労働者の採用と育成において企業に優越し，情報レントを獲得しえた理由のひとつもそこにあった。これらの産業における事業所特殊的な知識構造は，職場を運営する技術が近代化し，その技術そのものについて企業側が情報優位に立ったとしても変わらない。近代化にともなってそこで起こることは，労働者の不熟練化ではなく，企業による事業所特殊的な熟練の再編であった。企業側が長期雇用と内部昇進を保障し，労働者に企業特殊的な人的資本の投資を促す内部労働市場がこうして形成される。そうした変化は突然に生じたわけではない。1900 年代に直接雇用を始めた炭鉱業において，直接雇用の対象に鉱業未経験者が少なからず含まれていたことは，間接雇用から直接雇用への漸進的解体が，企業主導の人的資本投資への移行をともなっていたことを物語っている。こうして，1920 年代，炭鉱業においては，労働者によって構成される職場組織の自律性が解体され，企業が長期的な人的資本投資を誘導する内部労働市場への移行が進んだ（第 8 章）。

もちろん，内部労働市場の形成は，伝統的な技術に関する知識が職場に蓄積された産業にのみ形成されたわけではない。近代造船業や近代製鉄業といった移植産業にも見られた[82]。これらについて特筆すべきは，装置産業が，その社会にお

---

80) 隅谷（1968），313-315 頁。
81) 荻野（1993），407-410 頁。
82) 尾高（1984），224-228 頁。

いて同時に移植産業である場合には，人的資本の特殊的性格は，むしろ強められるということである。特定企業の装置や組織と補完的である企業特殊的な人的資本は，一般的な人的資本と比較して，他企業に販売した場合の留保価格が低い。それは，労働者側から見て，人的資本投資の完了後，その留保価格の低さに付け込んで，企業が賃金切り下げを図るモラル・ハザードの可能性があることを意味する。その蓋然性が高ければ，労働者は企業特殊的な人的資本投資を控え，一般的な人的資本にのみ投資するであろう。そうした悪い均衡を避けるために，企業は長期雇用と内部昇進を保障し，企業特殊的な人的資本投資の長期的な収益の割引現在価値が，一般的な人的資本に投資した場合のそれよりも高くなるように誘因を設計する。

しかし，仮に労働市場の摩擦が大きく，そもそも他企業に移る費用が大きい場合，一般的な人的資本に投資した場合の留保収益はそれに応じて低くなる。したがって，より低い割増賃金によって企業特殊的な人的資本投資を誘導できることになる。移植産業が，異なる技術体系を持つ伝統産業のなかに島のように点在するとき，移植産業の労働市場において新たな雇用者を探索する費用は極端に大きくなり，企業側にとっては，企業特殊的な人的資本投資を誘導する内部労働市場をより容易に形成できることになる。かくして，造船業や[83]製鉄業といった移植産業においても，1920年代終わりには内部労働市場が強固に形成されてくることになる（第9章）。

おわりに——本書の構成

第三者執行による匿名的な取引の可能性を拡大することが市場統合を加速し，社会的厚生を増大させる。江戸幕府はそれを認識し，司法業務を提供するとともに，日本市場初めての国民通貨を確立した。その意味において，江戸幕府の統治は，間違いなく日本における近代的な市場経済の出発点であった。同時に，18世紀以降，司法業務提供の拡大は鈍化し，また，直轄都市外への司法制度の拡大も限られており，さらには要素市場はむしろ政策的に分断されていた。明治維新

---

83) 尾高 (1984), 191-259 頁。

は司法制度の確立によって，18世紀以降，停滞していた財市場の統合を再び加速させるとともに，分断されていた土地市場，金融市場，そして労働市場を継起的に統合していった。その延長上に19世紀終わりの企業勃興があった。それが，本書が依拠する基本的な理解である。

第Ⅰ部「取引の統治と市場の形成」においては，取引の標準化が相対的に容易であるがゆえに，早くから統治の近代化と匿名的な取引の拡大が始まる嚆矢をなした財市場と金融市場に焦点を当てる。

第1章「財市場と証券市場の共進化―近世期地方米市場と土地市場の動態―」（髙槻泰郎）は，幕府司法による債権保護の下に，諸藩が発行した米兌換短期証券である米切手を取引する大坂堂島米会所が米の中央市場として機能し始めることを前提に，さらに地方米切手市場である大津市場が大坂市場に効率的に連動し，その連動が地方実物米市場の統合を促す過程を分析する。幕府司法はもとより十全ではなく，世界最古の商品先物市場である堂島米会所は，近世日本における達成の頂点を示すに過ぎず，全体の写像ではない。近世経済史とは，その頂点が中央から地方の財市場と金融市場を動的に統合してゆく過程であった。そのことは，法の支配が貫徹する近代的な市場と，継続的な取引関係によって統治される共同体との間に，いずれの統治も徹底しない灰色領域が広範に存在したことを意味した。そして，後者に属する者が前者に移行しようとするとき，この灰色領域において，しばしば共同体との間に深刻な軋轢が生じる[84]。第1章が分析する近江国蒲生郡鏡村の玉尾家もその一例である。

玉尾家は，その最前線において，自身は中央米市場と中央証券市場に参入して商人および投資家として活動しつつ，中央市場に参入するリスク耐性を持たない小農に対して農業金融を提供することを生業としていた。しかし，その生業は近世期を通じて単調であったわけではない。近世中期までは村境を越える小作契約を一定数抱え，顔の見える継続的な取引関係からも利益を得ていた一方，米切手市場への投資には必ずしも積極的ではなかった。小農に，より多くの余剰の帰属

---

[84] 吉田（2002）が活写した三井越後屋と呉服問屋仲間の間の摩擦もその一例と言えよう。近代化とともに継続的関係に依拠する共同体の統治領域が縮小するにともなって，近代的な市場との境界領域である灰色領域は縮小するが，消滅することはない。たとえば，小島（2011）および坂口（2012）は，1920-1930年代の長野県下伊那郡の農村を素材として，共同体と政府の統治の境界に生じる機会主義的な行動とその収束を追った分析である。

を認めることによって内生的な取引統治を維持し，長期的な成長を志向する経営であったと言ってよい．しかし，18世紀後半の当主玉尾藤左衛門は，父祖の経営方針を転換する．村社会との軋轢を恐れることなく藩の司法制度を頼り，自身の土地所有権を確定し，そして法の許す限界まで残余請求権を主張するようになる．そして，それにともなって，小作契約は法の支配が貫徹する自村内に集約したのである．加えて，幕府司法によって保護される有価証券である米切手への投資を拡大した．

第2章「財政国家の成立―財政基盤の確立と公債市場の成立―」（中林真幸）は，明治維新後における急速な資本市場発達の原因のひとつを，公的金融の安定した拡大に求め，財政と公債市場の歴史を俯瞰する．近世期，中央政府である幕府は国債も紙幣も発行せず，近世期の公債市場は，幕府司法が債権を厳格に保護する地方政府債市場である堂島米会所に限られていた．近世日本社会は，規模は小さく，しかし安定した公債市場の緩やかな成長を，中央政府の債務不履行や通貨信認の崩壊を経験せずに，見守ったのである．明治維新後，主権国家体制の軍備拡大圧力が財政赤字爆発と国債暴落を誘発する可能性もありえたが，地租改正，自由民権運動，大日本帝国憲法，そして国際金本位制への参入と，通貨と国債の信認を守らざるをえない制約条件が隙間なく課され，結局，幕府幣制が確立された1636年から戦時統制期に至るまで，300年にわたって，日本国民が証券市場の溶解を経験することはなかった．戦前期の日本経済は直接金融への依存度が極めて高い経済であったが，その背後には安定した財政と公債市場の成長があった．第2章は，その300年のなかでも，財政規律が試された時期のひとつとして，初期議会における財政立憲主義の確立に焦点を当てつつ，財政国家の成立過程を概観する．

第3章「株式市場の誕生と金融政策の成立―日本銀行と資本市場―」（中林真幸）は1890年代における金融市場の拡大を支えた日本銀行の金融政策を分析する．1880年代後半，近代紡績企業や鉄道企業に設備投資資金を供給し，その勃興を支えたのは，日本に初めて訪れた株式投資熱であった．この株式投資熱は，実は，個人投資家が振り出す株式担保付融通手形の割引を経由した銀行資金によって支えられていた．政府と日本銀行が想定した商業銀行業務を大きく逸脱したこの投資業務は，1890年初め，日本の株式市場に初めてのバブル崩壊が訪れ

たときに露呈した。これに対して，日本銀行は，優良銘柄に限って担保評価額を設定し，その評価額によって株式担保品付融通手形を再割引する政策を発動し，以後，これを維持した。商業銀行に対してではなく，株式投資家に対して「最後の拠り所」として行動し，指定銘柄について日本銀行が設定した担保価格以上にとどまるまで株式市場に資金を供給するこの政策が，株式価格の分布を歪め，投資家や銀行に過剰なリスクを取るよう誘導した面があったであろうことは否定できない。しかし，中央銀行が潤沢に供給する資金を背景に商機を求める投機資金が，1880-1900年代の駆け抜けるような企業勃興を加速させたことは，紛れもない事実である。

匿名的な市場が国民経済を覆い尽くして歴史が終わる，わけではない。異なる相対価格体系を持つ閉じた共同体が開かれ，異なる相対価格体系が裁定され，市場が統合されると，経済発展の動因は，再び取引を市場から引き揚げた企業に移る。第II部「市場と企業」は，代替的な資源配分機構としての市場と企業の境界，市場と企業の相互作用を分析する。

1880年代半ば，国際生糸市場において需要の中心がフランスからアメリカに移るという構造変化が生じつつあった際に，アメリカ向けの近代製糸業が勃興し，蚕糸業の産業組織が，在来製糸業を中心とするそれから近代製糸業を中心とするそれへと速やかに再編された。国際市場に対する敏感な反応が近代製糸業に超過利潤をもたらし，それが誘因となって産業組織の再編が進んだのである。第4章「市場と生産の相互作用—横浜生糸市場と蚕糸業の再編—」（中林真幸）は，そうした迅速な反応を可能にした条件のひとつとして，1858年の欧米との修好通商条約によって設置された横浜開港場市場が，国際市場の相対価格を効率的に反映し，内地の製糸業者と養蚕農家に適切な情報を迅速に伝えていたことに注目する。再編期，横浜市場の生糸価格に変化が生じると，近代製糸業者は生産を増やす反応を示し，養蚕在来製糸農家は近代製糸業者に対する繭供給を増加させる反応を示した。そこには，商人的対応，すなわち市場取引から，企業組織内へと生産が取り込まれる過程が映されている。

企業は，取引費用において市場に優越するところまで拡大し，そこで成長を止める[85]。そして，生産現場近傍における企業内取引の市場取引に対する優位は，生産に必要な情報が生産現場局所に偏在していることに起因している。そして，

企業が優越する生産現場近傍を越えた領域においては，世界の様々な次元において生じている事象を，相対価格という一次元の値に減価して伝達する価格機構を用いる市場取引が効率的である[86]。周囲を自由市場に囲まれていない企業は，より非効率な企業間取引を強いられるし，また市場との競争を失えば，企業内取引の効率化においても妨げとなる。生産現場近傍において企業と市場は代替的であるが，経済全体として，「見える手」が「見えざる手」に代わることはないし，代わらない方がよい。この自明な命題がしばしば問い直される場面が，企業統治である。株主利益を追求する資本市場と，持続可能な企業経営とが原理的に矛盾するかのような謬見に接することは珍しくない。持続的な成長による持続的な賃金の支払いを望む従業員の利益と，可能であれば持続的な株主価値の成長を願う資本家の利益とは，原理的に相反するわけではない。しかし，同時に，経営者を含む従業員と株主との間における情報の非対称性が，経営者の機会主義的な行動への疑念を呼び起こし，株主を短期的な利益回収に走らせることも現実には起こりうる。従業員は企業組織の効率性を決める定型業務に関する知識を豊富に蓄積している。そうした彼らを取締役に登用し，高度な経営判断に関わらせることは，技術的に望ましく，したがって，他の条件を一定とすれば，株主にとっても望ましい。1880年代の企業勃興期以降，取締役は一般に大株主によって占められてきたが，1900年前後から，大企業においては従業員を取締役に就かせる動きが広がって来る。企業の所有者ではない彼らを経営者に加えることは，潜在的にモラル・ハザードを惹起しうる。企業の長期的な成長を追求する均衡を維持する上で，取締役会の透明性はより強く求められることになった。第5章「企業統治の成立―合理的な資本市場と紡績業の発展―」（結城武延）は，大阪紡績会社を事例に，株主と企業の間における情報格差を緩和し，持続的な成長を可能にする装置としての取締役会の機能を分析する。

企業は，取引統治の効率性において市場を上回る場合にのみ，存在する意味がある。近代市場経済において，こうした企業と市場の代替性は，企業の境界の揺らぎに現れる。市場に優越できないのであれば，企業は，市場を介した購買先，販売先として他企業と取引すればよいし，市場に優越できるのであれば，他企業

---

85) Coase (1937), pp. 401-403.
86) Hayek (1945), pp. 524-526.

を買収して境界を拡げればよい。1900年代の近代紡績業は，市場に対する優越を指向した大合併の時代にあった。そのなかでも，たぐいまれな成功を収めた企業が鐘淵紡績会社であった。他企業にまだ知られていない，卓越した定型業務は，伝達の難しい信念の体系によって編み上げられているからこそ，他企業に知られることなく，自企業の優越をもたらす。こうした定型業務の性質は，しかし，合併にあたっては被買収事業所への移植困難という結果をももたらしうる。第6章「企業組織内の資源配分―紡績企業における中間管理職―」（結城武延）は，鐘紡においてその矛盾を解き，本社の母工場において形成された定型業務を移植する上で死活的な役割を果たした中間管理職に注目する。

　産業革命期の主導的な産業であった近代製糸業や近代紡績業においては，職場における人的資本投資に要する時間は必ずしも長くはなく，生産性の差は生まれつきの能力の差により大きく依存していた。そのような産業においては，企業の組織としての優越性を左右するのは，生産過程を組み合わせる企業組織の設計であり，また，能力ある労働者から勤勉な行動を引き出すための短期的な誘因であった[87]。しかし，鉱山業や重工業のように，人的資本投資の限界収益が長期にわたって正となる産業においては，労働者に与えられる人的資本投資への誘因の巧拙が組織としての生産性を左右する。第Ⅲ部「内部労働市場の成立」は，労働者の人的資本投資を誘導する仕組みを競い合い，組織としての効率性を高めてゆく鉱工業として炭鉱業と製鉄業を取り上げ，両大戦期から第二次世界大戦後期における内部労働市場の形成と深化を分析する。

　1880年代まで，筑豊炭鉱業においては，伝統的な採炭法と採炭技術を用いる人的資本の長期にわたる投資を促す現場組織が生産過程を支えていた。鉱夫の採用から育成，生産工程における監視を一貫して請け負う納屋が生産組織の中核だったのである。しかし，1890年代の運炭工程と排水の機械化に始まる生産技術の進歩は，それに応じて，生産過程において納屋が持つ圧倒的な情報優位を掘り崩してゆき，そのことは，労働組織の変化をもたらした。生産技術の知識を持つ企業は，納屋頭よりも効率的に労働を監視し，また，人的資本投資を誘導できるようになるからである。しかし，炭鉱の近代化は短期間に進んだわけではな

---

87) 中林（2003），241-288頁。

い。特に採炭工程における近代化は，残柱式採炭法の改良，長壁式採炭法への移行，そして採炭機械の導入へと，1900-1920年代において漸次的に進行した。第7章「労働市場と労働組織―筑豊炭鉱業における直接雇用の成立―」（森本真世）は，炭鉱における情報構造と労働組織の対応関係を整理した上で，麻生炭鉱における労働組織の変化を分析する。緩やかに進む情報構造の変化に合わせた組織の変化もまた，緩やかでかつ複線的であった。特筆すべきは，現場に蓄積された知識を活かしつつそれへの管理を強めるために試みられた，納屋頭の下の「組」を単位とする労働者集団管理の直轄化，そして，従来の大規模納屋と併存する「直轄」納屋の設置である。1900年代においては，従来の大規模納屋と直轄納屋のいずれも，積極的に鉱業未経験者を雇用しており，人的資本投資の経路は併存していた。そして，大規模納屋に入職した新規参入者は，熟練を形成すると，熟練労働者間の水平的なネットワークを通じて炭鉱を移動した。一方，企業側は新規参入者を積極的に直接雇用すると同時に，熟練労働者も組単位で直接雇用し，熟練形成を内製化しようとしていたのである。

　1900年代において既に筑豊炭鉱労働市場の統合は進んでおり，鉱夫は広域を移動して職を求めた。人的資本投資にあっても，当初は大規模納屋に入職し，その後，いくつかの納屋を移動して，どこの炭鉱でも使えるような，企業特殊的ではなく産業特殊的な熟練を身につける傾向を強く持っていた。一方，近代化された有力炭鉱の場合には，労働者を長期にわたって勤続させ，新技術に慣れる企業内熟練の養成を促すことによって，生産性を上昇させうる条件が整いつつあった。1900年代においても，ごく一部の炭鉱は勤続奨励金などの誘因によって優良な鉱夫を長期勤続させることに成功しているが，1920年代には，有力炭鉱の多くが，福利厚生の充実と勤続を奨励する賃金体系の整備により，長期勤続を実現させていた。第8章「内部労働市場の形成―筑豊炭鉱業における熟練形成―」（森本真世）は，長期勤続の奨励によって企業内養成熟練の形成を図る内部労働市場の形成を分析する。納屋内熟練の形成から，企業内養成熟練の形成への転換において特に重要な意味を持ったのは，長壁法の採用であった。残柱式採炭法の下において納屋頭が掌握していた，効率的な採炭と適切なリスク管理に必要な知識は，長壁法の採用とともに，企業側の技術者に帰属することになったからである。もちろん，不確実性の高い坑道内における組織変化には，それに応じて信念

の体系が変化することも重要であり，実際，炭鉱労働組織の変化は，鉱夫の信念の体系の変化を慎重に図りつつ，進められた。

1920年代に内部労働市場が形成されていたのは製鉄業においてもまた同様であった。第9章「内部労働市場の深化と外部労働市場の変化―製鉄業における教育と経験と賃金―」（中林真幸）は釜石製鐵所のパネル賃金系列を用いて，1920年代末から1960年代末に至る内部労働市場の深化を分析する。この時期を通じて内部労働市場はよく機能していたが，いくつかの点で，大きな変化を経験していた。第一は，外部労働市場における経験と内部労働市場における勤続に対する評価の変化である。1920年代末から1960年代末までを通じて，外部労働市場における経験は賃金に正の影響を及ぼしており，外部労働市場における一般的な，もしくは産業特殊的な人的資本投資が評価されていたこと自体に変わりはない。しかし，内部の体系的な研修の受講者として選抜される者に限ってみると，戦後に顕著な変化が生じている。戦後においては入職前労働市場経験年数の少ない者が優先的に選抜されるようになる。第二は，就学の収益の変化である。戦後においては，義務教育の延長，そして高校進学率の上昇によって，就学年数が持つ差別指標としての意義は大きく低下した。にもかかわらず，就学年数の増加にともなう賃金の増加は，戦後において顕著に大きくなったのである。第三は，一般的な人的資本投資において職業経験が持つ意義の低下である。教育年数を制御すると，釜石製鐵所入職前の職業経験の収益は，1950年代以降，顕著に低下したことが観察される。設備の近代化にともなって学校において投資される一般的人的資本の収益性が高まり，公教育が，外部労働市場における一般的人的資本投資を置き換えつつあったと推測することができよう。ただし，同時に強調すべきことは，1960年代末までにおいて，中途採用は一貫して重要な比率を占め続けており，採用を新規学卒者に絞る「就社」社会は，ついに誕生しておらず，菅山（2011）が1950年代について描いた活発な中途採用市場は，1960年代においても機能していたということである[88]。1960年代までの製鉄業における内部労働市場は，第8章が炭鉱業について分析したそれと同様，比較的広い階層において外部労働市場に開かれていた。大企業の中途採用市場が極端に不活発な「日本的」

---

88) 菅山 (2011), 258-337, 423-443頁。

雇用関係は，仮にそれが実在するとしても，1970年代以降の，比較的最近に形成されたそれと見なすべきなのかもしれない。少なくとも，1920-1960年代の鉱工業大企業において，内部労働市場とは，外部労働市場と接続している労働組織であり，欧米のそれと大きく異なるものではなかったのである。

第 I 部
取引の統治と市場の形成

第1章

財市場と証券市場の共進化
――近世期地方米市場と土地市場の動態

高 槻 泰 郎

はじめに

　市場で形成された価格に基づいて経済主体が意思決定を行う経済。これを市場経済と定義するならば，その展開の度合いは，市場価格に基づいて行われる経済活動が当該経済においてどの程度の領域を占めているかによって評価されることになる。我が国において，その領域が飛躍的に拡大した時代が中世であったことは大方異存のないところであろう。

　律令制下にあっても，貢租の一部が市場で換金されることは前提されていたため，市場経済の存在を見出すことは可能だが，中国より大量の銅銭が輸入された1270年代以降における年貢の代銭納化が，市場経済の進展に果たした役割は画期的に大きかった[1]。それまで年貢として京都に運ばれてきた生産物が，商品として産地から搬出されるようになり，全国規模での商品の流れが生まれる。荘園領主や地頭はもとより，生産者たる農民も，自らの収入を大きく左右する生産物の市場価格に目を光らせる。市場で形成される価格が人々の経済活動を左右する時代が到来したのである。

　しかし，それは市場が統合されていたことを意味しない。異なる荘園間において米価が異なりうることはもとより，荘園内においても，現地の地主（名主職（みょうしゅしき）

---

1) 桜井／中西（2002），44-54，199-234頁。本章では旧暦の明治5年12月2日までは和暦を機械的に西暦に置き換え，それ以後は太陽暦に従って西暦と和暦を併記する。

保有者）と本所(ほんじょ)とで米価に関する見解が齟齬を来すことは珍しくなかった[2]。商品流通が全国規模で拡大したとはいえ，現地代官と在京荘園領主との間で個別分散的に商品がやりとりされる段階にあっては，価格の決定も個別交渉に委ねられることが多かったと言えよう。

　かかる限界を打破したものが，戦国大名の領国支配と，その下で進められた市場統合である（序章第2節）。1570（元亀元）年前後における中国銅銭の供給途絶によって銭貨流通が後退し，貢租納入において米現物納が一般的になったことは，一面では市場経済の後退をもたらしたと言えるが[3]，石高制を掲げる近世領主権力によって年貢の米納化が進められ，米という単一の財が大量に生産，取引されるようになった結果，大坂に中央米市場が生まれ，全国規模で米市場の統合を推し進めることになった。この点は数量的に裏付けられている。すなわち，全国各地で形成される米価が連動していたこと，とりわけ西日本においては，大坂を中心とする統一的市場圏が形成されていたこと[4]，そして幕府による貨幣供給に支えられて再浮上を遂げた年貢の代銭納について，そこで決定された石代値段と呼ばれる換算レートが，市場で形成される価格に基づいて決定されていたことがそれぞれ明らかにされている[5]。実際に大坂米市場において形成された米価は情報効率的，すなわち情報を速やかに米価へと反映させていたという意味で効率的であり，そして隣接する大津米市場も，その大坂米価を速やかに価格へと反映させていた[6]。

　さらに，領主米市場が在地における商品作物生産とも密接に結び付いていたことが明らかにされている。近世中後期の畿内，瀬戸内地域の農村では，田方綿作が発展した結果として，飯米としての他国米購入，年貢買納が行われ，特に摂津国平野郷では，19世紀初頭には，大坂より相場状が取り寄せられ，恒常的に堂

---

2) 桜井／中西（2002），211-213頁。
3) 桜井／中西（2002），44-54頁。
4) 宮本（1988），386-425頁。
5) 岩橋（1981），45-126頁。
6) 髙槻（2012），294-367頁。情報効率性はFama（1970）によって定義された概念であり，そこでは「市場がある情報に関して効率的であるとは，その情報に基づいた投資戦略をどのように策定しても，過大な投資収益を平均的に稼ぐことができないことを指す」と定義されている。情報効率性を巡る近年の議論を整理したものとして小林（2006）を参照のこと。

島より西国米が購入されていた[7]。畿内，瀬戸内地域という経済的先進地域に限られるとはいえ，比較優位のある産業に特化し，地域内市場に留まらず，積極的に域外市場と接続することによって交易の利潤を得る農民が生まれていたのである。

情報を的確に反映して形成された大坂米価が，他の領主米市場によって参照され，また在地社会における経済活動によっても参照される。畿内領主米市場とのつながりを持っていた地域に限られるとはいえ，領主米市場と農村とが同一の市場圏に包摂されていたという事実は，中世以来，連綿と続いてきた市場経済の展開が迎えたひとつの到達点として評価すべきである。

近世期経済のかかる達成には司法制度による統治が大きく寄与していた。序章第2節で述べられている通り，商取引において特定の団体や商人が，市場における秩序維持を担う対価として排他的な営業権を安堵されるという中世的商秩序が，戦国大名権力の登場，幕藩領主権力の確立にともなって否定され，商取引において紛争が生じた場合には，町（ちょう）や仲間などの中間組織が，幕藩領主の監督を受けながら第一次的な司法を提供し，そこで解決されない場合には，上級審として幕藩領主の提供する司法が直接的にこれを裁くという新たな商秩序が確立する[8]。この恩恵を享受して発展を遂げたのが近世最大の市場たる大坂米市場である。

通常，米価と言えば実物の米の値段を指すが，大坂米市場において米価と言えば，第一義的には米切手（こめきって）価格であり，既存の経済史研究が大坂米価として参照してきた価格は，特に断りがない限り米切手価格であった。米切手とは，諸大名が大坂蔵屋敷において貢租米を売却する際に発行したものであり，1枚当たり10石の米との兌換を約束する証券である[9]。すべての米切手が発行後ただちに兌換

---

7) 本城（1994），35-36，61-62，88-121，188-189頁。
8) 宇佐美（2008）は，京都を素材として，町共同体による「噯（あつかい）」（紛争の調停）が市場の平和を担保していた中世から，幕府司法に包摂される形で町による「噯」が行われる近世への移行を描写している（84-116頁）。宇佐美（2008）は，町による「噯」が，京都所司代の監視下において進められたことを重視する。すべての出訴について，町年寄の付き添いが義務づけられていたことはその端的な表現である。町による「噯」に全面委任する段階，「噯」を京都所司代の監視下で行わせしめる段階，訴権を容認した上での内済勧告を行う段階，そして権力法によって裁許を行う段階へと歴史的に整備されていく動的な過程に，中世から近世への移行を捉えたのである。

請求を受けるわけではないことを利用して，諸大名は実際の在庫米量以上に米切手を発行して資金調達を行うことを常としていた。つまり，米切手は特定の米俵と1対1の対応関係にある切手ではなく，米を額面とする藩債として取引されていたのである。

蔵米との兌換請求に応じられている限り，当該米切手は問題なく売買されるが，ひとたび兌換信用力が失われれば，たちまち取り付け騒ぎに発展することになる。蔵米在庫量が市場に対して公にされることはなかったため，滞りが予想される米切手は忌避され，市場価格も下落した[10]。当然，逆もありえた。たとえば熊本藩，筑前藩，萩藩，広島藩の米は，1俵当たり含有量が正確に管理されており，かつ彼らの発行した米切手は兌換信用力が高く，担保としても歓迎されたため，高値で取引されたとする史料が散見される[11]。これらの事実は，米切手が藩債として取引されていたことを如実に示していると言えよう。

実際に蔵屋敷に積み上がっている米俵の数以上に米切手が発行され，それが堂島米会所で転々売買され，さらには金融市場において担保価値も持ったということは，近世米市場を単純に商品市場として理解すべきでないことを我々に教えている。米切手は，米現物の需要，供給について異時点間の平準化を可能にし，米現物が用意できていなければ取引が成立しない経済からの脱却を可能にしていた。つまり，米切手によって信用創造が行われ，経済の規模が拡大していたのである。無論，米切手が米を額面としている以上，米切手と米現物との兌換が約束されなければ，ここで生まれた金融市場はたちまち破綻する。1761（宝暦11）年に，幕府が空米切手停止令を発令し，米切手と蔵米との兌換を例外なく保障すると宣言したことの意義は，まさにこの点に存在する[12]。

米切手と米現物とのリンクが成立しているとの期待が形成されている限り，証券市場と商品市場との間に裁定が働く。証券市場において形成された米切手価格が，地方における商品市場において参照され，石代値段の算定基準となったとい

---

9) 島本 (1960)，2-47頁。
10) 髙槻 (2012)，69-80頁。
11) 「大坂米売買之大意」，547頁；「八木のはなし」，24-25頁。前者は作成者，年代ともに不詳である。後者の選者として北越逸民なる人物が示されているが，その属性や経歴は不詳である。作成年代は1852（嘉永5）年以降と推定される。
12) 髙槻 (2012)，202-211頁。

う事実は[13]，かかる期待が当時の市場参加者の間で形成されていたとして初めて説明が可能である。従来，近世米市場の発展と捉えられてきた諸事象は，商品市場と証券市場の共進化として捉えるべき事象であったのであり，その背後には中世以来，土地市場，財市場，農業金融市場へと浸透してきた司法制度による統治（序章第2節）が，近世期経済の中枢とも言える米切手金融市場へも浸透していく流れが看取されるのである。

　以上，これまでに明らかにされている中世から近世にかけての市場経済の発展という現象について概観してきたが，これを経済発展と読み替えるためには，追加的な実証が必要となる。一般的に，市場経済の浸透は経済厚生の改善を意味するため，中世から近世にかけて経済発展が実現していたと評価して差し支えはないが，それには市場経済が浸透することにともなうリスクが適切に処理される場合に，という留保条件が付帯する。市場経済の浸透は，価格変動リスクにさらされる機会が増えることを意味する。このリスクを経済主体が負担できる限りにおいて，市場経済の浸透は当該経済の厚生を改善することになる。近世日本において市場経済が浸透していたとして，それが社会の細部，たとえば在地経済の厚生まで含めて改善したと主張するためには，検地帳に名請人として登記され，豊凶リスクを引き受けるとともに残余請求権を保障された本百姓（序章第2節2項①）が，そのリスクを適切に処理していたことを示す必要がある。これが本章の掲げる課題である。

　地租改正以後，租税が定額貨幣納となったことにより，自作農は，天候リスク，価格変動リスクという二つのリスクにさらされるに至った。これらのリスクに耐えられなくなった者が，小作人となり，リスク負担力のある地主と小作契約を結ぶ。そこでは必然的に，小作料の現物納付が選択され，半農奴制的従属関係が再生産される。これこそが，日本農業における「半封建的」性格の表象である[14]。かかる議論を敷衍して，中林（2006）は，リスク共有の観点から，この契約関係を捉え直している[15]。すなわち，小作料の現物納付が選択される理由につ

---

13) 岩橋（1981），45-126頁。
14) 山田（1977），250-259頁。初版は1934年，岩波書店刊であるが，引用は1977年版による。
15) 中林（2006），192-195頁。

いては，山田（1977）の指摘した通り，地主による価格変動リスクの負担機能によるものとし，その上で，一般的に小作料が定額であること，そして不作時の減免特約が付随することに着目する。小作料が定額であることは，その定額分を越えた分については，小作人の受け取りとなることを意味するため，小作農家は自作農家と同様に，自己の努力の限界費用と限界利得が一致する点まで努力を拡大する。しかし，小作人の経営が零細であるような場合には，天候リスクに対しても脆弱となる。不作時の減免特約が結ばれるのはそのためである[16]。これらの特徴を備えた小作契約は，地主と小作とがリスク共有を行い，かつ生産者たる小作人の誘因を制御する仕組みとして，経済的合理性を備えた仕組みである[17]。

この議論は，近世経済史研究においても重要な意味を持つ。かつて山崎（1963）は，畿内，瀬戸内の綿作地域において農民層分解が生じていたと指摘した[18]。小規模農民経営は，その小規模性ゆえに，そして多肥を特徴とする綿作に特化したがゆえに，再生産が常に脅かされていた。凶作，農産物価格の変動，肥料価格の高騰などによって，肥料の購入資金に欠乏したとき，彼らは地主と小作契約を結び，地主の手にのみ利潤を蓄積させる収奪が行われると指摘した。農民層分解とは，リスクに耐えうる本百姓と，耐えられない本百姓との階層分化を表現したものと言える。

しかし，ここで重要なことは，地主小作間で分配が偏っていたという事実そのものではない。以上の議論を踏まえるならば，地主小作間で行われたリスク共有の実態こそが検証されねばならない。近世期における地主小作契約が継続的なものであったという事実は，地主側，小作側の双方に契約を受け入れる誘因が存在したことを意味する。この誘因を解明することは，近世社会における市場経済の浸透という現象を解釈する上で不可避の課題となる。

この問題に取り組む上で，好適な分析対象が存在する。近江国蒲生郡鏡村の玉尾家である。後述するように，玉尾家が居住した鏡村の周辺地域は米単作地帯であったが，肥料取引，米穀取引の両面において，近世初頭から市場取引が活発

---

[16] 収穫量の一定分を分け合う契約である分益小作契約も，天候リスクの共有効果を持つことが，同時に指摘されている。中林（2006），194 頁。
[17] 小作契約が持つ，リスク共有機能については，開発経済学の分野においても指摘されている。Stiglitz（1974）；速水（2000），298-301 頁。
[18] 山崎（1963），331-374 頁。

な地域であった。そうした地域にあって玉尾家は、手作経営、地主経営を営みながら、肥料、米穀を扱う商業活動にも従事していた。後述するように、玉尾家は市場と農村とを結節する役割を担いつつ、市場取引に起因するリスクを引き受ける役割をも負う家であったが、それにともなう負担の増大に悩まされた家でもあった。

玉尾家が遺した経営史料から同家の経営内容を復元することは無論のこと、本章ではその動的な変化に着目する。変化の背後にある構造を考察することによって、近世社会の市場構造に新たな光を当てることが、本章の目的となる。

1　玉尾家の農業経営

1) 鏡村周辺地域の概況

本章が対象とする、近江国蒲生郡鏡村（現・滋賀県蒲生郡竜王町）は、近江商人の本拠地のひとつである近江八幡の西南方、野洲郡との境に位置し、中山道の武佐宿、守山宿の中間に位置する街道村であった（図 1-1)[19]。『竜王町史』によって鏡村周辺の支配構造を確認すると、(1)幕府直轄領が少なく、旗本領が散在すること、(2)相給である村が多いこと[20]、(3)玉尾家の居住した鏡村は、近世初期から幕末に至るまで、一貫して仁正寺藩市橋家の支配を受けていたことが確認できる[21]。また、鏡村周辺の稲作率は、概ね80パーセントを超えており、稲作中心の農業地帯であったこともこの地域の特徴と言える[22]。1878（明治11）年における調査によれば、域外市場において販売を行っている生産品目は、米と茶に限られており、こうした農業構造は近世以来変化していないものと推測される[23]。

また、魚肥利用が早くから普及したことも、当該地域の特徴と言える。近江国

---

19) 国立史料館編（1988)、1-2頁。
20) 相給とは幕領、私領を問わず、一村を複数の地頭が領知する状態として定義される（『国史大辞典』)。
21) 竜王町史編纂委員会編（1983)、38-39頁。
22) 竜王町史編纂委員会編（1983)、144頁。1828（文政11）年時点における鏡村の稲作率は86パーセントとやはり高い。同書、同箇所。
23) 滋賀県市町村沿革史編さん委員会編（1962)、321頁。

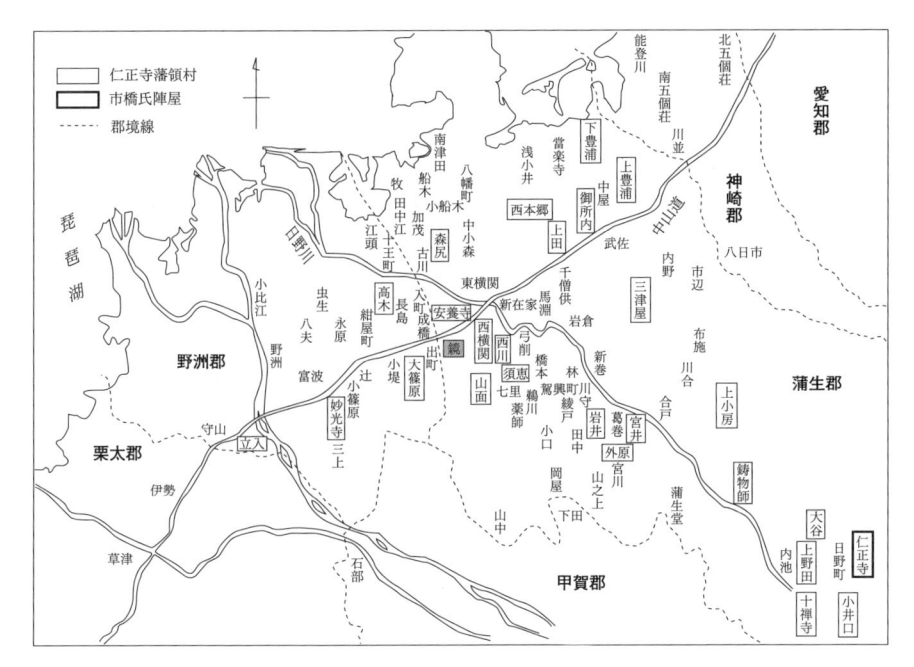

図1-1 鏡村周辺概略図

資料）国立史料館編（1988），37頁の図を基に作成。

における魚肥利用は，遅くとも寛文期（1661-1672）には見られたとされる[24]。肥料流入港である敦賀と琵琶湖舟運によって結ばれているという地理的条件から，湖東地域では鰯肥料（干鰯・鰯〆粕）や鰊肥料（鰊〆粕・白子など）が盛んに利用され，その結果，野洲郡，甲賀郡の事例によれば，1反当たりの魚肥投下額は，商品作物としての綿作が発展していた播磨国の農村を凌駕していた[25]。琵琶湖東岸地域の農村は，17世紀から米市場，肥料市場の双方と密接につながっていたのである。

2) 玉尾家の概要

鏡村にいつから玉尾家が居住していたのかについては明らかではない。同家過

---

24) 吉田（1996），258頁；水原（1984），32-33頁。
25) 吉田（1996），265頁。

去帳は，1648（慶安元）年に没した玉尾藤蔵を中興の祖としており，慶長検地施行時には，高請百姓として存在していたと考えられる[26]。屋号を米屋と称した一方で，5代定治（1694-1765）の代より，玉尾藤左衛門を名乗り，これを代々世襲している[27]。明らかになる範囲で，玉尾家の持高の推移を見ると，1692（元禄5）年の約17石から，1756（宝暦6）年に約43石へと増加し，嘉永期（1848-1853）には約48石と，その伸びが鈍化する[28]。

玉尾家が鏡村の庄屋に就任したのは1814（文化11）年が初めであるが，1805（文化2）年に仁正寺藩が徴発した御用金において，鏡村で筆頭となる金100両を，名指しで仰せつけられるなど，庄屋に就任する以前から有徳の者としての評判を確立していた[29]。

玉尾家の経営内容を示す史料は豊富に遺されているものの，商家文書における勘定帳にあたる帳簿は現時点で確認されていない。したがって，個々の取引からの損益を復元することは可能としても，全体としての収益や身代の推移を観察することはかなわない[30]。こうした限界がありながらも，玉尾家の史料群は我々の分析課題に豊富な情報を提供してくれるものであることを，以下に確認していく。

3）玉尾家の農業経営

幅広く商業活動を展開した玉尾家であるが，農業経営は幕末に至るまで継続していた。まずは，同家の手作経営から観察する。玉尾家が記録した私用，公用日記である「永代帳」には，1759（宝暦9）年の手作経営について，以下の3点が指摘されている。すなわち，(1)作付地である田方4町9反のうち，手作は3

---

26) 国立史料館編（1988），12頁。
27) 国立史料館編（1974），116頁；国立史料館編（1988），8頁。
28) 国立史料館編（1988），12頁。なお，19世紀初頭の持高は，村内で2番目に位置する。国文学研究資料館所蔵，「近江国蒲生郡鏡村玉尾家文書」2039，「糯御年貢集」。以下，国文学研究資料館所蔵の同家史料については，国文研「玉尾家文書」史料番号，史料名，のように略記する。
29) 国立史料館編（1988），29，227-229頁。
30) このことは勘定帳にあたる帳簿が作成されていなかったことを意味するものではない。個々の帳簿を見ると，帳簿末尾に「別帳に入」，「大帳に入」などの記述が散見される。これは損益を集計する帳簿が，別途作成されていたことを示唆するものである。

表1-1 玉尾家の主穀生産,1789-1866年

(石)

和暦	西暦	大麦	小麦	納	和暦	西暦	大麦	小麦	納
寛政元	1789	4.80	1.80	69.30	文政12	1829	6.60	0.86	57.45
寛政6	1794	4.40	2.70	63.20	天保元	1830	5.75	1.00	51.79
寛政8	1796	2.80	1.20	83.30	嘉永4	1851	5.55	0.52	32.04
寛政9	1797	5.60	1.60	53.00	嘉永5	1852	5.40	0.63	31.44
寛政10	1798	6.40	2.00	68.50	嘉永6	1853	5.70	0.47	14.34
寛政11	1799	4.50	1.70	57.65	安政元	1854	7.68	0.87	41.60
寛政12	1800	3.80	0.90	54.30	安政5	1858	2.00	0.35	16.33
享和元	1801	2.80	1.08	57.80	万延元	1860	3.66	0.10	16.93
文化9	1812	1.80	0.87	33.76	文久元	1861	3.03	0.03	14.65
文化10	1813	1.70	0.80	25.80	文久3	1863	2.80	0.30	18.12
文化11	1814	3.40	1.38	34.20	元治元	1864	3.00	0.28	20.91
文政11	1828	6.44	1.07	46.87	慶応2	1866	3.00	0.43	16.44

資料）滋賀大学経済学部附属史料館所蔵,「近江国蒲生郡鏡村玉尾家文書」26-49,「作徳覚」。

町1反余,残る約1町8反は小作への宛作分であったこと,(2)貢租約32石のうち,約21石を,「他ヨリ斗口」,すなわち小作料収入に依存していること,(3)手作地からの総収量は158俵で,貢租米（27俵),給米（20俵),肥料代（48俵),総高懸り物（17俵）を引くと,残りは46俵となり,「飯米ニハ足リ兼申候」という具合であること,の3点である[31]。この年は大豊年であると記されているが,それにもかかわらず,飯米を満たすことすらできない状態を「恐るへし」と歎いている。しかし,その一方で,家の諸入用は「商内ニ而もうくへし」と記している[32]。

ここで,同家による主穀生産の推移を概観する（表1-1)。表作としての米作,裏作としての麦生産を主軸としているが,大豆と米穀の収穫高を合計した値である「納」の欄を見ると,寛政期（1789-1800)において最大の値を示しており,その後化政期（1804-1829)にかけて大きく落ち込んでいる。肥料投下額の推移を見ても,概ねそうした傾向が看取される[33]。また,1851（嘉永4）年から1866（慶応2）年については,投下労働力と反当たり収量を知ることができるが,1851年には20.1反の耕作地に対して,100人半の労働投下,反収は2石8斗2升とあり,それが徐々に低下して,1866年には13.4反の耕作地に対して,67人

---

31) 国立史料館編（1988),26-27頁。以下,振り仮名は引用者による。
32) 国立史料館編（1988),14頁。

表 1-2 小作収入の推移, 1763-1866 年

年度	人数(人)	小作料(石)	未納高(石)	畝引高(石)	未回収率(%)	年度	人数(人)	小作料(石)	未納高(石)	畝引高(石)	未回収率(%)
1763	30	34.4494	2.6106	0.0000	7.58	1789	27	25.4948	0.4098	0.0000	1.61
1764	31	31.2976	1.5576	0.2410	5.75	1794	26	25.7848	0.8848	3.3120	16.28
1765	33	31.9076	3.3230	1.3100	14.52	1796	27	22.5098	3.1913	0.4150	16.02
1766	36	32.0800	0.0000	0.0000	0.00	1797	27	26.8648	3.1663	2.7650	22.08
1767	37	32.4850	0.0400	0.0000	0.12	1798	26	24.9648	1.0548	0.5500	6.43
1768	35	29.1350	0.4900	1.1290	5.56	1799	26	31.5448	1.2348	0.2700	4.77
1769	35	29.7650	0.0000	0.6640	2.23	1800	25	31.9248	6.9648	4.7900	36.82
1770	32	25.4350	0.1700	2.9870	12.41	1801	27	32.3948	4.4048	0.0000	13.60
1771	27	19.3100	0.2445	8.3020	44.26	1812	26	22.4968	6.3648	0.0800	28.65
1772	27	24.5350	0.1150	0.2550	1.51	1813	27	23.4568	6.8238	3.0700	42.18
1773	18	17.8950	0.0000	0.0000	0.00	1814	27	19.7368	4.7198	0.0070	23.95
1774	23	24.8950	0.4230	1.6690	8.40	1828	15	8.6320	0.0500	1.8600	22.13
1775	25	28.0100	0.1230	0.3630	1.74	1829	16	8.8820	0.0000	0.5200	5.85
1776	27	26.4450	0.0000	0.0000	0.00	1830	17	9.9720	0.0000	0.3700	3.71
1777	28	27.1050	2.3152	0.0000	8.54	1851	22	19.0560	4.6220	0.5800	27.30
1778	26	40.2722	5.3412	1.0350	15.83	1852	21	17.9560	1.0500	1.2900	13.03
1779	26	26.9450	0.0000	0.0000	0.00	1853	22	18.7560	5.7560	7.7220	71.86
1780	26	28.0400	2.1648	0.0000	7.72	1854	21	18.7560	1.6220	0.7000	12.38
1781	25	29.4448	1.8148	0.0500	6.33	1858	25	29.6460	1.6520	2.6800	14.61
1782	26	28.5148	0.5048	0.4400	3.31	1860	25	30.4260	0.0520	5.6000	18.58
1783	25	25.8848	0.2348	0.1000	1.29	1861	25	33.2960	1.3520	0.8800	6.70
1784	24	26.5348	0.7748	0.0200	3.00	1863	27	30.1760	0.0520	1.6630	5.68
1785	24	25.6148	0.4948	0.3420	3.27	1864	26	28.8960	1.8520	3.0870	17.09
1786	22	24.6348	1.2698	3.2970	18.54	1866	25	29.0540	1.7600	4.8760	22.84
1788	24	25.1348	1.2048	0.1500	5.39						

資料) 滋賀大「玉尾家文書」1-49,「作徳覚」.
注) 未回収率は,未納高と畝引高の合計値を小作料で除することによって算出。

の労働投下,反収は1石2斗3升とある[34]。これは小作人から受け取る作徳とは別に記載された内容であるため,玉尾家自身による手作経営の内容を表したものと判断できる。耕作地面積,投下労働力,反収のすべてについて,幕末に向けて

---

33)「納」が最高の数値を示した1796（寛政8）年における肥料投下額は,約1貫485匁であるのに対して,1853（嘉永6）年は約759匁,1861（文久元）年は約371匁と,「納」の数値とともに減少傾向を示している。滋賀大学経済学部附属史料館所蔵,「近江国蒲生郡鏡村玉尾家文書」28, 42, 46,「作徳覚」。以後,同大学所蔵史料については,滋賀大「玉尾家文書」史料番号,史料名,のように略記する。

34) 滋賀大「玉尾家文書」40-49,「作徳覚」。ここで示されている人数は,労働力の単位としての名目的な単位であると考えられる。「半」という表記がそのことを示していると言えよう。また,反収は「納」に分類されている品目についての収量を表している。

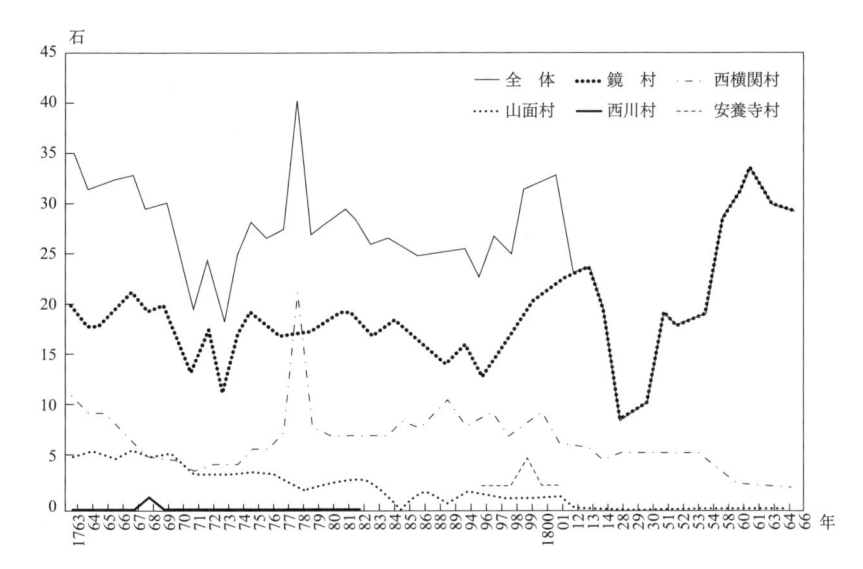

図 1-2　小作料の推移, 1763-1866 年

資料）滋賀大「玉尾家文書」1-49,「作徳覚」。

低下していたのである。

　次に地主経営である。小作料収入，ならびに小作人数は，18 世紀末まで安定的に推移するものの，19 世紀初頭に大きく落ち込み，その後幕末に向けて，上昇していることが分かる（表 1-2）。特に文政期（1818-1829）の落ち込みが顕著だが，それに先行する文化期（1804-1817）において未納高と畝引（せびき）高が高い数値を示している点に注意が必要である。小作人の所属に着目すると，鏡村，西横関村，山面村（やまづら），西川村，安養寺村（あんようじ）の 5 カ村に限られ，いずれも仁正寺藩領（にしょこぜき）に属している。なかでも鏡村の構成割合が高く，文化期以降は，鏡村が大半を占めている[35]（図 1-2）。この興味深い変化については，後に再び触れることになる。

　また，小作契約は決して固定的ではなく，「自作ト成ル」などの注記が付された上で，小作契約から外れる者が多いことも特徴として挙げられる[36]。小作人のなかには自作農に復帰する者がいたという事実に，ここでは着目したい。そして凶作時，あるいは自然災害に見舞われたときに，畝引，用捨（ようしゃ），などの名義で小作

---

35) 滋賀大「玉尾家文書」1-49,「作徳覚」。

料の減免が行われている点も注目に値する（表1-2）。減免は小作人に対して一律に行われるわけではなく，小作人によってその額は異なっていた。このことは，玉尾家が裁量的に畝引高を決定していたことを意味する。その経営が危機的状況にあると判断された小作人については，畝引，あるいは用捨として全額免除の措置を施していたのである。したがって，玉尾家の小作人は，畝引，用捨を通じて，天候リスクから，ある程度解放されていたことになる。また，小作料は定額であったため，小作人には増産の誘因が与えられていたと考えられる。何らかの理由で再生産が維持できなくなった者は玉尾家の小作となり，上記の意味での保障を受け，その対価として玉尾家に小作料を支払う。しかし，その関係は決して固定的ではなく，再生産構造が回復されれば，自作農に復帰する者もいた。玉尾家の地主小作契約は，まさに市場と非市場の境界線をなすものであったのである。

一方，玉尾家が19世紀初頭に小作経営を著しく縮小させていた点も看過すべきではない。この点について比較を行うために，同じく近江国蒲生郡綾戸村の勝見家を紹介する[37]。勝見家は表作として稲と豆類を植え，裏作として麦と菜種を植えるという，玉尾家と同様の手作経営を行っていたが，このうち表作の平均収穫の推移を見ると，18世紀後半に約40石，19世紀初頭に約50石，19世紀中葉に約40石，幕末に約34石となっている[38]。寛政期（1789-1800）を境に，手作経営を顕著に縮小させていった玉尾家とは異なる推移を見せていたことが分かる。また，勝見家では18世紀後半から幕末にかけて，積極的に土地を購入し，農業規模の拡大に努めており，さらに小作地の増加も観察されている[39]。当該時期の

---

[36] 具体例を挙げる。鏡村の弥惣兵衛について，1782（天明2）年の「作徳覚」には，1石3斗2升の作米納入が記録されているが，「右之田，卯〔1783年〕戻り，自作成」と注記された上で，翌年の「作徳覚」からは名前が消えている。滋賀大「玉尾家文書」20，「作徳覚」。また「手作ト成」との注記がなされる場合もある。これについては自作農に戻ったとの解釈，玉尾家の手作経営に包摂されたとの解釈の2通りが考えられるが，「自作ト成ル」と同一の意味を異なる語によって示していたと考えるのは不自然であるため，後者の解釈をとるべきであろう。

[37] 綾戸村の村高は，1837（天保8）年に約755石，勝見家の所持高は1792（寛政4）年に約34石，所持面積は2町2反となっている。竜王町史編纂委員会編（1983），38-39，165頁。

[38] 竜王町史編纂委員会編（1983），166-169頁。

[39] 竜王町史編纂委員会編（1983），169-170頁。

玉尾家には土地購入の形跡は見られず，小作地にあっては顕著な縮小傾向にあった。同じ蒲生郡にあっても，19世紀初頭の化政期における勝見家と玉尾家は，異なる道を辿っていたのである。この違いは何に起因するものなのか。ここで鍵となるのが，「商内ニ而もうくへし」という文言に暗示された，18世紀後期から19世紀初頭にかけての積極的な商業活動の展開と考えられる。

2　湖東農村における玉尾家の位置

1）地域米市場と玉尾家

　本節では，湖東地域における市場取引に占めた玉尾家の位置を確認していく。まずは，地域内米市場について考察を加えるため，岩橋勝の研究に依拠しながら，仁正寺藩市橋家による払米(はらいまい)について検討する[40]。市橋家は，17世紀中葉より約1万8,000石を近江と河内に領有していたが，その内，1万3,000石は近江国蒲生郡の所領で占めていた。同郡貢租米の大半は八幡町(はちまん)で払い下げられており，玉尾家が記録した「万相場日記」には，八幡払米に関する記述が散見される[41]。入札に参加した者は，玉尾家をはじめとする近隣農村の米商，ならびに八幡町の商人である。八幡町での払米の他に，大津での払米も行われていたが，藩当局では八幡町で建てられている相場と，大津相場とを対比しながら，払米先を決定したと考えられる。両地の払米価格を比較すると，八幡価格が概ね下回る傾向にあること，八幡価格が大津価格によって規定される関係にあったことが確認されている。このことから岩橋（1981）は，八幡町にて貢租米を落札した農村米商人が，転売差益を得ていた可能性を指摘している。

　この点を大津の米商人，木屋久兵衛(きやきゅうべえ)が玉尾家に宛てて作成した通帳(かよいちょう)によって確認する。通帳は18世紀後期から19世紀にかけて遺されており，それらによれば，確かに「八幡入札かい」と記された上で，玉尾家が落札した米の銘柄，数量，価格が記載されている。そして，それらは岩橋（1981）が確認した「万相場日記」の入札記録と一致する。残念ながら，大津米市場での販売に関して，通帳では「納米」という形で一括して記されるため，具体的にどの銘柄がいくらで転

40）岩橋（1981），334-358頁。
41）岩橋（1981），336頁。「万相場日記」の内容については，本章第3節において詳述する。

売されたのかについて追うことはできない。しかし，玉尾家による八幡町での払米落札が，木屋久兵衛が作成した通帳に記載されているという事実は注目に値する。すなわち，玉尾家では，落札後の米について，その大津への廻送と転売を木屋久兵衛に託していたのである。このことは，通帳のなかで，八幡町での米落札を記した箇所に「但シ，舟賃此方払」として，木屋久兵衛が大津までの船賃を負担したという付記がなされていることからも裏付けられる[42]。

また，仁正寺藩領外の農村の米について，玉尾家が大津での販売を仲介していたことを窺わせる文書も遺されている。1820（文政3）年11月25日に，「鏡〔村〕藤左衛門殿分」[43]，野洲郡小堤村の餅米20俵についての受取証が，琵琶湖岸，鏡村の北東に位置する江頭に拠点を置く問屋である幸右衛門より小堤村の村役人に宛てて発行されている[44]。そして同年12月2日，小堤村庄屋小三郎より玉尾藤左衛門に宛てて，餅米20俵の代金を金1両当たり銀62匁にて換算した27両1分2朱と5匁2分5厘についての受取証が発行されている[45]。玉尾家が記録していた相場帳，「万相場日記」によれば，同年12月2日の大津金銀相場は，金1両に対して銀60匁6厘であり[46]，この金銀換算レートの差異が手数料収入になっていた可能性がある。

同種の取引関係の記録は，近世期を通じて旗本領であった野洲郡入町村との間にも遺されており[47]，玉尾家が近隣の農村米の現金化を，広範囲に請け負っていた可能性を示唆している。玉尾家では八幡町にて落札した仁正寺藩の貢租米のみならず，近隣の農村米を木屋久兵衛などの問屋商人の手によって大津米市場へ廻送，転売することによって手数料を得ていたのである[48]。

---

42) 国文研「玉尾家文書」453-2,「俵物通」1814（文化11）年10月20日条。
43) 以下，〔　〕内注記は引用者による。
44) 国文研「玉尾家文書」849-12,「小堤村納糯米請取切手」。同証文が玉尾家に遺されているということは，都合2通作成されたということである。
45) 国文研「玉尾家文書」849-11,「御蔵糯米代金書出し」。
46) 国文研「玉尾家文書」445,「万相場日記」1820（文政3）年12月2日条。
47) 国文研「玉尾家文書」849-11,「御蔵糯米代金書出し」。
48) 江頭の問屋幸右衛門は，玉尾家の肥料取引を記録した帳簿「米買帳」にも度々登場する商人であり，日常的な取引があったことが窺える。滋賀大「玉尾家文書」50-54,「米買帳」。

2) 湖東肥料市場

次に，肥料商としての玉尾家の活動を追う。上述の通り，近江国湖東地域は，17世紀より魚肥を盛んに利用していた地域として知られ，その流通は自生的に成立した仲間組織によって担われていた。肥料商仲間の起源は定かではないが，遅くとも18世紀初頭には成立していたと考えられる[49]。1790（寛政2）年に，幕府主導の下で実施された物価調査に際して，野洲郡・蒲生郡の肥料商が京都町奉行所に提出した書付によれば，両郡の肥料商仲間は，敦賀の仲買問屋より魚肥を買い請け，近隣の農民へ販売していたこと，その際に，零細な農民を相手に現銀売りは成り立ちがたく，年利1割の利息で掛け売りを行っているものの，代価として受け取る米の価格が引き合わない場合，滞りが発生していることが示されている[50]。ここで問題となるのは，代価としての米の価格がどのような形で決定されていたのか，ということである。

史料1[51]

〔前略〕
一，鯡懸目幷ニ箇売之儀ハ，其組々百姓方之気辺ニ順し商内可致事，
但シ，一統正味目方急度相改候上ならてハ，百姓方へ売払之義致間敷，尤見越米之米替相止メ，大津相場之引格を以而直組可致事〔A〕，

〔中略〕
一，諸代呂物直段不知内ニ，はた売致間敷事〔B〕，
尤白子抔ハ，例年急キ御入用之組々も有之候とも，直立無之代呂物勝手ニ直段相立売捌致間敷事〔C〕〔後略〕

同史料は，湖東の肥料仲間10組の間で，1829（文政12）年5月に取り交わされた協定書であり，玉尾家はこのうちの江頭組に属していた[52]。〔A〕によれば，

---

49) 水原（1984），26-95頁。玉尾家の日記「永代帳」には，1772（安永元）年の肥料商仲間の申し合わせ規則が記されていることから，遅くともこの頃までには，私的な仲間組織に加盟していたことが分かる。国立史料館編（1988），55-56頁。
50) 滋賀大学経済学部附属史料館所蔵，「苗村家文書」物価1，「肥物直段御尋ニ付要用録」。この返答書は野洲郡29人，蒲生郡36人の連印で提出されており，玉尾藤左衛門の名前もそのなかに見出せる。
51) 国文研「玉尾家文書」2184，「肥物仲間記録之写」。以下，振り仮名，句読点は引用者による。
52) 鶴岡（1970），224-225頁。

表 1-3 肥料売掛残高の推移，1772-1793 年

(匁)

村 名	郡 名	1772 年	1773 年	1780 年	1790 年	1792 年	1793 年
西 川	蒲生郡	4,753.98	5,719.78	5,025.84	6,322.73	7,079.38	7,519.58
七 里	〃	2,159.56	2,581.14	3,124.83	3,362.42	2,563.36	2,668.41
薬 師	〃	75.73	137.59	135.70	326.26	150.03	150.03
小 口	〃	960.71	888.03	1,300.06	1,409.02	1,033.62	1,030.55
岡 屋	〃	12,314.56	13,572.12	25,221.76	27,270.81	29,627.69	32,393.08
須 恵	〃	1,493.48	1,628.87	559.56	584.93	674.83	716.82
鵜 川	〃	216.26	232.14	―	―	―	―
安養寺	〃	110.69	113.91	―	―	―	―
山 中	〃	2,588.97	2,686.24	410.99	410.99	―	―
岩 根	甲賀郡	291.86	211.45	―	―	―	―
村名不詳	―	451.57	496.70	―	―	―	―
総 計	―	25,417.37	28,267.97	35,778.74	39,687.16	41,128.91	44,478.47

資料）滋賀大「玉尾家文書」50，52，53，「米買帳」。
注）山面村との取引関係については，頻繁に訂正を繰り返しているなど，信頼に足る数値が得られないと判断し，分析対象から除外している。

「見越米」は止め，大津相場に準じて取引を行うべき，とある。「見越米」とは肥料販売時点で，代価として受け取る米の価格をあらかじめ設定しておく，したがって将来時点に受け取る米の数量を定めておく慣行と考えられる。これに対して「大津相場之引格を以」て直組するとは，あくまでも代価としての米が納入される時点における価格に準拠することを意味する。

一方，[B]，[C]によれば，現物を持っていないにもかかわらず，売りの約定をする「はた売」を禁止行為とし，価格未定の商品を販売することを禁じている[53]。肥料の販売価格については仲間の協定によって定め，代価としての米については大津米市場における時価を参照して，価格を定める。これが，湖東肥料商仲間の取引慣行であったと言うことができる。

こうした肥料商仲間にあって，玉尾家はどのような肥料販売活動を行っていたのであろうか。まずは，肥料取引の全体像を把握するために，1772（安永元）年から1793（寛政5）年までについて，断片的ではあるが，肥料取引の売掛残高の

---

[53] 「はた売」とは，堂島米会所では，米切手を持っていないのに米切手を売る行為，または客方より米切手の買い注文を受けたにもかかわらず，買い付けを行わない行為を意味する（「正空売買聞書」2頁）。ここでも同じ意味で用いられていると判断し，肥料現物を持っていないにもかかわらず，売り約定をする行為と解釈した。

表 1-4 岡屋村・繁八との取引内容, 1773 年

月日	項目	数量	銀目	直近の時価
1月 5 日	糯米買取	2 俵	48.00	〔1月 4日〕2 俵＝48.48-51.6 匁
1月10日	〃	2 俵	48.00	〔1月10日〕2 俵＝48-50.694 匁
1月17日	米買取	2 俵	39.00	〔1月 8日〕2 俵＝40-41.02 匁
2月13日	〃	2 俵	39.00	〔2月15日〕2 俵＝40.4-43.02 匁
2月15日	〃	2 俵	39.00	〔2月15日〕2 俵＝40.4-43.02 匁
2月27日	〃	2 俵	39.00	〔3月 6日〕2 俵＝41.66-43.24 匁
1月10日	鯡販売	1 個		
1月17日	〃	1 個		
2月13日	〃	1 個		
2月15日	〃	1 個		
2月27日	〃	1 個		
	〆	5 個	187.77	
1月17日	深地販売	8 尺	2.65	
2月27日	金貸付	3 歩	49.65	〔2月15日〕0.75 両＝49.5 匁
3月19日	〃	1 歩	16.55	〔3月17日〕0.25 両＝16.43 匁
4月24日	干鰯販売	1 本	13.00	
4月24日	〃	1 本	9.00	
7月 3日	白子販売	半個	10.50	
7月 3日	干鰯販売	1 本	10.50	
8月 6日	〃	2 本	21.00	
8月12日	〃	2 本	21.00	
8月12日	金貸付	1 両	66.10	
8月27日	干鰯販売	2 本	19.00	

資料）滋賀大「玉尾家文書」50,「米買帳」；国文学研究資料館所蔵,「近江国蒲生郡鏡村玉尾家文書」440,「諸色相場留」；同文書, 441,「万相場日記」。

推移を見ていく（表 1-3）。年を追うごとに，売掛残高が増加していることが顕著に見て取れる。必ずしもすべての取引がここに網羅されているとは限らないが，全体として上記の傾向にあったと見てよいだろう。

ここで，最大の肥料販売先であった岡屋村について，取引内容を具体的に観察するために，同村の繁八(しげはち)の事例を取り上げたい。1773 年時の取引内容を観察すると，肥料販売と，その代価回収としての米穀回収という流れを基本としていることが分かる（表 1-4）。肥料販売日と米穀回収日が一致することが多いことから，特定の時期に米穀を買い取っているというよりも，農民の肥料需要に合わせて米穀を買い取っていたことが分かる。また，直近の大津米市場における時価と対照させると，概ね時価に準拠していることが分かる。繁八との取引は，その後

も継続するが，売掛残高は，1773年末の約1貫から，1790（寛政2）年末には約6貫300匁，1793（寛政5）年末には約8貫と拡大し続けている[54]。毎年の肥料購入額の数十倍にも及ぶ売掛残高があるにもかかわらず，玉尾家は繁八に対して肥料販売を続けたのである。こうした関係は，他の取引相手についても同様に観察されるため，玉尾家では売掛残高いかんにかかわらず，肥料販売を継続する姿勢を貫いていたと考えてよい。

　以上に見てきた通り，玉尾家の肥料取引は，販売価格については仲間の協定価格に従い，代価としての米については時価で買い取っていたという意味で，市場と農村とを仲介することに，その基盤があったと評価できる。一方，玉尾家では，売掛残高がいかに累積しようとも，肥料販売を続けることにより，事実上，農民の再生産活動を担保していた。この意味を考察すべく，玉尾家と小作契約を結んでおり，かつ肥料取引関係が観察される唯一の村である西横関村について，双方に名前を見出せる農民を抽出したものが，表1-5である。このうち，久左衛門，平助，市左衛門については，肥料の買掛債務が累積していくなかで，玉尾家の小作人となったことを推察させる。また，1775（安永4）年末の段階で，既に毎年の肥料購入額をはるかに上回る買掛債務を抱えていながら，玉尾家より肥料販売を受けていたことが，ここでも確認される。玉尾家は，再生産活動が危機的状況に陥っていた農家について，肥料売掛債権の凍結，あるいは小作契約を通じて，これらを市場のリスクから隔離する働きをしていたのである。無論，玉尾家は慈善行為としてかかる動きをとっていたのではない。八幡町にて落札した貢租米を大津米市場へ転売していたこと，近隣の村々からの米販売委託を受けていたことからすれば，小作人から受け取った作徳米を大津米市場にて売却していたことは想像に難くない。リスク回避的な小農に代わって市場リスクを引き受ける代わりに，自身は市場を通じてプレミアムを稼ぐ。これが玉尾家のビジネスであった。後述するように，玉尾家が5代にわたって，大坂米相場，大津米相場を記録し続けていたことは，同家が価格変動に投機的利潤を見出す主体であったことを物語っている。

---

54) 滋賀大「玉尾家文書」50, 52, 53,「米買帳」。

表 1-5 小作契約と肥料販売，18 世紀中期-19 世紀前期

(匁)

人名	小作契約期間	1775年末売掛残高	1776年末売掛残高	占有率(%)	肥料売掛	米穀売掛	金銀銭貸付
久左衛門	1777-1779年	2776.12	2776.12	27.51	93.60	0.00	59.37
五郎兵衛	1763-1771年	1300.60	1419.92	14.07	62.60	92.50	60.20
平助	1780-1786年	664.97	656.14	6.50	14.50	69.60	34.50
市左衛門	1776-1789年	401.58	431.23	4.27	16.00	47.80	10.05
清助	1797-1799年	28.38	359.91	3.57	34.18	94.00	504.95
伊兵衛	1789-1801年	24.23	128.23	1.27	36.82	0.00	125.70
源助	1774-1789年	48.50	48.62	0.48	95.56	172.91	49.12
太兵衛	1763-1769年	39.35	44.45	0.44	0.00	0.00	0.00
清兵衛	1766-1773年	42.00	0.00	0.00	24.00	0.00	0.00
小計		5325.73	5864.62	58.11	377.26	476.81	843.89

人名	小作契約期間	その他売掛	発生利息	米穀受取	金銀銭受取	玉尾より支払
久左衛門	1777-1779年	0.00	6.96	165.50	0.00	5.57
五郎兵衛	1763-1771年	0.00	136.02	199.45	32.55	0.00
平助	1780-1786年	0.00	7.40	134.40	0.43	0.00
市左衛門	1776-1789年	0.00	43.00	64.00	23.20	0.00
清助	1797-1799年	0.00	11.14	299.00	13.74	0.00
伊兵衛	1789-1801年	0.00	7.98	66.50	0.00	0.00
源助	1774-1789年	0.00	16.95	276.56	57.86	0.00
太兵衛	1763-1769年	0.00	5.10	0.00	0.00	0.00
清兵衛	1766-1773年	0.00	0.00	61.25	0.00	0.00
小計		0.00	234.55	1266.66	127.78	5.57

資料）滋賀大「玉尾家文書」51,「米買帳」.
注）占有率とは，西横関村全体の売掛残高に占める割合を指す.

3）村内における玉尾家の位置

続いて，玉尾家が地域において期待されていた役割，およびそれに対する玉尾家の反応を，1793（寛政 5）年に生じた土地売買を巡る紛争を通じて掘り下げていきたい．当該事件は，玉尾家をはじめ，同家の所属する五人組，鏡村の村役人，仁正寺藩を巻き込むことになった騒動で，発生から解決までに足かけ 3 年を要している．この紛争が仁正寺藩代官所における吟味を経て，村役人の裁許によって決着されるまでの過程に，玉尾家の村内における位置が端的に示されているため，事の発端から見ていくことにする[55]．

玉尾藤左衛門が所属した鏡村山組に，桜井茂左衛門という農民がいた．この茂

---

55) 当該事件について，以下では国立史料館編（1988），114-162 頁の記述を参照する．

左衛門に対して，玉尾家は同組のよしみで色々と世話をしてきたが，貸付銀が1貫500匁以上に及んだため，1776（安永5）年を限りに世話を断っていた。はたして茂左衛門は1777（安永6）年の暮れには多額の未進，すなわち貢租の滞納を拵えてしまったため，1778（安永7）年，茂左衛門の親類が当時の庄屋半平に願い出た上で，家財道具を売り払って未進の返済に充て，他に抱えていた債務については100匁につき6分（0.6パーセント）に減額してもらうことになった。玉尾藤左衛門（6代儔賢，1728-1805）はこの時，1貫573匁5分2厘という最大の債権を持っていたが，その0.6パーセントにあたる銭9貫44文を受け取って事済みとしている。

この時，茂左衛門の親類は，玉尾藤左衛門の茂左衛門に対する援助の約束を取り付けるべく，茂左衛門の所持田地のうち，一カ所（計3枚）を譲りたいと申し出ている[56]。6代儔賢はこれを了承し，その田地を茂左衛門作りとして，作米の上納を受けることにした。つまり地主小作契約を結んだのである。後述する通り，玉尾家では実際に茂左衛門に対して，田植え時期，秋の麦植え時期における肥料代を立て替えたり，飯米の仕送りを行ったりしている。先述した玉尾家の小作人になることの意味がここに再確認される。

ところが，1793（寛政5）年になって茂左衛門が，玉尾藤左衛門（7代親宣，1758-1828）に対して，1778（安永7）年に譲った田地について，譲り証文を見せて欲しいと言い出す。これに対して7代親宣は，債権の一部，銭9貫44文と田地一カ所を小作地とすることで，この件は落着しているはずであり，譲り証文はないと回答している。このことは，6代儔賢が，名寄帳（検地帳）の書き替えをともなう正規の土地売買契約を整えたのではなく，あくまでも私的契約として，茂左衛門と地主小作契約を結んだことを示唆している[57]。それゆえに茂左衛

---

56) 7代親宣の言によれば「田地一ヶ所 為相譲可申 候間，是を心ゆかしと思召，以後不相替仕送ノ御世話被下候様と御頼被成候」とある。国立史料館編（1988），133頁。
57) この時点で6代儔賢は存命しているが，ここで議論となっている譲り証文を彼，もしくは7代親宣が紛失したとは考えられない。仮に紛失していたとしても，公的な土地売買契約であれば，村役人側にも記録が残るはずであるが，そのような経緯は一切看取されない。後述するように，最終的には村役人の印形を添えて譲り証文が新規に作成されることから，6代儔賢と茂左衛門との間で1778（安永7）年に取り交わされた契約は，私的な地主小作契約であったことが分かる。

門は，田地一カ所を譲ることは親類が勝手に進めた話であり，もとより同意していなかったとして，1778年から1793年の合計16年間分の作徳米（＝小作料）を，相応の利息をつけて返済すべきことを7代親宣に要求する訴えを仁正寺表に提起すると主張しているのである。

　こうした要求の背景には，茂左衛門が蓄積させてしまった未進23石が存在した。つまり，茂左衛門はここで争っている田地一カ所（計3枚）の正規の所有者であることを主張して，これまで玉尾家に納めてきた作徳米の返納を要求し，その上で，当該土地の所有者として未進23石を納めることを企図していたか，あるいは玉尾家に正式に土地を買い取らせ，未進を玉尾家ないしは村に転嫁することを企図したのであろう。高請けをしている正規の土地所有者が貢租負担の責を負うことは当然であり，茂左衛門の主張は筋が通っており，無視しうるものではない。この主張を受けて，村役人一統は，仁正寺表に届け出る事態を避けるべく，村内での解決の道を探ることになる。

　最初に7代親宣に提示された案は，未進23石のうち，5石を玉尾家で負担し，残りを山組一統で分担するというものであった。これに対して7代親宣は，たとえ一合であっても未進を負担する筋合いはないと拒絶する。所有権が正式に移転していない以上，未進を負担するいわれはないとする玉尾家の主張は妥当である。有徳の家たる玉尾家さえ折れれば丸く収まると判断した村役人の目論見は外れたのである。その後，5石は御上に容赦を願い，残りは山組で分担する案も出されるが，7代親宣は「茂左衛門ノ未進ヲ此方ノ物ノ様ニ申立〔中略〕此方ヲつみニ落ス積リ」かと立腹し，村役人の意向によって勝手に取りはからってくれと投げやりな返答を行っている[58]。

　その後，村役人，および茂左衛門の親類が間に入り，未進23石を山組全体で共同負担することを条件に，改めて譲り証文を発行することが提案される。正式に土地売買契約をまとめない限り，決着がつかないと判断されたのであろう。しかし，ここでも一悶着が生じる。村役人は金15両にて，新規に土地を売却するという内容の1793（寛政5）年付の譲り証文を作成しようとしたのに対し，7代親宣はあくまでも1778（安永7）年付の譲り証文を作成すべきと主張する。この

---

58) 7代親宣は村役人一統について「何ニ付ケても先方をかばい候取廻しにて候やうニ 被存候」と記している。国立史料館編（1988），122頁。

前段で，茂左衛門が金50両を玉尾家が支払うならば譲り証文の新規作成に応じると主張しており，村役人はこれに配慮しつつも，50両は無体であるとして，15両に減額したものと思われる。つまり，新規の土地売買契約として話をまとめたい茂左衛門・村役人側と，1778（安永7）年時点で土地所有権が移転したことを確定し，その上で，本来ならば土地所有者として引き受けるべき未進23石を，村の共同負担にすべしと主張する7代親宣との間に齟齬が生じたのである。第一審である村役人限りの解決策を7代親宣が容れなかったため，結局，両者は1794（寛政6）年12月，上級審である仁正寺藩の代官所に訴え出ることになった。

　仁正寺藩の家老，大目付，奉行，代官が居並ぶ前で対決が行われ，村役人の付き添いを受けた原告，被告が，それぞれ以下の陳述を行っている。まず原告の茂左衛門は，田地一カ所を玉尾家に譲ることは不承知であったが，親類が玉尾家の世話を受け続けられるようにと説得するため，そのままにしておくことにしたとしている。しかし，玉尾家では一向に世話をしなかったため，譲り渡してから現在に至るまでの17年分の作徳米を，利息も含めて返済してもらいたいと主張する。作徳米の納付に対する反対給付として，当然受けられるべき世話を受けられなかったのであるから，私的に交わした地主小作契約は無効にすべしとの主張である。

　これに対して被告の玉尾藤左衛門（7代親宣）は，茂左衛門は不承知であったと言っているが，1778（安永7）年から1780（安永9）年の3年間は，ほかならぬ茂左衛門から小作米を受け取っていたこと，そして世話をしなかったとは心外であり，肥料代，あるいは飯米を仕送りし続け，その貸付額は現在では645匁8分に及んでいることを主張して反論している[59]。両者の主張を聞き届けた後，宍甘庄治（仁正寺藩家中，役柄不詳）は「己が身持不埒成故(ふらちなるゆえ)，何様ニ人へ難(かいしょうじ)だいを申掛る不届者」と茂左衛門を叱りつけた上で，7代親宣が茂左衛門に世話をしたのか否か，なぜ譲り証文の年号について我意を張ったのか，の2点について下問

---

59) 玉尾家の小作地からの収入を示した「作徳覚」によれば，確かに1778（安永7）年から1780（安永9）年まで，茂左衛門より小作料の支払いがあるが，1781（安永10／天明元）年からは「仁兵衛作」と注記され，小作料の支払いが仁兵衛なる人物によって継続されている。この間の経緯は不詳だが，茂左衛門自身が1780年までの3年間，小作料を支払っていたとの7代親宣の証言は事実と判断される。滋賀大「玉尾家文書」16-18，「作徳覚」。

を行っている。

　まず前者について7代親宣は，譲り受けた田地について，村入用は間違いなく支払っていること，そして茂左衛門に対して世話をすればこそ，645匁8分の債権が発生していると主張する。その債権を今日まで強く取り立ててこなかった理由として「相続と存，才足ゆるく致置候」としている。つまり，茂左衛門の家の相続を考えればこそ，厳しく取り立てることはしなかったと主張しているのである。この点について，宍甘は茂左衛門を不埒と認めている。

　後者について，7代親宣は1778（安永7）年当時，田地譲り渡しにおいて立会人となったのは前役の庄屋半平であり，その半平の印形がなければ，証文の効力が発生しないと宍甘に主張している。これについて宍甘は，16年以前の年号にて新たに証文を作れば謀判にあたり，現在の村役人の印形があるならば，現在の日付にて譲り証文を発行しても，十分に効力は発生すると諭している[60]。つまり，1778年から土地所有者であったことを公的に認めてもらった上で，未進23石を村の共同負担にすべしとする7代親宣の主張は退けられたのである。

　翌日，代官竹村新蔵より，昨日の対決を踏まえ，双方にお咎めを仰せつける御内意であることが伝えられ，双方歩み寄って内済を願い出た方がよいとの判断が示されたため，関係者一同は出訴の取り下げを決定し，役所へ内済願いを提出して受理されている。

　その後，再発行した譲り証文が何者かに盗まれてまた発見されたり，茂左衛門が仁正寺表での裁きを不服と騒ぎ立てたりと，一筋縄ではいかなかった当該事件であるが，最終的には，茂左衛門の未進23石について，3石を村全体で負担，9石を玉尾家が負担，残りは頼母子講を発足して埋め合わせることとし，茂左衛門が玉尾家に対して負っていた645匁8分の債務については，数回の督促にもかかわらず，茂左衛門が応じなかったため，捨て置かれることとなった。1778（安永7）年から土地所有権が玉尾家に移ったことにするという主張は退けられたものの，同年から現時点までの未進の大部分が，山組一統ではなく，村中の共同負担という形で処理されることになったという点において，7代親宣は大きな成果を得たと言える。村が提供する司法ではなく，仁正寺藩の提供する司法に訴えるこ

60）この時，宍甘は「村役人の印形ハ御役所の印形成ルぞ」と7代親宣を叱っている。

とによって生まれた成果である。

　さらに7代親宣は9石の未進について，今年の利息米（約1石5斗）は免除されるように村役人に要求している。これに対して庄屋は「藤左衛門ニおいてハ，元利不残皆納被致候ても，跡のそうぞくに相かまい申仁ニてハ無之候まま，彼是相願はれ候事よろしかるましく候」としているが，7代親宣は，年数を経た古未進を皆済する場合には，その年の利息分は免除されるのが決まりであり，自分だけが元利ともに皆済せよと言われるのは心外であると不服を申し立てている。最終的には利息米も含めて皆納する7代親宣であったが，有徳の者としての貢献を押し付ける村役人に対して，1石5斗という，彼の身代からすれば決して多くはなかったであろう利息米にこだわってまで，反発の意思を示したのである。

　茂左衛門一件から窺える7代親宣の戦略は，村ではなく，仁正寺藩の提供する司法に依拠するという点で一貫している。この対応は，後に玉尾家が地主経営を縮小させていったことと整合的である。小作料の未納と畝引高が増加し，小作契約の大半が鏡村に収斂していった文化期（1804-1817）と，小作契約が顕著に縮小した文政期（1818-1829）は，いずれも茂左衛門一件に巻き込まれた7代親宣が当主であった時期にあたる。地主経営と密接に結び付いていた肥料販売においても，1772（安永元）年から1793（寛政5）年にかけて売掛債権が増大していく傾向にあったことも見逃せない。これらの事実は，地主経営の収益性が低下していたことを窺わせるに十分である。

　7代親宣は，1814（文化11）年に庄屋に就任するが，それ以後においてむしろ地主経営を範囲，規模ともに縮小させていったことの意味は重い。村役人として，村内の再生産により強い関心を寄せ，地主経営を拡大させたとしても不思議ではないが，7代親宣はその道を選ばなかった。

3　玉尾家による投機取引

1）相場情報の収集

　これまで見てきたように，玉尾家の在地における商業活動は，農村と市場とをつなぎ，手数料収入を得ることによって成り立っていたが，その一方で積極的に領主米市場において投機的取引を行っていた。「万相場日記」と題する相場帳を，

5代にわたって玉尾家が書き遺していたという事実が、そのことを如実に物語っている[61]。

同相場帳が記録した物価は多岐にわたるが、継続して記載されているものは、大坂米価、大津米価、大津の金銀相場である。現存する最古の「万相場日記」は、1755（宝暦5）年のものであるが、寛政期（1789-1800）以前については、月に数回程度の頻度でしか記載がなされていないのに対し、寛政後期以降、記載頻度が日次へと高まり、記載項目も増加していく。肥料取引との対比で言えば、安永期（1772-1780）から寛政初年にかけては、近隣農民との取引において参照するために、関連市場の価格を記していたと考えられ、月に2, 3回程度の記載頻度でも十分に事足りていたのではないかと推察される。しかし、投機取引が活発化した19世紀以降、日次、あるいは日中の値動きに至るまで、仔細に記録する必要に迫られたものと考えられる。

2) 玉尾家による米投機取引

玉尾家では、以上のように相場情報を精力的に収集し、米の投機取引の判断材料としていた。このことを示す事例として、1828（文政11）年7月から8月にかけての動向を紹介する。まず、九州、中国地方の不作を伝える書状が、7月11日に豊前小倉より「飛船（とびふね）」によって大坂に向けて発せられ、それが「七月十八日承ル」として玉尾家の「永代帳」に転載されている[62]。差出人、受取人、ともに不詳であるが、おそらくは小倉商人→大坂米商→大津米商→玉尾家、というルートで伝達されたものと思われる。そして同年8月、今度は下関における大風被害を報知する書状が転載されている。

史料2[63]
〔8月9日における下関の大風被害を伝えた上で〕此通りくわしき事ハ知る人無少（すくなく）候故、驚キ不申（もうさず）、追々相分り候ハヽ、一時ニ引立可申（もうすべく）存候、余り大変之事故、御知らせ申上候、
子八月十三日、大坂堂嶋　伊勢屋武助

---

61) 国文研「玉尾家文書」439, 441-451,「万相場日記」；同文書, 440,「諸色相場留」。
62) 国立史料館編（1988）, 285頁。
63) 国立史料館編（1988）, 285-286頁。

表1-6 玉尾家による米投機取引，18世紀後期-19世紀前期

年度	取引先	大津取引				大坂取引			
		買い		売り		買い		売り	
		数量(俵)	代銀(匁)	数量(俵)	代銀(匁)	数量(俵)	代銀(匁)	数量(俵)	代銀(匁)
1783	米屋孫兵衛	0	0	42	1,436	0	0	0	0
1784	〃	0	0	500	16,156	0	0	0	0
1814秋	木屋久兵衛	3,000	72,044	1,500	37,513	1,800	37,400	3,600	80,520
1817	〃	2,000	45,156	0	0	6,300	128,595	21,000	447,560
1819春	〃	2,500	52,034	200	3,647	900	14,780	2,160	33,461
1825春	〃	2,800	71,897	2,800	75,686	3,300	77,228	1,200	28,830
1826春	〃	2,000	43,655	0	0	1,200	22,040	3,300	81,500
1828秋	〃	7,100	202,009	7,400	229,408	0	0	600	21,050

資料）国文研「玉尾家文書」166, 167,「俵物仕切通」; 同文書, 453-2, 456, 458-460,「俵物通」。

　いずれの書状も，おそらくは大坂米商と直接取引関係のあった大津米商に宛てられた報知状が，玉尾家に転送されたものと思われる。この間，玉尾家では積極的な米の買い付けを行っている。まず7月17日から8月8日にかけて，大津米市場において 4,900 俵の沢米，すなわち彦根藩蔵米を，木屋久兵衛を通して総額 132 貫 428 匁で買い付けている[64]。1 石当たりの価格は 67 匁前後である。そして，8月22日より一転して売りに出て，下地から買い持ちしていた分も含め，総計 7,100 俵の沢米を，221 貫 215 匁で売却している。相場は 1 石当たり 78 匁前後である。九州，中国地方の不作予想を受けて沢米の買い持ちを進め，下関の大風という機会も得て，高値で売り埋めることに成功している。玉尾家の買い注文は，実需によるものではなく，米騰貴を予想した上での投機的行動だったのである。

　玉尾家が大津米商を通じて売買を行った履歴は，半季に 1 度，「俵物通(たわらものかよい)」と題された通帳にまとめられ，大津米商から玉尾家宛に送られている。断片的にではあるが，複数時点の通帳が遺されているため，玉尾家による，大津，大坂米市場における投機取引を概観することができる（表1-6）。玉尾家が売買した銘柄

---

[64] 国文研「玉尾家文書」460,「俵物通」。なお，玉尾家と木屋久兵衛の間に交わされた仕切状から，玉尾家は原則として木屋に売買を一任していたことが窺えるため，木屋が報知を受けた時点で，玉尾家の名義で買い注文を出していても不自然ではない。一例を挙げるならば，国文研「玉尾家文書」890,「諸国注文仕切状剝」1790（寛政2）年5月22日条では，木屋が約定した内容の事後承認を求めている。

は，沢米，熊川米，筑前米，肥後米，加賀米など，大津，大坂両米市場における主要な取引銘柄で構成されている。いずれの年度についても，買い持ちした米切手を，売り埋める形式をとっており，実需取引でないことは明らかである[65]。1817（文化14）年の大坂米市場における2万1,000俵の売り注文が示す通り，玉尾家による大坂での投機取引は，「万相場日記」の記載頻度が高まり，相場情報を積極的に集めるに至った文化期（1804-1817）にひとつのピークを迎えていたと考えられる。

　文政期以降，断片的に遺されている通帳には，投機取引を窺わせる内容が確認できないが，「万相場日記」には，少なくとも1859（安政6）年までは密度の高い記載がなされていること，注文仕切状についても1858（安政5）年まで遺されていることから，玉尾家の投機取引は，程度の差こそあれ，その後も継続して行われていたと考えられる。

3) 取引統治の効果と玉尾家の行動

　玉尾家が7代親宣の下で投機取引を拡大していた19世紀初頭においては，一方で小作経営の顕著な縮小が見られた。同家が小作経営を決定的に縮小させたのは文政期（1818-1829）であるが，それに先行する18世紀末から19世紀初頭にかけて，未納高と畝引高が顕著に増大していたことを想起されたい（表1-2）。これら一連の動きは，玉尾家が不安定な地主経営よりも，大津，大坂両米市場における米取引に商機を見出していたことを示唆している。

　このことは，玉尾家の経営を取り巻く環境を念頭に置いて解釈しなければならない。表1-3において確認した通り，1772（安永元）年から1793（寛政5）年までの期間について，年を追うごとに売掛残高が増加し，また取引範囲も村を越えて広域に展開していた。こうした多重売掛債務者を小作人として抱え込むことが玉尾家の地主経営の特質であったと先に指摘したが，1873（明治6）年に地所質入書入規則が施行されるまで，村境を越えた非占有担保については，司法の保護

---

65) 年不詳ながら，木屋久兵衛を介した大坂米市場における先物取引の記録も遺されているが，ここでも取引の起点は買い注文となっている。国文研「玉尾家文書」1654,「大坂取次十月限加賀帳合米仕切」。玉尾家は，その米穀商としての経営形態からして，米の値下がりリスクをヘッジする志向を持っていても不自然ではないが，そうした姿勢は遺された史料からは浮かび上がってこない。

を受けることはできなかった（序章第2節）。玉尾家が7代親宣の下，地主経営を縮小していくなかで，小作契約の対象地域をも縮小させ，自らが居住して庄屋役を務めていた鏡村に集約させていったという事実は，玉尾家を取り巻く司法環境が大きく影響していたと言えよう。

　小作料の回収が確実に見込める，目の届く範囲での地主経営に加え，同家が活路を見出したのが領主米市場での米取引であった。玉尾家の投機取引が，どれだけの収益性を持っていたのかを実証するすべはない。しかし，同家が幕末に至るまで「万相場日記」を記していたことから窺えるように，同家は米相場に対する関心を持ち続けていた。この背景には，領主米市場における取引の安全性が存在したと考えられる。

　領主米市場における米取引は，少なくとも玉尾家が行ったような米切手の現物取引については，幕府司法の保護を受けることができた[66]。米切手取引において代金，および米切手の授受が適切に行われなかったとしても，あるいは米切手そのものが滞りとなって蔵米との兌換が行われなかったとしても，米切手保有者は大坂町奉行所に出訴することができた。価格変動リスクにさらされる一方で，契約不履行のリスクは除去されていたのが領主米市場であった。在地米売買を通じて，大津米商とのパイプを構築していた玉尾家が，領主米市場における投機取引に進出したことは自然な流れであったと言える。

　7代親宣以降に顕著となったかかる経営方針は，幕末まで一貫したと考えられる。1843（天保14）年，8代親徳は既に務めていた鏡村の庄屋に加え，鏡村に隣接する西横関村の庄屋の兼帯を仁正寺藩より命ぜられる。藩側の意図は，西横関村が抱えるに至っていた105両の借財を玉尾家に処理させることにあった[67]。この処理を請け負った8代親徳は，幕末に向けて地主経営を再び拡大させている（表1-2）。

　しかし，地主経営の再拡大において，範囲の拡大は決して志向されなかった。幕末期に玉尾家が保有していた小作地は，同家が庄屋を務めていた鏡村と，新たに庄屋を務めることになった西横関村に限定されていた（図1-2）。また，手作経営の規模も回復することはなかった（表1-1）。同じ蒲生郡の勝見家のような

---

66) 高槻（2012），35-41，71-80頁。
67) 国立史料館編（1988），352-353頁。

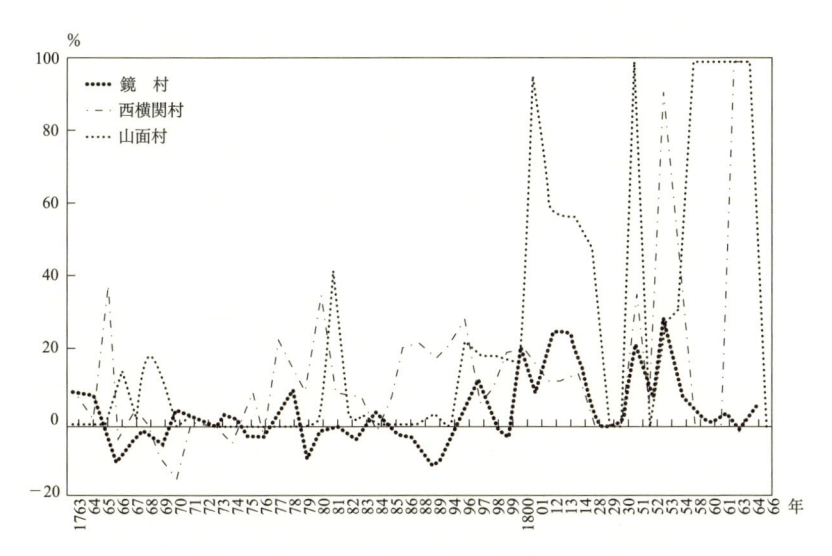

図 1-3 小作料未回収率の村別推移，1763-1866 年

資料）図 1-2 参照。
注）玉尾家の小作地全体に占める割合が寡少であることから，ここでは西川村，安養寺村を除外した。

富農経営は志向されなかったのである。

　さらに小作料の未回収率を村別に見ると（図 1-3），鏡村が低い水準で推移しているのに対し，西横関村，山面村のそれは概ね高い水準で推移している。後二者を比較すると，山面村の未回収率の高さが目立つ。図 1-2 と対照させるならば，山面村の未回収率が高まるにつれ，同村の小作地を削減していった見るべきである。8 代親徳の地主経営が，鏡村と西横関村に収斂した理由はこれで明らかである。玉尾家の管理が行き届く範囲，言い換えれば，より確実に小作料を回収できる範囲での地主経営が志向されたのであり，かつてのような村をまたがる地主経営には回帰しなかったのである。

おわりに

　近江国湖東地域の農村の再生産活動は，米市場，肥料市場と密接に関わっていた。そこで市場との橋渡し役を担ったのが玉尾家であった。ここで彼らが直面した市場価格とは，少なくとも米に関して言えば，大津御用米会所という名の証券

市場において形成された価格，あるいはそれに強く規定された在地商品市場の価格であった。大津御用米会所が大坂における米切手価格に基づいて価格形成を行っていたことを鑑みるならば[68]，幕府司法に守られた大坂米市場において情報効率的に形成された米切手という証券の価格は，畿内農村と同じく，湖東農村における商品市場にも波及していた。商品市場と証券市場の共進化が進んでいたと言えよう。

　一方，市場に接するということは，リスクと向き合うことでもある。肥料取引の観察を通じて明らかにされた通り，肥料代が支払えなくなる者は多数存在していた。そしてそのなかには，玉尾家の小作人となる者も出ていた。再生産活動が危機に陥った経営体は，玉尾家の傘に入ることで，その経営を維持していたのである。ここで玉尾家が提供した傘とは，肥料売掛債権の凍結，小作料の定額現物納付，そして裁量的な小作料減免措置であった。一方，自律的な経営を営むことのできる農家は玉尾家を介して市場に直面していた。リスクを引き受けることのできる者に対しては，市場との仲介を通じて手数料を取り，それができない者からは，リスクを引き受ける対価として小作料を取る。これが湖東農村における玉尾家の活動の基本的性格であった。

　しかし，18世紀中期以降，リスクを引き受けることは玉尾家の経営にとって負担となっていた。契約が確実に履行されると期待される村内に限定された地主経営，および領主米市場における米切手取引へと経営の軸を移動させた玉尾家7代親宣の行動が，そのことを端的に物語っている。同じ近江国蒲生郡にあって，地主経営，手作経営を拡大させていった勝見家のような富農も存在した一方で，玉尾家は特に7代親宣が家長となった18世紀後期以降，地主経営を縮小・収斂させつつ，証券市場へと目を向けていったのである。

　この動きは，幕府司法，および証券市場の動きと連動していると考えられる。幕府司法は村境を越えた非占有担保を一貫して保護しなかった一方で，1730（享保15）年に公許を与えた大坂堂島米会所における証券取引に対して，一貫して保護を与え続けた。幕府司法の保護を受けた証券取引市場は，19世紀初頭に最大の米切手発行残高を記録する[69]。これは7代親宣が米切手取引を積極化させた

68）高槻（2012），294-367頁。
69）高槻（2012），166-169頁。

時期と重なっている。自家の経営を取り巻く司法環境，そして外部における市場の発達を所与とすれば，7代親宣による経営転換は極めて合理的な選択であったと言える。

　継続的な取引関係によって統治される在地市場から，法の支配が貫徹する近代的中央市場へのシフトを図ろうとした玉尾家を，近世期における富農を代表するものと主張する意図はない。しかし，大坂において確立した近代的市場が，少なくとも近隣の在地経済を統合していく過程が進行していたことを玉尾家の事例は雄弁に物語っている。

第2章

財政国家の成立
――財政基盤の確立と公債市場の成立

中 林 真 幸

はじめに

　封建領主と臣民との間の顔の見える関係に基づく地代と税の一括徴収に依拠する国家を封土国家（domain state），外形標準的な基準と行政府の執行力に依拠した匿名的な課税基盤を備えた国家を財政国家（fiscal state）と呼ぶとすれば[1]，年貢徴収を家臣団の地方知行(じかたちぎょう)による領民支配に依存していた戦国大名や近世初期の大名が前者に属することは明らかである。幕藩体制下の近世日本も，大名以下，すべての武士は自給自足して単独の交戦権を持つことを建前としたから，形式的には封土国家であったが，実質的には大きな変化を遂げていた[2]。大名と家臣団は将軍の軍令権に基づいて転封されうる存在であった。また，幕府，諸大名とも，地方知行制を漸進的に廃止していった。家臣を城下町に集住させ，家臣団の年貢徴収を代行して家臣に対しては俸禄を支給することによって，家臣団とその封土との人格的支配関係を切断したのである。行政機構の末端を構成する村役所が年貢徴収を完全に代行する一方，主力家臣団である旗本御家人が江戸に集住して俸禄を受け取る幕府を典型として，近世期を通じ，幕藩制国家は封土国家としての特質を薄めていった。そして，少なくとも幕府領と先進諸藩において，本(ほん)百姓(びゃくしょう)は検地帳に登記された特定地片に対する所有権を認められていた。

---

1) Yun-Casalilla (2012), p. 2.
2) 髙木 (1990), 1-32 頁。

加えて、1636年に寛永通宝の発行を開始して金銀銅貨の三貨体制を確立した江戸幕府は、国民通貨を供給した日本初の政府となった[2]。幕府の通貨政策については、文政の改鋳をはじめ、大判小判の金含有量を引き下げる貨幣改鋳がしばしば注目されるが、同時代のヨーロッパにおける絶対主義諸国と比較すると、地金貨幣のみを発行し、紙幣も国債も発行しなかった幕府の通貨政策と財政政策は、むしろ極度に保守的であったと言うべきであり、実際、安定した財政基盤と財政政策の下、幕府通貨の信用力は揺るぎなく定着した（第1章第2節1項）。

同時に、安定した財政基盤を持ちながら、成長通貨を積極的に供給する通貨政策に幕府が転換することは、ついになかった。1730年以降、諸藩は幕府に届け出た上で、領内に限って通用する藩札を発行することを認められた。また、諸藩は、幕府直轄都市である大坂で短期財務証券である米切手を発行することも認められ、米切手は幕府が開設を認めた二次市場である大坂堂島米会所において活発に取引された。大坂町奉行所は米切手保有者の債権を徹底的に保護し、それを基礎に、この地方債市場は成長した。堂島市場は近代のそれと同様に自由な証券市場であり、米切手価格は投資家が織り込む諸藩の債務不履行リスクによって決まった。幕府は、米切手の価格形成を市場に委ねる一方、債務履行の透明性を確保するためには容赦なく介入する制度を確立した[4]。このように、幕府は政府債券を発行し、匿名的な市場におけるその取引を統治する実務的な知識を蓄積していたが、幕府自体が紙幣、国債、財務証券を発行することはついになかったのである[5]。通貨には絶対的な信用力があり、また地方政府短期債市場も、幕府司法制度の下に信頼性の高い市場に育つ一方、中央政府である幕府が国債を発行しなかったために、その規模は小さい。信頼性は高いが小さな証券市場。それが近世日本の達成である。戦費調達のために国債を大量に発行し、債務不履行に陥る歴史を重ねてきたヨーロッパの絶対主義諸国とは[6]、信頼性の高さにおいても証券市場の小ささにおいても、大きく異なっていた。

年貢収入の裏付けである本百姓の土地所有権が当代領主の恣意的な侵害から保

---

2) 岩橋（2002），436頁；桜井（2002），55頁。
4) 髙槻（2012），257-284頁。
5) 唯一の例外は幕府解体前年の1867年に発行された江戸及横浜通用金札，江戸及関八州通用金札，兵庫開港札，の3種の金兌換紙幣である。
6) Bonney (1999), pp. 1-17.

護されていたこと[7]，その所有権保護の安定性ゆえに年貢収入もまた安定していたことは，幕府が確実に財政国家に近づいていたことを示しているが，しかし，中央政府である幕府自らが匿名的な債券市場に支えられた拡張的な通貨政策と財政政策に踏み出すことはなかった。後知恵的に言えば，そのことは，公共財投資を社会的に最適な水準よりも低いところに抑え続けたであろう。明治維新によって，江戸幕府は相対的に安定した課税基盤と，地方政府短期財務証券市場を新しい帝国政府に継承した。新政府は国内に国債市場を作り，続いて外国債発行のためにロンドン金融市場に進出した。

　すなわち，日本における財政国家の成立は3段階に分けて見ることができる。第一は，豊臣秀吉政権期から江戸幕藩体制初期にかけて進められた土地課税の集権化と安定化である。この改革によって中央政府と地方政府（藩）は徴税にあたり収穫のおよそ40パーセントを獲得することが可能となり，江戸幕藩体制に安定した財政基盤をもたらした。第二に，1868年の明治維新は封建諸藩の財政自立を剥奪し，すべての税収は中央政府の統制に服することとなった。そして第三に，1890年，日本は立憲制国家に移行し，課税と財政支出はすべて帝国議会の衆議院と貴族院それぞれの可決を経なければならなくなった。1890年代前半，軍事支出膨張を警戒する代議士が多数を占めた衆議院は，「富国強兵」に走ろうとする内閣の政策とことごとく対立したが，1890年代後半，増税と民生用社会基盤投資をともに認める歴史的妥協が成立し，衆議院に管理された財政支出の拡大が始まった。

　幕府が国債を発行しない超健全財政を維持しえた重要な理由のひとつは，ヨーロッパの主権国家体制に加わらず，戦争を回避する鎖国政策を貫いたことにある。明治維新後，政府は紙幣を発行するとともに，旧士族の俸禄を整理する秩禄処分の一環として士族に国債を交付し，さらに，主権国家体制への参入にともなう陸海軍建設費をまかなうべく，大量の国債を発行するようになった。

　しかし，日本の場合，富国強兵に踏み出した頃のヨーロッパ絶対主義諸国と異なり，債務不履行に陥ることはなかった。欧米の軍事的脅威があったにもかかわらず，財政規律が保たれた背景には，いくつかの制度的な要因がある。第一は，

[7) 安良城（1986），125頁。

名目地価額に定率を掛けて地税（地租）額を算出する税制であった。1873年地租改正条例においては，財政主権を吸収した中央政府が安定した地税を貨幣で納付させることを目的としていたが，税額については，政府の評価による地価に定率を掛けたものとされた。地価の改訂は頻繁には行われず，特に帝国憲法公布後は，租税法の改正は帝国議会の協賛を要することになったから，このことは，インフレーションが実質減税となる仕組みを財政機構に組み込んでしまったことを意味する。1877年の西南戦争にともなう政府紙幣増発によって起きたインフレーションを受け，松方正義大蔵大臣が1882年以降，超緊縮財政によってデフレーションを起こし，民間部門から政府部門への所得移転を促したことはよく知られている。政府は，その税制によって，インフレーションを回避する強い誘因を自らに課していた。第二は，自由民権運動の活性化と，その結果として確立された立憲体制である。自由民権運動，そして民権活動家が多数を制した衆議院は増税を回避するための財政規律を強く求めた。大日本帝国憲法が施行された1890年以降，財政破綻につながりうる予算が執行される可能性は著しく弱まった。第三は，1897年における金本位制への移行とその後における外国債の発行である。ロンドン金融市場の評価によって調達利回りが変わる環境は，財政を強く規律づけた。

　国債を発行しなかった幕府が倒れ，財政を監視する帝国議会衆議院が成立するまでの1870-1880年代は，放漫財政への制約が前後と比べれば弱かったが，税制と自由民権運動の存在はそれを許さなかった。近世から近代にかけて，その信頼性は揺らぐことなく，その規模が飛躍的に拡大したのである。こうした歴史的経路は，1878年に設立された東京株式取引所と大阪株式取引所を中心とする近代証券市場が，当初は国債市場として活況を呈し，やがて来る企業勃興を準備する上で，小さくない意味を持った。

　第1節においては江戸幕府の財政基盤が，第2節においては，財政金融制度の整備が概観される。第3節においては，そうした歴史的遺産を聡明に活かす鍵となった帝国憲法体制下における財政規律の形成が分析され，合わせて，金本位制の補完的な役割が論じられる。

1 財政基盤の確立

1) 江戸幕府の課税制度

　戦国末期になると，近畿地方などの先進地域においては，村を介した領主との契約によって農民の土地所有権を認めさせる慣行が形成された。村は領主に対して，事前に定められた率もしくは額の地税（年貢）を支払うという債務を負う。この債務が履行される限り，領主は村内部の土地用益には関知しない。そして，村が個別の農民の土地用益権を他の農民に対して保障し，その代わり，所有権を認められた農民は村が割り付けた年貢を村役所に納付する[8]。

　村請制と呼ばれるこの制度の重要な特徴のひとつは，村と領主の契約により，収穫に対する年貢率もしくは年貢額が事前に決められていることである。契約に定められた年貢を支払った後に残る残余は村に帰属し，村のなかでは耕作者個人に帰属した。すなわち，残余請求権を村を通じて耕作者に認める構造となっていたのである。村が領主との契約主体となったのは，中世荘園制においては名主職保有者が担っていた，単年度を超える農業投資の機能を村が吸収したからである。単年度内の生産費用は耕作者個人が負担したので，共同投資に回される以外の余剰は耕作者個人に帰属した。年貢を納めるためにどのように農地を使用するかは村と耕作者の裁量に委ねられたから，村と耕作者は，資産の残余制御権も持っていたことになる。村を介した土地所有権が自生的に形成されてきたのである（第1章第2節2項①）。

　そして1590年代，豊臣秀吉政権は，この自生的な制度を，より強化する改革を進めた。いわゆる太閤検地である。太閤検地における納税と土地所有権の保障の実務は，戦国期に形成された村請制を継承するものであった。しかし，政府の名において実施される検地によって納税の義務と土地所有の権利が同定される仕組みは，登記された農民の権利が，他の農民に対して持つ効力を強める意味を持っていた[9]。このことは，短命に終わった豊臣政権に代わった江戸幕府の下において，決定的に重要となる。幕府領において，土地抵当金融や土地売買の取引

---

8) 稲葉 (2002), 231-236 頁。
9) 安良城 (1986), 3-178 頁。

は村役所が統治し，所有権の移転，すなわち，年貢負担者の移転は村文書に一切の遺漏なく記録された。村役所は農民が務める名主(なぬし)，組頭，百姓代によって構成されており，日常的な実務はこの自治体内部で完結している。しかし，ひとたび，所有権を巡る紛争が起こり，一方当事者が村役所の裁定に納得しない場合，武士が務める代官所に控訴する。その裁定に不服がある場合，最上級審である江戸幕府評定所に上告することになる。そうした裁判の際に所有権の根拠となるのは，年貢負担者である本百姓としての「検地帳」への記載であった。検地帳への登記は国家による所有権保護の根拠となったのである。太閤検地によって成立した納税の義務と土地所有の権利の仕組みは，戦国期の村請制を継承しつつも，私人間の紛争時には土地所有権を国家が担保する統治機構に組み込まれたということになる（序章第2節2項①）[10]。

　戦国大名，そして幕府が農民の土地所有権を積極的に認めたのは，農民に増産の誘因を与え，税収拡大を図るためである。江戸幕府は当初，定率課税を原則としたが，先進地近畿地方には，より強い誘因を与える定額課税（定免制）を採用する藩もあった。定免制の場合，税額を超える限界増分は，それが正であれ負であれ，すべて検地帳に記載された農民に帰属する。より大きなリスクを課すことになるが，生産性が高くリスク耐性も強い農民に対しては，誘因の強化による増産が期待できる。幕府においてもまた，18世紀初め，将軍徳川吉宗の主導により，定額納税への移行が図られた。

2）幕府財政収入の推移

　幕府については，1716-1841年の年貢収納高を知ることができる（章末附表2-1）。年貢収納高を，公定された推定収穫量である石高で除すると，実効税率は35パーセント前後を推移していたことが分かる（図2-1）。しかし，石高は，この100年以上にわたってほとんど変化していない。この仮定が非現実的であることは言うまでもない。速水／宮本（1988）は，後進地の藩領を含めた全国の米生産高は，1700年の3,100万石から1850年の4,100万石に増加し，また，土地生産性（反収）も上昇したと推定している（表2-1）[11]。

---

10) 渡辺（2002），247-248頁；白川部（2004），287頁。
11) 速水／宮本（1988），42-47頁。

万石　　　　　　　　　　　　　　　　　　　　　　　　　　%

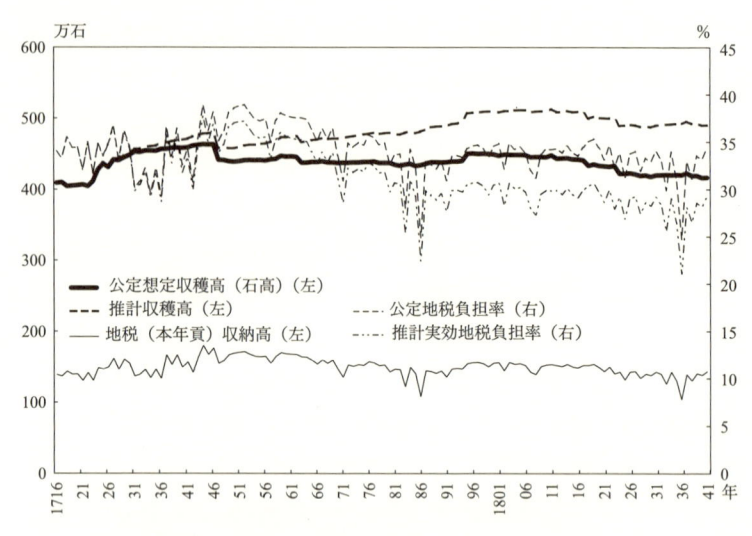

図 2-1　幕府領の地税（年貢）収入，1716-1841 年

凡例：
- 公定想定収穫高（石高）（左）
- 推計収穫高（左）
- 地税（本年貢）収納高（左）
- 公定地税負担率（右）
- 推計実効地税負担率（右）

資料）章末附表 2-1 参照。

表 2-1　近世期の人口と米生産，1600-1872 年

年	人口 (1,000名) a	耕地面積 (1,000町) b	米生産 (1,000石) c	労働生産性 (1名当たり石) c/a	土地生産性 (町当たり石) c/b
1600	1,200	2,065	19,731	16.44	9.55
1650	1,718	2,345	23,133	13.47	9.86
1700	2,769	2,841	30,630	11.06	10.78
1720	3,128	2,927	32,034	10.24	10.94
1730	3,208	2,971	32,736	10.20	11.02
1750	3,110	2,991	34,140	10.98	11.41
1800	3,065	3,032	37,650	12.28	12.42
1850	3,228	3,170	41,160	12.75	12.98
1872	3,311	3,234	46,812	14.14	14.47

資料）速水／宮本（1988），44 頁。

3）実効税率の低下

　幕府領の税率は概して藩領よりも低く，また，直属家臣団である旗本と御家人については，農村に常駐させる地方知行制を取らず，官僚およびその補充予備軍として江戸に住まわせていたので，村の自律性もより強かった。すなわち，幕府領農民は辺境の藩領農民よりも生産性上昇への強い誘因を与えられていたと考え

られる。それを前提としつつ,あえて控えめな生産性上昇率として,ここでは,宮本又郎が諏訪地方について与えた推定を用い,実際の収穫高を推定してみよう[12]。この推定に従うと,19世紀初めには実効地税率は30パーセントを切ってしまう(図2-1)。幕府領の多くにおいては,より生産性の上昇率は高かったと考えられるから,それに応じて実効税率の低下も大きかったであろう。

　生産性の上昇に見合って課税額が引き上げられなかった背景には,幕府領統治の構造があった。幕府は農村にあまり行政官を駐在させず,かつ,村が事前に定めた通りの年貢を納付している限り,自治を認めた。これは徴税の方法としては効率的であり,また地方統治の費用を節約する効果もあった。しかし,在地の監視機構を欠くことは,収穫に関して情報の非対称が生ずることを意味した。凶作の際には,村は年貢減免を要求した。幕府としては長期的に安定した税収を望んだから,凶作が明らかであるときには年貢減免を受け入れた。しかし,生産性の漸増を観察することは難しく,また,徴税を村の自治機構に委ねている幕府にとって,公定年貢高の改訂交渉は,大きな費用をともなうものであった。結果として,表2-2,表2-3に見られるように,行政官の給与や民生事業の経費増加をまかなうために,大都市商人からの借り上げ金への依存度が高まってゆくことになった[13]。

　江戸幕府が幣制を確立するまで,日本においては輸入された中国銭が通貨であった。幕府は1603年に両を単位とする金貨の発行を始め,1636年には銅銭である寛永通宝の発行を始めた。寛永通宝は中国銭を駆逐し,ここに日本は史上初めて,自立した通貨圏を確立したのである。このことは,幕府が紙幣や国債を発行する上で好条件を提供したはずであったが,日本史上初の国民通貨を確立した幕府は,幕府通貨の信認を守るために,紙幣,国債の発行はせず,時折,貨幣改

---

12) 第 t 年における収穫高を y_t,第 $(t+n)$ 年における収穫高を y_{t+n} とおくと,第 t 年と第 $(t+n)$ 年の間の平均成長率は,$r=(y_{t+n}/y_t)^{1/n}$ と求められる。まず,表2-1から1720-1730年,1730-1750年,1750-1800年,1800-1850年の平均成長率を求める。章末附表2-1の石高の変動は,実収高の変動ではなく面積の変動を示していると考えられるので,第 t 年と第 $(t+1)$ 年の推定収穫高の間には,$b_t=(1+r)(a_t/a_{t-1})b_{t-1}$ の関係が成り立つと仮定する。1720年以前については,石高が実収高を近似していたと仮定し,$a_{1716}=b_{1716}$,$a_{1720}=b_{1720}$ を挿入した上で,1721-1730年,1731-1750年,1751-1800年,1801-1841年については上記のように求めた r と $b_t=(1+r)(a_t/a_{t-1})b_{t-1}$ の関係を用いて推定した。

13) 大口(1976),354-355頁。

表 2-2 江戸幕府の財政収入構造，1730，1843-1844 年
(千両)

	年	1730	1843	1844
一般会計	地税（本年貢，原則として米現物納付）(a)	509.0	603.7	646.8
	大規模公共事業向け直接税（国役，貨幣納付）	24.9	20.2	7.2
	小規模公共事業向け直接税（小普請，貨幣納付）	26.9	22.4	23.3
	特定民生事業向け直接税（諸役所納，貨幣納付）	55.0	45.9	71.3
	借り上げ（御用金，貨幣納）	29.0	158.0	706.4
	小　計 (b)	644.8	850.2	1,455.0
	(a/b)	79%	71%	44%
特別会計	租税米販売益（米売り払い代）	112.9	45.7	32.1
	貸し下げ返納（諸貸付返納，貨幣納付）	20.8	208.8	165.7
	貨幣改鋳益	10.4	394.4	856.4
	雑収入	9.8	43.8	66.3
	小　計	153.9	692.7	1,120.5
	合　計	798.7	1,542.9	2,575.5

資料）大口（1976），352 頁。

表 2-3 江戸幕府の財政支出構造，1730，1843-1844 年
(千両)

	年	1730	1843	1844
一般会計	家臣俸禄（切米，役料）	297.3	405.0	428.3
	将軍家支出（奥向）	60.4	91.9	89.0
	民生事業費（役所）	149.5	337.0	288.8
	公共事業費	68.5	73.0	68.0
	補助金	12.1	146.5	183.7
	日光参詣費	0.0	101.0	2.0
	江戸城補修費	0.0	0.0	836.1
	その他	5.2	66.5	57.5
	小　計	593.0	1,220.9	1,953.4
特別会計	米買い上げ	103.5	96.8	95.0
	政府貸し下げ（御用金貸付）	34.9	127.7	80.8
	小　計	138.4	224.5	175.8
	合　計	731.4	1,445.4	2,129.2

資料）大口（1976），352 頁。

鋳益を得るにとどまった（表 2-2）。他方，他の封建領主に対しては，幕府直轄都市大坂において短期財務証券である米切手を発行すること，および各藩領内限りにおいて流通する紙幣である藩札を発行することを認めた。大坂において発行される米切手保有者の債権は幕府法廷である大坂町奉行所によって厳格に保護された。

すなわち，近世の幕府市民は，国家による財産権保護を前提とした，信頼に足る債券市場を持っていたが，中央政府たる幕府が債券を発行しなかったため，その規模は限られていた。信頼に足るが小さい政府債券市場，それが近世日本の到達であった。

2　明治維新

1）維新政府の成立と地租改正

幕府は封建的連邦国家の中央政府として外交主権と国防の義務を負い，諸藩に対する統帥権を総帥していたが，アメリカの海軍力を背景に，領事裁判権を認めた 1854 年日米和親条約を結ばざるをえなかったこと，さらに，1858 年日米修好通商条約において関税自主権を放棄したことは，幕府がもはや統帥権を有効に行使しえないことを示した。国防はまた，鎌倉幕府以来，武家政権の究極の職責であったから，アメリカの軍事力に対する屈服は，国民の間における幕府という統治機構への信頼を失わせるに十分な意味を持った。加えて，1858 年条約に基づいて 1859 年に始まった自由貿易は，輸出品の価格上昇，輸入品の価格下落を基調として国内相対価格の激変をもたらした。この変化は，大坂，江戸，京都において幕府から独占の特許を与えられた株仲間の権益も損ねるものであった。西欧主権国家体制において主権を守りえなかったことを少なくともひとつの理由として，また，大都市商人の既得権益の動揺もまたひとつの理由として，幕藩体制は崩壊し，明治維新を迎える。

1868 年に徳川慶喜を降伏させ，1869 年までに奥羽越列藩同盟および幕府海軍を降伏させて戊辰戦争に勝利した，薩摩と長州を中心とする維新政府は，1871 年，封建的連邦制を解体し，徴税権を含む内政国家主権を中央政府に接収した。旧大名の既得権益は，家格と支配領域に応じた国債の発行によって補償された。

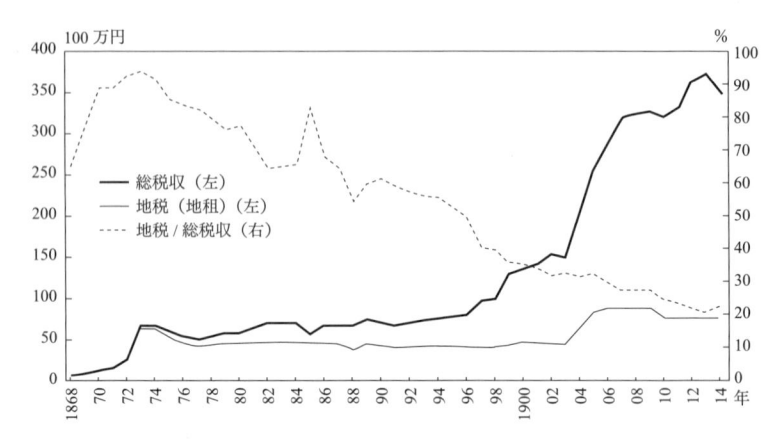

図 2-2 中央政府の租税収入総額に占める地税（地租）収入額，1868-1914 年

資料）租税収入：日本銀行統計局編，『明治以降本邦主要経済統計』，日本銀行統計局，1966 年，136 頁。

　近世期においては，農地を抵当とする金融や農地の売買は，幕府法廷の最下級審である村役所が統治していたが，村境を越えた取引については村役所の統治を得られず，したがって幕府法廷による債権保護も受けられなかった[14]。村境を越えた土地抵当金融や土地売買取引は，当事者間の長期的関係に基づく取引統治に服していたのである。1872 年，維新政府は村境を越えた農地の自由な売買を認め，そして 1872 年地租改正条例によって，納税の義務を負う本百姓として幕府および諸藩に登記されていた農民に対して近代的な土地所有権を保障するとともに，地税（地租）納付を現物納付から貨幣納付に切り替えた。地租額の算定にあたっては，公式には，土地の生産性を調査して，その土地における農業の利益を算出した上で，その利回りから資本還元して地価を決定し，その地価に対する 3 パーセントを地租とする方式を採るとされた。しかし，実際には，維新前と同様の地税水準を維持するために行政の裁量によって地価が決められることも少なく，そのことは農民の強い反発を招いた。地租改正反対一揆が広範に起こるなか，政府は地租を地価の 2.5 パーセントに引き下げることになった。維新直後の徴税体制は混乱していたが，地租改正事業の伸展にともなって税収は回復した

---

14) 江戸をはじめ，幕府直轄都市の土地売買については例外なく町奉行所が統治し，債権の保護に責任を負った。幕府法廷による土地所有権保護の法源となる売買証文は沽券と呼ばれ，明治維新後における地券交付制度の原型となった。

(図 2-2)。

2) 財政政策と金融政策の枠組み

　一方，政府は 1872 年国立銀行条例によって近代的な銀行制度の確立に着手した[15]。1879 年までに全国に 153 行の国立銀行が設立され，さらに普通銀行と銀行類似会社も数多く設立された。僅か数年の間に，現在の都市銀行と地方銀行につながる銀行網が完成したのである。同時に，1872 年以降，政府は全国に裁判所の設置を進め，特に 1875 年漸次立憲政体移行の詔勅にともなう大審院設立によって，裁判所は行政府から独立した近代的な司法制度として確立された。

　近世期において金融取引は村役所が統治し，村境を越えた金融取引は当事者間の長期的な取引関係による統治に委ねられていた。そのことが地方金融市場の拡大を妨げていたことは言うまでもない。しかし，1870 年代における裁判所網の拡充と地方銀行の叢生は，地方金融の状況を激変させた。地租改正によって完全な土地所有権を保障された農民は，国家の裁判所による統治の下，自らの土地を抵当として，近代的な銀行から自由に資金を調達できることになったのである。借入金によって養蚕用の桑の木を大量に買うなど，リスクを取って農業投資を拡大したい農民にとって，その可能性は飛躍的に広がった。

　他方，維新政府は，1877 年西南戦争に至るまで，断続的に発生する士族反乱の鎮圧に追われ，その戦費調達のために政府紙幣の増発を余儀なくされた。国立銀行紙幣と政府紙幣を合わせたベースマネー供給増は急速なインフレーションを惹起した。定額の地価に対して定率を掛ける地租徴収体制の下において，インフレーションは，実質減税を意味する。実質所得の増大した農村ではさらに旺盛な投資が見られることになった。

　1882 年，大蔵卿に着任した松方正義は，既に緊縮財政に踏み込みつつあった前任者大隈重信の方針をさらに徹底し，歳出削減と増税とによって大幅な財政黒字を発生させる超緊縮財政を組み，財政黒字額分の政府紙幣を銷却した。この増税とベースマネー供給の急減は，3 年の間に物価水準がほぼ 30 パーセント下がるという激烈なデフレーションを引き起こし，農民の実質地租負担もそれに応じ

---

15)「国立」とは，国法に基づく発券銀行の意味で，企業としては完全に民間資本による株式会社であった。

て急増した。折から,フランスを中心にヨーロッパの不況が始まっており,フランス向けに在来生糸を輸出してきた東日本の農民の影響は深刻な影響を受けつつあった。そこに生じたデフレーションは,実質増税による負担増をもたらしただけでなく,借り入れによって事業を拡大していた農民にとっては,実質債務を増加させる効果を持った[16]。かくして,1880年代前半,東日本の農家経済は壊滅的な打撃を受け,それに対する当然の反応として秩父事件をはじめとする困窮農民の蜂起が生じたのであるが,政府財政の健全性は回復された。1880年代を通じて,政府財政収入の地租依存度は,江戸幕府のそれと変わらずに高かった(表2-2,図2-2)。幕府も維新政府も,地税に依存していたのである。

しかし,そのことは,政府財政が国民経済に対して持つ意味に変化がなかったことを意味するわけではない。1872年国立銀行条例による銀行網の整備に加えて,1880年には政府出資の外国為替銀行である横浜正金銀行が設立され,1882年には唯一の発券銀行として日本銀行が設立されるとともに国立銀行の発券は停止された。政府紙幣は横浜外国為替市場において取引の対象となっており,1メキシコ銀ドルと同量に鋳造された1銀円との交換価格は期待インフレーション率に応じて時々刻々,変わっていた。1885年,銀紙価格相場がほぼ等価で安定したことを承けて,日本銀行は日本銀行券の銀兌換を開始する。

3) 証券市場の成立

そして,1878年には東京株式取引所と大阪株式取引所が設立されたが,当初,両取引所において取引されていたのは国債であった。中央政府の短期的な財政赤字に対して,民間部門の遊休資金が融通する証券市場が立ち上がりつつあったのである。1880年代前半,政府がデフレーション政策に舵を切った最大の目的は,定額地租制度下のインフレーションがもたらした実質減税を逆転させ,実質増税を図ることにあり,国民経済のマクロ的なバランスに配慮したものではない。実際,急激なデフレーションを起こした松方財政の実物経済に対する効果は破壊的であり,その限りで,その政策は失敗であった。しかし,同時に,そのことによって,政府発行債券と政府発行紙幣の信認を失う危機が回避されたことも事実

---

16) 中林 (2003), 91-92 頁。

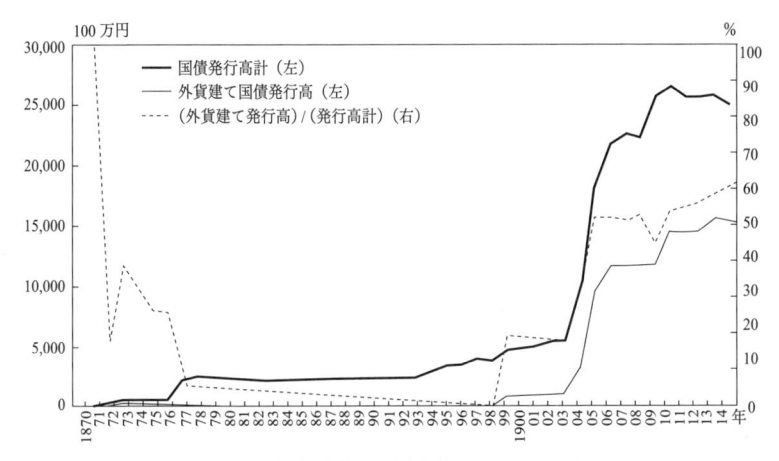

図 2-3 中央政府の国債発行，1870-1914 年

資料）日本銀行統計局編，『明治以降本邦主要経済統計』，日本銀行統計局，1966 年，158 頁。

である。1880 年代初め以降，国債発行高は漸増を続けるが（図 2-3）[17]，通貨価値の安定と両立していたことからも分かるように，それは民間の遊休資金を市場に引き出すことによって成り立っていた。実物的な財政基盤は徳川時代と変わらず，農業に課された地税であるから，国債市場の拡大は，純粋に証券市場制度が整備された結果と言ってよい。こうした証券市場の形成を前提に，1880 年代以降，株式会社が叢生し，資本市場は企業勃興に資金を融通する動脈となったのである。

3　帝国憲法と国際金本位制

1）大日本帝国憲法と 67 条費目問題

　もっとも，政府は 1880 年代半ば，外征志向の海軍を建設し，東アジアにおける主権国家間の角逐に参入する方針を確定した。ヨーロッパ諸国がそうであったように，政治的に決まる軍事費支出増が政府財政の信頼性を毀損する危険性はむしろ増大していた。しかし，その危険もまた，立憲主義体制の確立によって阻止

17）神山（1995），9-77 頁。

された。1875年漸次立憲政体移行の詔勅につながる自由民権運動の最大の目的のひとつは，小さな政府の実現にあった。一方，維新政府は，大日本帝国憲法および関連する会計法補則[18]の制定過程において歳出の政府裁量を大きく確保しようと工夫した。しかし，そうした工夫は，予算に対する議会の統制を柱のひとつとする近代立憲主義と原理的に矛盾する。実際，歳出の政府裁量に根拠を与えようとする条文は帝国憲法に挿入されたものの，その合憲的に一貫した運用手続きを帝国議会開設までに整えることはできなかった。この憲法上の未解決問題は，初期議会において衆議院の予算統制を強める方向で決着することになる。具体的に見ていこう。

　帝国憲法62条は，税の新設，税率の変更は法律によること，また起債も帝国議会の協賛（可決）を必要とすることを規定している[19]。すなわち，増税と起債はいずれも議会の承認事項であった。そして64条は毎年の予算について帝国議会の協賛を得るべきことを規定し，71条は，政府提案の予算について帝国議会の協賛が得られない場合には前年度予算を執行すべきことを定めている[20]。一方，帝国憲法67条は，天皇大権に基づく予算を議会が政府の同意なくして廃止削減することはできないとも定めていた[21]。主たる費目としては，陸海軍費および公務員の給与が67条に言う天皇大権費目として会計法補則2条に挙げられている。また，帝国憲法制定過程において，予算は法律とはされなかった。法律は帝国議会の協賛と天皇の裁可を成立の要件とするから，議会による同意のない法律は成立しえない。予算を法律の範囲から除外することによって，議会の統制を弱める論理的可能性が追求されたのである[22]。

---

18) 1890年8月2日公布法律第57号。
19) 「第六十二条　新ニ租税ヲ課シ及税率ヲ変更スルハ法律ヲ以テ之ヲ定ムヘシ
　　但シ報償ニ属スル行政上ノ手数料及其ノ他ノ収納金ハ前項ノ限ニ在ラス
　　国債ヲ起シ及予算ニ定メタルモノヲ除ク外国庫ノ負担トナルヘキ契約ヲ為スハ帝国議会ノ協賛ヲ経ヘシ」
20) 「第六十四条　国家ノ歳出歳入ハ毎年予算ヲ以テ帝国議会ノ協賛ヲ経ヘシ
　　予算ノ款項ニ超過シ又ハ予算ノ外ニ生シタル支出アルトキハ後日帝国議会ノ承諾ヲ求ムルヲ要ス」
　　「第七十一条　帝国議会ニ於テ予算ヲ議定セス又ハ予算成立ニ至ラサルトキハ政府ハ前年度ノ予算ヲ施行スヘシ」
21) 「第六十七条　憲法上ノ大権ニ基ツケル既定ノ歳出及法律ノ結果ニ由リ又ハ法律上政府ノ義務ニ属スル歳出ハ政府ノ同意ナクシテ帝国議会之ヲ廃除シ又ハ削減スルコトヲ得ス」

ところで，帝国憲法体制において，法律および勅令の合憲性を担保していたのは枢密院であった。帝国憲法は枢密院を天皇の「諮詢ニ応ヘ重要ノ国務ヲ審議ス」ると定めるが (56条)，その最も重要な任務のひとつが，法案および勅令案の天皇裁可に先立って行われる違憲審査であった。必然的に，その枢密院書記官には，政府としての憲法解釈が求められる際に法技術的な分析を提供することが期待された。井上毅が1888年4月から1889年5月まで書記官長を務めた後は，憲法制定過程において枢密院書記官兼枢密院議長秘書官として，伊藤博文議長を補佐してきた伊東巳代治が書記官長に昇任し，1889年5月から1892年8月まで在任した。一方，井上毅は1890年に枢密顧問官に就任した。枢密顧問官としての政治的判断は井上が，技術的な法解釈は伊東が，それぞれ担うことになったのである。

さて，憲法は67条費目を政府の同意なくして廃除削減できないと定めているが，政府と衆議院とが対立した場合の手続きを定めていない。67条費目が議会開会後に最も厳しい争点となることは容易に予想されたため，開会直前，枢密院においては，67条費目を巡って政府と衆議院が対立した場合の手続きを定める法律の制定が審議された[23]。ここにおいて，井上毅は，帝国議会が67条費目に関して協賛しない場合，予算案の否決と見なすのではなく，議決そのものを違憲であるがゆえに不成立とし，天皇の裁可権を以て政府予算を成立させる解釈を主張した。

史料1[24]　井上毅，「ロ〔ロエスレル〕博士ノ答案ニ対スル私見」
政府ノ同意ト云フノ条件ヲ具ヘサル議決ハ無効〔中略〕ナルニ非ス不成立ナリト云フノ理由ハ前段ニ述ヘタリ　憲法第六十七条ノ費目ニシテ修正ノ議決不成立ナルトキハ政府提出ノ予算ハ仍(すなわち)成立スルモノナリ，故ニ予算ハ此費目ニ対シテハ原案ニ依テ裁可セラルヘキモノナリ

これに対して，伊東書記官長は，正面から反駁したのである。伊東は，井上の議論を「政治上ノ希望論トシテハ或ハ完全ナランモ，之ヲ法理上ノ分析論トシテ

---

22) 伊藤 (1889), 98-99頁；小島 (1996), 245-260, 326頁。
23) 佐々木 (1992), 37-44頁。
24) 井上毅伝記編纂委員会編 (1968), 303-304頁。以下，〔 〕内注記，振り仮名，句読点は引用者による。

ハ立礎ノ価値ナキノ説ナリ」[25]と切り捨てた上で，以下のように述べる．

史料2[26]　伊東巳代治,「井上毅氏ノ意見ヲ駁ス　六十七条問題」
憲法第六十七条ハ同意ナシニ廃除削減スルコトヲ得サラシムルヲ以テ，議会カ廃除削減ノ確定議ヲ為シ，直チニ之ヲ上奏スルニ於テハ，是レ正シク廃除削減セントノ決意ヲ上奏スルモノナリト認メサルヲ得ス，而シテ既ニ一タヒ上奏シタルトキハ政府ハ議会ニ向テ同意ヲ表スルノ機会ナキモ政府自ラモ均シク上奏スルノ権ヲ有スルハ論ヲ待タスシテ彰（あきら）カナリ，故ニ政府ハ同時ニ於テ此ノ議決ニ対シ未タ議会ニ向ヒ同意ヲ表明セサリシ旨ヲ上奏スルトキハ，第六十七条ノ範囲内ニ在ルノ費目ハ廃除削減セラルヽコトナクシテ予算成立セン

帝国議会が貴族院と衆議院両院の確定議として67条費目の廃止削減を可決する場合には67条費目に不同意の旨を天皇に上奏するものとし，これに対して政府もまた議会に不同意である旨を上奏すればよいとしたのである．

しかも，両院のうち一院，具体的には衆議院が政府予算案を否決し，それを帝国議会の確定議とすることを企図して貴族院に送付することも，憲法上，「全ク其ノ院ノ自由ニ属ス」とも主張した．

史料3[27]　伊東巳代治,「井上毅氏ノ意見ヲ駁ス　六十七条問題」
井上氏カ，議会ノ一院ニ於テ政府ノ同意ヲ得スシテ六十七条ノ費目ヲ廃除削減シ普通ノ確定議ヲ終ヘテ一ノ修正案ヲ作リ之ヲ他ノ一院ニ回付スルハ憲法ニ対シテ法理上自然ニ無効ニ帰スルモノナリト論スルニ於テモ，是レ憲法第六十七条ノ真趣ヲ誤解スルノ余波ナルコト明ナリ，即チ憲法第六十七条ト一院ニ於テ為シタル廃除削減ノ確定議トノ真誠ノ関係ハ，唯タ同条ノアルカ為ニ此ノ確定議ハ確定議ト成ラス，仮令（たとい）院ニ於テ自ラ称シテ確定議ナリト云フモ其ノ法理上ノ性質ハ即チ然ラスシテ，唯廃除削減セントスルノ決意ヲ示スニ止マレルニ在リ，而シテ此ノ決意ヲシテ有効ナラシムルノ道ヲ採ルト否トハ全ク其ノ院ノ自由ニ属ス，盖（けだし）第六十七条ハ廃除削減セントスルトキハ必ス同意ヲ求ムヘキノ義務ヲ負ハシメス，只タ同意ナキトキハ廃除削減ノ実効ヲ見ル能ハサルコトヲ約スルノミ，故ニ未タ正面ニ政府ニ向テ同意ヲ

---

25)　伊東巳代治,「井上毅氏ノ意見ヲ駁ス　六十七条問題」,「伊東巳代治関係文書」134（リール28）．
26)　「伊東巳代治関係文書」134（リール28）．
27)　「伊東巳代治関係文書」134（リール28）．

求メサル前ニ議決スルモ何ソ之ヲ以テ憲法ノ禁令ヲ犯スモノト為スコトヲ得ンヤ

　憲法は議会が政府の同意なくして67条費目を廃止削減できないことを定めている。すなわち，議会が67条費目の廃止削減を議決し，かつ政府がそれに同意しなかった場合，議会の議決は確定議とはならず，議会の決意表明となる。議決の後に政府が同意不同意を決し，議決を確定議とするか否かを決するわけであるから，確定議とすることを企図して議会が先に議決し，その決意を表明することは何ら違憲ではない。加えて，憲法が議会を対等な衆議院と貴族院の二院から成ると定めている以上，その一方である衆議院が先にその意を議決し，貴族院に送付することも自由であり，何ら違憲ではない。それが伊東の解釈である。67条費目の設置も，貴族院を衆議院と対等とすることも，いずれも衆議院の行政府に対する拘束力を弱めることを意図したものであるが，それらの条項ゆえに，67条費目の廃止削減に関する単独議決は衆議院の決意表明に過ぎず，決意表明に過ぎない以上，憲法はこれを制約しない。

　予算法律主義を採らず，予算行政主義を採った立法者意思から見て，「政治上ノ希望論」としては，衆議院の単独否決を違憲として封じ，その予算統制力を削ぐことが望ましいであろうが，「法理上ノ分析論」としては，採りえない説であった。かくして，伊東は山県有朋内閣が作成した法案を違憲として退けたのである。

史料4[28]　「憲法六十七条ニ関スル法律案ノ審査報告書」
内閣下付ノ本案ヲ丁寧反覆スルニ，其ノ意，憲法第六十七条ハ文義概括ナルカ為ニ他日之カ為メ一大争端ヲ啓カントスルノ虞アルヲ以テ，今ニ於テ之ヲ防護スルノ道，唯永遠有効ナル法律ヲ設ケ予メ其ノ事項ヲ列挙シテ以テ其ノ限域ヲ画定セントスルニ在リト雖，是レ乃，千載不磨ノ法典トシテ恵賜セラレタル憲法未タ実施セサルノ前ニ於テ早ク既ニ之ニ代ハルヘキノ法律ヲ設クルニ斉シ，尚之ヲ切言スレハ，中外ニ称揚セラレタル我カ完璧無瑕ノ憲法ハ未タ実施セサル時ニ於テ其ノ一条ヲ空虚ニシ，更ニ代フルニ他ノ法律ヲ以テスルモノナリ，内閣ノ本意憲法ヲ施行スルニ在リト云フト雖，其ノ措置ニ至テハ，何ソ憲法ヲ凌蔑スルニ異ナランヤ，若夫憲法ノ正条ヲ漠汎ナリトシテ実際ニ於テ其ノ条項ヲ改正スルト同一ナル法律ヲ随

---

28)「憲法六十七条ニ関スル法律案ノ審査報告書並ニ草案」，〔作成〕枢密院書記官長伊東巳代治，〔年代〕1890年7月1日，「伊東巳代治関係文書」129（リール27）。

時発布スル如キノ例ヲ作ラハ,憲法七十三条ノ金玉ノ文字ハ何邊ニ紛更ヲ容サヽルノカアル乎,惟フニ,本案ノ趣旨,唯廿三〔1890〕年度ヨリ廿四〔1891〕年度ニ跨リ,憲法ノ施行ヲ円滑ナラシメントスルニ外ナラサルヘキヲ以テ,本案ヲ一変,更ニ会計法補則トシテ廿三年度廿四年度ニ跨リ財政整理ノ法律トシテ別冊案ヲ起草シタリ

　山県内閣の方針は,法律によって憲法の条文を実質的に改変するに等しく,内閣自らそうした先例を作れば,憲法改正は勅令による発議と衆貴両院の3分の2以上の賛成によってのみ可能であると定め,帝国憲法を硬性憲法としている73条を形骸化させるおそれがある。それが伊東が強硬姿勢を崩さない理由であった。そうした理由から,伊東は,憲法67条費目に含まれる事項を列挙する会計法補則を公布施行するにとどめることを主張したのである。その主張は容れられ,予算案について政府と衆議院が対立した場合の手続きを規定しないままに会計法補則は公布施行された。予算案審議にあたっての手続きの確定は初期議会に委ねられることになったのである。

2) 衆議院による予算統制の成立

　第一議会(1890年11月25日召集,1891年3月7日閉会)衆議院は自由党,改進党を中心とする民党代議士が多数を占め,政府予算案の既定費を大幅に削減する修正案を可決,政府に同意を迫った。歳入は法律である租税法に基づくから,議会の予算議定権が容喙しうるのは歳出の削減のみであり,67条費目の廃除削減の程度と,その審議の取り扱いが焦点となったのである。

　67条費目廃除削減の審議を取り扱うにあたって,特に重要な争点となったのは,政府の合意を必要とする67条費目の廃除削減を議会が企図するとき,どの時点で政府の同意を求めるか,であった。憲法は67条費目の廃除削減の合意を議会が政府に求めるべき時点を明記しておらず,解釈に幅を許す余地があったのである。政府と衆議院の交渉力を決定する要素を整理しておこう。第一に,帝国議会は衆議院と貴族院から構成されるから,両院の議決が一致しなければ議会の確定議とはならない。これは政府の交渉力を強める要素である。しかし,第二に,衆議院と貴族院とは対等とはいえ,憲法は衆議院に先議権を認めているから(65条),衆議院の議決がなされなければ,貴族院が予算案を審議することはで

きない。たとえば，貴族院が先に政府予算案を認める議決をなし，衆議院による67条費目の廃除削減の議決が議会の確定議となる可能性をあらかじめ排除することはできない。これは衆議院の交渉力を強める要素である。

すなわち，議会が67条費目の廃除削減の合意を政府に求める時期を，それぞれの院の議決後と定めれば，衆議院が先議権によって予算案を人質に取りうる第二の要素を取り除くことができる。ここで重要なことは，各院の議決前ではなく議決後に求めさせることである。議決前に求めうるとすれば，衆議院はいつまでも同意要請を繰り返し，審議未了，予算不成立に追い込む手段を手にすることになり，政府との交渉において，実質的な衆議院優越が成立してしまう[29]。

実際，山県有朋内閣総理大臣や伊藤博文は，衆議院と貴族院がそれぞれの議決後，個別に政府の同意を求めるとする政府解釈の定着を企図することになる[30]。

具体的には，1891年1月8日，政府寄りの立場を取る「吏党」とされる大成会の末松謙澄（けんちょう）より，衆議院における予算修正案議決後，単独で政府の同意を求める動議が提出された[31]。その説得の論理は，両院の議決によって議会としての確定議が成立した後に政府の同意を求める手続きは，むしろ，貴族院による衆議院の掣肘を許し，衆議院の「権限」を「殺グ」というものであった[32]。この動議は民党側の反発に遭い，賛成少数で否決されたが[33]，こうした政府の解釈を，伊東巳代治もまた厳しく批判している。

史料5[34]　山県有朋宛伊東巳代治書翰，1891年1月10日
小生ノ鄙見ハ〔伊藤博文〕伯ノ見ラルヽ所ニ異ナリ候（そうろう）ハ，已ニ政府ノ意見モ伯ノ御所見ノ如ク相成居（あいなりおりそうろうよし）候 由ニ有之（これありそうろう）候 得（え）ハ，今更一己ノ所見ヲ主張 致（いたし）候トモ何ノ甲斐モ無之（これなし）ト 存（ぞんじそうろう）候 ヘトモ，憲法第三十三条ヲ按（あん）スルニ「帝国議会ハ貴族院衆議院ノ両院ヲ以テ成立ス」トアリテ，決（けっ）シテ単ニ一院ヲ指スノ跡アルヲ見ス候，故ニ第六十七条ノ場合ハ鄙見ニ依レハ，衆議院ニ於テ廃除削減ノ同意ヲ政府ニ求ムルノ議決

---

29) 伊東巳代治の解釈と懸念である。佐々木 (1992)，119頁。
30) 岡 (1944)，52-54頁。
31) 「予算会議ニ関スル順序（末松謙澄君動議緊急事件）」，「衆議院第一回通常会議事速記録」第21号，『官報』2256号附録，1891年1月9日，1-3頁。
32) 「衆議院第一回通常会議事速記録」第21号，13頁。
33) 「衆議院第一回通常会議事速記録」第22号，『官報』2257号附録，1891年1月10日。
34) 「伊東巳代治関係文書」134（リール28）；岡 (1946)，69頁。

ヲ為シ, 貴族院ニ於テモ同様ノ議決ヲ為シタル時ニ当リ, 始メテ政府ハ之レニ対シ同意不同意ヲ表明セサルヘカラサルノ義務ヲ生スヘシ, 其ノ前ニ於テ便宜上ヨリシテ同意不同意ヲ表明スルハ格別ナリトスト雖, 憲法上ニ於テハ政府カ帝国議会(両院ヲ指ス)ヨリ同意ヲ求ラレタル場合ニ当リ其ノ同意不同意ヲ表明スヘキ憲法上ノ義務ヲ生スヘキ事, 小生ノ持論ニ有之候, 然レトモ既ニ伊藤伯ノ見ラルヽ所ハ鄙見ニ同シカラス, 且政府モ伯ト同意見ナル以上ハ今更彼是拝陳 仕 候テモ無益ト存シ, 態ト差控 候ヘトモ, 法学上ヨリ観察ヲ下ス時ハ各々一院ヨリ政府ノ同意ヲ表明スヘキ義務アリト云フ事ハ, 憲法ノ明文ニ於テ許サヽル所ト愚考仕候〔中略〕,

唯々一ノ注意ヲ要シタルハ此ノ如ク官制ヲ変更スヘシトノ理由ヲ以テ予算費額ヲ斯ノ如ク削減シタシトノ同意ヲ政府ニ求ムルモ政府ニ於テ之レニ同意セサレハ則チ無効ト相成候儀ニテ其無効ノ故ヲ以テ直ニ憲法違反ナリト謂フヘカラス

議会は両院から成ると憲法が規定する以上, 貴族院一院のみで帝国議会の確定議と見なすことはできず, 両院が同様の議決に達する以前には政府は同意または不同意を表明する憲法上の義務を負わない。予算議定権は議会側にあるから, 確定議の成立以前に政府が同意不同意を表明する義務を負わないとは, 議会としての確定議成立前に, 各院個別の議決に対して政府が同意不同意を表明したとしても, それが憲法上の効力を持つわけではないことを意味する。憲法が許す手続きがあるとすれば, 確定議成立前に, 政府が「便宜上ヨリシテ同意不同意ヲ表明スル」場合に限られる。それが「法理上ノ分析」によって導かれた伊東の解釈である。

山県は, 後段, 議会の67条費目の廃除削減決議を違憲とは見なさないとする解釈については容れ, これを閣議決定している[35]。しかし, 議会が67条費目の廃除削減について政府の同意を求める時期については, 各院議決後とする解釈の可能性を捨てず, 2月8日, 再び, 大成会坪田繁より, 同様の解釈を衆議院として議決することを求める緊急動議が提出されたものの, 総数331のうち賛成93に対して反対138によって否決された[36]。この否決を受けて松方正義大蔵大臣が示した政府の解釈は, 「確定前ニ於テ一院毎ニ各自ニ, 政府ニ向ツテ同意ヲモト

---

35) 佐々木 (1992), 114頁。
36) 「憲法六十七条記載ノ歳出ニ関スル議事ノ性質 (坪田繁君提出緊急動議)」, 「衆議院第一回通常会議事速記録」第37号, 『官報』第2279号附録, 1891年2月6日, 1-23頁。

メ」ることを「正当」とする、というものであった[37]。この解釈は、伊東が批判した、各院各自に政府の同意を求めるべきとする説を維持しているが、同時に、各院の議決前なのか否かは言明していない。一方、衆議院においても、総数331に対して反対138と、議事の膠着に際して、与党提案に対する明確な反対が圧倒していたわけではない。そこには妥協の余地があった。

　2月10日、山県は衆議院通常会に出席、発議を求め、67条費目の廃除削減については、「両院各自ニ於キマシテ確定議ノ前ニ〔政府の〕同意ヲ取」るべきとする政府解釈を改めて述べ、衆議院が「両院合議ノ後ニ同意ヲ求メ」るとする解釈に固執する限り、67条費目の費額については政府として答弁しないと通告した[38]。同時に、山県の言う「確定議」とは、各院の議決を指していることも表明された[39]。

　2月20日、その線に沿った妥協案が、大成会天野若圓によって提起されることになる。天野は、予算が法律ではない以上、67条費目以外の変更は、法律とは異なり、天皇の「裁可」を要することなく帝国議会の確定議のみによって成立すること、そこから類推するならば、67条費目の廃除削減にあたって政府に与えられた「同意」権とは天皇の「裁可」権とは異なり、衆議院と貴族院から成る議会としての確定議を得る前に弾力的に運用することが可能であることを論じた。加えて、衆議院と貴族院の議決の一致を得て議会としての確定議が成立した後に政府の同意を求める解釈とは、衆議院議決の後に貴族院の同意を求め、その上で政府の同意を求めることを含意し、それは衆議院の「権利」をむしろ「損傷」すると指摘した。その上で、各省予算案の修正について審議を終了した後、すなわち、予算修正案の実質的内容について衆議院としての「意思」が確定した時点で、議決の前に政府の同意を求めることを提案したのである。この動議は総数245、賛成137、反対108で可決された[40]。こうして、衆議院は、67条費目を

---

37)「衆議院第一回通常会議事速記録」第37号、24頁。
38)「内閣総理大臣ノ演説」、「衆議院第一回通常会議事速記録」第41号、『官報』号外、1891年2月11日、4頁。
39)「衆議院第一回通常会議事速記録」第41号、5頁。閣僚は議会の要請に応じて出席した。
40)「憲法六十七条ノ歳出ニ付政府ノ同意ヲ求ムル手続ニ関スル天野若圓君提出緊急動議」、「衆議院第一回通常会議事速記録」第49号、『官報』第2291号附録、1891年2月21日、7-10、15頁。

大幅に削減した修正案について、衆議院としての議決前に政府の同意を求めることになった。この議決の前に非公式折衝を挟むこの運用は、結局、伊東の認める「〔衆貴両院の確定議の〕前ニ於テ便宜上ヨリシテ同意不同意ヲ表明スル」（史料5）運用に等しく、政府が衆議院の要請に応えて同意もしくは不同意を表明するならば、それは伊東が違憲とする解釈を放棄することを意味する。

実際、山県首相は衆議院予算修正案を受け取り、2月26日、これに対して覆牒を送付した。

史料6[41]　「内閣総理大臣ヨリ予算案ニ関スル覆牒」
衆議院ハ明治二十四〔1891〕年度歳計予算ニ対シ確定議ノ前ニ当リ憲法上ノ手続ニ随ヒ政府ニ同意ヲ求メタリ〔中略〕
修正案ハ官制ヲ変革セントスルノ点ニ於テ予算議定権ノ区域ヲ超越シタリ。
法律ノ正文ヲ以テ既定シタル事件ヲ予算ニ依リテ変革セントスルハ、又其ノ分界ヲ誤レリ〔中略〕。
茲ニ議院ノ再考ヲ望ム

政府の主張としては、衆議院修正案が法律によって設置された官制の変更を含んでいることを指摘し、法律の下位にある予算が法律を変更することは憲法の認めるところではなく、したがって修正案は議会の予算議定権を超えるというものであったが、ここで注目すべきは、67条費目廃除削減の同意を衆議院における修正予算案議決前に要請することを「憲法上ノ手続」と認めた上で政府の主張を提示し、それをもとに、衆議院の「再考ヲ望ム」と要望している点である。憲法の認める範囲を超えた予算修正案を違憲とする解釈が、伊東の指摘によって見送られたことは上に述べたが、加えて、修正案議決前における衆議院の同意請求と、それに対する内閣の再考要望を「憲法上ノ手続」と認めたことは、決定的な譲歩と言ってよい。

これを受けて衆議院の対応が審議され、同日、立憲自由党を離党した三崎亀之助が、衆議院より特別委員を選出し、衆議院修正案の追加修正について、特別委員と政府によって協議することを提案、賛成多数で可決され、三崎他9名の特別

---

41)　「予算案ニ対シ政府ヨリノ覆牒ニ関スル件」、「衆議院第一回通常会議事速記録」第53号、『官報』第2296号附録、1891年2月27日、1頁。

委員が選出された[42]。彼ら特別委員と政府との協議の結果，67条費目の一部について，政府は特別委員修正案に沿って削減することに同意し，3月2日，そのことが松方正義蔵相より衆議院に報告された[43]。

これに対して予算案審議開始時において全院委員長を務め，民党側の議論を主導してきた改進党の島田三郎は，67条には「政府ノ同意」があれば天皇大権費目といえども廃除削減できるとされている以上，たとえ法律の改正をともなう予算修正であっても，政府もしくは議会がそれに対応した法律改正案を提出することにより可能であることを主張し[44]，高田早苗らとともに質問書を提出した[45]。対する政府の覆牒は，法に基づく既定の行政組織改廃を含む予算案修正決議は，67条に基づいて「政府ノ同意」を求める予算議定権を超越すること，法律の下位に属する予算の議定が法改正を要請することは憲法の規定に照らして受け入れがたいことを示した[46]。

こうして，衆議院一院のみで新予算案の成立を阻止しうるとする解釈が成立することになる。また，こうした文脈において，予算を法律とはしないことは，むしろ衆議院による立憲的統制を強める効果をともなった。引き続き伊東の解釈を見よう。

---

42) 「衆議院第一回通常会議事速記録」第53号，2-8頁。
43) 「予算特別委員ノ報告案」，「衆議院第一回通常会議事速記録」第57号，『官報』2299号附録，1891年3月3日，2頁。
44) 「予算特別委員ノ報告案」，「衆議院第一回通常会議事速記録」第57号，『官報』2299号，1891年3月3日，924頁。
45) 「衆議院第一回通常会議事速記録」第56号，『官報』2298号附録，1891年3月2日，1頁。主たる内容は以下の通りである。「第一　憲法上ノ大権ニ基ケル既定ノ歳出モ政府ノ同意ヲ得レハ廃除削減シ得ルハ憲法第六十七条ノ明文ニアリ。本院カ政府ニ対シ同意ヲ求メタルハ此ノ条文ニ依ル」，「第二　法律ノ正文ヲ以テ規定シタル事件ニ付テモ政府幸ニ之ニ同意ヲ表セハ，法律ノ改正案或ハ政府ヨリ提出セラルヘク，或ハ議院ヨリ提出シ以テ其局ヲ了スヘシ。然ルニ同意ヲ請ヒタルヲ以テ議権ノ分界ヲ誤レリト云フハ，政府ノ趣旨果シテ何クニ在ルカ」（明治財政史編纂会，『明治財政史』第3巻，丸善株式会社，1904年，487-488頁）。
46) 「憲法第六十七条ハ既定ノ行政組織ヲ基礎トスル上ニ於テ費額ノ廃除削減ニ対シテ同意ヲ求ムヘキヲ謂フ者ニシテ，行政組織其ノ物ニ対シテ同意ヲ求メテ之ヲ改革スルコトヲ得ヘシト云フニアラス」，「予算ハ法律ノ基礎ニ従ヒテ編製セラルヘキモノナリ。若シ予算ニ従ヒテ仮ニ法律ヲ改正シ又間接ニ法律改正ノ効力ヲ有セシメ然ル後ニ政府ノ同意アルトキハ政府ヨリ或ハ議院ヨリ法律改正案ヲ提出シ以テ其局ヲ結フヘシト云ハヽ，是レ其本末ヲ誤リ従テ前後ノ順序ヲ誤ルモノナリ」。

史料7[47] 伊東巳代治，「予算裁可ノ事予算公布ノ事」
帝国憲法ハ予算ヲ以テ法律トスルモノニ非サルコト，天皇ニ於テ予算ニ対シ裁可ヲ拒絶シ玉フノ場合アルコト能ハサルニテ知ルヘシ。憲法第六十四条ハ国家毎年ノ歳出歳入必ス予算ヲ以テスヘキヲ云ヒ，国家存続ノ間ニ予算ナキノ一年アルコトヲ得セシメス，而シテ第七十一条ハ予算ヲ議定セサル場合ト，其ノ成立ニ至ラサル場合トニ於テ前年度ノ予算ニ依ルヘキヲ規定シタルノミ，予算裁可ニ至ラサルノ場合ヲ規正セス，是レ予算ニ不裁可ナキノ証拠ナリ，但シ成立ニ至ラストハ両議院ノ一ニ於テ予算ヲ廃棄シタルトキヲ云フナリ

議会と政府の同意による予算の成立を見ない場合とは，両院のうち一院でも予算に同意しない場合であり，そして，予算不成立の場合には，歳出歳入は予算によることを求めた64条と，予算不成立の場合における前年度予算の執行を求める71条により，前年度予算が成立したと見なされること，かつ，予算は法律ではない以上，天皇の裁可を経ずに執行されることが明解に述べられている。64条と71条により，政府の提案する予算案を帝国議会衆議院が否決した場合，前年度予算の執行が自動的に成立してしまうのであり，天皇大権を根拠とした政府の裁量が働く余地はないのである。それは，衆議院の同意を得ない軍事費拡大が自動的に阻止されてしまうことに等しかった。

　この解釈は，後に法制局長官となる内務官僚一木喜徳郎の解釈に示されるように，政府内において速やかに通説として定着した。その際に重要なことは，天皇が予算について議会の確定議を拒絶できない理由として67条が捉えられていることである。政府が天皇大権の行使にあたって特別に不同意を表明しうる費目を特定する根拠として67条は置かれており，したがって，政府が67条費目予算について議会と同意した後は，67条費目予算はもとより，他の費目と合わせた予算全体について，天皇は拒否権を持たないと考えられたのである[48]。

　従来，第一議会における予算案審議については，政府に対して法律の変更を含む予算修正案の同意を迫る手続きを妥当と考える島田三郎らの議論に沿い，1891年度予算の成立を，立憲自由党を脱退した「土佐派の裏切り」によって生じた立憲政治の後退と見る解釈が示されてきた[49]。しかし，予算を法の下に置くことは憲法の明文上に記載されており，山県首相の覆轍は憲法解釈として妥当である。

---

47)「伊東巳代治関係文書」136-2（リール28）。

加えて，仮に予算によって法が変わりうるとすれば，それは解釈の範囲を超えた実質的な改憲を意味すると言わざるをえない。伊東の頑なな護憲姿勢が辛うじて山県の違憲的暴走を食い止めていた政府部内の状況を考えれば，衆議院多数派が憲法の定める手続きの範囲内にその要求を抑制したことは，立憲制の発展に積極的な意味を持ったと考えられる。伊東もまた，法改正を必要とする予算案修正に対して，政府が法改正以前に同意することには否定的であり，法改正を必要とする予算案修正に際しては，予算案審議の前に立法府である議会が法改正の建議を議決すべきであると指摘している[50]。

また，衆議院が議決の前に政府の同意を求める天野若圓の動議についても，反対討論に立った東尾平太郎らの議論[51]を承けて，これを，衆議院，貴族院がそれぞれの議決後に政府の同意を求めるべきとする末松顕澄と坪田繁の動議と同内容と見なし，立憲政治後退の象徴と捉える説と[52]，むしろ，衆議院の実質的な「第一院化」に道を開いたとする説とが示されてきた[53]。本項の検討は後者を支持する[54]。末松，坪田の動議は，議会が両院からなるとする憲法33条を否定する，山県首相の当初の解釈そのものであり，それと同内容であれば立憲政治の後退であることに間違いはない。しかし，議決前に同意を求めるとする天野動議と，議決後に求めるとする末松動議，坪田動議との間には，根本的な違いがある。憲法

---

48)「裁可を以て預算の成立に必要なりとするときは憲法第六十七条は全く一箇の冗文に属すへし故に憲法に於て特に六十七条の規定を説くるときは余輩は憲法が預算成立の為元首の裁可を要せさるの意なることを認めさるへからす憲法か預算の裁可に付て規定する所なきは其の当然の事理にして更に言明を要せさるか為に非すして予算は実に裁可を経るを須ひさるか為なり裁可を要せさるか故に裁可を拒むの権なし裁可を拒むの権なきか故に憲法は六十七条の歳出に付て政府の合意を要するの必要を要す予算果して天皇の裁可を待たすして成立するときは予算は既に成立の手続に於て全く法律に異なれ既に形式に於て法律に非さるときは余輩は復た其の事実に於て法律たることを得るや否やを問はさるなり」（一木（1892），242頁）。一木は1894年に帝国大学法学部教授，1902年には法制局長官に就任する。
49) 水林（1972），1769-1770頁；藤田（1975），295頁。
50) 岡（1946），68頁。
51)「衆議院第一回通常会議事速記録」第49号，13-14頁。
52) 水林（1972），1768-1770頁；藤田（1975）292-296頁。
53) 佐々木（1992），113-114頁。
54) ただし，佐々木（1992）は，衆院議決後の同意要請と議決前の同意要請との間には本質的な相違はないものと見なしており（佐々木（1992），83-126頁），その点に関しては本章と理解を異にする。

は衆議院に予算先議権を与えているから，衆議院が議決しない限り，貴族院審議を開始することはできない。議決前の同意請求と，それに対する政府の再考要望の往復を「憲法上ノ手続」と認めてしまった天野動議に対する山県覆牒（史料6）は，伊東が指摘する通り，予算先議権を持つ衆議院が，審議を引き延ばし予算不成立に追い込む交渉手段を手にしたことを意味する[55]。

また，67条は，天皇大権行使にかかる費目の廃除削減について政府の同意を必要とすることを定めているが，政府が議会の廃除削減要請を考慮しないことは，憲法上，認められない。坪田が予算案審議の早い時点において指摘したように，66条は，議会の協賛を要しない費目として特に「皇室費」を挙げている。言い換えれば，67条は，政府に廃除削減の同意を留保する権限を与える一方，議会に対しても，66条とは異なって，依然として協賛を留保する権限を与えているのである[56]。

こうして，予算先議権に基づいて予算不成立を交渉手段としつつ，議決前に政府と交渉することを可能にするものとして，第一議会において定着した予算議定権は，後に大正デモクラシーを支える立憲的統制の枠組みのひとつとして機能することになる[57]。

しかし，ここでは，政党内閣の成立を待つまでもなく，衆議院一院のみによって軍事費の肥大化や国債の乱発を阻止しうる憲法構造は，会計法補則の制定過程から第一議会に至る期間，すなわち1890-1891年の間に形成されたことに注目しておきたい。帝国憲法における予算と政党内閣制の関係においては，つとに，坂野潤治と三谷太一郎が，美濃部達吉に代表される通説的憲法解釈[58]に基づきつつ，天皇大権費目を政府の同意なくして議会が廃除削減できないという帝国憲法67条と，64条に根拠を持つ衆議院の予算議定権が，帝国憲法内在的には止揚されえないことに注目し，政府と衆議院を架橋する統治機構として政党内閣制が成立したとする理解を示している。その画期には，対立を止揚する政党として，自由党が合流した憲政党の結成，そしてこれが改組された1900年の立憲政友会成

---

55) 佐々木（1992），119頁。
56) 「衆議院第一回通常会議事速記録」第21号，12-13頁。
57) 美濃部（1923），525-530頁；美濃部（1933），602-603, 609-618頁。
58) 美濃部（1933），602-603, 609-618頁。

立があるとされている[59]。

　坂野および三谷の立論そのものに異論はない。しかし，彼らが前提とする憲法解釈，すなわち，67条費目の廃除削減を衆議院のみが否決した場合に，71条により前年度予算執行が発動され，しかも，法律でないがゆえに裁可を必要としない予算執行については，天皇大権を以てしてもこれを拒否できないとする，後に通説となる解釈[60]は，憲法発布時から第一議会までの時期において，自明ではなかった。衆議院の議定権を最小限にとどめる解釈としては，井上毅が主張するように，71条に反する議決は否決ではなく議決不成立と見なし，天皇の裁可権によって政府予算案を生存させる選択肢もありえた。あるいは，山県有朋や伊藤博文が主張したように，議会が67条費目の廃除削減の同意を求める時期は衆議院と貴族院それぞれの議決後であるとする解釈，すなわち，衆議院の否決後，政府と衆議院の交渉と並行して貴族院の予算審議に入ることを可能にする解釈は，第一議会開会時になお，捨てられていなかった。その解釈の途は，まず，政治過程的には，第一議会において政府予算案を大幅に廃除削減する修正案を可決して「政府ノ同意」を迫った衆議院の挑戦を受けた。

　こうした衆議院の挑戦に対する政府の対応は，内部に深刻な対立過程を経つつも，法実証主義的な憲法解釈を深く受容するものであった。帝国憲法が近代立憲主義的な意味における憲法であるためには，拘束の対象は国家，わけても行政府でなければならない。その解釈が貫徹されたのは初期議会期であった。そして，対議会政治としては明らかに不利であるにもかかわらず，字義通りの立憲主義的解釈を政府に貫徹させるにあたって主導的な位置を占めたのが，政治的にはより自由主義的であった伊藤博文ではなく，保守的であった伊東巳代治枢密院書記官長であったことは，留意に値しよう。第一帝国議会予算案審議の最大の争点は67条費目の取り扱い，とりわけ，67条費目廃除削減の同意を議会が政府に求める時期にあった。衆貴各院の議決後に固執した政府と「吏党」とに対して，帝国議会は衆貴両院を以て構成されるとする33条から導かれる原則を堅持したのは，民党と，ほかならぬ伊東であった。民党および枢密院書記官長の壁の前に，衆議院議決前の同意請求および政府と衆議院の協議という妥協策は成り立ちえた。そ

---

59) 坂野 (1971), 1-4, 101-239 頁；三谷 (1995), 3-46 頁。
60) 美濃部 (1933), 602 頁。

れこそが，予算先議権を盾に衆議院が実質的優越を確立してゆく原点となったのである。もちろん，政治的に保守的な伊東が，衆議院の実質的な第一院化を望んだわけではない。政府の同意を求める時期を各院議決後とする解釈に固執した結果，最終的には，議決前に「議会ノ再考ヲ望ム」と要請した山県覆牒を，伊東は，衆議院に対して，会期切れ，予算不成立に持ち込む交渉の余地を与え，衆議院の交渉力を強める術を政府自ら与えたと懸念している[61]。

　伊東の厳しい批判を受けていた井上だが，たとえば，天野緊急動議提出の直前にも，伊東と対面および書簡によって緊密にやりとりし，予算審議を合憲的に終結させるよう腐心していた[62]。井上においてもまた，政治を法に優越させることは本意ではなかったのであろう。憲法制定にあたって開明的な伊藤が果たした政治的な役割は否定すべくもないが，ひとたび発布された後には，憲法の教義論的解釈は一定の政治的独立性を持って政府や伊藤を含む政府関係者を拘束したのである[63]。明治天皇自身も例外ではない。帝国憲法4条は天皇の統治権が憲法に拘束されることを定めるが，それが天皇自身の名において宣言される欽定憲法であればこそ，天皇を含む政府を強く規定することになった[64]。

　坂野と三谷の推論を容れるとすれば，67条と71条の解釈の確定を以て，政党内閣制は帝国憲法体制内に予定されたことになる。その画期は，日清戦後の政治的妥協時でもなければ帝国憲法起草時でもなく，第一議会時にあり，それを承けた解釈を体系的に示したのは，一木（1892）であった。大正デモクラシーを導くことになるこの教義論的解釈は，初期議会民党，藩閥政府，そして伊東に代表される法実証主義官僚の三者が緊張感を持って対峙するなかで到達された解であ

---

61) 佐々木（1992），119頁。
62) 岡（1946），71頁；坂井（1983），229頁。
63) 法実証主義的，教義論的な解釈の立場を，ここではさしあたり，「政治的・歴史的などの非法学的論拠が無媒介に解釈論に流入することを排除し，その体系形成によって一貫性・整合性を保った自律的な法学的論証を実現しようと試」みる立場（林（2011），274頁）としておこう。伊東の頑ななまでの解釈論もこうしたドイツ国法学の伝統に依拠している。日本においては，現在もなお，内閣の一部局である内閣法制局の教義論的憲法解釈が，行政府に対する立憲的統制を実質的に担保している。こうした立憲的統制のあり方は初期議会時における山県と伊東の対峙に遡ると言ってもよいかもしれない。
64) たとえば，明治天皇は，立憲政友会の成立に先立つ1898年の時点において，政党からの入閣の可能性も示唆していた。西川（2011），280頁。

る。中庸と妥協を模索する「政治」は，対立軸を構成する極論があって初めて意味を持つのであって，その逆ではない。

3) 立憲政友会の成立と金本位制

　この歴史的妥協が動き始めるのが，よく知られているように，1897年から1899年に至る地租増徴の実現過程である。海軍増強を主目的とした政府の地租増徴案に対して，衆議院は1898年に松方正義内閣，1898年に伊藤博文内閣を総辞職に追い込んだ。1899年，山県有朋内閣と憲政党の星亨との間に妥協が成立し，地租増徴は実現した。この間，自由党とその系譜を引く憲政党が政府との交渉において模索したのが，軍事費拡大を認める代わりに，民生向けの社会基盤整備支出を引き出す，「積極主義」の実現であった。こうして，1890年代後半以降，政府財政支出の対国民総支出比は増加傾向を辿り（図2-4），それと平行して政府の社会基盤整備支出も増加したのである（図2-5）。1900年における立憲

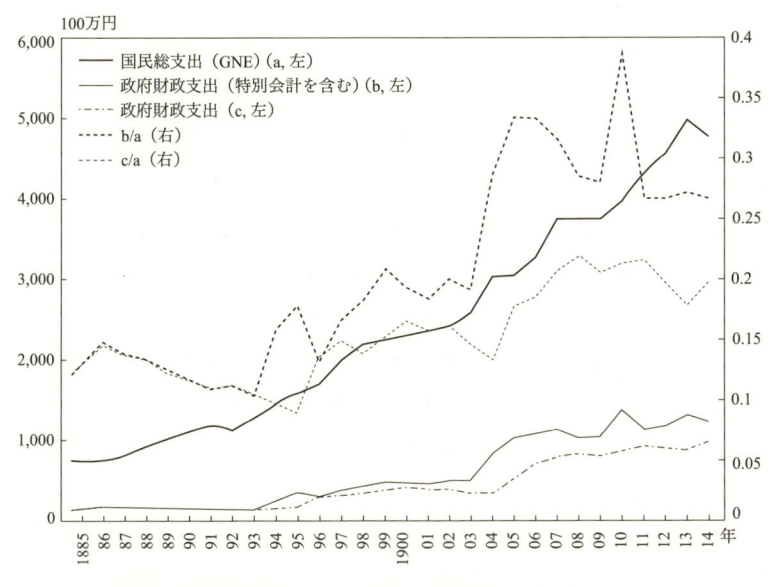

図2-4 国民総支出（GNE）と政府財政支出，1885-1914年

資料）国民総支出（GNE）：大川／高松／山本（1974），178, 184-185頁。政府財政支出：江見／塩野谷（1966），168-169, 186-187頁。

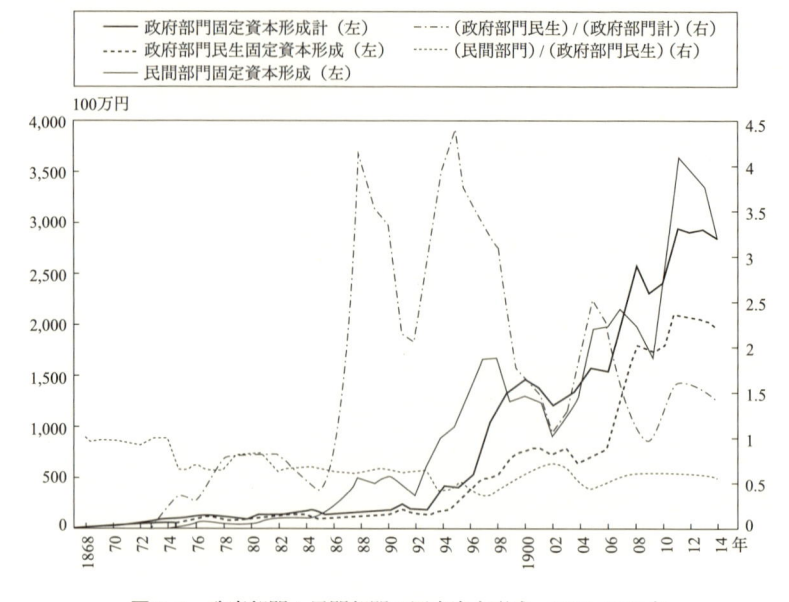

図 2-5　政府部門と民間部門の固定資本形成，1868-1914 年

資料）江見（1971），224-227 頁。

政友会の成立，それに続く政党内閣制の実現はその延長上にあった。

しかし，政党内閣制の成立は，政府と衆議院の対決を前提とする帝国憲法下の財政規律を弛緩させる可能性をはらんでいた。その可能性を排し，財政規律に担保を与えることになるのが，1897 年 10 月における金本位制への移行である。19 世紀後半の欧米において支配的となった金本位制に日本が加わろうとした最大の動機は，他の多くの国と同様に[65]，国債発行における為替変動リスクにともなう利率上乗せを避け，低利回りでの発行を実現することにあり，日本においてもその効果は確かに顕著であった[66]。効率的な資本移動を実現していた第一次世界大戦以前の国際金融市場は，国際収支と財政収支の規律付けにともなう国民経済への衝撃を緩和する作用を果たしたのである[67]。そして同時に，「積極主義」が衆議院の多数を占めるようになった日本においては，金本位制にとどまり続けることが財政を規律する条件として機能するようになった。財政政策を巡る議論は，

---

65) Meissner (2005), pp. 394-401.
66) Suzuki (1994), pp. 65-66 ; Sussman and Yafeh (2000), pp. 449-451.

藩閥政府の追求する軍備拡張と民党の主張する地租減税の政治的激突から，市場と対話しつつ，金本位制維持を可能とする裁量範囲を模索する技術的な議論に置き換えられていったのである[68]。

おわりに

　近世期においては，中央政府の司法制度の下に，信頼に足るが小さい地方政府債市場が育成された。明治維新後においては，中央政府の国債発行開始にともなって国債市場は一挙に拡大したが，地租税制，自由民権運動，帝国憲法，そして国際金本位制が財政を規律する役割を果たし，安定した通貨政策に支えられた深い中央政府債市場が勃興したのである。明治維新後，日本においては，短期間のうちに中央銀行紙幣が通貨としての信認を獲得し，国債市場は安定的に成長し，それを前提として，銀行資金も流入する深い株式市場が勃興した。1603年以来，1932年に高橋是清が国債の日本銀行引き受けを断行して，事実上の債務不履行と通貨信認の崩壊に途を開くまで，300年以上にわたり，日本国民は，中央政府の発行した通貨と債券が信認を失うという経験を知らなかったのである。

　そうした歩みは，絶対主義王政期のヨーロッパ諸国と比べると，決して自明のことではない。ヨーロッパ諸国は，中央政府が債務不履行を繰り返すなかで政府と市場の学習が進み，債券市場が成熟する過程を辿った。近代以降においても，第二次世界大戦期の日本，1990年代のロシア，そして2010年代における南ヨーロッパ諸国の例に見られるように，国家の債務危機は珍しい現象ではない。そして，国債市場の崩壊は，多くの場合，証券市場全体の溶解を引き起こす。

　その意味では，維新後において短期間のうちに国民が法定貨幣を信頼し，かつ速やかに債権市場と証券市場が育ったことの方が，説明を要する事象と言えよう。その少なくともひとつの歴史的条件は，幕府の保守的な通貨政策と，堂島米

---

67) 国際資本移動が円滑な場合，貿易収支赤字は資本収支黒字（資本輸入）によって相殺される。貿易収支単独で対外収支を均衡させようとすると，貿易収支赤字に際しては急激な金融引き締め等によって国内需要を一挙に縮める必要があるが，資本収支黒字によって相殺できる場合には，資本調達費用（利回り）の上昇が，国内需要を緩やかに縮小させる調整機能が働く。

68) 五百旗頭（2003），294-302頁。

会所を安定した地方債市場に育てた幕府の司法制度にあり,そして,維新後においては,税制改革から自由民権運動,帝国憲法の施行,そして金本位制への移行が隙間なく続いたことにある。

附表 2-1 幕府領の米生産と地税(年貢)収入,1716-1841 年

年	公定想定収穫高(石高)(石) a	推計収穫高(石) b	地税(本年貢)収納高			公定地税負担率(%) c/a	推計実効地税負担率(%) c/b
			米現物収納(石) c	貨幣収納(石)	貨幣収納(両)		
1716	4,088,530	4,088,530	1,389,570	1,074,035	115,176	34	34
1717	4,098,371	4,098,371	1,365,060	1,080,090	102,494	33	33
1718	4,044,570	4,044,570	1,435,542	1,127,181	111,765	35	35
1719	4,050,850	4,050,850	1,393,529	1,092,581	109,236	34	34
1720	4,057,180	4,057,180	1,395,682	1,098,490	107,949	34	34
1721	4,066,500	4,069,249	1,305,650	1,027,061	100,722	32	32
1722	4,043,320	4,048,788	1,414,290	1,115,508	108,478	35	35
1723	4,112,390	4,120,735	1,303,930	1,050,289	91,534	32	32
1724	4,278,370	4,289,949	1,488,360	1,190,997	107,910	35	35
1725	4,360,670	4,375,427	1,466,215	1,166,544	108,849	34	34
1726	4,310,100	4,327,609	1,500,691	1,204,965	107,182	35	35
1727	4,414,850	4,435,781	1,621,980	1,374,545	110,750	37	37
1728	4,409,753	4,433,655	1,465,486	1,181,659	101,501	33	33
1729	4,446,688	4,473,812	1,608,354	1,292,703	114,346	36	36
1730	4,481,056	4,511,437	1,551,345	1,233,428	115,654	35	34
1731	4,530,908	4,569,682	1,365,049	1,080,557	100,769	30	30
1732	4,521,401	4,568,146	1,392,391	1,062,635	119,558	31	30
1733	4,541,744	4,596,802	1,461,986	1,153,187	113,489	32	32
1734	4,541,816	4,604,992	1,343,519	1,061,441	101,655	30	29
1735	4,539,331	4,610,600	1,462,706	1,137,432	119,238	32	32
1736	4,565,359	4,645,224	1,334,481	1,018,661	115,445	29	29
1737	4,567,151	4,655,253	1,670,819	1,314,779	128,643	37	36
1738	4,580,554	4,677,159	1,533,133	1,181,529	127,282	33	33
1739	4,583,446	4,688,377	1,668,584	1,313,907	127,838	36	36
1740	4,581,523	4,694,685	1,492,492	1,153,881	122,431	33	32
1741	4,586,472	4,708,055	1,570,388	1,228,550	123,445	34	33
1742	4,614,502	4,745,193	1,419,558	1,140,592	98,989	31	30
1743	4,624,664	4,764,040	1,636,409	1,298,149	122,666	35	34
1744	4,634,076	4,782,165	1,801,855	1,462,749	123,262	39	38
1745	4,628,935	4,785,295	1,676,322	1,335,114	124,001	36	35
1746	4,634,065	4,799,057	1,766,214	1,422,876	124,602	38	37
1747	4,415,820	4,581,117	1,551,214	1,237,156	117,334	35	34
1748	4,411,241	4,584,448	1,590,491	1,270,661	117,702	36	35
1749	4,397,089	4,577,809	1,673,573	1,354,984	117,411	38	37

第2章 財政国家の成立

1750	4,390,109	4,578,613	1,693,726	1,380,425	115,691	39	37
1751	4,394,525	4,590,948	1,704,664	1,389,211	115,471	39	37
1752	4,409,637	4,614,504	1,715,630	1,398,975	115,947	39	37
1753	4,413,541	4,626,378	1,680,002	1,365,578	115,165	38	36
1754	4,407,515	4,627,853	1,650,387	1,336,747	114,783	37	36
1755	4,412,347	4,640,739	1,642,551	1,336,213	113,371	37	35
1756	4,406,064	4,641,946	1,649,384	1,331,264	116,328	37	36
1757	4,420,503	4,665,012	1,552,846	1,262,896	105,630	35	33
1758	4,426,889	4,679,630	1,649,532	1,332,456	116,202	37	35
1759	4,471,712	4,734,983	1,701,560	1,383,755	116,464	38	36
1760	4,461,631	4,732,276	1,685,345	1,369,539	115,982	38	36
1761	4,465,654	4,744,530	1,680,127	1,359,958	117,523	38	35
1762	4,458,083	4,744,474	1,674,699	1,354,852	117,320	38	35
1763	4,375,836	4,664,797	1,643,963	1,334,204	113,262	38	35
1764	4,376,432	4,673,300	1,636,386	1,324,862	113,954	37	35
1765	4,387,292	4,692,797	1,594,040	1,284,248	113,332	36	34
1766	4,387,045	4,700,447	1,538,971	1,241,941	108,724	35	33
1767	4,394,756	4,716,649	1,598,767	1,287,527	114,163	36	34
1768	4,378,684	4,707,325	1,547,248	1,229,794	116,619	35	33
1769	4,378,574	4,715,145	1,594,461	1,275,740	117,153	36	34
1770	4,371,923	4,715,922	1,467,010	1,131,973	123,549	34	31
1771	4,375,647	4,727,899	1,353,282	1,021,543	123,363	31	29
1772	4,375,961	4,736,212	1,525,624	1,193,539	123,281	35	32
1773	4,378,819	4,747,297	1,508,026	1,175,311	123,413	34	32
1774	4,379,699	4,756,259	1,530,615	1,208,170	119,349	35	32
1775	4,387,091	4,772,321	1,520,866	1,199,900	117,750	35	32
1776	4,387,201	4,780,489	1,569,988	1,250,265	117,405	36	33
1777	4,392,791	4,794,652	1,556,681	1,237,369	116,793	35	32
1778	4,372,435	4,780,482	1,517,858	1,190,441	118,462	35	32
1779	4,373,996	4,790,253	1,525,452	1,194,575	119,859	35	32
1780	4,371,639	4,795,746	1,427,789	1,124,839	108,691	33	30
1781	4,348,278	4,778,163	1,465,836	1,147,934	114,663	34	31
1782	4,332,441	4,768,789	1,460,933	1,138,370	116,529	34	31
1783	4,350,709	4,796,972	1,219,484	968,418	95,865	28	25
1784	4,360,521	4,815,899	1,492,139	1,172,935	116,465	34	31
1785	4,330,634	4,790,956	1,403,708	1,093,200	114,412	32	29
1786	4,341,213	4,810,759	1,081,485	851,493	83,945	25	22
1787	4,361,544	4,841,440	1,444,933	1,164,205	112,291	33	30
1788	4,384,334	4,874,945	1,433,377	1,162,389	108,395	33	29
1789	4,384,279	4,883,104	1,410,414	1,118,088	107,612	32	29
1790	4,380,524	4,887,150	1,442,995	1,159,230	105,731	33	30
1791	4,382,813	4,897,950	1,356,289	1,088,669	99,550	31	28
1792	4,393,572	4,918,253	1,470,399	1,187,978	105,196	33	30
1793	4,393,000	4,925,906	1,476,278	1,199,720	103,481	34	30
1794	4,403,622	4,946,144	1,471,301	1,190,091	105,320	33	30
1795	4,504,516	5,068,000	1,545,767	1,257,316	107,963	34	31
1796	4,507,226	5,079,601	1,559,023	1,269,573	108,164	35	31

1797	4,501,193	5,081,356	1,561,828	1,274,532	107,273	35	31
1798	4,504,565	5,093,739	1,544,821	1,256,977	107,609	34	30
1799	4,499,020	5,096,048	1,501,108	1,121,107	107,801	33	29
1800	4,493,395	5,098,259	1,552,740	1,265,727	107,103	35	30
1801	4,474,977	5,081,896	1,558,351	1,273,466	106,658	35	31
1802	4,488,636	5,101,959	1,443,666	1,170,456	102,311	32	28
1803	4,485,711	5,103,187	1,562,872	1,272,120	107,627	35	31
1804	4,487,780	5,110,099	1,536,203	1,266,228	107,990	34	30
1805	4,487,885	5,114,782	1,546,915	1,277,485	107,771	34	30
1806	4,482,740	5,113,480	1,519,075	1,250,456	107,447	34	30
1807	4,453,870	5,085,084	1,425,102	1,163,522	107,211	32	28
1808	4,459,079	5,095,577	1,391,881	1,151,226	96,261	31	27
1809	4,457,080	5,097,840	1,501,989	1,230,897	108,436	34	29
1810	4,455,394	5,100,462	1,527,031	1,256,777	99,994	34	30
1811	4,478,873	5,131,919	1,532,910	1,241,483	108,476	34	30
1812	4,434,556	5,085,677	1,520,969	1,240,486	102,732	34	30
1813	4,437,458	5,093,549	1,501,877	1,221,763	103,459	34	29
1814	4,442,669	5,104,084	1,535,799	1,249,917	105,053	35	30
1815	4,423,929	5,087,092	1,501,023	1,214,791	105,240	34	30
1816	4,423,274	5,090,880	1,483,067	1,196,505	105,212	34	29
1817	4,412,452	5,082,959	1,518,991	1,231,283	105,629	34	30
1818	4,334,570	4,997,701	1,519,374	1,233,374	104,982	35	30
1819	4,352,548	5,022,910	1,537,207	1,250,568	105,133	35	31
1820	4,333,634	5,005,549	1,490,752	1,205,297	104,672	34	30
1821	4,326,489	5,001,758	1,433,694	1,148,678	104,968	33	29
1822	4,320,482	4,999,273	1,496,240	1,208,342	105,244	35	30
1823	4,333,886	5,019,261	1,403,384	1,117,660	105,592	32	28
1824	4,223,923	4,896,276	1,427,619	1,158,677	98,889	34	29
1825	4,223,068	4,899,656	1,317,840	1,065,745	94,194	31	27
1826	4,229,389	4,911,371	1,428,537	1,163,502	97,406	34	29
1827	4,218,089	4,902,622	1,434,498	1,166,669	98,523	34	29
1828	4,194,554	4,879,621	1,339,578	1,077,787	96,223	32	27
1829	4,201,033	4,891,522	1,399,289	1,133,201	97,797	33	29
1830	4,182,691	4,874,514	1,378,578	1,113,204	97,715	33	28
1831	4,201,301	4,900,574	1,429,328	1,162,448	97,980	34	29
1832	4,204,038	4,908,145	1,396,390	1,120,504	101,292	33	28
1833	4,205,910	4,914,715	1,258,230	1,005,367	96,022	30	26
1834	4,202,806	4,915,473	1,427,193	1,150,709	101,648	34	29
1835	4,205,570	4,923,097	1,304,313	1,036,653	98,054	31	26
1836	4,202,493	4,923,888	1,039,970	807,068	93,161	25	21
1837	4,229,581	4,960,051	1,392,915	1,122,234	100,023	33	28
1838	4,194,210	4,922,963	1,305,746	1,046,104	97,412	31	27
1839	4,192,637	4,925,510	1,407,218	1,140,499	99,311	34	29
1840	4,166,475	4,899,146	1,382,698	1,138,359	97,735	33	28
1841	4,167,613	4,904,860	1,434,342	1,168,412	97,737	34	29

資料）公定想定収穫高（石高），地税（本年貢）納付高：向山誠斎，「御取箇辻書付」，向山誠斎，『向山誠斎雑記』天保弘化編，第3巻，ゆまに書房，2003年。
 注）推計収穫高の算定法については，本書85頁参照。1石＝180.39リットル。

第3章
株式市場の誕生と金融政策の成立
—— 日本銀行と資本市場

中 林 真 幸

はじめに

　契約前における取引当事者間において双方の属性に関する情報や，あるいは契約後における取引当事者相互の行動に関する情報の非対称性が深刻で，かつ，司法制度による第三者執行が期待できない状況においては，長期的な，顔の見える取引関係を作ることによって逆選択やモラル・ハザードを抑止する取引統治の制度が選択される。一方，情報の非対称性が緩和されたり，あるいは効果的な司法制度が形成されると，誰とでも随時に契約を結ぶ匿名的な取引が拡大する。たとえば，近代的な市場経済とは，強力な執行能力を持つ近代国家の提供する司法制度が匿名的な取引を統治する経済である（序章第1節2項）。

　金融市場において，ある企業への資金供給が関係的な取引と匿名的な取引のいずれによってなされるかもまた，情報の非対称性の程度と，そこから生ずる問題を制御する制度に依存して決まる。この信用供与の仕組みの多様性は，個々の企業の進化の過程に因るものと，経済社会全体の進化の過程に因るものとに分けることができる。ある社会において，市場の統合度が低く，そのため，当該事業もしくは当該企業家と継続的な取引関係にある者以外にとって事業評価にともなう取引費用が禁止的に高い状況にある場合には，同族や地域の共同体といった，長期的な取引関係を持つ経済主体間の金融が重要な役割を果たす。長期的な取引関係を超えた資金調達に求められるリスク・プレミアムは禁止的に高くなってしま

うからである。近世期における無尽講はもとより，産業革命期にあって地方経済における金融機能の重要な部分を占めた地方財閥や地方名望家のネットワークはまさにその例にあたる[1]。しかし，やがて市場の統合が進み，また，司法制度が整備され，少なくとも立証可能性の高い契約については裁判所の執行を期待できるようになると，選別と監視に特化した金融機関が，伝統的で顔の見える取引網を越えて拡大してゆくことになる。さらに市場の統合が進み，主要産業に関する情報が社会に共有されると，個人投資家が要求するリスク・プレミアムは低下し，個人投資家が株式や社債に投資する直接金融が拡大する。

　こうした社会の進化過程とは独立に，個々の産業，あるいは企業も，同様の進化を辿る。起業されたばかりの企業は市場における評判を確立しておらず，したがって，当該企業家と長期的な関係を結ぶ者以外は事業のリスクと収益性を適正に評価することも，そして企業家の裏切りを抑止することも困難であるから，資金供給は同族や地域の共同体，あるいはベンチャー・キャピタリストのネットワークが担うことになる。しかし，事業が軌道に乗ってくると，専門的な審査能力を持つ金融機関が資金供給を拡大する。企業として成熟し，証券取引所に上場される頃にはその企業は評判を確立し，個人投資家の要求するリスク・プレミアムが低下するので，企業は資金調達の重点を間接金融から直接金融へと移す。

　日本の産業革命期とは，主要産業における個々の企業が直接金融による資金調達を一斉に拡大する過程と，経済全体の市場統合が進む過程とが重なることによって，直接金融への移行が，劇的に進展した時代であった。紡績業や鉄道業といった近代産業は日本人にとってまったく新しい産業であった。また，制度面においても，東京株式取引所と大阪株式取引所が設立されたのは1878年，民事訴訟法施行は1890年，商法施行は1899年であった。そして，1880年代以降，紡績企業や鉄道企業は株式会社として設立され，当初は株式発行と銀行借り入れによって設備資金を調達していたが，1890年代以降，市場における評判を確立するにともない，銀行借り入れを社債発行に置き換え，直接金融への依存度を高めていった。若い国内金融市場が急速に統合されるなか，若い近代産業が足並みを揃えて直接金融への依存度を拡大したことによって，20世紀初め，日本の資本

---

1) 中西 (2009), 157-299頁；鈴木／小早川／和田 (2009), 193-383頁；中村 (2010), 100-242頁。

市場は急成長を遂げた。

後発国における移植産業に対する直接金融の急拡大は，客観的な条件に照らせば決して容易ではなかったと思われる。にもかかわらず，いかに，それは起こりえたのか。それは説明されるべき命題なのである。本章では，それを解く鍵のひとつとして，市中銀行の株式担保金融と，日本銀行による株式担保品（保証品）付手形再割引の意義を検討する。

2008年の世界的な金融危機以降，アメリカをはじめとして，中央銀行による有価証券の買い入れを含む「数量的な」市場介入は，「異常な」政策ではなく，「普通の」政策として定着しつつある。1890年代を通じた日本市場の成長の背後にも，日本銀行による株式担保品付手形の再割引，すなわち，銀行が保有する株式について，日本銀行が指定した価格で買い入れるという極端に拡張的な政策があった。その意義は，記述的にはつとに指摘されてきた[2]。本章ではこの問題に数量的に再訪してみよう。

1　株式担保金融と日本銀行

1) 産業革命期の株式市場

近世期には，諸藩が発行した米建ての短期財務証券である米切手が，大坂堂島米会所や大津米会所といった二次市場において活発に取引されており，それらの市場は効率的な価格形成を示していた[3]。明治維新後，1876年米商会所条例に基づいてそれらの米会所は再整備され，1876年には大阪府の大阪堂島米商会所，滋賀県の近江米商会所，東京府の兜町米商会所と蛎殻町米商会所，京都府の京都米商会所，山口県の赤間関米商会所が設立された。1878年，米商会所条例に，取

---

2) 足許の状況に関しては，結果として，資産価格デフレーションをともなう不況期の金融政策として先駆的な事例となった，1990-2000年代の日本銀行による超低金利政策や量的緩和（quantitative easing）政策の効果を巡る実証分析が蓄積され（たとえば，Miyao (2002)；宮尾 (2006)；Honda and Kuroki (2006)；Ogawa (2007))，それらと欧米に生じている状況とを比較する議論が始められている（たとえばWieland (2009))。1890年代の日本の経験については，大島 (1952)，35-80頁；長岡 (1971)，17-34頁；髙村 (1980)，4頁。
3) 髙槻 (2012)，294-367頁。

引所最低資本金額を大幅に増加させるなどの修正を施した株式取引所条例が公布施行され，これに基づいて，同年，東京株式取引所と大阪株式取引所が設立された[4]。

大阪紡績会社や日本鉄道会社といった先駆的な企業が成功を収めた1880年代半ば，紡績企業と鉄道企業を中心に株式会社設立熱が起こった。産業革命を先導したこの企業勃興は，1880年代後半における資本市場の急速な拡大をともなっていた。そして第一次世界大戦期前まで，日本の企業金融において直接金融はその構成比を拡大し続けた[5]。

こうした株式会社の株式発行による資金調達は，直接には個人投資家の株式投資によってまかなわれるが，1880年代後半以降における株式会社熱を支えたのは，実は富裕層に蓄積された家計資産だけではなく，銀行による個人への貸付であった。まず，投資家Aが元手金で株を買う。Aはそれを担保にB銀行で借り入れ，さらに株式を買う。Aはその株式をB銀行や他のC銀行に担保として差し出し，借り入れ，さらに株式を買う。それが繰り返される株式担保金融[6]によって，投資家は高梃子率の（highly leveraged）投資を行うことが可能になり，それが株式投資熱を支えたのである。1890年代半ばから1910年代半ばまでの間，国立銀行，普通銀行，貯蓄銀行全体の貸付および貸越において，株式担保は40パーセント前後を維持したと推定されており，急激な企業勃興を支えた直接金融の急膨張は，間接金融の梃子なかりせばありえなかったと言っても過言ではない[7]。

2) 1890年の金融危機と日本銀行株式担保品付手形再割引

こうした株式投資金融は，国立銀行条例をはじめとする銀行法制が想定した商業金融とはまったく異なるものであったが，1880年代末には日本の産業金融にリスク資金を供給する自生的な仕組みとして育っていた。ところが，株式担保金融によって膨張した信用は，1890年初めに始まった景気後退が株式相場の下落

---

4) 小林 (2012), 73-96頁。
5) 寺西 (2006), 17-18頁。
6) 志村 (1969), 52-59頁。
7) 石井 (2006), 43頁；石井 (2010), 265, 274-275頁。

を招くとともに急激に収縮し，それがさらに株価の下落を加速，3月には金融逼迫は頂点に達した。株式担保の銀行融資を背景とした高梃子率の投資に支えられていた株式相場が下落し始めると，それはただちに銀行保有担保の価値を押し下げ，銀行の資産も毀損する。かくして生じた株価暴落と銀行破綻の下方螺旋に対して，それが資産価格デフレーションをともなう長期不況につながる危険を放置して銀行を商業銀行主義に戻すのか，それとも株式担保金融という仕組みの存在を認めた上で制御するのか，日本銀行は難しい判断を迫られた。

　結論としては，日本銀行は1890年5月，鉄道株を中心とする主要銘柄を割引担保品に指定し，その株式を担保として市中銀行が割り引いた手形を再割引する担保品付手形再割引を公開の割引経路として開いた。その以前にも有価証券を担保とする貸付や割引は一部に行われていたが，公開された手続きによるものではなかった。そしてそもそも，商取引の裏付けのある商業手形ではなく，借り入れのために振り出される融通手形を割り引くことを日本銀行条例は認めていなかった。その例外措置として，特に日本銀行が指定した優良上場企業株式について，それを担保とする融通手形を公示された担保価格に基づいて割り引くことにしたのである[8]。

3）株式担保品付手形再割引の拡大

　以後，担保品付手形再割引は日本銀行本店および大阪支店において「約束手形割引」と並ぶ割引経路となり，1890年代を通じて割引高の40パーセント前後を占めることになる[9]。さらに1897年には中小鉄道企業を中心に指定銘柄が拡充された。

　担保品付手形再割引の構成比は，1890年代後半に日本銀行全割引高の5割を超え，1900年代前半に6割に達した。その担保品に占める株式の構成比は1900年代初めまで60パーセント前後を占めた後，1900年代半ばに3割弱，1900年代後半には2パーセント前後に急落し，国債に置き換えられてゆく。すなわち，1890年代から1900年代初めまでの期間が，日本銀行が株式投資金融に直接的な資金注入を行った時期ということになる[10]。

---

[8] 日本銀行（1913），187頁；大島（1952），73-75頁。
[9] 「日本銀行統計月報」。

2　日本銀行株式担保品付手形再割引の効果

1) データ

　日本銀行によるこうした担保品付手形再割引が企業金融に及ぼした影響，特にその裁量的な政策が資源配分を歪めた可能性についてはしばしば指摘されているが[11]，それが資本市場全体に対してどのように作用したのかは数量的には解明されていない。日本銀行は，東京株式取引所については 1890 年 10 月から 1898 年 5 月まで，大阪株式取引所については 1891 年 1 月から 1899 年 10 月まで，すべての場内取引の数量と価格の月次数値を「日本銀行統計月報」に記録している。また，担保品に指定された株式については店頭価格も 1890 年 10 月から 1898 年 5 月までの月次数値を記録している。また，「日本銀行統計月報」には月次の担保品付割引高をはじめとする割引政策の詳細も記録されている。これらを用いて株式価格，株式取引数，日本銀行再割引高の月次系列を整備し，資本市場に対する政策効果を検証してみよう。

　パネル単位根検定を施すと，東京株式取引所場内株価系列の水準（level）については共通単位根（common unit root）および個別単位根（individual unit root）の存在はともに棄却され，株価系列は定常であることが分かるが，大阪株式取引所場内株価系列の水準については共通単位根の存在が棄却されない[12]。

---

10)　日本銀行百年史編纂委員会（1983），56-59 頁。なお，担保品，保証品の呼称は 1897 年に見返品と改められた。

11)　石井（2010），266 頁。

12)　(1) 東京株式取引所上場株価について。(a) 共通単位根検定（Levin, Lin, and Chu 検定）の結果は，t 値：-6.4576***，個体数：95，標本観察数：2,609。(b-1) 個別単位根検定（Im, Pesaran, and Shi 検定）の結果は，W 値：-5.0264***，個体数 84，標本観察数：2,576。(b-2) 個別単位根検定（ADF-Fisher 検定）の結果は，χ^2：256.2844***，個体数 95，標本観察数：2,609。(b-3) 個別単位根検定（PP-Fisher 検定）の結果は，χ^2：268.5740***，個体数 95，標本観察数：2,746。(2) 大阪株式取引所上場株価について。(a) 共通単位根検定（Levin, Lin, and Chu 検定）の結果は，t 値：0.8895。(b-1) 個別単位根検定（Im, Pesaran, and Shi 検定）の結果は，W 値：0.3761。(b-2) 個別単位根検定（ADF-Fisher 検定）の結果は，χ^2：149.8074*。(b-3) 個別単位根検定（PP-Fisher 検定）の結果は，χ^2：142.3954。最適ラグ次数は赤池情報量基準による。***，* はそれぞれ 1 パーセント，10 パーセント水準の有意性を示す。

$|\partial f(x)/\partial x|<1$ が成り立つとき，関数 $f(x)$ は 2 点 (x, x') の距離を縮めて写す縮小写像であり，このとき $f(x)$ は唯一の不動点（$x=f(x)$ となる点）を持つ。この不動点は，成長理論等においては定常状態（steady state）と呼ばれる。この条件は，第 1 期から第 T 期までの時系列（$x_1, x_2, ..., x_{T-1}, x_T$）の場合，一次の自己回帰式（$x_t = Ax_{t-1} + \varepsilon_t$）において自己回帰項（$x_{t-1}$）の係数 A の絶対値が 1 より小さいこと（$|A|<1$），に相当する。この条件が満たされるとき，この時系列は唯一の不動点に向かって収束途上にある定常な時系列と呼ばれる。$A=1$ の場合，系列は誤差項（ε_t）に依存して確率的な上下変動を続け，永遠にどこにも収束しない。この状態をランダム・ウォークと呼ぶ。単位根検定は対象となる時系列がランダム・ウォークであるとする仮説が棄却されるかどうかを調べるものである。

　系列収束に関するこれらの概念は二つの意味で重要である。まず第一に，市場の価格形成の効率性を計る上で重要である。市場において情報が十分に早く波及する場合，価格は瞬時に収束すべき点に収束し，以後はランダム・ウォークに入る。したがって，価格系列の定常性が弱い市場の方が，情報伝播の意味において効率的であるということになる。検定結果は，大阪市場の価格形成が東京市場のそれよりも効率的であった可能性を示唆しているが，この結果は，東京市場の方が日本銀行の金融政策による株価形成の歪みをより大きく持っていたとする後述の実証結果と整合的である。第二に，実証上の手続きにとって重要である。時系列がランダム・ウォークである場合，ある系列の収束傾向が他の系列の収束傾向に及ぼす影響を調べる回帰分析は意味をなさない。回帰分析が意味をなすには，系列の定常性が確保されることが必要である。上記の結果によれば，東京株式取引所内株価の水準系列については，単位根の存在が強力に棄却されていることから，その定常性は頑健である。大阪株式取引所についても ADF 検定においては個別単位根が棄却されているので，本章の推計にあたっては水準を用いることとする。

2) 東京市場における数量的介入の効果

　表 3-1 は東京株式取引所において取引される株の価格に対して，日本銀行本店商業手形割引歩合（TKDR），約束手形再割引高（TKPND），担保品付手形再割引

表 3-1 東京株式取引所の株価と金融政策：月次，1890年10月-1898年5月

	1-1		1-2		1-3	
推定法	パネル最小自乗法		パネル最小自乗法		パネル最小自乗法	
被説明変数	$\log[TKP_{it}]$		$\log[TKP_{it}]$		$\log[TKP_{it}]$	
個体（cross-section）次元	プール（非制御）		プール（非制御）		プール（非制御）	
期間次元	プール（非制御）		プール（非制御）		プール（非制御）	
説明変数	係数	t値	係数	t値	係数	t値
C	−1.6523	−3.5380 ***	−1.7654	−3.8150 ***	−1.7662	−3.8168 ***
$\log[TKDR_t]$	0.0506	0.3463	−0.0288	−0.1983	−0.0031	−0.0214
$\log[TKDR_t] \times BOJC$			0.1424	7.3235 ***		
$\log[TKPND_t]$	0.0790	2.6637 ***	0.0966	3.2776 ***	0.0966	3.2787 ***
$\log[TKPNCD_t]$	0.1369	3.7855 ***	0.1175	3.2712 ***	0.1145	3.1837 ***
$\log[TKPNCD_t] \times BOJC$					0.0189	7.3442 ***
$\log[DI_t]$	0.5213	7.4231 ***	0.5776	8.2552 ***	0.5765	8.2420 ***
個体数	129		129		129	
期間数（月）	93（1890/10-1898/05）		93（1890/10-1898/05）		93（1890/10-1898/05）	
合計標本数	2,696		2,696		2,696	
調整済み R^2	0.0604		0.0784		0.0785	
F値	44.3162 ***		46.8732 ***		46.9377 ***	
	1-4		1-5		1-6	
推定法	パネル最小自乗法		パネル最小自乗法		パネル最小自乗法	
被説明変数	$\log[TKP_{it}]$		$\log[TKP_{it}]$		$\log[TKP_{it}]$	
個体（cross-section）次元	固定効果		固定効果		固定効果	
期間次元	プール（非制御）		プール（非制御）		プール（非制御）	
説明変数	係数	t値	係数	t値	係数	t値
C	−0.7130	−3.3345 ***	−0.6955	−3.2362 ***	−0.7041	−3.2758 ***
$\log[TKDR_t]$	−0.3268	−5.4752 ***	−0.3366	−5.5268 ***	−0.3302	−5.4800 ***
$\log[TKDR_t] \times BOJC$			0.0164	0.8118		
$\log[TKPND_t]$	0.0744	6.2482 ***	0.0759	6.2984 ***	0.0752	6.2364 ***
$\log[TKPNCD_t]$	0.1378	8.9459 ***	0.1354	8.6273 ***	0.1363	8.6325 ***
$\log[TKPNCD_t] \times BOJC$					0.0011	0.4187
$\log[DI_t]$	0.4843	16.6863 ***	0.4864	16.6914 ***	0.4854	16.6601 ***
個体数	129		129		129	
期間数（月）	93（1890/10-1898/05）		93（1890/10-1898/05）		93（1890/10-1898/05）	
合計標本数	2,696		2,696		2,696	
調整済み R^2	0.8590		0.8590		0.8589	
F値	125.3582 ***		124.4040 ***		124.3769 ***	

資料）章末附表3-1参照。
注）*** は1パーセント水準の有意性を示す。変数の定義については章末附表3-1参照。

高（TKPNCD）といった金融政策の各側面が及ぼす影響を調べようとするものである。担保品付手形再割引は株を中心とする有価証券を担保とした手形再割引であり，約束手形再割引は商品を担保とするか，もしくは無担保の手形再割引である。市場に一律に影響する外生的な要因を制御するために，景気動向指数（DI）

も説明変数に含めている。

まず注目すべきは，プールして推定したモデル1-1において，日本銀行本店商業手形割引歩合（TKDR）が有意ではないことである。価格を通じた金融緩和，すなわち割引歩合の引き下げが株価の上昇に効果があるとすれば，日本銀行本店商業手形割引歩合（TKDR）は有意に負の係数を持つことが期待される。ここではそうなっていないのだが，その理由は単純である。日本銀行本店商業手形割引歩合と日本銀行担保品指定ダミーの交差項（TKDR×BOJC）を挿入し，手形再割引の担保品として指定された銘柄とそれ以外とを分離すると，モデル1-2に示されているように，担保品指定銘柄については日本銀行本店商業手形割引歩合（TKDR）の引き上げが株価上昇をともなっていたことが分かる。

担保品付手形再割引が，1890年5月の導入決定時に期待されたように，有価証券を直接に購入する数量的な介入によって株価を下支えする効果を持っていたとすれば，日本銀行本店担保品付手形再割引高（TKPNCD）は正の係数を持つことが予想される。モデル1-1，モデル1-2のいずれもその予想に合致しているが，興味深いのは，日本銀行本店担保品付手形再割引高と日本銀行担保品指定ダミーの交差項（TKPNCD×BOJC）を挿入したモデル1-3の結果である。日本銀行本店担保品付手形再割引高（TKPNCD）と交差項（TKPNCD×BOJC）を同時に推計式に挿入しても，後者は有意に正の係数を持つ。すなわち，担保品付手形再割引の増加は，担保品指定銘柄の株価に対して差別的に上昇効果を及ぼしているのである。

標本期間中において，一度担保品に指定された銘柄が指定を解除されたことはないから，担保品指定は，特に1890年当初から指定されていた銘柄については，固定的な属性に含まれる。実際，固定効果モデル1-4，1-5，1-6によって固定効果を制御して推定すると日本銀行担保品指定ダミー（BOJC）の効果は消え，日本銀行本店商業手形割引歩合（TKDR）は予想通り，有意に負の係数を取る。

3）大阪市場における数量的介入の効果

表3-2は同じ推定を大阪株式取引所について試みたものであるが，結果は東京市場のそれと対照的である。モデル2-1を見ると，まず，日本銀行大阪支店商業手形割引歩合（OSDR）は，普通に予想される通り，負に有意の係数を持ってい

表 3-2　大阪株式取引所の株価と金融政策：月次，1890 年 10 月-1899 年 10 月

	2-1		2-2		2-3	
推定法	パネル最小自乗法		パネル最小自乗法		パネル最小自乗法	
被説明変数	$\log[OSP_{it}]$		$\log[OSP_{it}]$		$\log[OSP_{it}]$	
個体（cross-section）次元	プール（非制御）		プール（非制御）		プール（非制御）	
期間次元	プール（非制御）		プール（非制御）		プール（非制御）	
説明変数	係数	t 値	係数	t 値	係数	t 値
C	1.7606	3.1821 ***	1.3836	2.5370 **	1.3798	2.5291 **
$\log[OSDR_t]$	−0.3699	−2.1511 **	−0.3970	−2.3495 **	−0.3362	−1.9889 **
$\log[OSDR_t] \times BOJC$			0.1596	8.6469 ***		
$\log[OSPND_t]$	0.1132	2.1437 **	0.1325	2.5513 **	0.1334	2.5678 **
$\log[OSPNCD_t]$	−0.0312	−0.7076	−0.0398	−0.9178	−0.0481	−1.1091
$\log[OSPNCD_t] \times BOJC$					0.0210	8.5851 ***
$\log[DI_t]$	0.3650	4.5380 ***	0.4057	5.1255 ***	0.4048	5.1129 ***
個体数	99		99		99	
期間数（月）	106（1890/10-1899/10）		106（1890/10-1899/10）		106（1890/10-1899/10）	
合計標本数	2,060		2,060		2,060	
調整済み R^2	0.0200		0.0539		0.0535	
F 値	11.4942 ***		24.4794 ***		24.2615 ***	
	2-4		2-5		2-6	
推定法	パネル最小自乗法		パネル最小自乗法		パネル最小自乗法	
被説明変数	$\log[OSP_{it}]$		$\log[OSP_{it}]$		$\log[OSP_{it}]$	
個体（cross-section）次元	固定効果		固定効果		固定効果	
期間次元	プール（非制御）		プール（非制御）		プール（非制御）	
説明変数	係数	t 値	係数	t 値	係数	t 値
C	0.8408	3.5130 ***	0.8921	3.7398 ***	0.8747	3.6609 ***
$\log[OSDR_t]$	−0.5878	−8.5967 ***	−0.6186	−9.0389 ***	−0.5865	−8.6014 ***
$\log[OSDR_t] \times BOJC$			0.0762	4.3295 ***		
$\log[OSPND_t]$	0.2139	10.2465 ***	0.2164	10.4082 ***	0.2164	10.3841 ***
$\log[OSPNCD_t]$	−0.0085	−0.5041	−0.0154	−0.9169	−0.0173	−1.0171
$\log[OSPNCD_t] \times BOJC$					0.0079	3.3668 ***
$\log[DI_t]$	0.2627	8.3302 ***	0.2685	8.5461 ***	0.2671	8.4860 ***
個体数	99		99		99	
期間数（月）	106（1890/10-1899/10）		106（1890/10-1899/10）		106（1890/10-1899/10）	
合計標本数	2,060		2,060		2,060	
調整済み R^2	0.8658		0.8670		0.8665	
F 値	131.2744 ***		131.3607 ***		130.7966	

資料：章末附表 3-1 参照。
注：***，** はそれぞれ 1 パーセント，5 パーセント水準の有意性を示す。変数の定義については章末附表 3-1 参照。

る。また，日本銀行大阪支店約束手形再割引高（OSPND）は株価上昇に有意に貢献しているが，日本銀行大阪支店担保品付手形再割引高（OSPNCD）は有意ではない。

日本銀行の担保品指定銘柄に対する姿勢において，東京との間に違いがあるわけではない。モデル2-2において，日本銀行大阪支店商業手形割引歩合と日本銀行担保品指定ダミーの交差項（OSDR×BOJC）は東京と同様に正に有意の係数を持ち，政策効果が指定銘柄株価を差別的に引き上げていることが示されている。この効果が他の銘柄の取引と値動きに圧倒されているがゆえに，モデル2-1において日本銀行大阪支店商業手形割引歩合（OSDR）は負の係数を持っているのである。日本銀行大阪支店担保品付手形割引高についても同様であり，モデル2-3において，日本銀行担保品指定ダミーとの交差項（OSPNCD×BOJC）が正に有意の係数を取っていることからも明らかなように，担保品付手形再割引が担保品指定銘柄の株価を差別的に引き上げる効果は大阪市場においても働いている。しかし，大阪市場においては，その差別的な政策効果が市場を支配することはなかった。

　指定銘柄は東京株式取引所上場銘柄145のうち20，大阪株式取引所指定銘柄99のうち14と，指定銘柄数において大阪が少ないわけではない。しかし，東京市場においては，代表的な指定銘柄である鉄道企業株が取引の中心であったのに対して，大阪市場においては，指定銘柄に含まれない紡績企業株の取引が活発であった。金融政策によって直接かつ差別的に保護されていない銘柄の取引が支配的であったことが，価格形成に対する政策効果の相違をもたらしていると考えられる[13]。結果として，大阪市場においては，公定歩合の操作という，価格機構を通じた古典的な金融政策の効果が支配的となった。

3　リスク配分の歪みとその帰結

1) 東京市場における取引数量への影響

　現在の中央銀行が有価証券の買い入れを通じて数量的に介入する際に期待する効果は，もとより，中央銀行が独占的な買い手として買い続けることによるそれ

---

13) 固定効果モデルを推定したモデル2-5, 2-6において，担保品指定ダミー（BOJC）との交差項が，絶対値を縮小しつつも有意な係数を持っているのは，大阪市場における指定銘柄に，1897年以降に指定された中小鉄道会社が多く含まれていることに因っていると思われる。ただし，標本期間を1897年以降に限って推定しても，東京市場と対照的な全体傾向は変わらない。

表 3-3 東京株式取引所の売買数量と金融政策：月次，1890年10月-1898年5月

	3-1		3-2		3-3	
推定法	パネル最小自乗法		パネル最小自乗法		パネル最小自乗法	
被説明変数	$\log[\text{TKVOL}_{it}]$		$\log[\text{TKVOL}_{it}]$		$\log[\text{TKVOL}_{it}]$	
個体（cross-section）次元	プール（非制御）		プール（非制御）		プール（非制御）	
期間次元	プール（非制御）		プール（非制御）		プール（非制御）	
説明変数	係数	t値	係数	t値	係数	t値
C	5.7940	3.9631 ***	4.9769	3.5815 ***	4.9747	3.5795 ***
$\log[\text{TKDR}_t]$	-3.3280	-7.2735 ***	-3.8820	-8.9070 ***	-3.7007	-8.5029 ***
$\log[\text{TKDR}_t] \times \text{BOJC}$			0.9980	17.0958 ***		
$\log[\text{TKPND}_t]$	0.1587	1.7082 *	0.2815	3.1801 ***	0.2812	3.1764 ***
$\log[\text{TKPNCD}_t]$	0.2691	2.3757 **	0.1336	1.2382	0.1129	1.0449
$\log[\text{TKPNCD}_t] \times \text{BOJC}$					0.1320	17.0757 ***
$\log[\text{DI}_t]$	0.2599	1.1822	0.6587	3.1349 ***	0.6495	3.0916 ***
個体数	129		129		129	
期間数（月）	93（1890/10-1898/05）		93（1890/10-1898/05）		93（1890/10-1898/05）	
合計標本数	2,697		2,697		2,697	
調整済み R^2	0.022		0.117		0.117	
F値	15.904 ***		72.553		72.413 ***	

	3-4		3-5		3-6	
推定法	パネル最小自乗法		パネル最小自乗法		パネル最小自乗法	
被説明変数	$\log[\text{TKVOL}_{it}]$		$\log[\text{TKVOL}_{it}]$		$\log[\text{TKVOL}_{it}]$	
個体（cross-section）次元	固定効果		固定効果		固定効果	
期間次元	プール（非制御）		プール（非制御）		プール（非制御）	
説明変数	係数	t値	係数	t値	係数	t値
C	9.0793	8.2134 ***	8.6556	7.8138 ***	8.6059	7.7756 ***
$\log[\text{TKDR}_t]$	-4.8066	-15.5735 ***	-4.5638	-14.5322 ***	-4.6203	-14.8819 ***
$\log[\text{TKDR}_t] \times \text{BOJC}$			-0.4045	-3.8935 ***		
$\log[\text{TKPND}_t]$	0.3470	5.6348 ***	0.3099	4.9874 ***	0.3046	4.9041 ***
$\log[\text{TKPNCD}_t]$	-0.1737	-2.1804 **	-0.1139	-1.4086	-0.0953	-1.1719
$\log[\text{TKPNCD}_t] \times \text{BOJC}$					-0.0612	-4.3866 ***
$\log[\text{DI}_t]$	1.0370	6.9100 ***	0.9844	6.5507 ***	0.9811	6.5367 ***
個体数	129		129		129	
期間数（月）	93（1890/10-1898/05）		93（1890/10-1898/05）		93（1890/10-1898/05）	
合計標本数	2,697		2,697		2,697	
調整済み R^2	0.600		0.602		0.602	
F値	31.588 ***		31.638 ***		31.718 ***	

資料）章末附表3-1参照。
注）***，**，*はそれぞれ1パーセント，5パーセント，10パーセント水準の有意性を示す。変数の定義については章末附表3-1参照。

ではない。中央銀行が買い入れを公示することが，市場において滞っていた売買を再活性化し，それが株価上昇につながるという筋書きである。そこで本章でも，日本銀行の政策が取引量に及ぼした影響を調べてみよう。

表 3-3 は金融政策の各側面が東京株式取引所の取引量（TKVOL）に及ぼした効果を調べるものである。価格面での金融緩和，すなわち日本銀行本店商業手形割引歩合（TKDR）の引き下げが株式市場の再活性化に資するならば，それは負の係数を持つことが予想され，実際，モデル 3-1 においては負の係数が示されている。しかし，モデル 3-2 において，日本銀行本店商業手形割引歩合と日本銀行担保品指定ダミーの交差項（TKDR×BOJC）が正の係数を持つことに示されているように，指定銘柄の動きは他のそれとは逆であった。日本銀行本店商業手形割引歩合（TKDR）が引き上げられ，金融が引き締められる局面において，指定銘柄はむしろより活発に取引されていたのである。

さらに注目すべきは，日本銀行本店担保品付手形再割引高と日本銀行担保品指定ダミーとの交差項（TKPNCD×BOJC）を挿入したモデル 3-3 の推定結果である。交差項（TKPNCD×BOJC）は有意に正の係数を持つが，日本銀行本店担保品付手形再割引高（TKPNCD）の係数はもはや有意ではない。担保品付手形再割引の増加という形の株式買い入れによって取引量が増えたのは，担保品指定銘柄に限られるのである。頑健性の点検のために，日本銀行担保品への指定をはじめとする固定効果を制御する固定効果モデルを推定したモデル 3-5 においては，日本銀行本店商業手形割引歩合と日本銀行担保品指定ダミーとの交差項（TKDR×BOJC）の係数の符号が，モデル 3-6 においては日本銀行本店担保品付手形再割引高と日本銀行担保品指定ダミーの交差項（TKPNCD×BOJC）の係数の符号が，それぞれ負となり，上記の推論を裏付けている。

日本銀行は 1897 年 9 月まで銀本位制を，同年 10 月以降は金本位制を採用しており，円為替価値を一定に保つことはその最も重要な政策目標のひとつであった。具体的には，好況が続き，貿易収支赤字が続くと，日本銀行は円の信任を守るために，商業手形割引歩合を引き上げ，金融を引き締めて，国内需要を抑制し，貿易収支を反転しようとする。このように，円為替価値そのものを一定に保つことが政策目標として設定されていたから，日本銀行の公定歩合引き上げが金融市場への大きなショックとなることは少なくなかった。

表 3-1 と表 3-3 の検討から得られる解釈のひとつは，そうした商業手形割引歩合引き上げのショックを，担保品指定銘柄は差別的に緩和されていたということである。商業手形割引歩合が引き上げられる局面において，同時に，担保品付手

形割引も拡大し，そのことによって，株価は下支えされ，また，市場がそれを織り込むことによって，取引数量も維持される。そうした構造が，少なくともひとつの可能性として，浮かび上がってくる。

表 3-4 大阪株式取引所の売買数量と金融政策：月次，1890 年 10 月-1898 年 5 月

	4-1		4-2		4-3	
推定法	パネル最小自乗法		パネル最小自乗法		パネル最小自乗法	
被説明変数	log[OSVOL$_{it}$]		log[OSVOL$_{it}$]		log[OSVOL$_{it}$]	
個体 (cross-section) 次元	プール（非制御）		プール（非制御）		プール（非制御）	
期間次元	プール（非制御）		プール（非制御）		プール（非制御）	
説明変数	係数	t 値	係数	t 値	係数	t 値
C	-7.9305	-4.6087 ***	-10.2810	-6.4070 ***	-10.3288	-6.4403 ***
log[OSDR$_t$]	1.1027	2.0600 **	0.9404	1.8899 *	1.3159	2.6460 ***
log[OSDR$_t$]×BOJC			0.9802	18.0309 ***		
log[OSPND$_t$]	1.0982	6.6774 ***	1.2161	7.9480 ***	1.2230	7.9979 ***
log[OSPNCD$_t$]	-0.6611	-4.8147 ***	-0.7133	-5.5877 ***	-0.7657	-5.9975 ***
log[OSPNCD$_t$]×BOJC					0.1302	18.1159 ***
log[DI$_t$]	1.5607	6.2459 ***	1.8180	7.8135 ***	1.8148	7.8052 ***
個体数	99		99		99	
期間数（月）	106 (1890/10-1899/10)		106 (1890/10-1899/10)		106 (1890/10-1899/10)	
合計標本数	2,061		2,061		2,061	
調整済み R^2	0.0391		0.1699		0.1710	
F 値	21.9514 ***		85.3522 ***		85.9927 ***	
	4-4		4-5		4-6	
推定法	パネル最小自乗法		パネル最小自乗法		パネル最小自乗法	
被説明変数	log[OSVOL$_{it}$]		log[OSVOL$_{it}$]		log[OSVOL$_{it}$]	
個体 (cross-section) 次元	固定効果		固定効果		固定効果	
期間次元	プール（非制御）		プール（非制御）		プール（非制御）	
説明変数	係数	t 値	係数	t 値	係数	t 値
C	-2.1135	-1.7239 *	-2.3952	-1.9615 *	-2.3584	-1.9325 *
log[OSDR$_t$]	-0.5310	-1.5144	-0.3620	-1.0321	-0.5397	-1.5475
log[OSDR$_t$]×BOJC			-0.4179	-4.6348 ***		
log[OSPND$_t$]	0.6646	6.2048 ***	0.6510	6.1071 ***	0.6471	6.0704 ***
log[OSPNCD$_t$]	-0.5092	-5.8981 ***	-0.4710	-5.4599 ***	-0.4458	-5.1307 ***
log[OSPNCD$_t$]×BOJC					-0.0567	-4.7406 ***
log[DI$_t$]	1.8752	11.6247 ***	1.8432	11.4752 ***	1.8435	11.4801 ***
個体数	99		99		99	
期間数（月）	106 (1890/10-1899/10)		106 (1890/10-1899/10)		106 (1890/10-1899/10)	
合計標本数	2,061		2,061		2,061	
調整済み R^2	0.6429		0.6466		0.6468	
F 値	37.3596 ***		37.5924 ***		37.6208 ***	

資料）章末附表 3-1 参照。
注）***，**，* はそれぞれ 1 パーセント，5 パーセント，10 パーセント水準の有意性を示す。変数の定義については章末附表 3-1 参照。

2) 大阪市場における取引数量への影響

　大阪市場においても，日本銀行担保品に指定された銘柄の挙動が他と異なることは，東京市場と変わらない。表 3-4 は金融政策が大阪株式取引所の取引量 (OSVOL) に及ぼす影響を調べたものであるが，モデル 4-2 において，日本銀行大阪支店商業手形割引歩合と日本銀行担保品指定ダミーの交差項 (OSDR×BOJC) が正の係数を持つことは，大阪市場においても，金融引き締めの局面において担保品指定銘柄の取引量が増えていることを示しており，モデル 4-3 において，日本銀行大阪支店担保品付手形割引高と日本銀行担保品指定ダミーの交差項 (OSPNCD×BOJC) が正の係数を持つことは，担保品付手形割引が担保品指定銘柄の取引を差別的に活性化したことを示唆している。金融引き締め局面において，市場は日本銀行の指定銘柄買い入れを織り込み，それゆえ指定銘柄の取引が維持された状況は，東京市場と変わらない。しかし，指定銘柄が市場の取引全体に占める重要性が小さいために，それが市場全体の動向を支配するには至っていない。

3) 株式リスク・プレミアムの低下

　日本銀行の金融政策が株価水準に全体に作用することはない一方，担保品付手形再割引の変動が担保品指定銘柄の個々の変動に影響している。それは，金融政策が，担保品指定銘柄の価格変動リスクに非対称的な影響を及ぼしていたことを意味する。日本銀行担保品価格は公示されており，当該株式を担保とした手形はその担保品価格で無制限に割り引かれる。換言すれば，市場価格がその担保価格を下回ることはないということである。特に相場が下落傾向にあるときに，担保品付手形再割引の増大が株価の上昇をもたらすことは容易に想像されよう。担保品の多くは鉄道企業株が占めたから，その影響は鉄道企業株が多く上場されている東京株式取引所において特に大きかったと思われる。

　もっとも，その効果は担保銘柄と担保価格の公示によってただちに市場に織り込まれる。したがって，担保指定以前の保有者は指定後に譲渡することによって超過利潤を得られるが，担保指定が公的情報となったのちは，その株の保有者が超過利潤を得られたわけではない。

　それでは，指定の効果はどこに現れたのであろうか。ひとつの結果が，株式保

表 3-5　東京株式取引所上場銘柄の株式リスク・プレミアム，1880-1914 年

年	消費者物価指数	国民1人当たり名目GNP成長率	国民1人当たり実質GNP成長率	平均株価変化率	平均配当利回り	株主総利回り	無リスク資産利回り：国債利回り	株式リスク・プレミアム
	a	b	c	d	e	f=d+e	g	i=f−g
1880-1889年平均	−0.081	1.422	2.037	11.582	5.838	17.419	6.587	10.832
1890-1899年平均	3.379	8.308	2.073	1.222	3.794	5.016	4.991	0.025
1900-1909年平均	3.028	3.910	0.487	2.721	3.837	6.558	5.469	1.089
1910-1914年平均	1.682	3.336	0.417	4.332	3.326	7.658	5.069	2.589

資料）Kling, Nakabayashi, and Yuki (2009). 原資料は，株価，配当：『東京証券取引所五十年史』，東京証券取引所，2002 年。GNP：大川／高松／山本（1974），237 頁。消費者物価指数：大川／野田／高松／山田／熊崎／塩野谷／南（1967），135 頁。

表 3-6　大阪株式取引所上場銘柄の株式リスク・プレミアム，1880-1914 年

年	消費者物価指数	国民1人当たり名目GNP成長率	国民1人当たり実質GNP成長率	平均株価変化率	平均配当利回り	株主総利回り	無リスク資産利回り：国債利回り	株式リスク・プレミアム
	a	b	c	d	e	f=d+e	g	i=f−g
1880-1889年平均	−0.75	1.36	3.44	17.93	5.42	23.36	5.72	17.64
1890-1899年平均	3.38	8.31	2.07	4.24	4.75	8.99	4.99	4.00
1900-1909年平均	3.03	3.91	0.49	2.87	6.21	9.08	5.47	3.61
1910-1914年平均	1.68	3.34	0.42	0.93	5.17	6.10	5.07	1.03

資料）Kling, Nakabayashi, and Yuki (2009). 原資料は株価，配当：『大株五十年史』，大阪株式取引所，1928 年。GNP，消費者物価指数：表 3-5 参照。

有リスクに対して投資家が求める株式リスク・プレミアム（equity risk premium）の顕著な減少であった。東京株式取引所上場株式のうち，払込資本金と配当金が判明するものについて，価格変動益と配当を合わせた収益のうち，無リスク資産である国債の利回りを上回る部分，すなわち株式リスク・プレミアムを計算すると，1880-1889 年平均10.832パーセントから1890-1899 年平均0.03 パーセント，1900-1909 年1.089 パーセントと大きな減少を見せている（表3-5）。これはほぼ同時期の定期預金利率と国債利回りの差に等しい。この結果は，担保品に指定された鉄道企業株が東京株式取引所上場株式に大きな構成比を占めていることとおそらく無縁ではない。日本銀行に防衛されることになった株式の収益は，その保有リスクの減少を反映して，国債や定期預金とあまり変わらない水準に低下してしまったのである。

担保品指定銘柄の構成比が小さく，おそらくはそれゆえに日本銀行の割引政策

の裁量的な影響をあまり受けなかった大阪株式取引所の場合，東京株式取引所に比べて株式リスク・プレミアムの減少幅は小さいものとなっている（表3-6）。この大阪市場の減少幅が，日本銀行が個々の銘柄の株価に裁量的な影響を及ぼさない範囲で資本市場のリスクを引き受けた場合の効果と言えるかもしれない。

おわりに

　1880年代に直接金融との融合によってその急速な拡大をもたらした間接金融は，日本銀行による株式担保品付手形再割引経路の信用供与によって1890年代以降も拡大した。それは株式担保金融による株式投資金融の一層の拡大を促し，企業勃興を支えることになった。

　日本銀行は担保品付手形再割引にあたって担保指定銘柄と担保価格を公示したので，その情報は公的情報として市場において価格に織り込まれ，株価は新たなリスク配分に見合う水準に上昇した。その結果，1890年代以降，株式リスク・プレミアムは顕著に減少した。

　それはつまり，担保品に指定された鉄道企業を中心に，1890-1900年代の企業には，極めて低利の，定期預金利息程度の金利水準の資金が直接金融を通じて供給されたことを意味する。そうした低利の直接金融は，日本銀行が株式投資リスクを社会化したことを少なくとも一部の要因として，成立しえたものであった。

　1890-1900年代に，なぜ，直接金融が急激に拡大し，産業化資金を供給しえたのか。その理由の一端は，割引政策を通じて日本銀行が資本市場におけるリスク配分を歪めたことにあったと思われるのである。1890年代における日本銀行の信用膨張が，1900年の景気後退にともなう信用収縮の影響を激化させたことに見られるように，そうした政策的な信用膨張には社会的な費用もともなった。しかし，たとえば，1900年代前半までには今日の幹線鉄道網の整備がほぼ終わるという驚異的な投資水準が，この金融システムに依存していたこともまた事実である。

　その後，1907年に主要幹線鉄道は国有化され，日本銀行の担保品付手形再割引を通じて間接的に社会化された投資リスクは，直接的に社会化された。したがって，日本銀行の担保品付手形再割引によるリスク負担の間接的な社会化に対

する市場の最終的な評価を歴史的に検証する機会は失われてしまった。しかし，国有鉄道発足後においても鉄道需要が供給を上回る状態は続いており，少なくとも，1900年代までの時点において，そうしたリスクの社会化が過剰な鉄道投資を招いた可能性は小さいと思われる。

附表3-1　変数一覧

C	定数項
TKP_{it}	東京株式取引所における企業 i 株の第 t 期（月）の平均価格（売買額/売買受渡株式数）
$TKVOL_{it}$	（東京株式取引所における企業 i 株の第 t 期（月）の売買受渡数）+1
$TKDR_t$	第 t 期（月）の日本銀行本店商業手形割引歩合
$TKPND_t$	第 t 期（月）の日本銀行本店約束手形月中再割引高
$TKPNCD_t$	第 t 期（月）の日本銀行本店担保品付手形月中再割引高
OSP_{it}	大阪株式取引所における企業 i 株の第 t 期（月）の平均価格（売買額/売買受渡株式数）
$OSVOL_{it}$	（大阪株式取引所における企業 i 株の第 t 期（月）の売買受渡数）+1
$OSDR_t$	第 t 期（月）の日本銀行大阪支店商業手形割引歩合
$OSPND_t$	第 t 期（月）の日本銀行大阪支店約束手形月中再割引高
$OSPNCD_t$	第 t 期（月）の日本銀行大阪支店担保品付手形月中再割引高
$BOJC_{it}$	日本銀行担保品指定ダミー。企業 i が第 t 期（月）に日本銀行担保品に指定された場合に1，それ以外の場合に0の値を取る
DI_t	景気動向指数

資料）東京株式取引所株価，東京株式取引所売買受渡株式数，日本銀行保証品株式店頭価格，大阪株式取引所株価，大阪株式取引所受渡株式数，日本銀行本支店約束手形月中割引高，日本銀行本支店担保品付手形月中割引高：「日本銀行統計月報」。日本銀行本店商業手形割引歩合：日本銀行金融研究所歴史統計頁（http://www.imes.boj.or.jp/hstat/）。景気動向指数：藤野/五十嵐（1973），75頁，付表2-9。

第 II 部
市場と企業

第4章
市場と生産の相互作用
――横浜生糸市場と蚕糸業の再編

中　林　真　幸

はじめに

　匿名的な市場取引の拡大は近代的な経済成長の動力であり続けてきた。近世日本の幕府直轄都市における経験も，日本におけるそうした発展の最初の一駒であったが，主権国家内に均一の統治を提供し，市場統合を進める点に注目するならば，西欧に成立した第三者執行による国家大の統治は，これまでの歴史において，最も成功した制度設計である（North and Thomas (1973); North (2005)）。実際，非西欧国の西欧化は概して長期的な成長を加速させてきた（Parente and Prescott (1994); Hall and Jones (1999); Acemoglu and Robinson (2000); Acemoglu, Johnson, and Robinson (2001)）。西欧化に，より成功した国は，より速く成長してきた。そう言い切ること自体は説得的である。問題は，なぜ，ある経済は西欧化し，ある経済は西欧化しなかったのか，であろう。

　北大西洋地域において発明された効率的な制度の様式は，19世紀後半，世界経済の帝国主義的統合にともなって波及した。自由貿易と国際金融体制に代表されるその制度の束は，「公共財」として機能し[1]，世界経済の成長を押し上げたのである。環球化（globalization）の進行をともなう国際貿易においては，世界中が西欧化され，標準化された実務に接することになった。20世紀初頭までに，ほ

---

1) O'Brien (2002), pp. 4-64.

とんどすべての社会が世界的な自由貿易体制と，ロンドンを中心に高度に標準化された国際金融市場に組み込まれたのである。とりわけ，帝国主義諸国に併合されたり，あるいはその勢力圏に置かれた地域は，少なくとも平均的かつ長期的には[2]，効率的な制度の下に統合された市場における貿易量の増大を享受することになったとされている[3]。

　他方，帝国主義諸国に対して独立を守った国々の間では，西欧の制度に触れる機会を利用できたのは僅かな国だけであった。それらの国だけが，国内の製品市場と要素市場を，西欧化された国際商品市場と国際金融市場に協調させる接続経路を構築することができたのである。一般に，前近代経済は多様で断片的な諸市場から構成されており，しかも諸市場はそれぞれ固有の制度の下に統治されている。そのような文脈において，「調整（coordination）の失敗」は，むしろ常態となろう。調整が失敗した経済において，その結末は，単に起こるべき何かが起こらないことにとどまらない。国内の商品市場と要素市場は，しばしば，個人的，関係的な統治機構として特徴付けられる土着の制度によって統治されているものだが，そうした土着の制度は，統治の西欧化に対する「障碍」となるかもしれない。この「障碍」を克服するための社会的費用は，日本の例においても，小さくはなかった[4]。

　しかし，もし仮に，集中的な市場が外生的に形成され，その市場が「唯一の」価格情報を地方市場に提供するならば，その市場は，地方の多様な諸市場を統合されたひとつの市場につなげる困難な調整のための旋回軸として機能するかもしれない。19世紀の東アジアはそうした例のひとつであった。19世紀後半から20世紀初めまでの東アジアにおいて，国際的な商品取引が欧米帝国主義によって統治される一方，国内取引は独立国家によって統治されていた。英米の軍事的脅

---

2) Mitchener and Weidenmier (2005), pp. 663-679 ; Ferguson and Schularick (2006), pp. 295-302 ; Mitchener and Weidenmier (2008), pp. 1811-1818.
3) もとより，帝国主義諸国によって提供された「公共財」は単色ではない。「帝国効果」の正の側面は，あくまでも平均的なそれである。Coyne and Davies (2007), pp. 11-28.
4) 実現されたならば資源配分を改善したであろう取引が，適切な取引統治の制度の欠如ゆえに実現されず，したがってパレート改善の余地がある資源配分状態が放置されることを，「調整の失敗」と呼ぶ（Aoki (2001), pp. 40-41）。日本における西欧化の軋轢を論じた研究には膨大な蓄積があるが，国際比較の文脈に位置付けたものとしては，White (1989), pp. 240-245.

威に直面した東アジア諸国は，19世紀半ば以降，国内のいくつかの港湾を「開港場」として開くこと，すなわち欧米商人の居留を認めること，欧米側に領事裁判権を認めること，居留地領事による第三者執行に基づく自由貿易を保障すること，を強いられた。そして，横浜や上海といったいくつかの開港場には，内陸部から大量の輸出品が殺到することになった。加えて，それらの港は欧米商社を通じて国際電信網に，また欧米銀行を通じて国際金融市場に接続された。その後，外国市場における情報が極めて速やかに波及する開港場が，極端に集中的な商品市場として成長したが，植民地化されたわけではない日本や中国の場合，開港場居留地の外部である内陸部は地元の国家主権に属していた。両国の国内における商品市場と要素市場は，依然として土着国家の統治の下に置かれたのであり，文明化された欧米諸国に統治されたわけではない。

19世紀後半は，1980年代以降における第二の環球化に先立つ「第一の」環球化の時代であり，1980年代以降と同様，国際金融市場の統合は間違いなく成長の動因であったが（Clemens and Williamson (2004); Ferguson and Schularick (2006)），二つの時代の間には無視できない違いもあった。第一の環球化時代においては，第二のそれと比べて，発展途上国の民間部門に対する先進国からの資本輸出は小さい上に，その環境変化への感応度も小さく[5]，さらに，発展途上国の国債市場の統合も弱かったのである[6]。したがって，商品市場の重要性は相対的により高かった。資本市場よりもむしろ商品市場の統合が，第一の環球化における世界大の成長の動因だったのである。さらに，日本や中国と欧米諸国との間の条約に含まれる条項によって，開港場における商品市場の効率性の重要性は，相対的に高められることになった。日本も中国も，自由貿易のために開港する一方，いずれの国も，公式には，外国人商人が居留地の外側で商売することを認めなかった。それはすなわち，内陸部における欧米企業の債権が地元の裁判所によって保護されないことを意味した。そのことゆえに，外国人商人にとって，開港場は事業の中心として死活的な役割を負うことになった。

これまでのところ，日本は「西洋化」に最も成功した非西洋国のひとつである。1859年，日本は強いられた自由貿易により世界市場に組み込まれ，1880年

---

5) Clemens and Williamson (2004), pp. 317–324.
6) Mauro, Sussman, and Yafeh (2002), pp. 710–721.

代以降には，近代的な経済成長を始めた。1859年に日本が自由貿易体制に復するや否や，輸出品の相対価格は劇的に変わり，そのことが比較優位にある産業への資源の再配分を促し，成長を加速させた[7]。日本の法制度が完全に近代化されるには，1860年代から1890年代までの40年間を要したが，国際自由貿易は，日本が外国貿易に対して開港するとただちに日本の成長を加速させたのである。そうした日本の産業化を担った動力のひとつは，最大の輸出品である生糸を生産する製糸業であった。

近代製糸業は開港場市場の価格に反映される国際需要に反応して発展した。レーヨンがまだ商業的に普及していなかった19世紀後半，絹は世界の主要繊維のひとつであり，生糸の国際市場は高度に統合されていた[8]。日本の俊敏な出発において開港場が持った役割は重要であり，とりわけ，1860年代から1920年代まで総輸出の30パーセント以上を占めた生糸の取引において死活的であった。本章は，生糸取引における開港場の役割に焦点を当てる。日本の輸出用生糸の取引の大部分は，開港場のひとつである横浜に集中していた。そのことは，横浜市場が，主要輸出品について，外国市場の需要と価格を織り込んだ「唯一の」価格を提供することを意味した。後述するように，開港場市場の価格は，ニューヨーク市場をはじめとする主要外国市場の価格を，十分な速さを以て反映していたのである。

日本の近代製糸業は1880年代に勃興し，そしてその後，対アメリカ輸出を劇的に拡大させた。アメリカ生糸市場における日本糸の占有率は1880年代に30パーセントから50パーセントに上昇し，1900年代には60パーセントに，1910年代には70パーセント，そして1920年代には80パーセントへと上昇した[9]。近代製糸業の発展は，日本にとって，強い輸出産業がその経済発展の動因となる，最初の経験を与えたのであり，そしてその経験は，他の製造業によって繰り返されることになる。

1859年の通商条約の下に日本が欧米諸国と貿易を始めると，在来の手繰り生

---

7) Huber (1971), pp. 621-627 ; Bernhofen and Brown (2004), pp. 54-64 ; Bernhofen and Brown (2005), pp. 216-221.
8) Ma (1996), pp. 345-352.
9) 中林 (2003), 473-477頁，付表5-1, 付表5-2。

糸である「提糸」が、ヨーロッパ、特にフランスに向けて輸出された[10]。しかし、1880年代半ばにフランスが不況に突入すると、需要の急減に直面することになった。対照的に、1870年代後半以降におけるアメリカの近代絹織物業の発展は新たな需要を創出しつつあった。国際市場における需要構造が転換するにともなって、すなわち、アメリカ近代絹織物業の原料糸として、器械糸に対する需要が増加するにともなって、日本の製糸業もまた近代化を促されることになったのである。

一方、近代製糸業の発展は、原料である繭を大量に取引することのできる機能的な市場の存在を必要とする。繭を生産する養蚕業が営まれていた東日本には、1880年代以降、電信網と鉄道網が敷設され、それらが地方繭市場の統合を促進した。さらに、政府が1870年代から1880年代にかけて導入した近代銀行制度によって、器械製糸家による原料繭購入に必要な資金が融通された。こうした市場統合が蚕糸業の再編につながった。これまで養蚕と座繰製糸[11]の両方に従事していた農家が、生糸の家内生産を縮小し、器械製糸家に対する原料繭供給を拡大したのである。

興味深いことに、蚕糸業の再編は1880年代半ば、フランスからアメリカへの国際需要の移動と同時に起こった。国際市場の構造変化を反映して、ニューヨーク市場器械糸のリヨン市場提糸に対する相対価格が上昇する。横浜市場はただちにこれに追随し、器械製糸家はこれに反応する。通商条約の条項により、外国との貿易はすべて、狭小な居留地内において処理されていた。その居留地内において、欧米貿易商社が、電報を通じて報告されるニューヨーク市場、リヨン市場、上海市場、その他の世界主要市場の価格に反応するので、横浜市場の価格には国際市場のあらゆる情報が織り込まれることになる。こうした条件の下、器械製糸家が採るべき最適な行動は明らかであった。すなわち、効率的な横浜開港場市場において形成される価格を注視し追随すること、である。

横浜市場における器械糸の対提糸相対価格上昇に反応し、日本の器械製糸家はアメリカ市場に適した生糸を生産すべく、生産工程を変更し、そして、彼らの素早い行動は、他国の供給がアメリカの需要増加に追い付いていけなかった1880

---

10) 中林 (2003), 478-483頁, 付表6-1, 付表6-2。
11) 手回しの糸巻による繰糸。

年代半ば当時,彼らに超過利潤（rent）を稼ぐ機会を与え,この超過利潤が近代製糸業の成長と蚕糸業の再編を刺激した。効率的な横浜開港場市場は,この調整された変化の旋回軸として機能したのである。

Huber（1971）から Bernhofen and Brown（2005）に至る先行研究は,自由貿易体制に組み込まれた日本において,貿易財の相対価格が急激に変化し,それが日本経済の成長と産業化を促したことを明らかにしている。残る問題のひとつは,貿易財の相対価格の変化が,内陸部における資源の再配分へと,いかに伝達されたかであろう。この問いの探求には,開港場市場というマイクロ・レベルの制度の機能を評価することが必要であり,そしてそのような実証的な作業には,価格と在庫の高頻度の系列を利用することが本質的に重要である。そこで本章では,比較優位を獲得した近代製糸業に焦点を当て,新聞,雑誌等に基づいた価格と在庫との系列による分析を試みたい。言うまでもなく,この接近は,最も成功した事例を代表として取り上げることによって,歴史像全体を過度に単純化しかねない危険性をともなうが,同時に,この産業の反応をつぶさに吟味することによって,先行研究における暗箱の内側を分析できるという利点がある。

続く各節においては,横浜市場における生糸の価格と在荷の週次系列と,ニューヨーク市場における価格の月次系列が用いられる[12]。高頻度の価格系列を用いることによって,国際市場に対する横浜市場の反応を直接に評価することが可能になる。そして,高頻度の在荷系列は,横浜市場の価格に対する内陸部の生産者の反応を表すと期待される。ここでは,器械製糸家と在来製糸農家の行動に相違がある可能性を想定し,特に注視する。Huber（1971）や Bernhofen and Brown（2004）(2005) といった既存研究は,日本の自由貿易体制参入の集計的な結果を調べてきたが,比較優位にある生産者の国際市場に対する反応が検討されたことはない。本章では,国際市場価格を素早く反映することによる生産者への動機付けにおける開港場市場の役割に特に注目したい。

---

12) 横浜市場については,主たる史料は週刊の『東京経済雑誌』であり,いくつかの欠落を埋めるために『中外物価新報』と『中外商業新報』も用いられる。ニューヨーク市場については, *The American Silk Journal*, New York : The Silk Association of America と Treasury Department, *Annual Report and Statements of the Chief of the Bureau of Statistics on the Foreign Commerce and Navigation, Immigration, and Tonnage of the United States*, Washington DC : Government Printing Office が用いられる。

いくつかの系列は水準（level）においては単位根のある $I(1)$ 過程であるが，それらも含めて，1次階差を取ると単位根は観察されないので[13]，以下の多変量自己回帰分析においては常用対数の1次階差系列（$\log X_t - \log X_{t-1}$）を用いる。

第1節は国際生糸市場の構造的な変化と日本における近代製糸業の勃興を概観する。第2節においては，まず，1880年代の横浜市場において，生糸価格が外国為替相場に対してグレンジャー因果性の意味において先行していたこと，したがって横浜生糸市場が世界的に統合された商品市場に埋め込まれていたことが確認される。続いて，日本の生糸価格が，アングロ＝サクソン的な制度を強制されなかったイタリアの生糸の価格よりも効率的に形成されていたことが，諸系列のグレンジャー因果性の検定によって示される。第3節は，器械製糸家が，横浜市場生糸価格に対して十分な速さを以て反応し，国際市場における超過利潤の獲得機会をつかみえたことが示される。具体的には，横浜市場における価格，入荷，在荷の多変量回帰分析の結果が吟味される。

1　国際市場と近代製糸業の勃興

1) 国際市場の変化と日本製糸業

1880年代半ば以前，日本の生糸はそのほとんどがフランスに輸出されていた。日本の生糸輸出は1860年代初めに増加し，1870年代に入ると停滞した[14]。国際生糸価格の下落期にあった1870年代，日本在来糸は中国在来糸に対する競争優位を失ったのである[15]。とりわけ，1882年の価格下落とその後の停滞は，在来糸生産に従事していた養蚕農家に深刻な影響を及ぼした[16]。

他方，1880年代には，アメリカ絹織物業の需要が力強く伸びたことを反映し

---

13) 章末附表 4-1 参照。
14) 中林（2003），470-473頁，付表 4-1，付表 4-2。生糸の生産については，中林（2003），461-463頁，付表 1。そのほか，Hunter (2003), pp. 31-49 と Ma (1996), pp. 335-343 も概観を与えている。
15) 中林（2003），66-70頁；Nakabayashi (2006), p. 184.
16) 中林（2003），88-93頁。1882年の金融危機はヨーロッパの生糸市場に強い影響を及ぼし（"Commercial history and review of 1882," *The Economist*, no. 2061, Feb 24, 1883, p. 26），フランス経済は1886年まで続く不況に突入した（Lévy-Leboyer and Bourguignon (1990), pp. 1-13）。この不況の間，リヨンの絹織物業もまた停滞した（Bouvier (1960), pp. 235-249）。

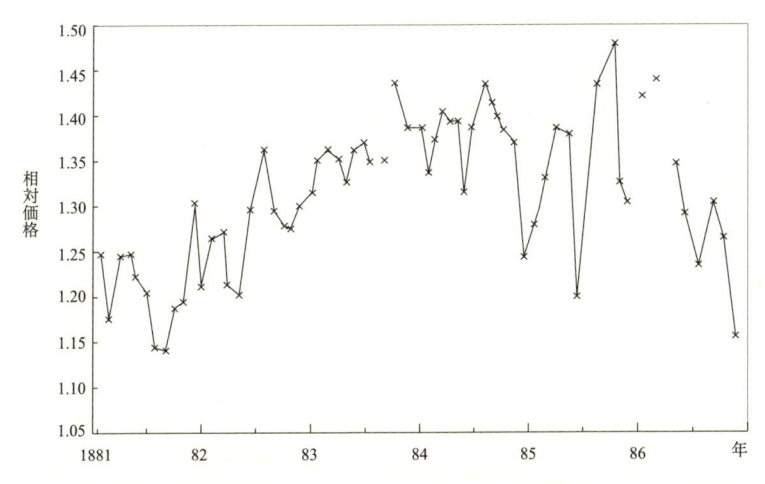

図 4-1 器械糸の相対価格：ニューヨーク市場日本器械糸 No.1 / リヨン市場日本提糸（在来糸），1881-1886 年

資料）中林（2003），90 頁。
注）月次系列。

て，ニューヨーク市場の日本器械糸価格は，リヨン市場における日本在来糸価格に対する上昇を示した（図4-1）。

　リヨン絹織物業は19世紀初めから半ばにかけて繁栄し，そして，手織りの高級絹織物に対する需要が当時，依然として根強かったため，原料糸に在来糸を使う傾向は，1900年代まで続いていた[17]。たとえ粗い生糸であっても熟練した撚糸工であれば加工することができたため，フランスは高品質のイタリア産器械糸から低品質なアジア産手繰り糸に至るまで，多様な種類の生糸を絹織物の原料として輸入したのである。

　対照的に，1870年代末，アメリカ絹織物業は大衆消費市場向けの絹織物生産を本格化させた。撚糸機と力織機が普及するにともなって，大量生産のための工場制が確立されていった[18]。その結果，アメリカ絹織物業者は，繊度（糸の太さ）

---

17) Duran (1913), pp. 72-77 ; Rawlley (1919), pp. 66-73 ; Piore and Sable (1984), pp. 28-35 ; Cottereau (1997) ; Federico (1997), p. 77. フランスでは1880年に10万台の手織機と18,230台の力織機があり，1900年においてもなお，手織機56,000台，力織機3万台と，手織機は依然として広く使用されていた。Federico (1994), p. 474.

が不均一であるために撚糸機や力織機に適さない手繰り生糸を評価せず，主原料として繊度の均一な器械糸を積極的に求めるとともに[19]，日本の再繰在来糸（改良座繰糸（おりかえし），折返糸）(re-reels) や中国の再繰七里糸 (tsatlee) といった，品質の改善された手動繰糸の在来糸も少量ながら需要した。

2) 近代製糸業の勃興

器械糸需要の増加に反応して，日本においても 1870 年代以降，近代製糸業が徐々に普及し始めた。しかし，1880 年代初めまでは，日本の製糸家は繊度の均一な器械糸を供給することはできなかった。横浜の欧米商社は，日本の売込問屋から繊度の不均一な器械糸を購入し，それを検査，選別し，自社の名を冠した商標 (chop) を貼付した上で，自社商標糸としてフランスやアメリカに輸出した。適切な等級付けにともなう品質差益 (quality premium) は欧米商社に帰属していたのである。

数年後，長野県諏訪郡の製糸結社開明社は，新たな組織を構築し，新たな戦略を採り始めた。開明社は，加盟製糸家が生産した生糸の仕上げと検査を共同して行う共同揚（あげかえし）返場を設立し，生糸の仕上げと選別を厳格に行い，第1級に選別された生糸のみに開明社の商標を貼付し，1884 年以降，開明社商標糸としてアメリカに輸出した。アメリカの絹織物業者は，商社の「プライベート」ブランド（私商標, private chop）よりも製糸家の「オリジナル」ブランド（原商標, original chop）を好み，品質の優れた原商標糸には割増価格を支払うことを躊躇しなかった。そうした市場において，開明社の「原商標」は大きな需要を得ることに成功し，それに応じた品質差益を獲得することになった[20]。

---

18) Wyckoff (1879), pp. 8, 29-30. アメリカでは，1880 年に 5,321 台の力織機と 3,153 台の手織機が使用されていたが，1900 年には力織機 44,257 台，手織機 157 台となり，手織機の使用はほぼ消滅した。The Department of the Interior, *Report on the Manufacturers in the United States at the Tenth Census (June 1, 1880)*, Washington DC : Government Printing Office, 1883, pp. 928-929 ; The Department of the Interior, Census Office, *Twelfth Census of the United States, taken in the Year 1900, Manufacturers Part 3, Special Reports on Selected Industries*, Washington DC : Government Printing Office, 1902, p. 206.

19) Wyckoff (1879), pp. 25-27 ; Wyckoff (1883), p. 18.

20) 中林 (2003), 161-188 頁。アメリカ絹織物業者の選好については，Duran (1913), pp. 105-109.

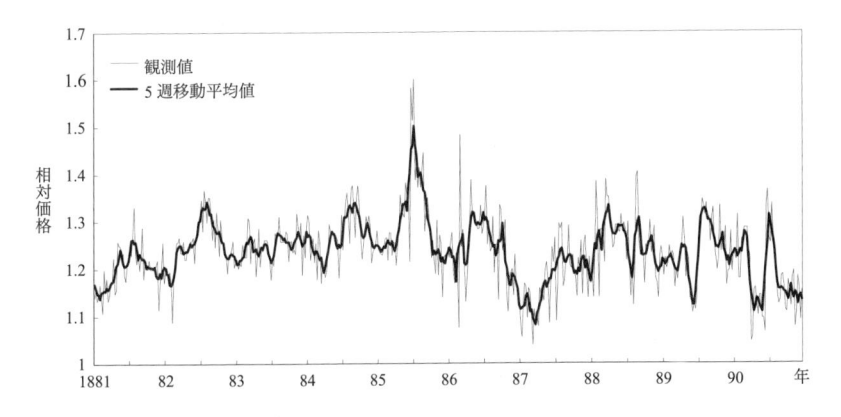

図 4-2 横浜市場における器械糸と提糸（在来糸）の相対価格，1881-1890 年

資料）『東京経済雑誌』各号。
注）週次系列。

　開明社の成功は他の製糸家に速やかに追随，共有された。1884 年，日本の対アメリカ生糸輸出は対フランス輸出を超え，器械糸の生産と輸出は急速に増加した。1880 年，日本の輸出生糸のうち器械糸は 31 パーセントであったが，1889 年には 50 パーセントに達した。一方，アメリカにおける日本糸の市場占有率は 1887 年に 50 パーセントを超えた[21]。新しい生産組織の普及と，その生産組織が促した器械糸生産の急成長は，国際市場に対する直接的な反応であった。繊度の均一な器械糸に対する需要の増加は，1885-1886 年の国際市場における器械糸相対価格の鋭角的な上昇につながった（図 4-1）。このことは，鋭角的に増加する需要と供給の間に一時的な格差が生じていたことを示しており，そのことは，敏速な行動によって超過利潤を獲得する機会を供給家にもたらした。その格差は横浜市場においても顕著であった。国際市場における器械糸の対提糸相対価格の急上昇にともなって，横浜市場における器械糸の対提糸相対価格も 1885-1886 年に急上昇した（図 4-2）。超過利潤の獲得機会が，近代製糸業における新しい生産組織の採用と成長の誘因を与えたのである。

　繭の生産から製糸に至る供給連鎖の束は，それぞれの生産段階において補完的

---

21) 中林 (2003), 182, 474 頁。

な生産関数を有していた。伝達された衝撃がより小さかったならば、在来製糸を支えていた古い均衡を揺るがすことはできなかったかもしれない。器械糸相対価格の急速な上昇とそれにともなう超過利潤が十分に大きかったからこそ、近代製糸業の新たな均衡点に向けて、養蚕農家は在来糸をやめ、器械製糸家は生産能力を急速に拡大したのである。

3) 蚕糸業の再編と繭市場の統合

同時に、在来糸生産に従事してきた養蚕農家は、フランスの景気後退と日本政府のデフレーション政策の被害を被っていた[22]。その後、彼らは、在来糸の生産を減らし、近代製糸業への原料繭供給を開始した。そこにおいて特筆すべきは、器械糸需要増大から生ずる利益の相当部分が、養蚕農家にも配分されていたことである。1880年代半ばには、繭供給は在来糸供給よりも収益の高い事業となり、繭供給と在来糸供給の利益格差は1885-1886年に注目すべき水準に達している（図4-3）。収益の増加は養蚕農家の速やかな業態転換を促した。近代製糸業の発展は、養蚕業の再編と同時に起こったのである。

この再編は、国際市場における器械糸の対提糸相対価格の上昇、それをただちに反映する横浜市場によって加速されたと言ってよいであろう。そうした過程がなければ、日本の製糸家と養蚕農家による国際市場の構造変化の認識ははるかに遅れ、そうした変化から得られる超過利潤を獲得することはできなかったであろうし、それは、製糸業の近代化に対する誘因がはるかに小さくなったであろうことを意味する。結果として再編は遅れたであろう。

近代製糸業の勃興は繭市場の統合にともなわれて進んだ。1880年代終わり以降、東日本の地方繭価格は相当の速度を以て収束に向かった（図4-4）。この展開は、日本の養蚕業と製糸業の持つ特殊な性格に関係する。イタリアにおいては、製糸工場は分散して立地しており、製糸家は近隣の地方繭市場から原料繭を調達していた。対照的に日本においては、製糸業が諏訪郡等に集中して立地して

---

22) 中林 (2003), 88-92頁。1882年以降、政府はベースマネー供給を減らし、増税するデフレーション政策を採っており、それは、地租が名目定額に固定されている状況にあっては、単に景気後退をより悪化させるだけでなく、民間部門から政府部門への所得移転を意味した。Patrick (1965), pp. 202-205；寺西 (1983), 178-182頁。

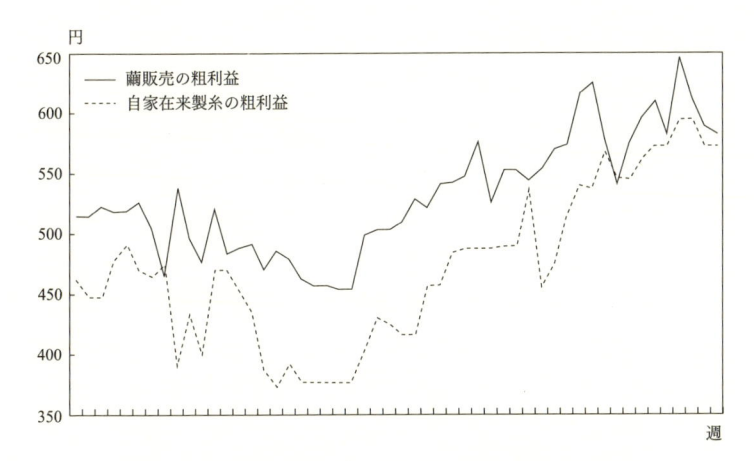

図 4-3 農家の生糸 60 キログラム当たり粗利益，1886 年

資料) 中林 (2003), 100 頁。
　注) 週次系列。

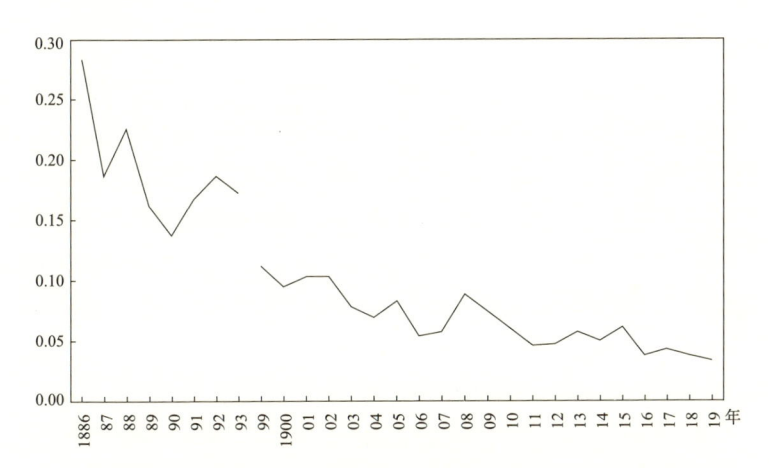

図 4-4 東日本における繭価格の地域間変動係数，1886-1919 年

資料)『農商務統計表』，農商務省，各号。
　注) 年次系列。

いる一方，養蚕業は東日本一帯に広がっていた。言い換えれば，イタリアの製糸業が農村中小工業の性質を残していたのに対して，日本の製糸業は原料繭の大量調達と生糸の大量生産に依拠していたのである[23]。こうした発展の形は，1880年代終わり以降，日本において支配的なそれとなった。

当時,地方繭市場の統合に必要な条件のひとつは,政府の補助を受けた日本鉄道会社と政府の鉄道局とによる幹線鉄道網の構築であった。地方繭市場は域外の製糸業地域と鉄道網によって結ばれ,なかでも長野県諏訪郡への接続は特に重要な意味を持った[24]。

こうした物流経路が繭市場の地理的なつながりを形成した。1880年代初め,フランスの景気後退によって,東日本全域で繭の生産と生糸の生産が減少した。しかし,1880年代半ば以降,長野県においては生糸生産の増加が繭生産のそれを上回る一方,他地域においては繭生産の増加が生糸生産のそれを上回ったのであり,それは,在来糸の生産から器械製糸家に対する原料繭供給への転換が進んだことを示唆している[25]。

2 横浜市場における効率的な生糸価格形成

1) 開港場の構造

アメリカ,イギリス,フランス,ロシア,そしてオランダとの修好通商条約は,横浜をはじめとする5港を開いて自由貿易を保障することを求め,かつ欧米側に領事裁判権を与えていた。この治外法権の特権は,欧米諸国との改正条約が発効する1899年まで有効であった。すなわち,西欧の法制度によって統治される価格機構における匿名的な取引は,内陸部においてそうした商慣行が内生的に普及する前に,開港場に限り先んじて導入されたのである。生糸輸出の大部分は,5港のひとつである横浜に集中していた。

加えて,条約は欧米人が開港場の居留地の外側で通商に従事することを禁じていた。それゆえ,彼らは,開港場の居留地内において,輸出品と輸入品の取り扱いを専門とする日本商人と取引していたのである。それらの輸出品取扱業者(売込商)と輸入品取扱業者(引取商)が日本の国内市場との取引関係を持っていた。欧米商社と売込商,引取商のすべてが,狭小な横浜居留地に集中して立地しており,取引もすべて居留地内でなされていた。製糸家は売込商に向けて生糸

---

23) Federico (1997), pp. 146-151.
24) 中林 (1997), 174-192頁;中林 (2003), 124-134頁.
25) 中林 (2003), 87-121頁.

を出荷し、販売を委託した。売込商はそれを製糸家のために欧米商社に販売する問屋業務を営んだ。輸出生糸の価格は、日本の売込問屋と欧米商社が横浜の限られた場所で妥結する交渉によって決まった。

　すなわち、製品を取引する市場参加者が一堂に会する場所は極めて狭く、彼らの取引が日本の生糸輸出の大部分を占め、そして、取引はすべて西欧法の下におけるスポット取引であった。これらの要素ゆえに、生糸取引に関わる情報はすべての市場参加者に極めて速やかに共有され、したがって、この場所は、情報の対称性という意味ではほぼ完全な市場として機能した。この効率的な市場機構が生糸取引において意味のある役割を果たすことになる。

2）効率的な商品市場と遅い外国為替市場

　1897年10月に金本位制に移行するまで、日本は銀本位制を採用していた。19世紀終わり、欧米諸国が銀本位制を離脱し、金本位制に加わるにともない、国際市場における銀価格は不安定となり、かつ、趨勢としては下がり続けた。このことは、日本円の欧米諸国通貨に対する為替相場もそれに応じて不安定化することを意味した（図4-5）。

図4-5　円為替相場の推移、1880-1903年

資料）『中外物価新報』、『中外商業新報』。
　注）週次系列。

表 4-1 横浜生糸市場と外国為替市場の挙動：YPJF と YEXUSD の多変量自己回帰分析の結果，1880 年 1 月-1889 年 12 月

赤池情報量基準（AIC）最適ラグ次数：6
系列頻度：週次
標本数：512

被説明変数	説明変数 $k=1, ..., 6.$	χ^2（ブロック外生 Wald 検定）	p 値	被説明変数の追尾対象
$\Delta\log[\text{YPJF}_t]$	$\Delta\log[\text{YPJF}_{t-k}]$ $\Delta\log[\text{YEXUSD}_{t-k}]$ Constant	— 4.626 —	— 0.593 —	無
$\Delta\log[\text{YEXUSD}_t]$	$\Delta\log[\text{YPJF}_{t-k}]$ $\Delta\log[\text{YEXUSD}_{t-k}]$ Constant	23.731 — —	0.001 — —	YPJF***

注）*** は 1 パーセント水準の有意性を示す。変数の定義については章末附表 4-1 参照。

横浜生糸市場はこの不安定な為替市場に対して速やかに調整された。たとえば 1885-1886 年の為替相場急落は，横浜市場生糸価格の急速な上昇によって完全に調整されたことが，週次系列によっても観察される。週次の横浜市場器械糸価格（YPJF）を，100 円当たりアメリカ・ドルで計った週次の横浜市場外国為替相場（YEXUSD）に回帰させると，器械糸価格が外国為替相場の変動に対して 1 週間以内に調整されていたことが分かる[26]。

(1) $$\log[\text{YPJF}_t] = \underset{(26.177^{**})}{12.161} - \underset{(-12.374^{**})}{1.297}\log[\text{YEXUSD}_t]$$

1 週間以内に完了するこの急速な調整そのものが，横浜生糸市場における効率性を表している。さらに，表 4-1 が示すように，生糸価格の変動は 1880 年代を通じて，グレンジャー因果性の意味において，有意に為替相場の変動を先導し続けた。生糸市場は外国為替相場市場の変動をより速く予測し，その予測は生糸価格に反映されたのである。当時の環球化における動因は金融市場よりも商品市場にあり，前者が後者を追随する様の一端を捉えた現象と言ってよい。

そのことは，横浜市場外国為替相場がニューヨーク市場日本器械糸価格にほと

---

26) 期間：1884 年 1 月-1886 年 9 月。系列頻度：週次。標本数：156。推定法：最小自乗法。調整済み R^2：0.495。F 値：153.128***。括弧内の値は t 値。*** は 1 パーセント水準の有意性を示す。

んど影響を与えなかったことにも示されている。ニューヨーク市場イタリア器械糸価格（NPIF）を，金本位制国と銀本位制国との間の外国為替相場変動から独立な国際生糸価格を捉える説明変数として挿入し，ニューヨーク市場日本器械糸価格（NPJF）を横浜市場外国為替相場（YEXUSD）とニューヨーク市場イタリア器械糸価格（NPIF）に回帰させると以下の結果を得る[27]。

(2)　　　$\log[\text{NPJF}_t] = \underset{(-3.025^{***})}{-2.556} + \underset{(19.761^{***})}{0.849} \log[\text{NPIF}_t] + \underset{(3.119^{***})}{0.090} \log[\text{YEXUSD}_t]$

横浜商品市場は概して効率的であり，外国為替市場の変動に対しては速やかに調整された。このことは，横浜市場とニューヨーク市場の生糸価格の動向を分析するにあたって，外国為替相場の変動を無視して大過ないことも示唆していよう。

また，このことは同時に，外国為替市場の相場下落に際し，横浜市場は，国際市場における日本製品の相対価格下落を許すのではなく，ただちに国内市場に輸出主導インフレーションを実現させたことを意味する。19世紀後半，1897年10月に金本位制に移行するまで，日本経済は，外国為替相場下落に起因するインフレーションを経験し，器械糸価格はそのインフレーションを数年程度の時間差を以て先導した。この輸出主導インフレーションは製糸家と養蚕農家の実質所得を増加させ，そのことによって，蚕糸業部門への資源の動員を加速させた[28]。

日本が金本位制に移行した主たる理由は，植民地化を恐れて停止していた外国債募集を再開するにあたり，国際銀価格の変動に起因して日本国債利回りに上乗せされるであろう為替変動リスク・プレミアムを避けることにあった。実際，金本位制に移行することによって日本国債と英国債との間の利回り格差は縮小した[29]。国際金融市場全体としては，日本を含む地域ショックはよく吸収され[30]，

---

27) 期間：1880年1月-1897年9月。系列頻度：月次。標本数：178。推定法：最小自乗法。調整済み R^2：0.868。F値：581.426***。括弧内の値は t 値。*** は1パーセント水準の有意性を示す。
28) 中林（2003）。当時の政策担当者は外国為替相場下落が製糸家と養蚕農家の実質所得を増加させていることを正しく認識していた。農商務省，「本年の生糸相場に実価虚価の別あり」，『農商工公報』第18号，1886年8月15日，682-684頁。
29) Sussman and Yafeh (2000), pp. 449-451.
30) Chernyshoff, Taylor, and Jacks (2009), pp. 200-203.

国債間利回り格差は世界的に連動していた[31]。こうした，国債のリスク・プレミアムを避けることは，金本位制に収斂した諸国に共通した目的のひとつであったが[32]，金本位制への移行そのものが，為替相場変動の除去を通じ，数年の時間差を以て，当該国の貿易を増加させる効果もあったと考えられている[33]。第一次世界大戦以前，外国為替取引の大部分は，実物貿易の需要を満たすためのものであり，為替相場安定が実物経済に持つ意味は，それに応じて大きかったのである。そのことは，言い換えれば，金本位制に移行する以前，日本において，外国為替相場の変動を効率的に吸収する商品市場が存在するか否かもまた重要であったことを意味する。

3) ニューヨーク市場とのより速い連動

　実際，効率的な横浜市場は，国際市場における超過利潤を獲得するための接続経路として機能した。1882年から1903年までの間，イタリア器械糸と日本器械糸はニューヨーク市場において活発に取引されており，月次の連続系列を採ることができる。

　この価格系列を用いて，ニューヨーク市場イタリア器械糸価格（NPIF）と日本器械糸価格（NPJF）の動きを比較してみよう。表4-2は，日本器械糸価格の挙動がイタリア器械糸価格の挙動を，グレンジャー因果性の意味において，強く先導していたことを示している。1880年代半ば以降，上海器械糸を中心とする中国器械糸がニューヨーク市場において取引されるようになると，日本器械糸価格と中国（上海）器械糸価格（NPCF）がイタリア器械糸価格を先導する一方，日本器械糸価格と中国器械糸価格の間には先行遅行関係はなかった（表4-3）。

　改良在来糸[34]に関しては，日本の改良座繰糸（再繰在来糸）価格（NPJR）と中国の七里糸（再繰在来糸）価格（NPCT）はニューヨーク市場において連動しており，日本と中国の地方市場参加者がいずれも開港場市場の効率性を享受していたことを示唆している（表4-4）。

---

31) Mauro, Sussman, and Yafeh (2002), pp. 710-721.
32) Meissner (2005), pp. 394-401.
33) López-Córdova and Meissner (2003), pp. 348-351.
34) 手動の糸巻で繰糸した生糸をもう一度，大きな糸巻に巻き直し，乾燥させるとともに均一性を高めたもの。

表 4-2 ニューヨーク生糸市場の挙動：NPJF と NPIF の多変量自己回帰分析の結果，1882 年 10 月-1903 年 12 月

赤池情報量基準（AIC）最適ラグ次数：1
系列頻度：月次
標本数：244

被説明変数	説明変数 $k=1.$	χ^2（ブロック外生 Wald 検定）	p 値	被説明変数の追尾対象
$\Delta\log[\text{NPJF}_t]$	$\Delta\log[\text{NPJF}_{t-k}]$ $\Delta\log[\text{NPIF}_{t-k}]$ Constant	— 0.159 —	— 0.690 —	無
$\Delta\log[\text{NPIF}_t]$	$\Delta\log[\text{NPJF}_{t-k}]$ $\Delta\log[\text{NPIF}_{t-k}]$ Constant	21.872 — —	0.000 — —	NPJF***

注）*** は 1 パーセント水準の有意性を示す．変数の定義については章末附表 4-1 参照．

表 4-3 ニューヨーク市場の挙動：NPJF と NPIF と NPCF の多変量自己回帰分析の結果，1884 年 8 月-1903 年 12 月

赤池情報量基準（AIC）最適ラグ次数：4
系列頻度：月次
標本数：188

被説明変数	説明変数 $k=1, ..., 4.$	χ^2（ブロック外生 Wald 検定）	p 値	被説明変数の追尾対象
$\Delta\log[\text{NPJF}_t]$	$\Delta\log[\text{NPJF}_{t-k}]$ $\Delta\log[\text{NPIF}_{t-k}]$ $\Delta\log[\text{NPCF}_{t-k}]$ Constant	— 3.182 37.364 —	— 0.528 0.000 —	NPCF***
$\Delta\log[\text{NPIF}_t]$	$\Delta\log[\text{NPJF}_{t-k}]$ $\Delta\log[\text{NPIF}_{t-k}]$ $\Delta\log[\text{NPCF}_{t-k}]$ Constant	11.903 — 23.566 —	0.018 — 0.000 —	NPJF** と NPCF***
$\Delta\log[\text{NPCF}_t]$	$\Delta\log[\text{NPJF}_{t-k}]$ $\Delta\log[\text{NPIF}_{t-k}]$ $\Delta\log[\text{NPCF}_{t-k}]$ Constant	28.460 4.706 — —	0.000 0.319 — —	NPJF***

注）***，** はそれぞれ 1 パーセント，5 パーセント水準の有意性を示す．変数の定義については章末附表 4-1 参照．

　容易に想像できることではあるが，日本器械糸のニューヨーク市場価格（NPJF）と横浜市場価格（YPJF）は緊密に連動していた（表 4-5）。したがって，効率的な開港場市場機構を押し付けられた日本と中国からの輸出品価格が，欧米

表 4-4 ニューヨーク市場の挙動：NPJR と NPCT の多変量自己回帰分析の結果，1881 年 1 月–1903 年 12 月

赤池情報量基準（AIC）最適ラグ次数：9
系列頻度：月次
標本数：111

被説明変数	説明変数 $k=1, ..., 9.$	χ^2 （ブロック外生 Wald 検定）	p 値	被説明変数の追尾対象
$\Delta\log[\text{NPJR}_t]$	$\Delta\log[\text{NPJR}_{t-k}]$ $\Delta\log[\text{NPCT}_{t-k}]$ Constant	— 17.390 —	— 0.043 —	NPCT**
$\Delta\log[\text{NPCT}_t]$	$\Delta\log[\text{NPJR}_{t-k}]$ $\Delta\log[\text{NPCT}_{t-k}]$ Constant	56.466 — —	0.000 — —	NPJR***

注）***，** はそれぞれ 1 パーセント，5 パーセント水準の有意性を示す。変数の定義については章末附表 4-1 参照。

表 4-5 ニューヨーク市場と横浜市場の挙動：YPJF と NPJF の多変量自己回帰分析の結果，1881 年 10 月–1903 年 12 月

赤池情報量基準（AIC）最適ラグ次数：6
系列頻度：月次
標本数：270

被説明変数	説明変数 $k=1, ..., 6.$	χ^2 （ブロック外生 Wald 検定）	p 値	被説明変数の追尾対象
$\Delta\log[\text{YPJF}_t]$	$\Delta\log[\text{YPJF}_{t-k}]$ $\Delta\log[\text{NPJF}_{t-k}]$ Constant	— 29.205 —	— 0.000 —	NPJF***
$\Delta\log[\text{NPJF}_t]$	$\Delta\log[\text{YPJF}_{t-k}]$ $\Delta\log[\text{NPJF}_{t-k}]$ Constant	14.313 — —	0.026 — —	YPJF**

注）***，** はそれぞれ 1 パーセント，5 パーセント水準の有意性を示す。変数の定義については章末附表 4-1 参照。

諸国の情報を効率的に母国の市場に伝達したのに対して，効率的な機構を押し付けられることのなかったイタリアからの輸出品価格は，より遅い速さでしか動けなかったのである。このことは明らかに，超過利潤を獲得する機会を日本の製糸家と養蚕農家にもたらすことになった。

加えて，横浜市場のもうひとつの注目すべき特徴は，器械糸価格だけでなく，養蚕農家の生産する改良座繰糸の価格もまた，ニューヨーク市場から横浜市場へ

表 4-6 ニューヨーク市場と横浜市場の挙動:YPJR と NPJR の多変量自己回帰分析の結果,1881 年 2 月-1903 年 12 月

赤池情報量基準(AIC)最適ラグ次数:4
系列頻度:月次
標本数:160

被説明変数	説明変数 $k=1, ..., 4.$	χ^2 (ブロック外生 Wald 検定)	p 値	被説明変数の追尾対象
$\Delta\log[\text{YPJR}_t]$	$\Delta\log[\text{YPJR}_{t-k}]$ $\Delta\log[\text{NPJR}_{t-k}]$ Constant	― 20.726 ―	― 0.000 ―	NPJR***
$\Delta\log[\text{NPJR}_t]$	$\Delta\log[\text{YPJR}_{t-k}]$ $\Delta\log[\text{NPJR}_{t-k}]$ Constant	8.576 ― ―	0.073 ― ―	YPJR*

注)***,*はそれぞれ 1 パーセント,10 パーセント水準の有意性を示す。変数の定義については章末附表 4-1 参照。

表 4-7 横浜市場の挙動:YPJF と YPJR の多変量自己回帰分析の結果,1880 年 1 月-1903 年 12 月

赤池情報量基準(AIC)最適ラグ次数:8
系列頻度:週次
標本数:1,222

被説明変数	説明変数 $k=1, ..., 8.$	χ^2 (ブロック外生 Wald 検定)	p 値	被説明変数の追尾対象
$\Delta\log[\text{YPJF}_t]$	$\Delta\log[\text{YPJF}_{t-k}]$ $\Delta\log[\text{YPJR}_{t-k}]$ Constant	― 42.187 ―	― 0.000 ―	YPJR***
$\Delta\log[\text{YPJR}_t]$	$\Delta\log[\text{YPJF}_{t-k}]$ $\Delta\log[\text{YPJR}_{t-k}]$ Constant	115.412 ― ―	0.000 ― ―	YPJF***

注)*** は 1 パーセント水準の有意性を示す。変数の定義については章末附表 4-1 参照。

と効率的に伝達されていたことにある(表 4-6,ニューヨーク市場価格(NPJR)と横浜市場価格(YPJR))。横浜市場が器械製糸家だけでなく養蚕農家や地方商人に対しても必要な情報を伝達していたことは,特筆に値する。実際,横浜市場においては,器械糸価格(YPJF)と改良座繰糸(再繰在来糸)価格(YPJR)の間に,グレンジャー因果性の意味における先行遅行関係はなかった(表 4-7)。横浜市場は器械糸と改良座繰糸の相対価格に関する適切な情報を伝達し,それゆえ,器械製糸家と養蚕農民は国際市場に対して十分な情報に基づいて反応することがで

きたのである。

3　効率的な市場の利益としての速やかな産業化

1) 価格に対する器械製糸家の動的な反応

　横浜市場の価格がニューヨーク市場における超過利潤の獲得機会を十分な速さを以て捉えたとしても，生産と出荷がその価格に十分な速さを以て反応できなければ，効率的に形成された価格は，日本の製糸業に対して，いかなる現実の利潤機会も与ええないであろう。その反応を見るために，ここでは内陸部から横浜市場への入荷に注目してみよう。

　横浜市場の器械糸入荷高（YAJF），器械糸価格（YPJF），そして器械糸在荷高（YSJF）の先行遅行関係を見ると，横浜市場への器械糸入荷高（YAJF）は，器械糸在荷高（YSJF）だけでなく，器械糸価格（YPJF）にもグレンジャー因果性の意味において追随していることが分かる（表4-8）。このことは，器械製糸家が，

表4-8　横浜市場器械糸の価格，入荷，在荷の先行遅行関係：YPJF と YAJF と YSJF の多変量自己回帰分析の結果，1888年11月-1903年12月

赤池情報量基準（AIC）最適ラグ次数：5
系列頻度：週次
標本数：757

被説明変数	説明変数 $k=1, ..., 5.$	χ^2（ブロック外生Wald検定）	p値	被説明変数の追尾対象
$\Delta\log[\text{YPJF}_t]$	$\Delta\log[\text{YPJF}_{t-k}]$ $\Delta\log[\text{YAJF}_{t-k}]$ $\Delta\log[\text{YSJF}_{t-k}]$ Constant	— 12.983 7.332 —	— 0.024 0.197 —	YAJF**
$\Delta\log[\text{YAJF}_t]$	$\Delta\log[\text{YPJF}_{t-k}]$ $\Delta\log[\text{YAJF}_{t-k}]$ $\Delta\log[\text{YSJF}_{t-k}]$ Constant	21.408 — 21.149 —	0.001 — 0.001 —	YPJF*** と YSJF***
$\Delta\log[\text{YSJF}_t]$	$\Delta\log[\text{YPJF}_{t-k}]$ $\Delta\log[\text{YAJF}_{t-k}]$ $\Delta\log[\text{YSJF}_{t-k}]$ Constant	13.481 34.317 — —	0.019 0.000 — —	YPJF** と YAJF***

注）***，** はそれぞれ1パーセント，5パーセント水準の有意性を示す。変数の定義については章末附表4-1参照。

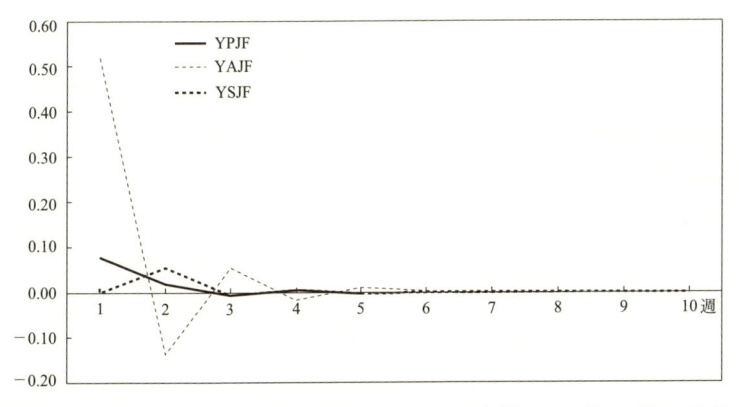

図4-6 YPJFとYSJFに対するYAJFのインパルス応答，1888年11月–1903年12月

注）週次系列。変数の定義については章末附表4-1参照。

横浜市場における在荷高だけでなく，価格にも反応していることを示唆している。器械糸価格（YPJF）に生じたショックに対する器械糸入荷高（YAJF）のインパルス応答を見ると，製糸家は器械糸価格の突然の上昇に対して概ね2週間以内の出荷増を以て反応していたことが推測される（図4-6）。購繭資金を銀行融資に依存する製糸家は概して大きな製品在庫を持たず，器械糸を生産するや否や速やかに出荷する。価格上昇に対する反応としての出荷増加はおそらく生産増加を意味し，それには数週間を要したのであろう。

2) 養蚕農家と地方商人の反応

しかし，同様の反応は，養蚕農家が生産する改良座繰糸の出荷には観察されない。横浜市場への改良座繰糸（再繰在来糸）の入荷高（YAJR）は，横浜市場における在荷高（YSJR）のみに強く反応し，横浜市場価格（YPJR）には，かろうじて10パーセント水準において有意であることに示されているように，微弱にしか反応しないのである（表4-9）。

改良座繰糸の多くは養蚕農家から改良座繰糸を買い入れる地方生糸商人を介して横浜に出荷されており，そして，器械製糸家に比べて借り入れの少ない生糸商人は一定の在庫を保有していた。インパルス応答を見ると，在庫による調整は製

表 4-9 横浜市場器械糸の価格，入荷，在荷の先行遅行関係：YPJR と YAJR と YSJR の多変量自己回帰分析の結果，1888 年 11 月–1903 年 12 月

赤池情報量基準（AIC）最適ラグ次数：6
系列頻度：週次
標本数：755

被説明変数	説明変数 $k=1, ..., 6.$	χ^2（ブロック外生 Wald 検定）	p 値	被説明変数の追尾対象
$\Delta\log[\text{YPJR}_t]$	$\Delta\log[\text{YPJR}_{t-k}]$	—	—	YSJR**
	$\Delta\log[\text{YAJR}_{t-k}]$	13.019	0.043	
	$\Delta\log[\text{YSJR}_{t-k}]$	10.111	0.120	
	Constant	—	—	
$\Delta\log[\text{YAJR}_t]$	$\Delta\log[\text{YPJR}_{t-k}]$	12.027	0.061	YPJR* と YSJR***
	$\Delta\log[\text{YAJR}_{t-k}]$	—	—	
	$\Delta\log[\text{YSJR}_{t-k}]$	65.016	0.000	
	Constant	—	—	
$\Delta\log[\text{YSJR}_t]$	$\Delta\log[\text{YPJR}_{t-k}]$	9.801	0.133	YAJR**
	$\Delta\log[\text{YAJR}_{t-k}]$	46.685	0.000	
	$\Delta\log[\text{YSJR}_{t-k}]$	—	—	
	Constant	—	—	

注）分析対象期間には入荷が 0 となる（YAJR＝0）期が含まれるが，対数は 0 を真数にとることはできないので，推定にあたっては，YAJR と YSJR に代えて YAJR + 1 と YSJR + 1 を用いた。***，**，* はそれぞれ 1 パーセント，5 パーセント，10 パーセント水準の有意性を示す。変数の定義については章末附表 4-1 参照。

造期間を要さないことから，改良座繰糸の入荷高（YAJR）は価格（YPJR）に対してむしろ敏速に反応していることを示唆しているように見える（図 4-7）。しかし，表 4-9 が示すように，この部分的な調整は，入荷量の変動全体に対しては，統計的に微弱な影響しか与えていないのである。より正確に言い換えるならば，改良座繰糸を生産，販売していた養蚕農家と地方生糸商人は，ニューヨーク市場に追随する横浜市場価格に反映される超過利潤機会に対して，在庫の出荷を以て反応するだけで，生産の増加を以ては反応しないのに対して，器械製糸家は，速やかな生産の増加によって反応していた，ということになる。

この観察は，横浜市場の価格に対して，器械製糸家が原料繭の購入と生糸の生産を以て反応したとする推論に整合的である。あるいは，養蚕農家が，原料繭の販売拡大を以て反応し，改良座繰糸の生産拡大を以ては反応しなかった，と言ってもよい。養蚕農家にとっては，原料繭の販売こそが，横浜市場における効率的な価格形成によってもたらされる超過利潤を獲得する機会だったのである。以上

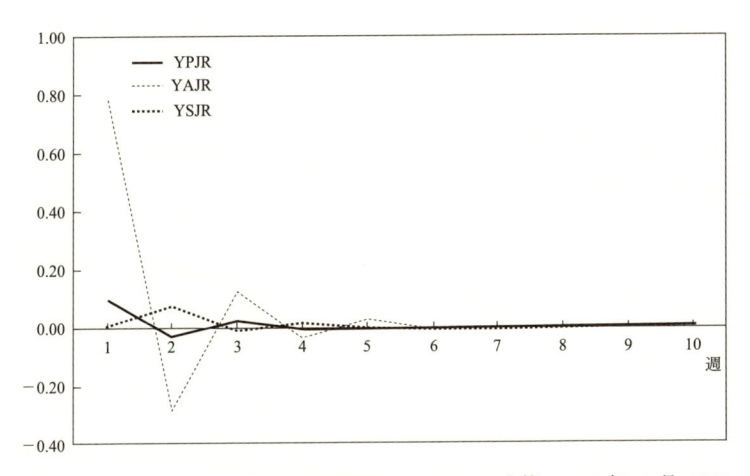

図 4-7 YPJR と YSJR に対する YAJR のインパルス応答，1888 年 11 月-1903 年 12 月

注) 週次系列。変数の定義については章末附表 4-1 参照。

の観察と推論から，開港場市場と地方繭市場との緊密な連動が，近代製糸業の成長に特に積極的な影響を持ち，養蚕業の再編はそれに続いたと見て大過ないであろう。

3) 商品市場における強いられた効率性と金融市場における政府主導の効率性

1880 年代半ば，アメリカにおいて強い需要が存在したことと，その急変する状況に世界の製糸業がただちに対応できなかったことによって，器械糸供給にともなう超過利潤の獲得機会が生じた。この超過利潤機会は，国際市場において必要な情報を提供する極端に効率的な開港場市場（図4-1，図4-2）を利用しえた日本の器械製糸家がつかむことになった。彼らの情報獲得が速ければ速いほど，彼らが獲得する利潤も大きくなる。そうした情報はこの市場において効率的に加工され，製糸家に伝達された。実際，器械糸の供給は，ニューヨーク市場の価格を反映する横浜市場の価格に素早く反応して変化していたのである。こうした理由から，器械製糸家は超過利潤獲得の機会を逃さず利用することに成功した。

同時に，器械製糸家側が速やかに価格に反応することのみでは，成功の十分条件とはならなかったであろうことにも留意しなければならない。製糸家の行動

は，統合された繭市場と機能的な金融市場に支えられなければならなかった。ひとたび横浜市場価格が上昇したならば，電報を通じてその情報に接する製糸家は多額の資金を借り入れ，続いて，鉄道で接続された繭市場へと原料調達に出向いた[35]。1880年代初頭までに，近代的な金融市場は政府の支援の下に形成されており，近代製糸業はその新たに形成された金融市場を最も積極的に利用した産業のひとつであった。活発な原料繭購入は一定の利益を養蚕農家にもたらし，繭生産を刺激した。1884年の『東京経済雑誌』は次のように伝える。

史料[36] 『東京経済雑誌』第227号，1884年8月16日
提糸は外商買進まざるに地元は高直にして当港の相場とは凡一割足らず七八分も開きあるより，自然荷主も売惜み，旁以て手合殆んと無之，尤年を逐ふて器械糸流行の勢あれば，上繭は皆器械製糸家の買入るゝ処となりし故，本年抔は提糸の品位特に下劣なるを覚ゆ，此趣にて推想すれば蓋し提糸は数年の内に器械糸の為め全く其勢力を奪はるゝならんか

横浜市場において在来糸の価格が低迷する一方，器械製糸家の旺盛な購繭活動によって上質な繭は器械糸生産に回っていることを指摘した上で，数年のうちに近代製糸業が支配的となるであろうことを予測している。事実はその通りとなった。横浜市場価格に対する製糸家の素早い反応に，政府の努力は効果的に結合されたのである[37]。

おわりに

近代製糸業が先導した日本製造業の勃興は，欧米に対する労働生産性の上昇をともなったものではなかった。Broadberry（1994）は，暫定的な議論として，その成功を，伝統的な職人気質に遡る日本製造業の柔軟性に起因するとしている[38]。柔軟性そのものを強調することは間違っていない。しかし，柔軟性の核心は国際市場に対する迅速な反応にあった。本章の実証結果は，日本に好意的な

---

35) 石井 (1994), 113-119頁；藤井 (1998), 179-200頁；中林 (1997), 190-191頁。
36) 振り仮名は引用者による。
37) 中林 (2003), 333-405頁。
38) Broadberry (1994), pp. 292-294, 299-300.

Broadberry (1994) の評価を退けるものではないが，むしろ，その柔軟性が実は1860年代以降に欧米列強に強制され，埋め込まれたとする仮説をより強く支持する。1900年代，長野県諏訪郡の製糸業労働者の賃金は，イタリアのシチリア島メッシーナにおけるそれとほぼ同水準にあり[39]，そして，製糸業においてはるかに長い職人気質の伝統を持つシチリアは，優良な品質の生糸を生産していた。日本の製糸業がイタリアの製糸業よりも柔軟に市場に対応できた理由を，日本における職人気質の伝統に求めることはできない。

実際，Ma (2004) は，日本と中国における養蚕業の成長要因を注意深く分解した上で，日本が先行した要因の大部分は，製糸業の伝統よりも，迅速な西欧技術の導入に求められるとし，16世紀に達成された技術的優位に安住してきた中国よりも，日本社会は，何らかの理由で，制度的により柔軟であったとする推論を提示している[40]。本章の結果は，地方市場と開港場市場の緊密な接続が養蚕農家の在来製糸離脱と器械製糸家への原料繭供給を促したことを示唆しており，Ma (2004) の推論と整合的である。

さらに踏み込むならば，日本政府の近代化への努力は，欧米によって押し付けられた開港場を通じて，製糸家と養蚕農家の努力に整合的に結び付けられたと言ってもよいかもしれない。何か内生的な奇跡がそこに起こっていたわけではないのである。欧米列強によって確立された効率的な開港場市場は，効率的な金融市場と，政府によって建設された幹線道路，幹線鉄道，電報とともに，日本製糸業の近代化を加速し，日本の産業化の先駆けとなした。横浜市場価格はニューヨーク市場の価格情報を十分に速やかに反映した。その価格は，それゆえ，国際市場における情報を製糸家に適切に提供し，製糸家はアメリカにおける器械糸不足にともなう超過利潤獲得の機会を手にすることができた。そのために必須となる大量の原料繭の取引を支えたのは鉄道網と金融市場である。こうして，アメリカの強い器械糸需要の下に，1880年に養蚕業の再編が進行することとなった。開港場市場は，欧米列強に植民地化されなかった日本において，「帝国効果」(empire effect) (Ferguson and Schularick (2006); Mitchener and Weidenmier (2008)) の玄関となる基軸的な役割を担ったのである。

---

39) 中林 (2003), 203頁。
40) Ma (2004), pp. 373-386.

近代製糸業の勃興，養蚕業の再編，地方繭市場の統合といった上述の現象はすべて1880年代半ばに起こり，そしてそれは，国際市場の構造変化が生じていた時期であった。個別の事象そのものは，驚くほどのことではない。しかし，それらがよく調整されて同時に発生したことは，注目されてよい。こうした現象が生じるには，生糸取引の旋回軸としての役割を果たした開港場市場における，洗練された情報処理が不可欠であった。

　現実世界の市場は常に不完全であり，したがって，近代化された経済においても超過利潤獲得の機会は遍在している。むしろ，超過利潤を獲得しようとする行動こそが，失敗した経済だけでなく成功した経済においても，発展の方向を決める。成功した経済と失敗した経済の違いは，超過利潤を得るための誘因が，前者においてより適切に調整されていることにあると言ってよい[41]。言い換えれば，資源配分における調整の失敗を回避するには，超過利潤を効率的に配分する仕組みが不可欠，ということになる。日本の場合には，開港場の制度がその役割を担った。需要ショックによって生じた利潤獲得機会は横浜市場価格に正確に反映され，製糸家と養蚕農家はその変化に反応した。そして，養蚕業の再編は，彼らの超過利潤獲得を可能にする速さを以て進んだのである。

　しかし，これがありうる唯一の結末であったわけではない。日本とともに，中国もまた潜在的には効率的な開港場市場を押し付けられた。しかし，主として政治機構の問題ゆえに，内陸部の交易を活性化するための政府の努力は不十分であり，国際市場における利潤獲得機会が内陸部の発展に効果的に結び付けられることはなかった。代わりに，中国商人たちは，開港場をアジア内交易網を構築するために利用した。彼らは東アジア各国の開港場市場を結び付け，強力な交易網を作り，東アジア域内の貿易を支配したのである[42]。日本の工業的発展とともに，中国の商業的発展もまた，19世紀東アジアにおける開港場設定の，もうひとつの帰結であった。

---

41) Aoki (2001), pp. 1-27.
42) Motono (2000), pp. 167-170 ; Furuta (2005), pp. 25-42.

第4章 市場と生産の相互作用

附表 4-1 単位根検定 (Augmented Dickey-Fuller unit root test) の概要

変数	定義	系列頻度	期間 年/月		標本数	赤池情報量基準最適ラグ	ADF統計	左尾 (lower tail) 検定のp値
YPIF	横浜市場 日本器械糸価格	週次	1880/01–1903/12	水準 (level) 1次階差	1,228 1,228	2 1	−3.868 −28.349	0.014 0.000
YPJR	横浜市場 日本改良座繰糸 (再繰在米糸) 価格	〃	〃	〃	1,220 1,220	10 9	−3.891 −11.236	0.013 0.000
YEXUSD	アメリカ・ドル為替相場	〃	〃	〃	1,207 1,207	23 22	−1.616 −8.134	0.787 0.000
YAJF	横浜市場 日本器械糸入荷高	〃	1888/11–1903/12	〃	721 715	23 25	−11.021 −8.487	0.000 0.000
YAJR	横浜市場 (再繰在米糸) 入荷高	〃	〃	〃	721 729	23 18	−9.654 −8.324	0.000 0.000
YSJF	横浜市場 日本器械糸在荷高	〃	〃	〃	759 744	11 25	−6.661 −8.598	0.000 0.000
YSJR	横浜市場 日本改良座繰糸 (再繰在米糸) 在荷高	〃	〃	〃	760 744	10 25	−7.204 −9.258	0.000 0.000
YPIF	横浜市場 日本器械糸価格	月次	1881/01–1903/12	〃	261 260	14 14	−3.856 −5.806	0.015 0.000
NPIF	ニューヨーク市場 日本器械糸価格	〃	〃	〃	271 274	4 0	−4.543 −16.088	0.002 0.000
YPJR	横浜市場 日本改良座繰糸 (再繰在米糸) 価格	〃	〃	〃	274 274	1 0	−3.474 −20.093	0.044 0.000
YEXUSD	アメリカ・ドル為替相場	〃	1880/01–1897/09	〃	198 198	2 1	−1.880 −11.430	0.661 0.000
NPJR	ニューヨーク市場 日本改良座繰糸 (再繰在米糸) 価格	〃	1881/02–1903/12	〃	126 175	12 0	−4.183 −15.505	0.006 0.000
NPCF	ニューヨーク市場 中国 (上海) 器械糸価格	〃	1884/04–1903/12	〃	209 209	1 0	−1.876 −17.180	0.664 0.000
NPCT	ニューヨーク市場 中国七里糸 (再繰在米糸) 価格	〃	1881/01–1903/12	〃	167 167	4 3	−2.887 −7.842	0.170 0.000
NPIF	ニューヨーク市場 イタリア器械糸価格	〃	1882/09–1903/12	〃	230 234	3 1	−3.656 −9.527	0.027 0.000

注1) 推定式にはトレンド項と切片が含まれている。
2) 日本は1897年10月に金本位制に移行した。

第5章

企業統治の成立
――合理的な資本市場と紡績業の発展

結 城 武 延

はじめに

本章は,20世紀初頭に株式会社制度を活用することで発展した綿紡績業において代表的な企業であった大阪紡績会社を事例として,企業統治の観点から近代日本における「承認」と「監視」の会社機関――取締役と監査役――の機能を明らかにすることが目的である。

投資家と経営者の利害は完全には一致しないことが常態であり,企業経営に関する情報を最も豊富に有する経営者が,自身の利益を拡大させるために株主利益を損なうような行動を取りうる[1]。

近代国家においては,商法あるいは会社法によって,投資家には自身の利益を守るための権利が与えられていた。近代日本も例に漏れない[2]。株主総会には,残余制御権[3]に関わる定款の変更や合併,そして残余請求権[4]に関わる利益の配当

---

1) 契約後(経営者就任後),経営者が経営を執行するようになれば,投資家には経営者がどのような選択をしているかが観察できないという情報の非対称性が生じる。この時,経営者が自身の利益を追求した結果,資源利用の効率性を歪めてしまうことをモラル・ハザードと呼ぶ(伊藤(2003),147頁)。
2) 中林(2009)。
3) 賃金,原材料や利子など,契約に定められた債務をすべて支払った後に残る当期利益,残余利益を受け取る権利。Milgrom and Roberts (1992), pp. 292-298 を参照。
4) 法の制限内で契約に記されていないが,裁量権のある資産使用法についての決定権。

や社債の募集といった所有権[5]を構成する権利が与えられていた。その他に，取締役および監査役の選任と解任，そして取締役および監査役の報酬の決定を株主総会で行うことができた[6]。

　それでは，なぜ取締役会は必要なのだろうか。そもそも，株主全員が日々の経営の執行について監視するのは，費用がかかりすぎる。また，複数の企業に投資を行っている投資家がすべての投資先について，日々監視をすることは事実上不可能であろう。

　経営者の監視にともなう費用と物理的制約を緩和する場として，最高経営責任者の選任と解任，日常の経営の執行（監視）の権限が与えられていた取締役会は有効に機能しうる。取締役会は，一般株主に代わって，日々の経営について監視を行う。

　しかしながら，取締役会に従業員出身の役員がいる場合，株主との間に利害の不一致が見られうる[7]。従業員出身の役員は企業経営に関する私的情報を利用して，本人の利益にはなるが，多くの株主の利益には反する行動を選択しうる。取締役会の形態も，効率的な企業統治の形成に大きな影響を与えているのである。

　投資家は，それが将来の株主利益に資する企業価値，すなわち，株価の形成につながるからこそ，監視を行う。経営者は，選択された経営戦略や投資家の監視が，直接金融に依存する企業にとって最も重要な資本コスト，すなわち，株価の形成につながるからこそ，投資家の意向および資本市場の動向に気を配った経営を執行するのである[8]。

　所有と経営が分離している企業の意思決定過程を考える上でも，取締役会は重要な役割を果たしている[9]。企業の意思決定過程について，より具体的には投資計画に関して，起案，承認，実行，監視の4段階に分けて，所有と経営が分離している企業は投資計画の起案と実行を経営者が行い，承認と監視を所有者である株主が行うという考え方がそれである。

　企業の規模が大きくなり，意思決定しなければならない内容がより多く，そし

---

5) 残余制御権と残余請求権を合わせ持つ経済主体を，ここでは，所有者と呼ぶ。
6) 結城（2011）。
7) 本章において，役員とは，取締役と監査役とを指す。
8) 結城（2012）。
9) Fama and Jensen (1983), pp. 3-5.

てより複雑になればなるほど，日々の経営の判断や実行は，当該企業の経営について知悉している，専心業務を行う専門経営者が行った方がよいだろう。所有者である株主はそうした経営活動によって生じた成果を評価すればよい。しかし，所有が広範囲に分散している場合，すべての株主が日々の承認と監視を行えば，エージェンシー費用が禁止的に高くなってしまう[10]。したがって，その場合，日々の経営に関する承認や監視は株主の利益を代表する機関に権限を委譲した方が効率的である。これが，所有と経営の分離が進行した企業にとって取締役会が必要な理由である。

大株主が社外取締役として取締役会に参加することによって，その他大勢の株主に代わって日々の経営計画に関する承認を行い，そうした日々の経営計画の積み重ねによって得られた経営成果に関して多くの株主が株主総会において監視する，このような企業統治がエージェンシー費用を軽減させる可能性はありうる[11]。

企業統治の観点による取締役会に関する先行研究として，まず，森川英正の研究が挙げられるだろう[12]。森川は取締役の構成について大量観察を行い，大企業において専門経営者が常態となっていったこと，徐々に社内取締役の数が増えてきたことを発見した。そうした事実より，従業員のトップが代表取締役に就任し残りの取締役の過半も内部昇進者が占める取締役会，すなわち，「日本的な」企業統治が既に，1910年代から1920年代にかけて成立していたことを指摘した。

経営史の視点から取締役会の機能を分析した先行研究として他には，由井常彦と中村尚史のそれが代表的である[13]。

由井は，企業の定款を大量観察することによって，取締役会の構成と機能の変

---

10) エージェンシー費用は，(1)依頼人と代理人間で契約を構築する際にかかる費用，(2)依頼人が代理人を監視することでかかる費用，(3)代理人の行動が，依頼人の利益追求に適っていることを代理人自身が証明するためにかかる費用，(4)(1)〜(3)の費用を負担したにもかかわらず，エージェンシー問題によって失ってしまった残余利益で構成されている（Jensen and Meckling (1976), pp. 308-309）。
11) こうした観点から，戦前日本において，大株主によって取締役会や株主総会を通じて経営者に対する監視を行う企業統治が機能していたことを論じた先行研究として，岡崎 (2011) がある。
12) 森川編 (1999)。
13) 由井 (1979)；中村 (1998)，第八章。

遷を明らかにしようと試みた。明治期にすでに，社長—専務（常務）取締役—取締役という階層的な重役組織が形成されており，社長に大きな権限があったことを指摘している。

　中村は，創立当初の九州鉄道会社を事例として重役組織の構造について明らかにした。具体的には，専門経営者が投資利益の最大化を求める大株主と地域の利害を追求する発起株主の利害対立に依存した行動を取っていたこと，そのような状況を打破するために社外重役を取り込み，積極的に株主からの経営の自立性を高めようとするものの，結果的には株主の利害を調整する行動を取らざるをえなかったことを明らかにした。

　近代日本における取締役会の構成の変遷を明らかにした森川および由井，そして，一企業の経営史的研究によって設立当初の取締役会の実態について明らかにした中村の貢献は大きい。

　しかし，森川や由井は戦後日本における従業員組織化された「日本的な」企業統治の原型がどの時点で生成され発展していったのかに主眼を置いており，戦前と戦後で法制度および資本市場の状況が異なるという事実を考慮していない。戦前日本においては，鉄道業や紡績業などの産業は直接金融に資金の多くを依存しており，投資家の意向を配慮しない経営はありえない。専門経営者の台頭もまた，そうした文脈を考慮した上で語られるべきであろう。すなわち，資本コストを比較して銀行借り入れ，社債や株式と自由に資金調達の選択ができる戦前日本の企業にとって，企業内部者である専門経営者と企業外部者である投資家および債権者との間で生じる情報の非対称性を緩和させることは，資金調達にともなう資本コストの低下につながることから，企業にとって死活問題であった。戦前日本における「承認」と「監視」の会社機関——取締役と監査役——の役割とその機能については，そうした視点から語られるべきである。

　中村は企業設立当初の取締役会が当事者間の利害調整の場であったという，当時の取締役会機能の一端を具体的に明らかにしたという点で特筆に値する。一方，取締役会議事録の中身を長期的につぶさに検討することによって，取締役会の機能の変遷を解明するまでには至らなかった。「承認」と「監視」の会社機関——取締役と監査役——の役割とその機能については，そうした視点から語られるべきである。さらに，管見の限り，戦前日本における監査役の役割に関する

研究は皆無である。これが,「承認」と「監視」の会社機関の機能について取締役会議事録をつぶさに検討する経営史的な研究が必要不可欠となる所以である。

本章は以下のような構成である。第1節では,大阪紡績会社の所有と企業金融の構造を確認する。そこでは,徐々に直接金融に移行していくことが示される。第2節では,19世紀後半に見られた間接金融期の企業統治について明らかにする。第3節では,20世紀初頭から1914年にかけて見られた直接金融期の企業統治について明らかにする。

1 大阪紡績会社における所有と企業金融の構造

1) 企業金融と企業業績

企業金融の特徴について確認しよう。表5-1は,大阪紡績会社の長期資金の調達方法(借入金,社債,増資)の推移を示したものである。表より,1890年代は社債と借入金(社債:5-12パーセント,借入金:3-19パーセント(総資本に対する比率)),1900年代初頭は借入金(5-24パーセント),1900年代後半以降は社債と増資(社債:12-23パーセント,増資:160万円(1905年)から500万円(1914年))が長期資金の調達方法の中心であった[14]。すなわち,1900年代初頭までは間接金融が中心,1900年代後半以降は直接金融が中心,というのが大阪紡績会社の企業金融の構造であった[15]。

資金調達の変化には,大阪紡績会社の業績の向上と安定した配当による市場における評判の確立がその背景にあったように思われる。1890年代後半から1900年代前半は,ROEが負となる期(1900年上期,1902年下期)や株価が簿価割れ(簿価:50円)する期(1897年下期-1904年下期)もあるなど業績に不安があったが,1900年代後半には,ROEは5-10パーセント程度を推移し,株価も簿価割れすることがなくなり,業績が改善,安定してきたのである(表5-2)。

こうした業績の改善によって資金調達の条件も改善した。表5-3は社債の発行

---

[14] 短期資金の調達方法である約束手形の割引については一貫して第一銀行が引き受けていた。
[15] こうした紡績業の金融構造の変化を指摘した研究としては,石井(2010), 262-270頁を参照。

表 5-1 大阪紡績会社の資本構成, 1893-1914 年

	総資本 (円) a	払込資本金 (円) b	社債 (円) c	借入金 (円) d	払込資本金 (%) e＝b/a	社債 (%) f＝c/a	借入金 (%) g＝d/a
1893上	2,112,334	1,200,000	250,000	394,593	56.81	11.84	18.68
下	2,118,713	1,200,000	250,000	219,844	56.64	11.80	10.38
1894上	2,652,747	1,200,000	250,000	468,727	45.24	9.42	17.67
下	2,265,157	1,200,000	250,000	110,508	52.98	11.04	4.88
1895上	2,352,400	1,200,000	250,000	214,356	51.01	10.63	9.11
下	2,470,976	1,200,000	250,000	165,760	48.56	10.12	6.71
1896上	2,413,900	1,200,000	250,000	190,288	49.71	10.36	7.88
下	2,518,900	1,200,000	232,000	154,464	47.64	9.21	6.13
1897上	2,641,000	1,200,000	214,000	359,945	45.44	8.10	13.63
下	2,416,900	1,200,000	196,000	217,211	49.65	8.11	8.99
1898上	2,382,700	1,200,000	178,000	144,139	50.36	7.47	6.05
下	2,307,100	1,200,000	160,000	127,570	52.01	6.94	5.53
1899上	2,489,200	1,200,000	142,000	70,796	48.21	5.70	2.84
下	2,286,100	1,200,000	124,000	121,786	52.49	5.42	5.33
1900上	3,215,600	1,200,000	106,000	768,477	37.32	3.30	23.90
下	2,600,300	1,200,000	88,000	227,495	46.15	3.38	8.75
1901上	3,003,700	1,496,300	70,000	283,483	49.82	2.33	9.44
下	2,983,600	1,600,000	52,000	217,736	53.63	1.74	7.30
1902上	3,692,000	1,600,000	34,000	680,704	43.34	0.92	18.44
下	3,711,500	1,600,000	16,000	576,460	43.11	0.43	15.53
1903上	3,667,500	1,600,000	0	514,147	43.63	0.00	14.02
下	3,176,100	1,600,000	0	182,607	50.38	0.00	5.75
1904上	3,792,000	1,600,000	0	524,478	42.19	0.00	13.83
下	3,917,900	1,600,000	0	189,850	40.84	0.00	4.85
1905上	3,692,900	1,600,000	0	0	43.33	0.00	0.00
下	4,252,500	1,800,000	0	0	42.33	0.00	0.00
1906上	5,662,100	1,800,000	0	0	31.79	0.00	0.00
下	5,454,700	2,900,000	0	0	53.17	0.00	0.00
1907上	7,180,700	2,900,000	0	0	40.39	0.00	0.00
下	6,890,100	3,750,000	0	0	54.43	0.00	0.00
1908上	8,290,900	3,750,000	1,000,000	0	45.23	12.06	0.00
下	7,466,800	3,750,000	1,000,000	0	50.22	13.39	0.00
1909上	8,511,000	3,750,000	1,000,000	0	44.06	11.75	0.00
下	8,028,600	4,062,500	1,000,000	0	50.60	12.46	0.00
1910上	10,447,800	4,062,500	2,000,000	0	38.88	19.14	0.00
下	9,263,500	4,062,500	2,000,000	0	43.85	21.59	0.00
1911上	10,774,400	4,062,500	2,050,000	0	37.71	19.03	0.00
下	9,023,500	4,062,500	2,050,000	0	45.02	22.72	0.00
1912上	11,882,600	4,062,500	2,050,000	0	34.19	17.25	0.00
下	9,747,100	4,314,100	2,050,000	0	44.26	21.03	0.00
1913上	11,324,600	4,687,500	2,025,000	0	41.39	17.88	0.00
下	11,976,600	5,000,000	2,025,000	0	41.75	16.91	0.00
1914上	15,136,400	5,000,000	2,000,000	0	33.03	13.21	0.00

資料）各期考課状。

表 5-2　大阪紡績会社の業績，1896-1914 年

	株価（円）	ROE（%）	配当率（%）	配当性向（%）
1896 上	67.00	9.05	7.50	59.80
下	55.50	7.54	7.50	70.87
1897 上	55.00	8.56	7.50	62.98
下	36.50	3.33	3.50	79.55
1898 上	27.50	4.60	3.50	56.53
下	25.00	1.69	2.00	89.22
1899 上	32.00	6.02	5.00	59.76
下	41.50	6.82	7.50	81.97
1900 上	30.00	−11.66	0.00	0.00
下	24.50	4.11	2.50	51.55
1901 上	16.50	3.33	2.51	65.16
下	19.70	4.51	3.33	62.88
1902 上	20.50	4.36	3.38	65.30
下	12.50	−1.75	0.00	0.00
1903 上	14.00	3.11	1.50	41.24
下	15.80	4.53	3.38	62.94
1904 上	21.80	8.83	3.38	30.46
下	40.50	16.59	4.88	20.32
1905 上	85.20	12.85	10.88	50.66
下	92.00	12.41	12.35	63.85
1906 上	84.50	12.93	10.00	53.32
下	140.00	12.32	10.00	54.56
1907 上	89.00	11.82	8.34	46.22
下	62.00	10.70	9.00	57.80
1908 上	51.00	5.02	6.00	85.29
下	62.00	6.15	6.00	68.79
1909 上	82.00	6.15	6.00	67.93
下	73.00	7.13	5.69	55.63
1910 上	69.20	5.87	6.00	70.93
下	72.50	4.11	5.00	85.23
1911 上	65.70	3.97	5.00	87.92
下	67.20	4.25	5.00	81.60
1912 上	72.80	5.65	5.00	74.43
下	68.30	7.37	5.82	69.45
1913 上	69.50	8.91	7.00	54.34
下	68.00	9.14	6.77	48.76
1914 上	74.50	9.54	10.17	0.00

資料）ROE，配当率，配当性向：各期考課状。株価：『大阪朝日新聞』。

表 5-3　大阪紡績会社の社債発行，1892-1914 年

発行日	発行額（円）	利子（%）	条　件	引　受　先
1892 年 12 月	250,000	6.5	7 年間で償還，工場を担保	不明
1907 年 11 月	1,000,000	7.0	3 年据置，3 年間で償還，工場・土地・建物・機械の一部（三軒家第二・第三工場と松島分工場）を担保	担保品は日本興業銀行に信託。社債引受は「第一銀行他」（他行は日本興業，三菱，三井，第三十四，住友，浪速，近江，山口）[1]
1910 年 4 月	1,000,000	6.5	3 年据置，5 年間で償還，無担保	社債引受は近江銀行他五行（他五行は鴻池，第三十四，住友，山口，浪速）に託す[2]
1911 年 6 月	1,000,000	6.0	1907 年 11 月発行社債の繰り上げ償還	社債引受は仲買現物団 4 名（野村，髙木，黒川，竹原）に託す[3]

資料）「考課状」，「取締役会議事録」東洋紡社史室所蔵および『東洋紡百年史』上，151-157 頁。
注 1 ）「重役例会」(1907 年 10 月 4 日)，(1907 年 11 月 4 日)。
　2 ）「臨時重役会」(1910 年 2 月 10 日)，(1910 年 2 月 20 日)。なお，近江銀行の当時の頭取は瀬尾喜兵衛である（大阪紡績会社の大株主で 1913 年上期には監査役に就任する）。
　3 ）「重役例会」(1911 年 3 月 6 日)。

条件の推移を示している。1892 年 12 月に 25 万円の社債を発行した際は，年利 6.5 パーセントで償還期間は 7 年，工場が担保となっていたのが，1910 年 4 月に 100 万円の社債を発行した際には，年利 6.5 パーセントで償還期間は 5 年間で 3 年据置，無担保という条件となった。さらに，翌 1911 年 6 月に 100 万円を借り換え発行した際には，年利 6 パーセントになっていた[16]。また，赤字や利益薄で無配当またはほとんど配当が出せない時期をのぞき，1890 年代から 1900 年代前半に配当率は 7.5-10 パーセントを推移していたのに対して，1900 年代後半から 1910 年代に配当率は 5-7 パーセントの推移を見せた。

　業績の改善は株式市場における評判の高まりにつながり，それを反映して株価も上昇した。前述のように 1900 年代後半以降は簿価割れすることもなく，60-80 円台を維持することとなる。こうした変化は，市場を用いた資金調達の費用を低減させ，間接金融から直接金融へと移行する要因のひとつになったように考えられる[17]。

---

16) 1907 年 11 月に発行した社債である年利 7 パーセント，償還期間は 3 年間で 3 年据置，工場を担保の借り換え社債。

2) 資本構成の決定要因

 それでは，間接金融から直接金融という資本構成の変化は具体的にどのような要因によって決定されたのであろうか。

 まず，資本構成に関する代表的な仮説について検討しよう[18]。それは以下の四つ，(1)最適資本構成仮説，(2)トレード・オフ仮説，(3)ペッキング・オーダー仮説，(4)エージェンシー仮説である。

 (1)は取引費用が存在せず，資本市場が完全かつ完備である場合，資本構成は企業価値に影響を与えないと述べている。(2)は(1)の世界で負債の節税効果[19]と倒産コストを考慮した仮説である。すなわち負債を増やせば節税効果によって企業価値は増大する一方，債権者と株主間の利害対立が深刻となる結果，最適な投資が行われず企業価値は減少する[20]。したがって節税効果と倒産コストのトレード・オフを考慮して資本コストが最小化されて，企業価値が最大となる負債比率が最適資本構成として選択される。(3)は情報の非対称性が資本市場において存在する場合を想定している。このとき経営者と株主間，経営者と債権者間には企業経営に関する情報の非対称性が存在することから，それぞれにエージェンシー費用が存在する。したがって，資金調達はエージェンシー費用が小さい順番で，すなわち，内部留保，負債，増資の順番で行われるという議論が成り立つ[21]。

 (1)〜(3)の仮説において，株主利益，ひいては企業価値を最大化することが経営者の目的であると仮定されていた。(4)はそうした仮定を緩めて，経営者が，情報の非対称性を利用して自分自身の利益にはなるが株主利益を棄損する行動を

---

17) 短期金融である支払手形の割引を行う銀行および預金の預け先については，分析期間を通じて一貫して第一銀行であり，銀行との関係が断たれていたわけではない。
18) 各仮説の解説については Myers (2003), pp. 217-243 を参照。
19) 企業収益には法人税が課税される一方，支払利息には課税されない。
20) 有限責任会社の場合，倒産の確率が高まれば，株主は債権者の資産価値を奪おうとする行動を取る。具体的には，株主は経営者を通じてハイリスク・ハイリターンの投資計画を実行しようとする。この投資が成功した場合の収益の大半は株主の取り分になる。他方，投資が失敗した場合，株主の損失分は出資額に過ぎないが，債権者が持つ資産価値は大幅に減価されるか，あるいは消失する。こうした行動が予想されれば，債権者は投資を抑制しようとするだろう。この時，最適な投資決定は妨げられる。
21) ここでは，金融機関の方が投資家よりも企業経営について詳しいと仮定されている。しかし，大株主が取締役会の大半を占める戦前日本において，そうした仮定は成り立たないかもしれない。

取る可能性を考慮している。こうした状況を想定した場合，株主は経営者を監視してモラル・ハザードを抑制しなければならない。その結果，エージェンシー費用は増大する。また，経営者は株主側に立って，債権者の利益にはならないが株主の利益にはなるリスクの高い投資を行う可能性がある。この場合，債権者はそうした経営者の行動を抑制するために監視を強めなければならない。結果として，エージェンシー費用は増大する。負債比率が低い（株主資本比率が高い）ほど，株主のエージェンシー費用が大きくなる。逆に，負債比率が高いほど，債権者のエージェンシー費用が大きくなる。両者はトレード・オフの関係にあり，エージェンシー費用の合計が最小となる資本構成（負債比率）が決定されると考えられる。

こうした資本構成に関する仮説を踏まえて，戦前日本における綿紡績企業の資本構成がどのような要因によって決定されているのかを，パネル・データに基づいて明らかにしよう。パネル・データとして用いるのは後述する変数が長期的に観測できる，当時の主要綿紡績企業6社（大阪紡績，三重紡績，尼崎紡績，摂津紡績，鐘淵紡績，富士（瓦斯）紡績）とし，観測期間は同上企業群の営業報告書が大量に残されている1898年から1914年までとする。

まずは記述統計について見てみよう（表5-4）。負債比率は1890年代から1900年代にかけてあまり変化はないが，1910年代になると増加傾向を示す。この要因は社債である。社債比率は1900年代まで企業資金における割合は6-9パーセントと小さかったが，1910年代には26パーセント程度になり大幅に増加しているのである。1890年代は銀行借り入れ，1900年代は増資および内部留保，そして1910年代は自己資本に加えて社債が綿紡績企業の主たる長期資金源になっていたのである。また，業績はROE，株価ともに1900年代後半から改善している[22]。

次にパネル・データ分析によって計量的に資本構成の決定要因について検証しよう。被説明変数は負債比率（負債/総資本）と社債比率（社債/総資本）である。説明変数は倒産コストやエージェンシー費用を考慮したものを用いる[23]。具体的にはROE（当期純利益/自己資本），総資産（総資産の対数値），固定資産比率

---

22) 本章の記述統計は主要6社の集計であり，中小を含めた綿紡績企業全体の傾向は異なるかもしれない。産業全体の傾向については別稿で論じたい。

表 5-4　紡績会社の財務指標, 1898-1914 年

(%)

年	1898-1903	1904-1909	1910-1914
負債比率	28.41	26.63	36.9
社債比率	9.17	6.74	26.15
株主資本比率	53.24	41.23	34.86
自己資本比率	71.44	73.55	62.93
ROE	5.63	11.04	7.31
固定資産比率	69.07	51.08	53.13
銀行借入比率	18.24	7.61	1.71
時価簿価比率	1.13	2.39	2.51
総資産（円）	3,287,984	8,401,318	18,286,617
大株主所有比率	36.84	29.78	24.38
経営者所有比率	4.15	3.43	3.34

資料）財務指標：各社「考課状」。株価：『大阪朝日新聞』。
注）負債比率＝負債/総資本。負債＝総資本−自己資本。自己資本＝払込済み資本金＋積立金＋当期純利益。社債比率＝社債/総資本。株主資本比率＝払込株金/総資本。自己資本比率＝自己資本/総資本。ROE＝当期純利益/自己資本。固定資産比率＝固定資産/総資産。銀行借入率＝銀行借入/負債。時価簿価比率＝株価（時価）/株価（簿価）。大株主所有比率＝上位10位株主株式所有数/総株式数。経営者所有比率＝経営者株式所有数/総株式数。経営者：代表取締役あるいは常勤の取締役。

（固定資産/総資産），銀行借入率（銀行借入/負債），株主資本比率（払込株金/総資本），時価簿価比率（株価（時価）/株価（簿価）），大株主所有比率（上位10位株主の株式所有数/総株式数），経営者所有比率（経営者の株式所有数/総株式数）である。分析結果は表5-5，表5-6である。

　まず被説明変数が負債比率の場合を見てみよう（表5-5）。ROE は統計的に負に有意であった。ROE は収益率を示す指標であり，収益力の高い企業ほど内部留保の蓄積が可能となり，自己資本比率が上昇し，負債比率は低下すると考えられる（仮説(3)）。次に，総資産は統計的に正に有意であった。総資産は規模の代理指標である。企業規模が大きくなれば，それだけ事業の分散が可能となり倒産コストは減少し，負債比率は高くなる（仮説(2)）。時価簿価比率は成長機会の代理指標である。株価の時価は当該企業の将来的な企業価値を含んでいる一方で，簿価はそれを含んでいないからである。成長機会が多い企業は積極的に投資を行

---

23) 説明変数の選択は，南條／橘川（2009），93-96頁を参考にした。また，本章では節税効果の代理指標である減価償却が当該期間の綿紡績企業では正確に記載されていないため，分析から控除した。

表 5-5 資本構成の決定要因（負債比率，固定効果）

被説明変数：負債比率	1-1		1-2	
説明変数	係数	t 値	係数	t 値
ROE	−0.36	−1.96 *	−0.39	−1.96 *
総資産	7.40	8.96 ***	7.21	6.27 ***
固定資産比率	−0.08	−1.11	−0.12	−1.54
時価簿価比率	−3.95	−4.46 ***	−4.03	−3.97 ***
大株主所有比率			−0.02	−0.27
経営者所有比率			−0.38	−0.84
定数項	−70.02	−4.61 ***	−62.74	−3.02 ***
調整済み R^2	0.41		0.41	
F 値	34.55		23.73	
標本数	195		172	

資料）財務指標：各社「考課状」。株価：『大阪朝日新聞』。
注）各項目については表 5-4 を参照。Wu-Hausman 検定を行った結果，いずれもランダム効果ではなく固定効果が採択された。***，* はそれぞれ 1 パーセント，10 パーセント水準の有意性を示す。

表 5-6 資本構成の決定要因（社債比率，固定効果）

被説明変数：社債比率	2-1		2-2		2-3		2-4	
説明変数	係数	t 値	係数	t 値	係数	t 値	係数	t 値
ROE	−0.12	−0.39	−0.29	−0.92	−0.22	−0.69	−0.15	−0.49
総資産	5.04	3.54 ***	2.63	1.44	0.50	0.25	−0.23	−0.12
固定資産比率	0.52	4.12 ***	0.49	3.89 ***	0.55	4.27 ***	0.62	4.88 ***
時価簿価比率	5.99	3.91 ***	5.93	3.61 ***	4.77	2.76 **	3.69	2.15 **
銀行借入率			−0.31	−3.10 ***			−0.30	−3.18 ***
株主資本比率					−0.59	−3.44 ***	−0.58	−3.51 ***
大株主所有比率			−0.06	−0.53	−0.03	−0.28	−0.02	−0.17
経営者所有比率			−1.99	−2.76	−2.91	−3.87 ***	−2.77	−3.79 ***
定数項	−106.44	−4.05 ***	−53.76	−1.63	2.66	0.07	13.51	0.36
調整済み R^2	0.12		0.23		0.24		0.28	
F 値	7.33		8.12		8.52		9.13	
標本数	195		172		172		172	

資料）財務指標：各社「考課状」。株価：『大阪朝日新聞』。
注）各項目については表 5-4 を参照。Wu-Hausman 検定を行った結果，いずれもランダム効果ではなく固定効果が採択された。***，** はそれぞれ 1 パーセント，5 パーセント水準の有意性を示す。

おうとするだろう。そうした投資の成果の大半は株主に帰属する。したがって，成長機会が多い企業の経営者が企業価値を増大しようと思えば，自己資本を増やそうとするだろう。時価簿価比率は統計的に負に有意であり，そうした想定を支持している。他方，株式の所有構造は負債比率について影響を与えていない。

次に，被説明変数が社債比率の場合を見てみよう（表5-6）。まず，いずれの推計式についても固定資産比率が統計的に正に有意であった。それは表5-3で見たように，社債発行条件として担保が重要であったことと整合的である。社債は主に企業の長期資金として用いられる。したがって，長期資金の代替的選択として，銀行借入率と株主資本比率を説明変数に加えた。銀行借入率と株主資本比率はともに，統計的に負に有意であった。市場における評判が確立されれば，市場でも資金調達が円滑にできるようになる。推計結果は，社債と銀行借入や増資がそれぞれ代替的な選択として，長期の資金調達が決定されていたことを示している。市場の評判の確立が社債発行条件に正の影響を与えていることは，時価簿価比率が統計的に正に有意であることからも示唆される。また，経営者所有比率は統計的に負に有意であった。経営者所有比率の増大は，経営者と株主の利害の不一致を改善させることから，株主と経営者間のエージェンシー費用を低下させて，社債比率を低下させるだろう。この時，資金調達は社債よりも増資や内部留保の方が有利になる。

以上，資本構成に関する分析からも明らかなように，戦前日本の綿紡績企業は資本コストを構成する倒産コストやエージェンシー費用が最小化されるように資本構成を選択していた。さらに，後述するように会社機関を巧妙に設計することによって，資金提供者と経営者との間で生じるエージェンシー費用の低下を図った。資金調達にかかる費用を少しでも小さくするためである。これこそが，会社機関の存在が企業統治の観点から重要である主要な理由でもある。

3）重役の構成

取締役および監査役の構成の推移を見ていこう（表5-7）。社内取締役および監査役の推移について見ると，1895年上期，山辺丈夫が常務取締役に就任し，1898年上期，山辺が社長に就任，1907年上期には，前年に合併した金巾製織会社の役員であった阿部房次郎を常務取締役に加えている。さらに，1910年上期になると，生え抜き従業員の技術者であり，山辺と姻戚関係にもあった大川栄太郎および岡村勝正をそれぞれ常務取締役，常務監査役に迎えている。時代が下るにつれて，大株主のなかから選ばれた重役ではなく，専門経営者あるいは内部昇進者が重役に就任し，取締役会の構成員の内訳は従業員組織化されたそれに変質

第5章 企業統治の成立 173

表5-7 重役の構成，1893-1914年

	取締役					監査役					総計
	社内		社外		合計	社内		社外		合計	
	常勤	非常勤(兼任)	常勤	非常勤(兼任)		常勤	非常勤(兼任)	常勤	非常勤(兼任)		
	a	b	c	d	$e=a+b+c+d$	f	g	h	i	$j=f+g+h+i$	$k=e+j$
1893上				3	3					0	3
下				3	3				3(+3)	3	6
1894上				3	3				3	3	6
下				3	3				2	2	5
1895上	1(1)			2	3				3(+1)	3	6
下	1			2	3				3	3	6
1896上	1			2	3				3	3	6
下	1			2	3				3	3	6
1897上	1			2	3				3	3	6
下	1			2	3				3	3	6
1898上	1			2[1]	3				3(1)	3	6
下	1			2	3				3	3	6
1899上	1			2	3				3	3	6
下	1			2	3				3	3	6
1900上	1			2	3				3(1)	3	6
下	1			2	3				3	3	6
1901上	1			2[1]	3				3(1)	3	6
下	1			2	3				3	3	6
1902上	1			2	3				3(1)	3	6
下	1			2	3				3	3	6
1903上	1			2	3				3	3	6
下	1			2	3				3	3	6
1904上	1			2	3				3	3	6
下	1			2	3				3	3	6
1905上	1			3(+1)	4				3	3	7
下	1			3	4				3	3	7
1906上	1			3	4				3	3	7
下	1			5(+2)	6				4(+1)	4	10
1907上	2(+1)			4	6				4	4	10
下	2			4	6				3(-1)	3	9
1908上	2			4	6				3	3	9
下	2			4	6				3	3	9
1909上	2			4	6				3	3	9
下	2			4	6				3	3	9
1910上	3(+1)			4(1)[1]	7	1			1(-2)	2	9
下	3			4	7	1			1	2	9
1911上	3			4	7	1			1	2	9
下	3			4	7	1			1	2	9
1912上	3			4	7	1			1	2	9
下	3			4	7	1			1	2	9
1913上	3			4	7	1			2(+1)	3	10
下	3			4	7	1			2	3	10
1914上	3			4	7	1			2	3	10
下	3			4	7	1			2	3	10

資料）各期考課状。
注1）1898上期から取締役会長（社長）が非常勤かつ社外取締役松本重太郎から，常勤かつ社内取締役山辺丈夫に交代。
 2）表の（ ）は交代した役員数，［ ］は取締役（監査役）から監査役（取締役）へと交代した場合の役員数。

していった[24]。

　それでは，企業金融が間接金融から直接金融へと移行し，重役の構成が資本家（株主）の代表から従業員組織のトップに変質していく過程で，取締役会の機能はいかなる変化を見せたのだろうか。

2　1890年代から1900年代初頭における企業統治

1）相談役の役割

　1890年代前半は市場において評判が確立されておらず，大阪紡績はあまり増資をせず，間接金融に依存していた。1890年代半ばからは業績が向上して市場の評判も高まり，社債も発行できるようになった。しかし，1890年代後半から1900年代初頭において経営不振になると，市場で要求されるリスク・プレミアムが高まり，相対的に社債のコストが増大した。結果として，1900年代前半までは，市場において高い評判を確立しえず，依然として間接金融に依存していた。そうした状況のなか，最大の貸し手である第一銀行の大阪紡績に対する評価は，資金調達の資本コストに大きな影響を与えていた。

　渋沢栄一と松本重太郎は当時最も有力な財界人であり，産業界に大きな影響力を与えていた人物である。彼らを設立当初から重役や相談役といった重要な地位にすえていたこともまた，日本初の株式会社の紡績企業として成功を収めた要因となっていることは言うまでもない[25]。彼らは，最大の貸し手の代表あるいは大株主の代表として，大阪紡績の意思決定を左右する経済主体であった。

　松本は取締役会長退任後（1899年下期）に相談役となるが，渋沢は大阪紡績創立当初から相談役となっていた。後述するように，相談役として，とりわけ渋沢

---

24) 比率で言えば，内部昇進者が重役となる1910年上期まで従業員組織化，あるいは，専門経営者の支配力の拡大が進んだとは言えない。しかし，1907年に金巾製織と合併した際に，旧金巾製織の重役であった田附政次郎と藤井善助も大阪紡績会社の重役に就任した。専門経営者の支配力の拡大という視点で見れば，旧金巾の重役が果たした役割は大きいと考えられる。これについては別稿で論じたい。

25) 渋沢と松本は近代日本における企業家のなかにおいて，他に類を見ないほど多数の会社に役員として関与しており，最も財界ネットワークを築いた人物であったことが近年の研究によって明らかにされている（鈴木／小早川／和田（2009），第1章）。

が重要な役割を果たしていた。

　それでは，渋沢が相談役として果たした役割について，「取締役会議事録」を史料として，取締役会議において正式に相談役として就任する1893年から見ていこう。

　1893年7月8日の取締役会議では，「定款認可ノ上明年一月総会迄現在ノ相談役ヲシテ監査役ニ任スル事」とされ，さらに，「分工場織器増設」といった設備投資の考案に際しては，取締役会議で決した後に，「至急相談役へ稟議シ同意ヲ得」ることが必要であった[26]。

　さらに，同年11月には相談役が企業の意思決定に関与する範囲がより大きくなることになる。それを示したのが，次の史料である。

史料[27]　1893年11月7日取締役会議
一　相談役エ嘱託ノヶ条乃添書ニ付左案ニテ如何
今般当社定款改正ト共ニ我等取締役ニ再選相成候(あいなしそうろう)ニ付テハ，自今取締役会議ノ相談役御委託候間，御義認被成下度(なしくだされたく)，別紙相添此段御依頼申上候也
明治廿(にじゅう)六年十一月
取締役　伊庭貞剛
仝　　　佐伯勢一郎
仝　　　松本重太郎
渋沢栄一殿
条款
大阪紡績株式会社取締役トノ間ニ於テ協議ヲ遂ル条款ハ左ノ如シ
一　支配人以下工商務長分工場支務長任免ノ事
一　会社定款営業規則乃(の)工場規則ヲ設ケ或ハ之レヲ改正スル事
一　営業資金ノ借入運転ノ事
一　毎季決算ノ際ニ於テ準備金割賦金配当金等ノ額ヲ予定シテ株主総会ノ原案ヲ立ル事
一　定式臨時ノ株主総会ヲ催ス事
一　月表季表報告ノ事

---

26) 東洋紡社史室所蔵，「大阪紡績㈱ 取締役会議事録」(1893年9月8日)。以下，東洋紡社史室所蔵，「取締役会議事録」と略記する。
27) 以下，振り仮名，句読点は引用者による。

右ノ條々委託致度候也
明治廿(にじゅう)六年十一月
取締役　伊庭貞剛
仝　　　佐伯勢一郎
仝　　　松本重太郎
渋沢栄一殿
右之通修正ノ上可決

　この役割の範囲の拡大は重要な変化である。7月時点においてはあくまで「監査役」としての役目であったのが，11月時点においては「支配人」などの任免や営業規則や工場規則の設置と改正，営業資金の借り入れ，月表季表報告に関しても，取締役は相談役と「協議ヲ遂ル」ことが必要となった。
　第一銀行の頭取として最大債権者の代表でもあった渋沢に，事後的に取締役を監視する監査役としてではなく，事前に直接関与させて，彼の承認を得なければ意思決定が実行されない，すなわち，取締役としての役割を担わせるという制度変更は，資金提供者と経営実行者間にある非対称な情報の程度を緩和させたであろう。
　第一銀行は，1900年代まで社債発行の引き受けや銀行借入などの長期資金にも，綿花購入のための約束手形や支払手形割引などの短期金融にも関与しており，また1910年以降も短期金融には依然として関与し続けた[28]。
　設立当初から大阪紡績を資金面で支え続けたのが第一銀行であった。したがって，第一銀行との間の経営に関する情報の非対称性を緩和させる仕組みは，主要資金提供者のエージェンシー費用を低下させることにつながる。それは，安定的に低廉に資金調達をする上で必要不可欠だったのである。

2) 第一銀行代表としての渋沢相談役の役割

　取締役（会）と相談役間のこの関係は渋沢栄一が相談役を退任する（1909年）まで続いた。日本勧業銀行との関係について，「山辺社長上京ノ上渋沢氏ェ謀議」し[29]，定款修正案も，「取締役ニテ修正ヲ経タル草案ヲ更ニ相談役監査役ノ閲覧」

---

28) 山口編 (1970), 386-387頁。
29) 東洋紡社史室所蔵,「取締役会議事録」(1898年2月12日)。

第 5 章　企業統治の成立　177

させて決議された[30]。設備投資も、「織布部拡張方法ニ付相談役意見報告並再議」し、改正案が可決された[31]。

業績が悪く社債募集案が実行困難となり、増資を決定した1900年下期の取締役会議には、「渋沢相談役ニ協議承諾ヲ得、来期ニ至リ当季決算表調整済之上、六十株以上の株主ヱ懇談シ其賛成ヲ得、然ル後定期総会ト共ニ臨時総会開会」が決議された[32]。

1906年下期は、「百廿(にじゅう)五万ヨリ百五十万円ヲ利率六分五厘ヨリ七分ノ範囲ニテ三ヶ年据置十ヶ年償却ノ見込ニテ募集、而(しかし)テ其募集法ハ可成(なるべく)取引銀行ニ応募依頼ノ事」として、社債募集の際も、「着手以前社長出京相談役ニ協議」する必要があった[33]。1907年下期には、同社債募集の件で、「渋沢相談役ヨリ申越サレ」て、山辺「社長出京ノ上協議スベキ事」とされ[34]、1908年上期に社債100万円が発行されることになった。

設備投資や定款に関する意思決定や社債など資金調達に関するそれに相談役が深く関与していたことが分かる。特筆すべき点は、設備投資や定款では「相談役」と記載されているのに対して、資金調達関連の意思決定を行う際は「渋沢相談役」と記載されており、松本相談役は関与していないということである[35]。後述するように、この渋沢相談役と松本相談役との役割の違いは、渋沢が大阪紡績の最大の貸し手の代表であったことに由来している。

こうした積極的な関与は渋沢が相談役を退いた後には見られなくなったが、渋沢と大阪紡績との関係が切れたわけではない。渋沢と当時の常務取締役であった阿部房次郎が1912年の段階で大阪紡績に関する書簡を交わしていることが確認されている[36]。書簡には「貴会社八月分計算表御回示拝見仕候」[37]「先日も大川氏

---

30) 東洋紡社史室所蔵、「取締役会議事録」（1899年6月9日）。
31) 東洋紡社史室所蔵、「取締役会議事録」（1899年12月11日）。
32) 東洋紡社史室所蔵、「取締役会議事録」（1900年11月19日）。
33) 東洋紡社史室所蔵、「取締役会議事録」（1906年9月3日）。
34) 東洋紡社史室所蔵、「取締役会議事録」（1907年1月24日）。
35) 1906年9月3日の史料には渋沢相談役と明記されていないが、この時点において、松本重太郎は大阪に在住していたため、「出京相談役」とされた場合は渋沢相談役に相談し窺ったものであることが推察される（「株主名簿」、1906年上期「考課状」）。
36) 『渋沢栄一伝記資料　別巻第三　書簡（一）』、渋沢青淵記念財団竜門社、1967年、50-52頁。

より概略承知之処,更に尊書にて詳悉に会得いたし」[38]と社内取締役から大阪紡績に関する情報が送られていることが述べられている。その上で,渋沢は今後の方針,とりわけ,綿花購入に関わる短期金融の融通について助言を述べて,最後に,「尚々山辺君其外重役諸氏へも御伝声頼上候也」[39]で文章を終えている。このことからも,短期資金供給面で重要な資金提供者であり続けた第一銀行との間の情報の非対称性を緩和させる努力がされ続けたことが窺える。

3) 第一銀行による企業統治

1890年代末から1900年代初頭にかけて,大阪紡績会社の経営状態は借入金比率が高まっていた一方,当期利益は赤字となり,株価は簿価割れし,配当も満足に払えずにいた(表5-2)。このような経営状態の悪化に懸念を抱いた渋沢栄一は,第一銀行の四日市支店長であった佐々木清麿を大阪紡績の総支配人にすえて,財務の改善によって業績の向上につなげようとした[40]。そして,収益も改善し,外部市場からの評判も高くなった1905年以降は,資金調達を借入金から社債へと切り替え,資金は外部市場から調達されることとなる(表5-1)。この間に,佐々木支配人は第一銀行に戻り,さらに,渋沢は相談役を辞する。

この顛末は次の通りである[41]。

1903年8月23日に,「三重紡績会社伊藤伝七君第壱銀行員佐々木清麿君同伴紹介之為来阪アリ本日銀水楼ニ於テ重役一同会見本社営業事務改善ノ件ヲ協議」した。1週間後の8月29日には,「佐々木氏来阪之結果渋沢松本両相談役ヘ協議ノ件ニ付打合」し,同年12月11日,「第壱銀行員四日市支店長佐々木氏ヲ招聘シ本社壱等社員支配人ニ任命ノ事」,「支配人月俸百五拾円手当金五拾円支給ノ事」が取締役会議において承認され,辞令書が交付された。

業績が改善する1905年になると,同年9月18日に,取締役会議において「支配人佐々木氏辞職願書提出ニ付協議」され,9月22日には,監査役も招集され

---

37) 1912年9月12日付,1912年11月6日付(阿部房次郎宛)。
38) 1912年12月12日付(阿部房次郎宛)。なお,文中の大川氏とは内部昇進者の取締役である大川栄太郎を指す。
39) 1912年9月12日付,1912年11月6日付(阿部房次郎宛)。
40) 『百年史 東洋紡』,東洋紡績株式会社,1987年,154-155頁。
41) 以下の史料引用はすべて,東洋紡社史室所蔵,「取締役会議事録」。

た重役会議を開会し,「佐々木支配人辞職申出ニ付協議」し,「聴許之事」と承諾され,佐々木には「謝状ニ慰労金参千円並ニ月給参ヶ月分」が支給された。

　企業収益が悪化してきた1903年の8月,渋沢が大阪紡績以外に深く関与したもうひとつの紡績会社である三重紡績の社長伊藤伝七の紹介で,第一銀行四日市支店長の佐々木が来阪し,わざわざ「重役一同会見本社営業事務改善ノ件ヲ協議」している。そして,協議の1週間後に渋沢・松本両相談役にその結果を報告し,早くも約3カ月後の12月11日の取締役会議において,佐々木が大阪紡績の「本社壱等社員支配人」に任命されることとなった。その後,企業収益および株価も回復した1905年には,佐々木より辞職願が提出され,すぐさま,その願いが受理されているのである。

　山辺丈夫社長は英国留学時代から,技師として訓練を積み,その経験を生かした経営を行うという技術畑の経営者であり,当時の大阪紡績においては,財務畑の専門家が決定的に不足していた[42]。こうした状況から,佐々木の支配人就任は財務面の改善による業績の向上が期待されていたのである[43]。

　市場の評判に応じて,相対的に資本コストが低い資金調達方法を経営陣は選択した。1890年代から1900年代初頭は業績も悪く株価も必ずしも高くはなかったので,市場で資金調達を行うよりも発起人として当初から深く大阪紡績に関与し続けていた渋沢が頭取である第一銀行を主要資金供給源とする方が資金コストの面で望ましかった。すなわち,第一銀行との間の情報の非対称性を緩和させてエージェンシー費用を低下させることが企業価値の増大につながったのである。そうした仕組みが相談役としての渋沢の関与や業績悪化時における第一銀行からの役員派遣であった。

　一方,1900年代後半からは業績も改善され株価も上昇してきたことによって,

---

[42] 山辺は,同時代同業種の経営者から経営者として必ずしも高く評価されていたわけではなかった。山辺の評価はむしろその人間性にあったようである。(「人格者としての山邊丈夫氏」,『武藤山治全集』第一巻,新樹社,1963年,723頁(原資料:「山邊丈夫君小伝」(1918年9月20日))。

[43] 1905年上期から,第一銀行の大阪支店役員であった熊谷辰太郎が取締役に就任する。熊谷の取締役就任は,第一銀行が大阪紡績にとって,日々の運転資金を供給する重要な資金提供者であり続けたことを意味する。熊谷を取締役として日々の経営に関与させることによって,日々の経営に関する債権者との情報の非対称性を緩和させたのである。

市場における評判も確立されつつあった。そうした状況においては，資本コストの面から市場による資金調達を行った方が望ましいことがありうる。以下で見るように，大阪紡績では，取締役会で積極的に企業情報を開示し，監査役が取締役会にも出席するという，投資家と経営陣との間で生じるエージェンシー費用を低下させる仕組みが存在していたのである。

3 1900年代から1910年代における企業統治

1) 取締役会の実態

　取締役会議の実質的な機能を明らかにするためには，会議の傾向やその中身について分析しなければならないだろう。まず会議の傾向を明らかにするために取締役会議において，各期の会議数，議題数，原案通過数の推移について見たのが表5-8である[44]。史料は東洋紡績株式会社社史室が所蔵している「大阪紡績㈱取締役会議事録」第1号，第2号，第3号を用いた。

　表によると，各期における会議日数は月1-2回で，各会議における議題数は若干の変動もあるが3-6議題程度を推移しており，時系列的な変化はあまりない。

　次に，原案通過数について述べよう。原案通過数とは議題に対して，「原案之通」あるいは「承認」などそのまま会議において通過した場合，あるいは，可決の有無について記述もなく議題のみが記載されていた場合に「1」を与えた。一方，議題に対して，原案通りではなく会議において新たに事項が付け加えられて決定がなされた場合，または修正・否決された場合に「0」を与えた。上記の指標化により，原案通過率（＝原案通過数／議題数）を算出した。

　従来の見方によれば，取締役会の従業員組織化が進めば，取締役会における経営者監視機能が弱まるとされている[45]。すなわち，ここでは，原案通過率が高い場合，取締役会において，専門経営者の意見がそのまま採用されたことになり，取締役会の経営者監視機能は有効ではなかったという見方である。

　山辺丈夫が常務取締役になる以前（1893-1895年上期）において原案通過率は40-60パーセント程度であり，半数近くの議題について，取締役会で原案が修正

---

44) 原案の作成は山辺丈夫が行っている。
45) 森川（1999），2-4頁。

表5-8 取締役会議の推移, 1893-1914年

年	会議数 a	議題数 b	平均議題数 $c=b/a$	原案通過数 d	原案通過率 (%) $e=d/b$
1893下	6	70	11.67	40	57.14
1894上	5	32	6.40	20	62.50
下	4	29	7.25	16	55.17
1895上	5	23	4.60	10	43.48
下	5	7	1.40	6	85.71
1896上	5	15	3.00	12	80.00
下	2	6	3.00	5	83.33
1897上	8	25	3.13	21	84.00
下	8	25	3.13	19	76.00
1898上	6	35	5.83	24	68.57
下	6	17	2.83	13	76.47
1899上	5	30	6.00	19	63.33
下	7	30	4.29	18	60.00
1900上	7	24	3.43	17	70.83
下	7	27	3.86	21	77.78
1901上	7	41	5.86	20	48.78
下	5	26	5.20	16	61.54
1902上	7	27	3.86	17	62.96
下	10	52	5.20	20	38.46
1903上	7	28	4.00	22	78.57
1906下	12	50	4.17	28	56.00
1907上	11	51	4.64	26	50.98
下	10	28	2.80	25	89.29
1908上	11	21	1.91	20	95.24
下	8	16	2.00	14	87.50
1909上	11	28	2.55	26	92.86
下	13	48	3.69	42	87.50
1910上	10	30	3.00	30	100.00
下	7	24	3.43	23	95.83
1911上	6	31	5.17	31	100.00
下	6	23	3.83	23	100.00
1912上	6	32	5.33	27	84.38
下	7	33	4.71	30	90.91
1913上	6	28	4.67	27	96.43
下	5	19	3.80	19	100.00
1914上	9	35	3.89	34	97.14

資料）東洋紡社史室所蔵,「大阪紡績㈱ 取締役会議事録」第1号, 第2号, 第3号。
注1）原案通過数：議題に対して, 会議の決定が「原案之通」などで通過した場合に, あるいは, 可決の有無について記述もなく議題のみが記載されていた場合に「1」を与えた。一方, 議題に対して, 原案通りではなく会議において新たに事項が付け加えられて決定がなされた場合または否決された場合に「0」を与えた。
 2）上半期と下半期はそれぞれ, 各期の「営業報告書」原案が提出される月を最終月として, 半年分を各期間とした。

されるか，もしくは新たな提案がなされていた。しかし，山辺が社長に就任以降（1895年下期）から日露戦争前後にかけて，原案通過率は60-80パーセントを推移していることが多く，以前よりも，原案がそのまま通過するようになっていった。

さらに，合併した金巾製織の取締役であった阿部房次郎が新たに常務取締役に迎え入れられた後（1907年下期）は，原案通過率が80-90パーセントにまで増加しており，取締役会においてほとんどの原案がそのまま通過するようになっている。そして，生え抜きかつ山辺子飼いの従業員，大川栄太郎と岡村勝正が役員に就任した後（1910年上期）は，原案通過率が90-100パーセントとなり，取締役会で取締役が専門経営者の案を問いただすことは皆無になっていく。取締役会が従業員組織化するにともなって，取締役会において経営者の原案がそのまま通過するようになっているのである[46]。

それでは，このような原案通過率の増大は取締役会における経営者監視機能の低下であると断じても構わないのであろうか。あるいは，この変化は取締役会の機能に変容をもたらしたのであろうか。

大阪紡績の設立当初は，株式会社制度が定着する途上の時期であり，営業報告書に記載されている項目の何が，経営にとって重要なそれなのかが不明瞭な時期であったと思われる。事実，この時期は，資本家の代表でもある大株主が重役に選ばれ，彼らは取締役会においてそうした営業報告書の細々した内容についても，議論していたのである。

専門経営者誕生後は，徐々に従業員役員が占める取締役会となると同時に，直接金融に移行する時期でもあった。より多くの株主に対峙しなければならないということは，より多様な選好を持った投資家を説得しなければならないということである。事実，大阪紡績において，株主総会は株主利益にとって正しい経営とは何かを議論する場，そして株主間の利害調整を行う場としても機能していた[47]。所有が分散すれば，それにともなってエージェンシー費用は増大する。そ

---

[46] 原案通過率を被説明変数とし，ROE，常勤役員比率（常勤役員数/総役員数）や投資案件を説明変数とした回帰分析を行った結果，階差なしの場合はROEと常勤役員比率に有意な関係が見られたが，階差ありの場合はいずれの変数についても有意な関係が見られなかった。

[47] 結城（2011），60-61頁。

れと同時に，中小株主が監視費用を支払わずに済ませようとするただ乗りの問題も生じる。この時，取締役会は本来の機能を発揮しないだろう。それらの問題を解決する仕組みが大株主を社外取締役に入れ続けるという取締役会である。取締役の構成員である社外取締役の大株主は株主の利益を損なわないように企業の意思決定を行うことが自身の利益にもつながる。

　一方，企業における経営計画の起案と実行には特別な知識や技術が必要となる。この場合，そうした知識や技術を意思決定に関わるすべての主体に移転させるのは禁止的に費用がかかる[48]。そうした起案や実行は企業内部を熟知した専門経営者や従業員出身者に任せた方がよい。この場合，社外取締役は明らかに企業価値を棄損していると思われるような経営判断以外は口を出さずに専門経営者に権限を委譲した方が効率的である。以下で見られるように，1900年代後半以降，専門経営者は経営判断に関する積極的な情報開示を行うことによって，社外取締役と社内取締役間の情報の非対称性を緩和させて，そうした権限の委譲を促進させたのである。

2) 取締役会の機能

　そのことを明らかにするために，議題別の取締役会議の推移を見ていこう（表5-9）。表は各議題をそれぞれ，営業報告，製造，販売，財務，投資，役員人事，社員および従業員人事，寄付金などの支出，保険，備品などの購入，その他に分類し，各議題の傾向を探ったものである。1890年代は財務関連や投資関連の議題が多く，1900年代になると製造や販売など，経営の中身や技術的な内容が多くなる。さらに，直接金融に依存する1910年代には，生産および販売の結果など詳細な営業報告をする割合が高まる。また，寄付金などの支出，保険，備品などの購入は分析期間を通じて，一定の割合で議論されているが，原案通過率は徐々に増加していった[49]。

　この1890年代から1900年代，1910年代にかけての取締役会の変化が経営者監視機能の低下につながったとは言いがたい。なぜならば，専門経営者の私的利益の追求あるいは支配力の拡大を目的とするのであれば，専門経営者が取締役会

---

[48] Fama and Jensen (1983), pp. 9-10.
[49] 東洋紡社史室所蔵，「取締役会決議録」。

表 5-9 議題別取締役会議の推移, 1894-1913 年

年	1894-1899	1900-1904	1905-1909	1910-1913
営業報告	57 20.6%	110 25.6%	135 31.5%	130 59.6%
製　造	5 1.8%	28 6.5%	19 4.4%	20 9.2%
販　売	15 5.4%	27 6.3%	36 8.4%	5 2.3%
財　務	44 15.9%	63 14.7%	45 10.5%	18 8.3%
投　資	28 10.1%	15 3.5%	21 4.9%	4 1.8%
役員人事	9 3.2%	15 3.5%	28 6.5%	7 3.2%
社員および従業員人事	35 12.6%	28 6.5%	27 6.3%	12 5.5%
寄付金などの支出	24 8.7%	30 7.0%	26 6.1%	4 1.8%
保　険	6 2.2%	5 1.2%	8 1.9%	4 1.8%
備品などの購入	20 7.2%	25 5.8%	30 7.0%	6 2.8%
その他	34 12.3%	83 19.3%	53 12.4%	8 3.7%
合　計	277	429	428	218

資料）東洋紡社史室所蔵,「大阪紡績㈱ 取締役会議事録」第1号, 第2号, 第3号。
注1）営業報告：当期利益の配分など営業報告書に関わる部分についての議題（決算報告も含む）や商況および営業報告。製造：製品の生産方法, 原料調達などに関する議題。販売：販売方法あるいは販売先に関する議題。財務：株式発行, 社債発行や借入金など資金調達に関わる議題。投資：紡績機械の購入, 合併, 工場の買収など設備投資に関する議題。役員人事：取締役および監査役に関する給与, 賞与および人事に関する議題。社員および従業員人事：社員および従業員に関する給与, 賞与および人事に関する議題。寄付金などの支出：地域団体や学校への寄付金や謝礼, 渡航費などの支出。保険：火災保険などの手続きに関する議題。備品などの購入：消火器など工場の備品の購入に関する議題。その他：それ以外の議題。
2）1900-1904年に「その他」が多い理由は, 従業員による社費の使い込み事件があったためである。

において経営の中身や技術的な内容まで株主利益を代表する社外取締役にまで明示する誘因はないからである。

　それにもかかわらず, あえて詳しい営業報告を行って情報開示したその理由は何か。それは取締役会という白日の下にさらすことによって, 社内取締役と社外

取締役間の情報の非対称性を緩和させてエージェンシー費用を低下させるためである。社外取締役との情報の非対称性を緩和させること，それは，株主に見える形で経営を行うということであり，経営陣と株主間のエージェンシー費用を低下させることにもつながったのである。

しかし，ここでもうひとつ問題が生じる。それは，社内取締役が増えれば，常勤取締役の上司である代表取締役を監視，監督しなければならないという問題である。その場合，代表取締役である社長と利害が一致しない，独立した存在が必要である。これが前述したように，社外取締役である。しかし，社外取締役は社内取締役と結託して株主利益を損なうという誘因を持っていないだけで，株主の利益を代表して自らの業務を行うとは限らない。そうした状況が想定されれば，取締役ではない株主は経営陣の行動に対してより猜疑心を持って監視するかもしれない。この場合，エージェンシー費用は増大し，企業価値は減少する。この場合，株主と社外取締役の利害を一致させる誘因を与えればよい[50]。当時の大阪紡績において，社外取締役は大株主でもあった。

加えて，社内取締役の増大と同時並行して，取締役会における社内情報の開示が拡大され，なおかつ，取締役を監査する独立した存在である監査役も取締役会に出席して，取締役の意思決定の妥当性，適法性を監視すれば，そうした費用の増大は防げるだろう。

以下で見るように，監査役会は，相互監視が必ずしも機能しない取締役を監視する機関として機能していたと考えられる。

3) 監査役会の機能

監査役会は取締役の職務執行を監査する機関である[51]。具体的には，取締役の相互監視がうまく機能しない場合，取締役会が株主利益を代表する機関として機能しているかどうかを株主に代わって監視，監督する機関が監査役である。大阪紡績において，監査役会は通常，取締役会議終了後の1週間以内に開催され，取締役会で決定した事項を監査していた。監査役会はあくまで，取締役会の決定事項を「事後的に」観察し，監査していたのである。しかしながら，資金調達にお

---

50) 胥鵬 (1998)，79-80頁。
51) 伊藤／大杉／田中／松井 (2009)，176-177頁。

いて直接金融が重要になっていくのにともなって，監査役は取締役会にも出席するようになっていったのである。

それを示したのが表 5-10 である。1890 年代は取締役のみがほぼ毎回出席していたが，山辺丈夫社長就任後（1898 年上期），取締役はほぼ毎回出席，監査役も決算報告の際あるいは増資や借入金など資金調達を行う際には出席するようになった。100 万円規模の増資が行われ，社長—常務取締役体制となる 1907 年上期以降，社外取締役は，3 回に 2 回は取締役会に出席し，監査役も最低 1 人は出席するようになる。追加増資が行われ，取締役会が従業員組織化する 1910 年上期以降は，常務取締役がほぼ毎回出席するのは変わらないが，社外取締役および監査役もほぼ毎回出席するようになる。1910 年以降から監査役すら取締役会に毎回出席するようになる理由は，1911 年 5 月 2 日公布の商法改正によって，取締役の損害賠償責任が変更されたことが挙げられる[52]。

具体的には，損害賠償責任について監査役の適用範囲が拡大され，なおかつ，損害賠償責任が生じるような事由に対して，取締役間，監査役間，そして取締役と監査役間で連帯責任を負うことが義務づけられるようになったのである[53]。

こうした商法の改正は，経営者の監視および取締役の監視をより強化することとなった。事実，株主総会において，経営者と株主との間で情報の齟齬が生じた場合，株主は監査役に対して開示された情報が正しいものかを確認しているのである[54]。

---

52) 商法公布以前に監査役の行動が変化した理由は 1910 年段階で既に改正内容が新聞によって明らかになったことに由来している（起草委員の齋藤十一郎，「商法改正に就いて」，法令取調委員会幹事の山内確三郎，「商法改正の要点」，「現行商法対照　商法改正中案」，いずれも『法律新聞』六百五十六号（1910 年 7 月 30 日）に掲載）。
53) 「新第百七十七条　取締役カ其任務ヲ怠リタルトキハ其取締役ハ会社ニ対シテ連帯シテ損害賠償ノ責ニ任ス
　　取締役カ法令又ハ定款ニ反スル行為ヲ為シタルトキハ株主総会ノ決議ニ依リタル場合ト雖モ其取締役ハ第三者ニ対シテ連帯シテ損害賠償ノ責ニ任ス
　　新第百八十六条　監査役カ会社又ハ第三者ニ対シテ損害賠償ノ責ニ任スヘキ場合ニ於テ取締役モ亦其責ニ任スヘキトキハ其監査役及ヒ取締役ハ之ヲ連帯債務者トス（旧第百八十六条　監査役カ其任務ヲ怠リタルトキハ会社及ヒ第三者ニ対シテ損害賠償ノ責ニ任ス）
　　新第八七十九条〔中略〕第百七十七条ノ規定ハ監査役ニ之ヲ準用ス」（法律新聞社，『日本立法資料全集　別巻 292　改正商法（明治 44 年）理由』増補四版，信山社出版，2004 年，193-200 頁）。

第5章　企業統治の成立

表 5-10　取締役会における重役の出席率，1893-1914 年

1893-1897年 (%)

	年	1893下	1894上	1894下	1895上	1895下	1896上	1896下	1897上	1897下
取締役	松本重太郎	100	100	100	100	100	80	100	100	80
	佐伯勢一郎	100	100	100	100	100	100	100	100	80
	伊庭貞剛	100	100	0						
	山辺丈夫				100	100	100	100	100	100
監査役	藤本文策	0	0	0						
	阿部市太郎	0	0	0	0	0	0	0	0	0
	宅徳平	0	0	0	0	0	0	0	0	0
	廣瀬満正				0	0	0	0	0	0
会議数		6	5	4	5	5	5	2	8	8

1898-1902年 (%)

	年	1898上	1898下	1899上	1899下	1900上	1900下	1901上	1901下	1902上	1902下
取締役	山辺丈夫	100	100	100	100	100	100	80	86	100	100
	佐伯勢一郎	100	100	80	100	100	0				
	廣瀬満正	100	100	100	100	86	100	100	86	90	100
	宅徳平							100	100	100	100
監査役	阿部市太郎	17	0	0	0	29	0	20	14	10	0
	宅徳平	0	0	20	14	0	0				
	秋馬新三郎	0	0	20	0						
	渋谷正十郎						0	0	20	14	0	0
	肥塚與八郎							20	14		
	肥塚源次郎									10	0
会議数		6	6	5	7	7	7	7	5	7	10

1903-1909年 (%)

	年	1903上	1903下	1904上	1906下	1907上	1907下	1908上	1908下	1909上	1909下
取締役	山辺丈夫	100	100	100	100	100	100	100	100	100	92
	廣瀬満正	100	82	100	0	0	0	0	0	0	0
	宅徳平	100	100	100	83	90	90	91	88	91	69
	熊谷辰太郎			11	83	90	100	82	88	82	77
	阿部房次郎				100	90	100	100	100	100	92
	田附政次郎				83	70	60	73	100	100	77
	大川栄太郎										8
監査役	阿部市太郎	0	9	11	8	0					
	渋谷正十郎	0	9	0	17	10	10	18	63	18	46
	肥塚源次郎	0	9	11	25	30	40	36	63	73	31
	藤井善助				8	10	40	36	63	55	23
	岡村勝正										8
会議数		7	11	9	12	11	10	11	8	11	13

1910-1914年 (%)

	年	1910上	1910下	1911上	1911下	1912上	1912下	1913上	1913下	1914上
取締役	山辺丈夫	100	100	100	100	100	100	100	100	100
	熊谷辰太郎	70	86	83	80	67	100	100	100	100
	阿部房次郎	100	100	100	80	100	100	100	100	100
	田附政次郎	80	71	83	80	100	43	17	0	78
	阿部彦太郎	90	86	100	80	100	86	100	80	67
	肥塚源次郎	50	71	83	80	83	57	83	60	78
	大川栄太郎	70	100	100	80	100	86	100	100	89
監査役	藤井善助	70	86	67	20	100	86	67	100	100
	岡村勝正	80	86	100	60	100	100	100	80	78
	瀬尾喜兵衛							67	40	100
会議数		10	7	6	6	6	7	6	5	9

資料）東洋紡社史室所蔵，「取締役会議事録」。
注1）抽出方法：毎回の会議の際に出席者は出席の証として捺印。
　2）出席率＝出席会議数／総会議数

積極的な情報開示や監査役による取締役会の出席は，株主に対してより透明性の高い経営につながっただろう。これらの措置は，株主総会において，経営者と株主，そして役員と株主との間の情報の非対称性を緩和させた。

株主に対して積極的な情報の開示をする一方，原案通過率が増大しているという事実。それは，資本コストの面から直接金融に移行することを決定した山辺による，株主のエージェンシー費用を下げるための一連の行動であった。取締役会会議の段階で，社外取締役である大株主に対して，株主利益を損なわない経営方針をあらかじめ打ち出し，それをその他の株主に告知せしめるために，監査役も取締役会に出席させる。こうした行動は，専門経営者の自立性が高まった証左ではなく，企業金融の選択に対する専門経営者の最適反応なのである。

おわりに

市場での評判が確立されていないため，社債の発行が困難であり，増資による資金調達の資本コストも割高である場合は，短期金融のみならず長期金融についても銀行から調達する，すなわち間接金融に依存する方が望ましい。大阪紡績についても，設立から1900年代前半まではそのような状況であった。

そうした間接金融が重要な位置を占めていた時期は，最大資金提供者である第一銀行との間の情報の非対称性を緩和させることが，エージェンシー費用を低下させて企業価値も増大する。大阪紡績では，第一銀行の頭取であった渋沢栄一を取締役と同程度の権限を有する相談役に任じ，さらに業績悪化した際は第一銀行から役員を派遣させるという仕組みを導入することによって，エージェンシー問題の緩和に努めた。

大阪紡績では，第一次世界大戦前後に，宮本／阿部（1999）が想定していた，組織の内部者である従業員出身の経営陣が経営を主導していく「日本的な」企業統治が確かに存在していた。他方，メイン・バンクを中心とした銀行借入に依存

---

54) 東洋紡社史室所蔵，「株主総会議事録」1911年7月25日。また，第55回株主定時総会（1910年12月19日）以降，毎期の通常株主総会において営業報告が朗読された直後に，監査役が「監査役として一寸ご報告を致します。唯今朗読になりましたる当期の営業報告並に資産勘定損益勘定財産目録全部監査を遂げまして，其正確なることを認めまして同意致しまして御座います」と述べるようになる。

していた戦後の「日本的な」経営とは異なり，戦前の大阪紡績は資本市場で評判を確立した1900年代後半以降，資金調達を直接金融へと移行させた。

しかし，そうした市場による資金調達を円滑に行うためには，投資家と経営陣との間の情報の非対称性が緩和されなければならない。1900年代後半以降，取締役会における積極的な情報開示や監査役の出席によって，社外取締役ならびに株主にとって透明性の高い経営が確保された。

専門経営者による積極的な企業情報の開示が保証され，専門経営者の経営判断が明白に企業価値を毀損していることがない限り，専門経営者の機動的な意思決定は妨げられているわけではなかった。それは，取締役会における原案通過率の増大からも見て取れるだろう。

戦前日本の大企業で見られた専門経営者の台頭は，先行研究においてしばしば言及されているような株主の監視が低下する一方，雇用経営者の自立性が高まるという形で実現されたわけではなく，取締役会と監査役会を介して，あくまでも株主による「承認」と「監視」を前提にした上でしか成立しえなかったのである。

第6章

企業組織内の資源配分
―― 紡績企業における中間管理職

結 城 武 延

はじめに

　近代企業がなぜ出現したのか。近代的経済成長を説明する上でも，要とも言えるこの問に対して，アルフレッド・チャンドラーは，近代企業による管理的な調整が，市場機構による調整と比較して，生産性，費用そして利潤において優れるようになったからであると答えた[1]。そして，近代企業とは複数単位の事業を単一企業内に有する階層的な組織構造を持つ企業であると定義した[2]。
　また，チャンドラーは，近代企業が複数の事業単位活動を内部化する利益は，管理するための階層制組織が創設されることによって初めて実現されると論じた。単一事業単位の企業の市場機構によって監視，調整されていた活動が，近代企業では中間管理職（ミドル・マネージャー）によって監視，調整されるようになる。一方，経営者（トップ・マネージャー）は中間管理職の業務を評価し，生産における資源配分を行う役割を有する。すなわち，近代企業の本質とは，中間管理職が存在する階層的な組織を持っていることと同義である。市場による資源配分よりも組織による資源配分の方が効率的な場合に，近代企業はより大規模と

---

1) Chandler (1977), pp. 10-12.
2) 近代企業のもうひとつの定義として「事業部制」を論じているが，事業部制の拡大それ自体は不可逆的な歴史的傾向として見られるわけではないことから，本章では取り上げない。

なる。

　それでは，こうした特徴を持つある近代企業が他企業と比較して相対的に利益を獲得しうるとすれば，どのような場合であるのか。それは，技術的条件を一定とすれば，他企業には知られていない，その企業にのみ蓄積された，他企業には移植されえない暗黙知である固有の定型業務（routine）を活用できた場合にほかならない[3]。こうした知識は企業内の現場において，個々の労働者による試行錯誤によって生じている。

　したがって，近代企業における経営管理の要とは，現場の労働者の知識をいかに活用するかにかかっており，この知識を経営者がいかに効率的に活用させるかが中間管理職の役割なのである。

　近代日本において，こうした問題に早々に直面したのが，綿糸紡績業であった。日本の綿糸紡績業のなかで，いち早く近代的な工場管理を導入し，組織の効率性の追求によって超過利潤を獲得したのが，鐘淵紡績会社であった。

　鐘淵紡績会社を事例として，現場で生まれる暗黙知をいかに活用するのかという観点から，近代的な工場管理について論じた先行研究として，桑原（1993a）（1993b）（1995）（1996）および中林（2010b）がある。しかしながら，これら先行研究において焦点が当てられたのは，主に現場労働者の管理であり，中間管理職の役目についてはあまり言及されてはいない。前述のように，近代企業の本質が階層的な組織構造にあるならば，中間管理職の役割についても明らかにされなければならないだろう。

　本章はこうした問題意識から，鐘淵紡績会社を事例として，中間管理職の役割を明らかにすることが目的である。分析対象期間は，日本最大規模の紡績会社として鐘淵紡績会社が成長を遂げる1900年代とする。

　鐘淵紡績は1887年1月に東京綿商社として設立され，当初は綿糸生産ではなく，専ら中国綿花の売買を行っていた。1888年8月，有限責任鐘淵紡績会社に改称し，主に綿糸生産を行う企業へと変貌を遂げた。資本構成は，20世紀初頭までは三井銀行（三井家）が大きな役割を果たしており，1893年には三井銀行理事であった中上川彦次郎が会長に就任，同じく三井銀行の取締役であった朝吹

---

[3] 中林（2010a），90-92頁。

英二が専務に就任した。その後，鐘淵紡績における支店長や支配人などの中間管理職は三井系列から多く採用されることとなる。鐘淵紡績を躍進させた立役者でもある武藤山治（1867-1934）もそうした人脈から採用された人物であった。1890年代後半，鐘淵紡績は他企業と比して利益率も高くなく成績は良くはなかったが，1900年1月に総支配人として武藤が経営の全権を掌握するようになると，成績は改善し，企業規模は飛躍的に拡大した。

　武藤は，慶應義塾に学んだ後，アメリカへ留学し，帰国後，1893年に三井銀行に入行した。その後，三井銀行理事の中上川に実力を買われ，彼が社長を務める鐘淵紡績へ転任した。1894年に武藤は鐘淵紡績兵庫支店長に就任するが，そこで与えられた最初の任務が兵庫工場の建設であった。兵庫工場は男工774人，女工2,871人，4万錘の全国最大規模の大工場であり，大工場の生産管理システムをいかに確立するのかが，入社当初から武藤に与えられた課題となっていたのである。

1　中間管理職の役割

1）中間管理職が存在する理由

　近代企業の特質は階層的な組織構造を持つことであると論じたチャンドラーは，近代企業がそうした特質を備えた理由を複数事業単位の取引を企業で内部化することによって，市場取引よりも取引費用が節約できることに求めた。内部化によって取引費用を節約するためには，生産と流通を調整し監視する存在として，中間管理職が必要不可欠であると論じた[4]。企業内部において資源配分を行う経済主体，これが，中間管理職が存在する第一の理由である。

　中間管理職が存在する第二の理由は，現場労働者の監督者としての役割である。現場労働者と組織の利益が完全には一致しない場合，現場労働者が組織にとって利益が最大となるような努力水準まで努力をしない可能性が常に生じる。こうした行動を抑止するためには監視が必要であるが，経営者一人が管理できる人数は限られている。したがって，企業の規模が大きくなり組織の構成員が多

---

4) Chandler (1977), p. 13.

くなるにつれて，より多くの監視者が必要となる。こうした監視機能を果たすために，中間管理職が存在すると指摘される[5]。

第三の理由として，経営者に現場の知識を伝達する役割である。現場に蓄積される定型化された知識，暗黙知こそが企業の外には容易に持ち出されない，他の企業と当該企業を分かつ，企業の競争力を支える重要な要素である[6]。中間管理職はこうした現場の知識を収集し，経営者に伝達する役割を担っているとされている[7]。

以上，中間管理職が近代企業で果たす主たる役割は，(1) 資源配分の調整，(2) 監視，(3) 情報の収集と伝達であると言える。これらの機能は階層的な組織構造を創設し，中間管理職を設置すればただちに機能するわけではない。いずれの場合も経営者に比べて中間管理職がそれぞれの事柄について高い情報収集能力を有していることが前提条件である。

また，こうした役割を中間管理職が完全に達成しうる場合，経営者はこれら三つの機能について中間管理職に完全に委託すればよい。しかし，中間管理職の利害と組織全体の利害が完全には一致しない場合[8]，中間管理職は組織にとって望ましくない行動を取りうる。そして，こうした状況がむしろ現実的であろう。したがって，いかにして中間管理職に組織にとって望ましい行動を取らせるのか，あるいは，中間管理職と組織全体の利害を一致させるかが，階層制組織を有する企業を束ねる経営者の経営管理上の課題となる。

中間管理職に関する理論において，上司の不正を現場労働者が告発するという状況は想定されていない。後述するように，鐘淵紡績においては，現場労働者が直接経営者に発言できる仕組みと機会を設けることによって，中間管理職によるモラル・ハザードを現場労働者に監視させたのである。

階層制組織において，経営者は中間管理職を介して情報を入手する。中間管理職が得られた情報を正確に伝達してくれるのであれば問題はない。伝達された情報に応じて適宜，経営者が適切な判断を下せばよい。しかし，中間管理職は組織

---

5) Alchian and Demsetz (1972), pp. 787-788.
6) Teece (1982), pp. 43-45.
7) Itoh and Moriya (2010), pp. 10-14. また，中間管理職の監視機能についても言及している。
8) ここでは，組織全体の利益を最大化することが経営者の目的であると仮定している。

とは異なる目的を持つならば、正しい情報を報告しないという情報伝達機能における非効率性が生じうる。また、経営者が直接に現場労働者を監督しないことから、組織全体にとって望ましい行動ではなく中間管理職にとって望ましい行動を現場労働者にさせるように、中間管理職は監視機能を働かせるかもしれない。これら中間管理職を用いることによる非効率性が高まれば、階層制組織を採用する効率性は低下するだろう。

　中間管理職の役割を考察することは、階層制組織、すなわち、3階層以上の組織構造の利点を考えることにほかならない。仮に経営者と現場労働者を直接結びつけるような2階層の組織の方が望ましければ、企業はそうした組織構造を選択するであろう。換言すれば、3階層以上の階層を採用するということと中間管理職の存在がその組織にとって不可欠であるということは同義なのである。

　経済学によって得られた知見を土台にして、中間管理職の機能を実証的に明らかにするためには、個別企業の事例研究を行わなければならない。先述したように、中間管理職が伝達する情報は当該企業固有の知識であり、したがって、中間管理職の活用方法もまた企業固有のやり方で行われているからである。さらに、次項で述べるように、中間管理職の機能を規定する、企業組織のあり方を大きく左右する「企業文化」は、まさに当該企業においてのみ成立する認識の枠組みなのである。

2）経営者の役割──企業文化の創出

　企業の規模が大きくなればなるほど、あるいは、企業が抱える工場数が増えれば増えるほど、それだけ現場の数も多くなり、そこで生まれる暗黙知も多くなる。企業が大規模化することは他社には移転できない暗黙知を利用することによって、組織の効率性をより活用できる可能性が高まる反面、中間管理職を用いることによる非効率性が増大する可能性も高まる。

　したがって、企業組織内で円滑に情報伝達がなされる仕組みが作られなければならない。換言すれば、企業内の経済主体が互いの行動を予想できなければならない。そして、こうした互いの予想が整合的であり企業内で共有されている場合、この「信念の体系」(belief system) を企業文化と呼ぶ。経営者が現場の声を経営に反映させるという企業文化が根付いていれば、組織全体にとって有益な情

報，知識は現場から組織の上層部へ円滑に伝達されるだろう。いかなる企業文化を形成するのかは，いかに現場の知識を活用し定型業務に移転させるのかに直結しているのである[9]。

ところで，本章の分析対象である鐘淵紡績を一躍国内トップの綿紡績企業に躍進させたのは，武藤山治である。武藤が優れた経営者として行った様々な経営改革については膨大な先行研究がある[10]。これら先行研究に共通しているのは，武藤による労務管理が鐘淵紡績を大躍進させたという点である。明治期から，武藤は，いわゆる「温情主義的経営」，「経営家族主義」といった現場労働者の福利厚生を重視する経営をしていた。こうした経営を行った理由は，労働者の離職率を下げ，労働者に熟練を蓄積させることによって，品質の良い綿糸を生産できるようにするためであったという[11]。

「工場経営に当るものの最も注意しなければならぬことは，工場の仕事は直接機械について居る職工が，何から何まで一番よく知つて居ることであります」[12]と明言した武藤にとって，労働者が有する固有の定型化された知識を汲み上げ，組織全体の利益につなげることこそが企業経営の成功の秘訣だった。現場の声を経営者が必ず聞くというのが，武藤が創出に腐心した企業文化であり，中間管理職の仕事もまた現場の声を汲み取ることを最重要課題としたのである[13]。

---

9) 青木（2010），10-12頁。
10) たとえば，『鐘紡百年史』，桑原（1993a）（1993b）（1995）（1996）（2003）および川井（2005）などがある。
11) こうした職工優遇の労務管理は，企業の長期的価値の増大を図るためであったと武藤自身が次のように述べている。「そこで工場で人を使ふにはそれ等多数の従業員が，自然とよく働いて呉れるやうに仕向けねばなりませぬ。〔中略〕西洋で工場経営に成功した人は，職工優遇のために使ふ金は good investment（よい投資）であると言ひますが，何んだかさう言つて仕舞ふと味がなくなりますが，我国の情けは人のためならずと言ふ言葉などは，これを工場経営に応用すると品がよくて至極面白いやうに思ひます」（「私の身の上話（私の失敗談）」，『武藤山治全集』第一巻，99頁）。以下，〔 〕内注記は引用者による。
12) 「私の身の上話（工場経営に就いて）」，『武藤山治全集』第一巻，163頁。
13) こうした企業文化を根付かせるために，武藤は各工場の労働者との対話を頻繁に行つていた。「私が鐘紡に居た時，工場の数が増加し，しかもそれが全国各地へ跨っているやうになると，各地工場の職工に直接会ふどころでない，方々の工場を一年に一度巡視することすら叶はなくなる。かう言ふ場合には各地の工場から職工を何人づつか順次私の居る営業本部へ送らせる。さうして一ヶ月位教養を加へ，私も一度でも会つて話をする。さうして各店へ帰す。これを繰返して居ると自然各店と私との間の連絡が通じるやうになります」（「私の身の上話（工場経営に就いて）」，『武藤山治全集』第一巻，164頁）。

3) 近代日本における中間管理職

　近代日本における中間管理職の実態は，企業内における職員層に関する研究によって明らかにされてきた[14]。たとえば，若林（2007）は三井物産を事例として，明治期から大正期にかけてホワイトカラーである職員層が学卒者から雇用され，人事政策によって長期勤続化するようになったことを指摘している[15]。菅山（2011）は官営製鉄所を対象として詳細な職員層の分析を通じて，明治期は官公吏，企業職員，教員，警察官といった近代部門のホワイトカラー出身者が職員として採用されていること[16]，大正期に入ると高学歴の技術者を獲得するために学卒者が採用されるようになったことを明らかにしている[17]。綿紡績企業については，1900年代にはすでに職員が10年以上の長期にわたって雇用され続けていたことを米川（1994）が明らかにしている[18]。

　このように，近代日本における中間管理職の膨大な先行研究によって，様々な産業，企業に関する職歴，経歴や給与形態，そして雇用の実態については詳細に明らかにされてきたものの，近代企業の本質とも言える中間管理職が，実際に企業内でどのような役割を果たしたのかについては，いまだにほとんど明らかにされていない。これが経営史の観点から，中間管理職の機能を具体的に実証しなければならない所以である。

　本章では，鐘淵紡績における中間管理職として，工場長に着目したい[19]。後述するように，武藤山治が組織改革に着手する上で最も重視したのが工場長の意識改革であった。綿紡績企業においては，各工場を運営，管理する工場長の能力が工場の生産性に決定的に影響を与え，ひいては企業の収益を左右するという認識を武藤は持っていたのである。

---

14) 市原（2001），11-12頁。
15) 若林（2007），237-239頁。
16) 菅山（2011），88-91頁。
17) 菅山（2011），128-131頁。
18) 米川（1994），202-203頁。
19) 綿紡績企業におけるホワイトカラーとして重要な存在は，営業部（本社）の社員である。営業部の社員は定期的に巡回員として本社から工場を視察するために派遣された，本社と工場間の紐帯としての役割を果たしていた。営業部の役割については別稿で論じたい。

2 鐘淵紡績会社における中間管理職（工場長）の役割

1) 権限と仕事の分権化

　1900年1月，武藤山治は総支配人に就任し経営に関する全権を掌握するや否や，以下に見られる組織改革を行った。

　1890年代までの鐘紡の組織は営業部と作業部に分かれており，営業部は綿糸の販売，石炭・綿花・需用品その他の購買にあたった。作業部は調合，打綿，梳綿，初紡，精紡，仕上の6科に分けられ，各科に工頭1人ずつがいてその科を監督し，さらにその下に三つの職階があった。1900年に入ると以下のような組織変更が行われた。営業部は綿糸の販売，石炭・綿花・需用品その他の購買などの商務および財務や経理を行い，各工場の運営については工場長に権限を与えて，工場の運営に専念させるという企業組織への変更である。

　工場長をトップにして，工務主任（2名）が第一工場および第二工場を監督し，各工場には原動部，前部，後部という部門が設けられ，部門別の主任が監督する。そして，部門別に，原動部は汽機担任（2名），汽鑵担任（1名），電気担任（1名），前部には打綿担任（2名），梳綿担任（2名），初紡担任（2名），後部には精紡担任（2名），仕上担任（2名），バンドル担任（2名）と職能別に監督者を置く，階層的な組織となっている。各工程の技術的な管理や指導については各部門の「担任」が，各部門の担任を「主任」が，そして各工場全体の主任は「工務主任」が統括した。後に詳述するが，中間管理職として工場長は所轄の工場運営を一任された。すなわち，武藤の方針という一定の制約はあるものの，機械の運用や選択，人材の登用や労働者の取り扱いについては工場長に権限が付与されたのである[20]。武藤は，中間管理職の階層が工場運営の要になるという認識の下，大学を卒業した高学歴のスタッフを積極的に採用し，中間管理職の増強に努

---

20) 「機械の増設改良等千金を投じて万金を得ることは実施せざる可からず。人の配置を改め，労働力の増加することは行はざる可からず。何事も経済の上より割出して得用なることはヅンヅン採用す可きが故に，直接工場を主宰する工場長諸氏は，配下と共に工場内の隅より隅迄綿密に行渡りて取調べ，弥が上にも我工場成績の進歩を遂げんことを望むものなり」（「工場経済の進歩は尽くるのとき なし」，『武藤山治全集』第二巻，43頁（原資料：『鐘紡の汽笛』第43号，1905年3月30日））。

めたのである[21]。

　工場における階層制を増加させて中間管理職の役割を重視した一方，武藤は東京本店および兵庫支店を鐘淵紡績における模範工場として，そこで培われた労務管理，生産管理や定型業務を各支店に導入するという仕組みを作った[22]。桑原（1996）によれば，同じ番手であっても，兵庫支店のそれに比べて被買収企業工場のそれの品質は悪く，価格にもばらつきがあった。各工場で生産された同一番手の綿糸について，同程度の品質水準を達成するべく生産管理および労務管理を行うことが，当時，重要な経営課題とされていた。

　武藤は自分が過去に経営していた東京本店と兵庫支店の工場長に特に信頼の置ける者を任命することによって，そこで蓄積される定型業務の知識や情報を積極的に他の支店へも移転させるようにした。

　上述したように，当時は同じ種類の綿糸を生産した場合でも品質や生産性に工場間でばらつきが生じていた。仮にすべての工場において同じ種類の綿糸を同一機械および同一原料で生産したとしても，生産に携わる人間を同一にはできないから，必ず各工場固有の問題が生じうる[23]。

　各工場で生じた固有の問題は他の工場で後に生じうる問題でもある。あるいは，類似した問題が既に他の工場で生じているかもしれない。工場に日々直接接する機会がある工場長は，総支配人である武藤よりも間違いなく，その工場長が担当する工場に関する情報を豊富に有していたのである。個別の工場運営に関して情報優位がある中間管理職の情報収集能力を高めるべく，武藤は以下のように工場管理の組織を変更させたのである。

史料1　「工場管理組織の変更」[24]（1900年下期）
　従来工場内部の管理組織は種々の階級ありて監督者の種類と其員数多かりしも，時勢の進歩と共に其組織を改正し監督者も職工と共に働くべき方針を採り，監督者の員数を減じ職工の賃銭を引上げ永く斯業（しぎょう）に従事して熟練を積み技術を研き創業の

---

21) 米川（1994），202-203頁。
22) 桑原（1996），55-56頁。
23) しかも，当時の鐘紡では機械や機械の備品の選択や原綿の種類（混綿比率）についても工場長に権限を付与していた。
24) 「明治参拾参年下半期営業成績報告書」。以下，振り仮名，句読点，下線は引用者による。

好結果を収めんことを期し，徒らに空名を尊ぶの弊習を打破し各自の技倆次第にて給料は増加さるるものなることを成さんとし，已に男工の給料増額を決行し尚来年操業開始よりは兵庫支店女工の賃銀改正をなし，同時に其人員を減じ各自の収入増加を実行し，各店も亦順次此方針を採り着々工場整理の実を挙げんことを期せり。

「監督者も職工と共に働く」という方針は，監督者に現場に蓄積される情報をより正確に収集させ，各職工の努力水準をより正確に観察させる。「すなわち，この組織改革は中間管理職の情報収集能力と監視能力を高めることによって，労働者が仕事を通じて獲得する知識を組織の上層部へ移転させ，労働者のモラル・ハザードも軽減させる効果を持つ。」

しかし，組織改革に着手した1900年前半において，鐘淵紡績会社は他社と比較して経営状態が良いわけではなかった。他社よりも経営状態が改善されるのは1900年代後半になってからであった。1900年代後半に入ってから整備されて定着した「回章」，社内報『鐘紡の汽笛』や注意箱がその要因のひとつであると考えられる。これらは，中間管理職の長所を最大限活用するとともに，その短所を軽減させる仕組みでもあった。さらに，各現場で蓄積される暗黙知をあまねく収集して全社に移転させる役割も果たしたのである。

2) 武藤山治が認識する中間管理職（工場長）の役割

「回章」は数日ごとに工場長宛に発布された通知書である。すべての工場において，製糸成績，生産費用，職工賃金や労働者数（退社数も含む）など生産に関わる数量データが報告され，その上で，工場間の相対的な成績を記載し，各工場がどのような問題を抱えているのかが記載されている。さらに，各工場で実践された業務改善の事例が記載された。また，ある工場で実践されようとしている事例について，その有効性の是非について他の工場長に意見させた。このように「回章」によって，各工場の生産状況や定型業務の内容がすべての工場で共有された。すなわち，「回章」こそが組織の源泉である暗黙知を企業全体へと移転させる手段であった。

したがって，以下の史料に見られるように，武藤山治は工場長が「回章」を熟読し，かつ，その内容を各工場長が運営する工場で実践すべきことを強調した。

史料2　「営業部より発する回章に就て」,『武藤山治全集』第二巻, 90-91頁（原資料:『鐘紡の汽笛』第3号, 1903年8月17日）

　工場経営上に新案を採用することあるか, 或は営業部よりの回章に対し旧来の設備を変更せし如き場合には, 詳細に其事由を営業部へ報告せらるべきは, 工場長当然の義務なるに拘（かかわ）らず, 往々其義務の行はれざる傾きあり。是は業務の統一上に関係を有すること少なからざるにより, 自今は十分此点に注意せられん事を望む。一例を挙ぐれば, 七月十五日附瀧川定次氏中津支店視察報告書類を一括し, 之を回章に附し同店設備中他店の模範となすに足るべきものあれば, 模範として改良せらるべきことを併せて注意したり。而して各店工場長は明細に其可否を講究して, 適否の報告を郵致せらるることを予期したりしに, 今に何等の報告に接せざるは頗る遺憾とする所, 或は各店工場長の講究中に属するものなるかも知れざれども, 従来の例に徴せば之を等閑に附するなきやを疑ふ。

　本社の営業部に対して詳細な理由を報告すれば, 工場の設備も工場長の権限で変更することができるが, その報告がまともに行われていないことを, 武藤は指摘している。工場の設備という工場運営にとって要となる意思決定についても工場長に権限を与える。これこそが, 各工場に関する情報を最も有しており, それを適切に活用できるのが工場長であるという認識を武藤が持っていたことを示唆している。他方, そうした情報が他の工場にとっても有意味なのか, あるいは, 会社全体の利益に資するかどうかは, 工場長は判断できない。「回章」の情報や各工場に派遣された営業部からの報告を掌握している立場にある武藤こそが適切な判断を下せる。だからこそ, 武藤はそうした情報を上げてこない工場長に対して「頗る遺憾」と厳しく戒めているのである。

　武藤の意向や方針, すなわち, 会社の利益最大化をどのように行うのかについては組織の構成員すべてが共有しておいた方が望ましい。さらに, 武藤が各構成員にどのような役割を期待しているのかが共有されなければ, 各構成員は適切な行動を取れないだろう。兵庫支店長時代に武藤が同支店内において発行した『兵庫の汽笛』を前身として, 社内報『鐘紡の汽笛』が1903年に発行された。この社内報を発行する目的は, 創刊号である第1号に端的に記載されている。

史料3　「鐘紡の汽笛発行の辞」,『武藤山治全集』第二巻, 5-6頁（原資料:『鐘紡の汽笛』第1号, 1903年7月25日）

各工場間の総べての消息を相互に知悉し，長短相補ひ，善悪相警し，以て他山の石となし，前車の覆轍ともなし，上工場長より下一の職工に至るまで，是によりて会社全体の出来事を知らしめ，且つ其意志をして疎通せしむるに在り。
　故に余は編纂者を督して世の新聞紙の如き傾向に陥らしめざるを期す。仮令ば任免黜陟の如き，賞罰の如き，救済の如きものは勿論，参考とするに足るべき有益の事項及び各工場の動静を掲げしめ，又娯楽と一宵の歓を尽す面白き談話，或は俳句，和歌の類，又各一欄を割きて之を掲載せしむべし。

　定型業務の知識は現場において蓄積される。したがって，その情報は個々の現場労働者に偏在しており，中間管理職の情報収集能力がどんなに高くても，定型業務に関する情報の非対称性は完全に解消することはない。むしろ，そうした性質を有する情報であるからこそ，それが組織全体に移転できた場合に，他社に比して超過利潤を獲得できるとも言えよう。

　上記史料で述べられているように，社内報『鐘紡の汽笛』は個々の労働者に蓄積される暗黙知，個々の工場に共有される定型業務をすべての工場間，組織の構成員で共有することを目的として発行されているのである。加えて，人事や賞罰など，あらゆる情報をすべての工場間，組織の構成員の間で共有させることによって，『鐘紡の汽笛』は互いの予想が共有される「信念の体系」である企業文化を浸透させる役割をも有したのである[25]。

　前節で述べたように，経営者が現場労働者を直接監督する2階層の組織の方が望ましければ，工場長は存在しなくてもよい。ましてや，工場設備の変更や人材の登用に関する権限を工場長に委譲する必然性はない。経営者よりも個別の工場により近い存在，すなわち，工場長は個別工場に関する情報を経営者よりも豊富に有するがゆえに，工場長は複数単位の生産組織を有する企業にとって不可欠な存在であると武藤は認識していたのである。

　そうした認識の下で武藤は中間管理職である工場長にどのような役割を期待していたのか。それを明らかにするために，まずは，武藤が紡績会社の運営について最重要視していた点を示そう。

---

25) 中林 (2010a)，72-73頁。

史料4　「工業上成功する唯一の道」,『武藤山治全集』第二巻, 31-32頁（原資料：『鐘紡の汽笛』第25号, 1904年5月4日）

　　工業上成功する唯一の道は工場の経営を勉むるにありとは余の常に唱導せる所, 各店工場長諸氏に於ても余の意を体せられ, 熱心に注意せらるるは余の感謝する所なり。〔中略〕近世競争の社会に於て工業により多くの利益を挙げんとするは最も困難とする所なり。特に資本の増加する場合に於て最も然りとす。従つて営業者が利益を得んと欲せば, 商品販売の場合に於てせずして之を生産する場合に其費用を節減するにあり。而(しか)して之が為には事業の秩序を整然ならしむるを要す。〔中略〕余は工場長諸氏の最も凡人を迷はし易き商ひの話に動かされず, 専心工場の経営に意を注がんことを望む。

　工場運営に際しては生産にかかる費用を可能な限り節約することが重要であり, 工場長もそれを最も重視すべきであると武藤は述べる。
　　生産費用の徹底した節約, これこそが工場経営の要だと述べつつ, 武藤が期待する工場長の役割が, 1904年5月に発行された『鐘紡の汽笛』において明らかにされる。

史料5　「工場内の活きたる働きに注目するを要す」,『武藤山治全集』第二巻, 32-33頁（原資料：『鐘紡の汽笛』第26号, 1904年5月20日）

　　諸氏〔工場長〕は書式により各種の報告を提出せられ, 其他工場経営上十分の注意を払はれ居るに相違なし。然れども未だ機械の運転上に対し自ら手を下して之が調査を為し, 以て工場経営上大なる参考に資せられたる形跡の甚だ少なきは余の怪訝する所なり。工場の経営は実に胚胎して此一事に存す。之をて他に工場経営上の大問題なるものなし。
　　実際問題を等閑に付するの結果は失敗を誘致するに至る可し。仮りに失敗を誘致することなしとするも, 其利害損失を研究して改善の域に一歩を着するの利益を見出す能はざるは論を要せざる也。此事たる殊更(ことさら)に其題目を掲げて之を諸氏に告げしことなしとするも, 余が発せる回章は明らかに是等の事に言及せしこと一再に止まらず。而して是諸氏の双肩に懸る当然の職責なり。故に余は茲(ここ)に諸氏に勧告するは工場内の活きたる仕事を第一に研究するに注目せられ, 第二に机上の報告を為すこととせられんこと是なり。是(これ)実に工場経営上利害の岐るる所なるを以てなり。
　　然れども諸氏は技術家にあらず, 終日終夜工場内に入り浸り, 機械と共に始終す可きにあらざることは余の言を待つて後に始めて知る可き諸氏にあらず。要は活

きたる働きを求むるに外ならざるを以て，余の意志を正確に咀嚼し工場経営上に革新を来たされんことを望む。

　第一段落は，工場運営にあたって工場長が機械に直接触れることは，工場運営上の問題を理解するために「大なる参考」になると述べている。第二段落は，まず，機械の運転を実際に行って現場の情報を蓄積した上で，そこで生じる問題を認識し，「利害損失を研究して改善」することが利益につながると述べている。その上で，武藤が求める工場長の役割とは，第一にそうした改善を行うことによってより効率的に工場を運営することであり，第二に監督する工場で蓄積された情報を本社に送ること，である。そして，第三段落は，工場長は「技術家にあらず」と断言し，さらに，工場長は「終日終夜工場内に入り浸」ってはならないと戒める。

　工場長は現場のことをよく知るために機械の運転も「自ら手を下し」てみなければならないと述べつつ，一方で工場長が工場内に居続けることに対しては否定する，こうした一見矛盾しているようにも思われる武藤の方針とはどのようなものなのだろうか。それを明らかにする鍵は，上記『鐘紡の汽笛』が刊行される20日前の1904年4月30日，各工場長宛に出された「回章」にある。

史料6　「工場長の心得に関する件」，『武藤山治全集』増補，513-514頁（原資料：「回章」1904年4月30日）
　　小生は一言各店工場長諸氏の反省を促さざるを得ざることあり，其次第は各店工場長の小生に送る報告が比較的重大ならざる事件に対して周密にして重要なる器械に関し報告すべき事項を兎角怠るの弊あり。一例として小生が一昨年来〔1902年〕考究の末，和製付属品と舶来付属品と何れを採用するが利益なるべきやを検せんため調査の末昨年〔1903年〕注文せる外国品が昨年末より順次到着せるに拘らず（未だ到着せざる工場もあれども多数の工場は少なくも一二回の到着あり）工場長は之に対し如何なる処置を採りつつあるやすら報告せるものなし。小生は職工の不規律を嘆ずる者を聞くとも職工よりは工場長の器械に対する感念の甚だ浅くして其不注意なるを認めざるをえず。〔中略〕
　　工場長諸氏今少し工場経済に就き深く直接間接の利害を考究されん事を望む。試みに考へらるべし。舶来の木管代は和製の倍額なり，然して屑糸の減少は全く之に関係なきや，糸の撚り其他種々の関係なきや，永年の間にはスピンドルに関係なき

や，其他諸種の影響を考究せざれば其利害未だ容易に判断すべからず。工場長中是等入組みたる問題を専心研究せず軽率に反対論を申出たるものあり，其甚だしきはリフトに頓着なく管揚の時間を減ぜんとして長き木管を製造せられたしと申出でたるものさへあり。

機械に関する情報が最も重要であるという認識を持ちつつ，武藤は工場長に対して「工場経済」についてより深い理解を求める。たとえば，綿糸の束を通す木管を和製にするか輸入物にするのかという問題についても，屑糸が出る量，糸の撚り具合，紡績機械との関係などあらゆる面を比較考量した上で，どちらがより効率的な生産を行うことができるのかを調査しなければならないと述べている。換言すれば，技術的な優劣だけを論じるのではなく，「工場経済」，すなわち，最終的にそれが生産費用の節約につながるのかどうかを判断するのが工場長の役割であると，武藤は述べているのである。これが，工場長は工場内で直接機械に触れなければならないが，それと同時に単に技術家であってはならないということの意味である。

個別工場に蓄積される情報を収集し，それを適切に工場運営に反映させて，その結果を正しく報告することこそが，中間管理職である工場長の役割である。それは次の史料からも明らかである。

史料7　「米国に於る監督者に対する思想の変遷」，『武藤山治全集』第二巻，42頁（原資料：『鐘紡の汽笛』第41号，1905年2月23日）
〔前略〕宜敷(よろしく)米国に於て最近主張さるるが如く，上に立つものは其地位の高下を問はず，其配下の大小を問はず，各々自身の働きのみを以て満足す可きものにあらずして，①其部下の智識を善用し，多衆の働きを最も能(よ)く利用するを要するものにして，此技倆の有無大小こそ監督の地位にあるものの適不適と，価値の大小を示すものなりとするが最も適当なる判断なる可し。余は平常部下に直接する諸氏の一層心を茲に致し，自ら車輛の働きを為すのみを以て足れりとせず。更に②其部下の智識助言を誘導し，吸取し，善用し，各人の働きを益々膨張拡大せしむることを自らの任務なりと心得，一層意を茲に致さんことを望む。余輩の設置せる注意函の如き，米国に行はるるものを採用せるものにて，右の趣意の一端を実行せるものに過ぎず。右の如き一部形式の設備を以て満足せず。諸氏の目も耳も常に多衆の間に伏存せる多くの宝玉を収得せんことに，集注せんことを希望す。

部下が持つ現場の知識をうまく活用して工場運営を効率的にすることが工場を監督する立場にある者を評価する基準であり（下線部①），さらに，自分自身が有する知識を意味のある情報として部下にも伝達することによって，工場をより効率的に運営させることが監督者としての役目である（下線部②）と武藤は述べている。

　工場長として適性がある者は，現場の労働者が蓄積する定型業務に関する情報を適確に収集し，その情報を工場内に移転させて，現場労働者の労働効率を高めることにあると武藤は断言している。

　このように，武藤は，中間管理職の役割を，(1)現場に蓄積される情報・知識の収集と報告，(2)(1)に基づいた適切な工場内の資源配分，(3)現場労働者の監視であるという認識を持っていた。そうした認識の下，「回章」や『鐘紡の汽笛』など発行することによって，企業全体に中間管理職が入手した情報を移転させる仕組みを整えたのである。

3）現場労働者による情報伝達の促進と中間管理職の意識の是正——注意箱の設置

　「回章」によって工場間の情報の共有が円滑になり，かつ，各工場で蓄積された定型業務の知識も会社全体に移転されることが可能となった。さらに，『鐘紡の汽笛』によって，工場長ばかりではなく，他の組織構成員全員にそうした情報が共有されることとなった。これらは中間管理職の情報伝達能力を補完する制度であり，中間管理職の役割である知識獲得機能や情報処理機能を高めたに違いない。

　しかし，組織の利益の源泉である定型化された知識が現場で蓄積されることから，中間管理職の情報収集能力をどれだけ高めても，各工場の至る所に散らばっている定型業務の知識を完全にすくい取ることはできない。

　中間管理職であっても収集できない情報をいかにして収集すればよいのか。それには現場の労働者の声が直接経営者に届く仕組みを作ってやればよい。それが注意箱であった。注意箱が作成された主たる目的は，現場労働者である職工が「十分に自己の希望を云ひ得る唯一の」場を確保するためである[26]。注意箱の具

---

26) 「注意函に就て」，『武藤山治全集』第二巻，105頁（原資料：『鐘紡の汽笛』第4号，1903年8月27日）。

体的な仕組みは以下となる。

史料8　「米国の或製造所にて頭取が実行成功せる面白き記事に就て」,『武藤山治全集』増補, 439-440頁（原資料:「回章」1903年6月8日）
　(1) 郵便交付箱の小なる鍵付の箱を製造し, 之を注意交付箱と名づけ一個なり二個なり備付け置き, 使用人職工をして会社の発展と会社の利益となるべしと思ふ事柄は工場内に関する製品の方法器械に関する事柄は勿論, 其他何事を問はず進歩改良に資し, 又は欠点を改め会社に利する事項は大小となく之に投入せしむる事とす。
　(2) 注意書は記名あるを要し, 無記名のものは没書とす。
　(3) 右注意箱の鍵は工場長之を保管し毎月一回開箱し夫れ夫れ査閲し, 其中より採用せるものに対しては一々本人を呼出し其の次第を申聞かせ, 之に其注意の価により凡最高五十円最低一円の限度に於て夫れ夫れ報酬を定め給与することとなすべし。但し米国の製造所にては毎六ヵ月目毎に之を聞きて審査し報酬を定め, 其授与式に職工を集め行ふこととせり。或は金に代ふるに品物もよからん。是等は各店工場長の是と思ふ方法により実行せられたし。
　(4) 右注意書は各店夫れ夫れ取纒め其採用せるもの及び其報酬額は勿論, 採用せざるものも総べて小生に送付せらるべき事。
　(5) 前記の外に二個の箱（此箱は営業部にて製造し各店に配布すべし）を一個宛交代に備へ付け使用人, 職工中, 直接支配人に注意せんとする事柄に限り, 之に投入せしめ毎月之を営業部に郵送すべし。

　注意箱の設置目的は現場労働者が「会社の発展と会社の利益となる」と考える事柄を当人から直接聞くためであった。注意箱を設置するにあたっては, 投書に姓名を記載しておけば, 匿名希望も認め, さらに, 工場内において立場がより弱い女工や幼工に対しては無記名で投書を行っても構わないとした。また, 意見書の採用不採用や報酬については工場長に一任したが, そうした内容も含めて武藤山治に報告する事も義務づけた。このように注意箱の設置は現場で蓄積される知識を現場から直接汲み取る仕組みであると同時に, 各工場長の情報収集能力を武藤が把握する役目も担った。
　さらに, 注意箱にはもうひとつ重要な意味があった。現場労働者が支配人（武藤）に直接意見を述べる別の注意箱の設置がそれである。注意箱の設置は単に現場に蓄積される知識を汲み上げるだけではなく, 工場長や工務主任といった工場

管理者による不正やモラル・ハザードを現場労働者が告発する装置としても，武藤は期待したのである。それは以下の史料からも明らかにされる。

史料9　「私の身の上話（注意箱の設置と雑誌の発行）」，『武藤山治全集』第一巻，159-160頁

〔前略〕私が鐘紡で此制度〔注意箱〕を実行して効果を現はす為には，一方ならず骨折つたものです。先づ社内に於ける階級的感情を掃蕩するため，凡(あら)ゆる機会を利用して，鐘紡では，どんな低い地位の者でも会社のために注意したいと思ふ者は注意書を出し，又は<u>直接何時にても私のところへ申出でるようにせよと話した上に，若し上役が夫がため彼是れ邪魔をしたり，又は憎悪の所行があった場合は勿論，いやな顔付きをした丈けでも申出れば，如何なる高い地位の者でも直ちに懲罰解雇するといふことを口で話すばかりでなく書面で公示し，下級の者が安心して注意書を出</u>すやう努めなければ容易に其目的を達することが出来ません。

上司が邪魔どころか「いやな顔付きをした丈け」でも懲罰解雇を行うということを書面で明記する，ここまで徹底して現場労働者による告発を促すように努めたのである。経営者よりも労働者に近い中間管理職が，労働者が怠けているのかどうかをより正確に把握できるのと同様，経営者よりも中間管理職の日頃の働きぶりを観察できる労働者こそが中間管理職の不正やモラル・ハザードを見抜くことができる。武藤は工場長が閲覧する注意箱以外にあえて武藤だけが閲覧できる注意箱を設置させることによって，中間管理職による機会主義的な行動を抑止しようとしたのである。

このように現場の労働者の事情を配慮した注意箱であったが，設置した当初はほとんど用いられることはなかった。表6-1によれば，設置後3カ月間，全工場合わせても投書数は74通にして，無記名のものと幼工の分を除けば，わずか54通となり，月割にすれば一工場1通程度である。また，東京本店30通と兵庫支店20通を除けば，残すは14通のみであり，模範工場以外ではほとんど活用されていないことが窺える。

こうした事情を踏まえて，1903年8月からは，投書のなかで特に有益であったものについては金，銀，銅の賞牌と賞金をそれぞれ投書者に褒賞する規定を設けた。結果，投書数は増大したようだが，一方で，個々の労働者に蓄積される

表 6-1 注意箱における投書数，1903 年 8 月

工場名	投書数(通)	備考
東京本店	30	外に無記名 10 通
兵庫支店	20	内に支配人注意函及幼工投書を含む
博多支店	5	
洲本支店	2	
中島支店	2	
住道支店	1	
三池支店	1	
久留米支店	1	
中津支店	1	
熊本支店	1	投書ありたりとの報告に接せり

資料）「注意函に就て」，『武藤山治全集』第二巻，103-105 頁（原資料：『鐘紡の汽笛』第 4 号，1903 年 8 月 27 日）。
注）注意箱を設置したのは 1903 年 5 月。

日々の定型業務ではなく，新発明などの情報がより多く投書されるようになり，そうした発明に関する投書は褒賞しないという規定も設けられるようになった[27]。しかし，褒賞規定によって積極的に現場労働者の投書を評価したことが功を奏して，工場長が自身の利益のために原材料を浪費していることが現場労働者からの告発によって発覚するようにもなった[28]。工場長を直接告発できるという注意箱を利用して，現場労働者が自分自身の利益になるように誘導する情報行動（influence activity）は投書に際しての匿名性を排除することによって防いだ。注意箱の設置は，こうした現場労働者による下からの上への監視を機能させることにもなり，工場長をはじめとする中間管理職が組織全体の利益に反する行動を抑止することとなったのである。

---

[27] 「褒賞規定の改正に就て各店工場長に告ぐ」，『武藤山治全集』第二巻，109-110 頁（原資料：『鐘紡の汽笛』第 10 号，1903 年 10 月 27 日）。
[28] 「洲本支店工男の授賞に就て」，『武藤山治全集』第二巻，110-112 頁（原資料：『鐘紡の汽笛』第 10 号，1903 年 10 月 27 日）。

3 経営の成果

1) 平均費用

　武藤山治が総支配人に就任した当初より，組織内の資源配分を効率的に行うために工場間の相対評価や現場の知識を移転させるための努力はなされてきた[29]。一方，これまで議論してきたように，経営者がトップダウンで現場において蓄積される暗黙知を移転させようとしても，定型業務に関する情報の非対称性から限界が生じる。また，経営者が現場労働者全員を監督するのは現実的ではないだろう。したがって，経営者に代わって各工場の定型業務に関する情報を収集し，現場労働者を監督する中間管理職の役割が重要となる。すなわち，中間管理職の能力は工場の生産性に大きな影響を与えていたと考えられる。

　本節では工場別の平均費用と生産性を比較することによって，中間管理職が工場運営に与えた影響を数量的に把握する。

　1900年代，各工場における平均費用（費用／生産量）の推移を示したのが表6-2である。武藤が『鐘紡の汽笛』や注意箱など企業全体で情報を共有させる仕組みが採用される前（1902年）と後（1909年）について平均費用を比較してみると興味深い事実がいくつか発見される。

　まず，企業全体（合計）で見ると，平均費用はそれほど変化がない（15.48円→15.31円）一方，工場間のばらつきはむしろ増大している（1.31円→3.10円）。企業全体で情報の共有がされればされるほど，企業全体で蓄積される定型業務の知識も増大する。したがって，工場間のパフォーマンスの差は，より工場内の定型業務の蓄積の差によって生じるだろう。すなわち，中間管理職にはより高度な情報収集能力や正確な情報伝達能力が求められるようになる。

　そうした視点の下で，1902年から1909年にかけて，工場別で平均費用を比較してみれば，平均費用を低下させた工場（東京本店，洲本支店，熊本支店），変化があまりない工場（兵庫支店，住道支店），むしろ増大させた工場（中島支店，三池支店，久留米支店，中津支店，博多支店）とそれぞれ特徴が異なる。こうした差

---

29) 結城（2010），5-11頁。

表 6-2 紡績工場における平均費用の推移，1900-1909 年

	年	1900年下期	1901年下期	1902年下期	1903年下期	1904年下期	1905年下期	1906年下期	1907年下期	1908年下期	1909年下期
東京本店	生産量（梱）	8,962	13,100	13,297	12,880	13,053	14,741	14,629	13,659	21,919	27,423
	費用（円）	177,758	206,940	194,380	175,595	165,111	189,063	191,106	202,523	284,274	329,590
	費用/生産量	19.83	15.80	14.62	13.63	12.65	12.83	13.06	14.83	12.97	12.02
兵庫支店	生産量（梱）	9,740	20,086	19,949	19,020	20,050	23,500	21,656	21,107	17,272	22,111
	費用（円）	222,213	340,883	316,664	291,278	277,782	352,251	375,072	371,264	268,475	352,077
	費用/生産量	22.82	16.97	15.87	15.31	13.85	14.99	17.32	17.59	15.54	15.92
住道支店	生産量（梱）	3,306	3,533	3,544	3,435	3,568	3,907	4,046	4,004	3,062	4,039
	費用（円）	80,934	64,808	57,242	60,975	49,199	58,437	65,421	62,784	52,464	64,150
	費用/生産量	24.48	18.34	16.15	17.75	13.79	14.96	16.17	15.68	17.13	15.88
中島支店	生産量（梱）	4,509	5,190	4,924	4,689	5,148	5,886	6,044	5,841	4,725	5,729
	費用（円）	n.a.	89,888	79,707	74,621	79,178	96,767	111,048	104,103	84,017	110,882
	費用/生産量		17.32	16.19	15.91	15.38	16.44	18.37	17.82	17.78	19.35
洲本支店	生産量（梱）	3,808	3,722	3,675	3,594	3,559	3,738	4,174	3,823	3,499	9,614
	費用（円）	78,506	58,461	53,031	49,202	46,878	55,823	66,103	61,549	49,526	131,021
	費用/生産量	20.62	15.71	14.43	13.69	13.17	14.93	15.84	6.10	14.15	13.63
九州紡績会社[1] = (a)+(b)+(c)	生産量（梱）	4,968	10,391	5,406	17,040	16,523	17,573	18,102	18,817	14,539	18,672
	費用（円）	144,375	286,292	85,256	282,813	229,181	280,677	317,972	329,537	248,555	323,674
	費用/生産量	29.06	27.55	15.77	16.60	13.87	15.97	17.57	17.51	17.10	17.33
三池支店 (a)	生産量（梱）			2,681	9,905	9,131	9,831	9,942	10,332	7,669	9,965
	費用（円）			44,588	136,742	129,756	157,221	175,834	203,274	140,158	186,639
	費用/生産量			16.63	13.81	14.21	15.99	17.69	19.67	18.28	18.73
久留米支店(b)	生産量（梱）			1,665	4,191	4,230	4,268	4,628	4,582	3,191	4,885
	費用（円）			25,373	102,378	64,167	74,800	85,773	78,232	64,707	89,534
	費用/生産量			15.24	24.43	15.17	17.53	18.53	17.07	20.28	18.33
熊本支店(c)	生産量（梱）			1,061	2,944	3,162	3,474	3,533	3,903	3,680	3,822
	費用（円）			15,296	43,693	35,258	48,656	56,365	48,030	43,691	47,500
	費用/生産量			14.42	14.84	11.15	14.01	15.95	12.31	11.87	12.43
中津支店[2]	生産量（梱）	2,628	3,534	1,265	3,418	3,182	3,633	3,666	3,496	2,880	3,637
	費用（円）	33,864	45,970	18,324	49,168	46,281	55,441	63,660	63,470	47,738	64,704
	費用/生産量	12.89	13.01	14.49	14.39	14.54	15.26	17.36	18.16	16.58	17.79
博多支店[3]	生産量（梱）	937	1,624	440	3,425	3,388	3,809	3,843	3,903	2,478	3,494
	費用（円）	25,877	60,457	8,156	49,798	46,279	61,276	65,581	69,816	56,472	74,352
	費用/生産量	27.63	37.23	18.52	14.54	13.66	16.09	17.07	17.89	22.79	21.28
合計[4]	生産量（梱）	25,816	50,789	52,503	67,500	68,470	76,786	76,161	74,648	70,375	94,717
	費用（円）	559,412	867,407	812,761	1,033,452	939,888	1,149,734	1,255,963	1,265,046	1,091,522	1,450,450
	費用/生産量	21.67	17.08	15.48	15.31	13.73	14.97	16.49	16.95	15.51	15.31
平均	費用/生産量	21.94	16.83	15.66	15.83	13.76	15.30	16.74	16.71	16.74	16.54
標準偏差		2.11	1.11	1.31	3.27	1.24	1.31	1.59	2.08	3.31	3.10

資料）合併前の生産量は「営業実況報告」，『大日本綿糸紡績同業聯合会報告』より，費用は各社『考課状』，合併後の生産量および費用については各期「営業成績報告書」の「損益勘定明細書」より採録．

注 1）1902 年下期より九州紡績会社を合併．九州紡績会社の各工場は三池支店，久留米支店，熊本支店となる．
2）1902 年下期より中津紡績会社を合併．以降，中津支店となる．
3）1902 年下期より博多絹綿紡績会社を合併．以降，博多支店となる．
4）合計＝各本支店の合計．ただし，1900 年と 1901 年について，旧九州紡績会社および旧中津紡績会社，旧博多絹綿紡績会社の工場は含まれない．
5）各本支店の費用＝諸給料＋職工給料＋諸経費．また，合併前の被買収企業の費用＝営業実費－利息－税金－聯合会費－給料および重役報酬（給与＋俸給）－大阪出張費．したがって，費用には原材料である原綿代金は含まれない．
6）生産量については 20 番手製額換算率によって標準化した．
7）費用については 1900 年を基準年として卸売物価指数を用いてデフレートした（日本統計協会編，『日本長期統計総覧』，日本統計協会，1999 年，「表 17-1 戦前基準総合卸売物価指数－総平均（明治 33 年～昭和 60 年）」）．

は工場長の能力の差から生じているかもしれない。

2) 生産性

こうした解釈の妥当性を検証するために,工場間の労働生産性についても比較してみよう(表6-3)。

平均費用と同様に,1902年と1909年について企業全体(合計)で見ると,労働生産性は増大しており(13.92 → 16.43),さらに,工場間のばらつきも増大している(1.73 → 3.19)。

各工場,個々の現場の労働者に偏在している定型業務に関する情報を企業全体

表6-3 工場間の労働生産性の比較,1900-1909年

年	1900年下期	1901年下期	1902年下期	1903年下期	1904年下期	1905年下期	1906年下期	1907年下期	1908年下期	1909年下期
東京本店	8.59	13.92	16.05	16.63	19.17	19.07	20.36	16.89	20.77	21.10
兵庫支店	9.47	12.50	12.79	11.66	13.27	21.76	11.50	12.98	14.71	13.91
平均[2]	9.03	13.21	14.42	14.15	16.22	20.42	15.94	14.93	17.74	17.51
標準偏差	0.62	1.00	2.30	3.52	4.17	1.91	6.26	2.77	4.28	5.08
住道支店	8.01	11.54	12.75	11.00	13.74	12.83	13.34	14.87	13.07	15.59
中島支店	8.06	11.61	13.18	11.26	11.97	12.00	13.99	13.36	14.87	14.13
洲本支店	9.83	12.50	13.02	12.61	13.65	12.61	14.81	14.62	15.01	16.48
平均[3]	8.63	11.88	12.98	11.62	13.12	12.48	14.05	14.28	14.32	15.40
標準偏差	1.04	0.54	0.22	0.87	1.00	0.43	0.74	0.81	1.08	1.19
三池支店			11.52	11.56	10.97	11.68	10.97	11.35	10.98	12.15
久留米支店			15.13	10.70	10.25	9.60	10.01	11.90	11.17	13.44
熊本支店			13.07	14.13	15.00	15.93	14.83	16.57	20.63	19.87
中津支店			13.08	12.29	11.60	11.91	12.64	12.51	11.52	13.08
博多支店			10.04	11.89	11.53	12.02	12.07	11.96	11.68	11.78
平均[4]			12.57	12.11	11.87	12.23	12.10	12.66	13.20	14.06
標準偏差			1.91	1.27	1.83	2.29	1.83	2.20	4.16	3.31
平均[5]	9.36	13.32	13.92	13.23	14.06	14.89	14.43	14.43	15.43	16.43
標準偏差	0.98	0.88	1.73	1.78	2.60	3.85	2.97	1.93	3.18	3.19

資料)各期営業報告書,「製糸成績表」,「職工入退社並現在人員調」。
注1)労働生産性=綿糸生産量/(労働者数×営業日数)
 2)東京本店+兵庫支店の平均,標準偏差も同様。
 3)住道支店+中島支店+洲本支店の平均,標準偏差も同様。
 4)三池支店+久留米支店+熊本支店+中津支店+博多支店の平均,標準偏差も同様。
 5)全本店支店の平均,標準偏差も同様。
 6)綿糸生産量は製額換算率を用いて標準化した。製額換算率については綿糸生産量は製額換算率を用いて標準化した。製額換算率については守屋(1973),45頁,「第7表製額換算率(1) 純綿糸(無瓦斯)」より算出。

で共有しうるようになった 1903 年以降,各工場はそうした知識を活用して徐々に生産の効率性を増大させたのである。

事実,工場別で労働生産性を比較してみても,久留米支店や中津支店を除き,すべての工場で労働生産性が増大している。そのなかでも,労働生産性を 20 パーセント以上増大させた工場(東京本店,住道支店,洲本支店,熊本支店),10 パーセント以上増大させた工場(博多支店),5-10 パーセント増大させた工場(兵庫支店,中島支店,三池支店)と分類される。

平均費用および労働生産性ともに改善した工場(東京本店,洲本支店,熊本支店)もあれば,労働生産性のみ改善した工場(兵庫支店,住道支店),平均費用も労働生産性もむしろ改悪した工場(久留米支店,中津支店)と,工場間で大きく異なる。この結果は,定型業務の共有化が進展していくとともに,より高度な工場管理能力が中間管理職に求められるようになったという前述の指摘を支持しているように思われる。

企業全体で見れば,徐々に労働生産性は改善していることから,武藤山治による階層制組織の活用は成功したと言ってもよいだろう。ROA を比較してみても,3.8 パーセント(1900-1902 年)から 10 パーセント(1907-1909 年)へと大幅に改善されていることが確認される[30]。

3) 工場における中間管理職の推移

こうした解釈の妥当性を検証するために,各工場における中間管理職の任用を見てみよう(表 6-4a, b)。

まず,工務主任から工場長へといった昇進は少なくとも 1914 年までは見られなかったことが分かる。一方,数は少ないが同一職階における工場間の異動はあった(たとえば,住道支店工場長の三宅郷太が中津支店工場長に異動)。また,1907 年頃から多くの支店で工場長の交代が行われている(住道,中島,三池,久留米,熊本,博多)[31]。

さらに,中間管理職には役員に昇進する道があった。具体例を挙げれば,藤正純(東京本店工場長:取締役(1907-1930 年)),山口武(兵庫支店工務主任:取締役

---

30) 川井(2005),63 頁,表 4 より算出。
31) 工場長は営業部出身者が多かった。

第 6 章　企業組織内の資源配分　213

表 6-4a　中間管理職の推移，1899-1906 年

店 名	職 名	1899 年下期	1900 年下期	1901 年下期	1902 年下期	1903 年下期	1904 年下期	1905 年下期	1906 年下期
東京本店	工 場 長 工務主任	和田豊治 大谷竹吉 乾棟三郎 依田竹三郎	藤正純 大谷竹吉 乾棟三郎 依田竹三郎	藤正純 大谷竹吉 乾棟三郎 依田竹三郎	藤正純 乾棟三郎 依田竹三郎	藤正純 依田竹三郎	藤正純 依田竹三郎	藤正純 依田竹三郎	藤正純 依田竹三郎
兵庫支店	工 場 長 工務主任	武藤山治 西川直太郎 山口武 北村百三	山口八左右 西川直太郎 山口武 北村百三	山口八左右 西川直太郎 山口武 北村百三	金平豊太郎 西川直太郎 山口武 北村百三	金平豊太郎 西川直太郎 山口武 北村百三	金平豊太郎 西川直太郎 山口武 北村百三	福原八郎 西川直太郎 山口武 北村百三	福原八郎西 川直太郎 山口武 北村百三
住道支店	工 場 長 工務主任	藤正純 垂水清	中村庸 松田岩三	中村庸 松田岩三	佐藤暦次郎 中村熊次郎	佐藤暦次郎 丸家嘉七郎	佐藤暦次郎 丸家嘉七郎	佐藤暦次郎 濱田三郎	佐藤暦次郎 濱田三郎
中島支店	工 場 長 工務主任	上野邁之助 根来伊八郎	東勘也 中村熊八郎	木暮誉太郎 中村熊八郎	木暮誉太郎 中村熊八郎	木暮誉太郎 中村熊八郎	瀧川定次 中村熊八郎	瀧川定次 前田雄次郎	瀧川定次 前田雄次郎
三池支店	工 場 長 工務主任				佐久間研造 佐々木克己	佐久間研造 佐々木克己	佐久間研造 望月栄作	佐久間研造 望月栄作	佐久間研造 望月栄作
久留米支店	工 場 長 工務主任				中村庸 松村晋	中村庸 松村晋	中村庸 松村晋	中村庸 丸家嘉八郎	中村庸 丸家嘉八郎
熊本支店	工 場 長 工務主任				多和田督太郎 本池英美	多和田督太郎 本池英美	多和田督太郎 安永省三	多和田督太郎 安部田貞延	多和田督太郎 安部田貞延
中津支店	工 場 長 工務主任				大澤重三 眞田文吉	大澤重三 眞田文吉	大澤重三 眞田文吉	大澤重三 眞田文吉	大澤重三 眞田文吉
博多支店	工 場 長 工務主任				大澤重三 持田巽	大澤重三 持田巽	大澤重三 持田巽	大澤重三 四岡忠夫	大澤重三 四岡忠夫

(1907-1918 年))，福原八郎（兵庫支店工場長：取締役（1919-1927 年))，望月栄作（三池支店工務主任：取締役（1919-1923 年))，多和田督太郎（熊本・三池支店工場長：取締役（1928-1932 年))，中村庸(いさお)（住道・久留米支店工場長：取締役（1930-1941 年)，監査役（1947-1953 年))，三宅郷太（住道・中津支店工場長：取締役（1931-1935 年)，専務（1936-1940 年))，瀧川定次（中島支店工場長：取締役（1931-1941 年))である。

　中間管理職が役員へと昇進する要因は，管理する工場の生産性や成績を向上させた場合や企業全体にとって有益な情報を武藤山治へ上げた場合などが考えられるであろう。そこで，中間管理職の存在が工場の生産性や成績に影響を与えたのかどうかを計量的に検証してみよう。

　被説明変数は労働生産性（綿糸生産量／（職工数×営業日数))，説明変数は役員へと昇進した中間管理職のダミー変数（役員に昇進した中間管理職が当該本支店にいた場合=1，いない場合=0）としてパネル・データ分析を行った（表6-5)。

　表によれば，藤正純と福原八郎は1パーセント水準で正に有意，望月栄作と中村庸は負に有意であった。労働生産性に負の影響を与えたことが昇進につながっ

表 6-4b 中間管理職の推移，1907-1914 年

店 名	職 名	1907年下期	1908年下期	1909年下期	1910年下期	1911年下期	1912年下期	1913年下期	1914年下期
東京本店	工場長 工務主任	藤正純 依田竹三郎	藤正純 依田竹三郎 山邊武彦 平野秀彦 渡邊虎太郎	藤正純 依田竹三郎 山邊武彦 平野秀彦 渡邊虎太郎	藤正純 依田竹三郎 山邊武彦 平野秀彦 渡邊虎太郎 野田良夫 倉賀野政三	藤正純 依田竹三郎 山邊武彦 平野秀彦 渡邊虎太郎 倉賀野政三 高木九三 井上相如	藤正純 依田竹三郎 山邊武彦 平野秀彦 渡邊虎太郎 倉賀野政三 高木九三 井上相如	藤正純 依田竹三郎 平野秀彦 倉賀野政三 高木九三 井上相如	藤正純 依田竹三郎 平野秀彦 倉賀野政三 高木九三 井上相如
兵庫支店	工場長 工務主任	福原八郎 西川直太郎 山口武 北村百三	福原八郎 西川直太郎 山口武 北村百三	福原八郎 西川直太郎 山口武 北村百三	福原八郎 西川直太郎 山口武 北村百三	福原八郎 西川直太郎 山口武 北村百三	福原八郎 西川直太郎 山口武 北村百三	福原八郎 西川直太郎 山口武 北村百三	福原八郎 西川直太郎 山口武 北村百三
住道支店	工場長 工務主任	三宅郷太 濱田三郎	三宅郷太 濱田三郎	大澤重三 濱田三郎	大澤重三 濱田三郎	永見一 前田良夫	永見一 田邊五百代	永見一 田邊五百代	永見一 田邊五百代
中島支店	工場長 工務主任	佐藤暦次郎 益子愛太郎	瀧川勝一郎 益子愛太郎	瀧川勝一郎 益子愛太郎	瀧川勝一郎 益子愛太郎	大澤重三 益子愛太郎	曽根藤九郎 多田豊元	曽根藤九郎 多田豊元	曽根藤九郎 多田豊元
三池支店	工場長 工務主任	多和田督太郎 有松貞重	多和田督太郎 有松貞重	多和田督太郎 有松貞重	多和田督太郎 有松貞重	多和田督太郎 有松貞重	多和田督太郎 有松貞重	多和田督太郎 有松貞重	多和田督太郎 有松貞重
久留米支店	工場長 工務主任	江口章蔵 丸家嘉八郎	江口章蔵 丸家嘉八郎	江口章蔵 丸家嘉八郎	江口章蔵 丸家嘉八郎	江口章蔵 丸家嘉八郎	江口章蔵 前田良夫	廣瀬朝三 前田良夫	廣瀬朝三 前田良夫
熊本支店	工場長 工務主任	曽根藤九郎 多田豊毛	曽根藤九郎 多田豊毛	曽根藤九郎 多田豊毛	曽根藤九郎 多田豊毛	曽根藤九郎 多田豊毛	杉江三 多田豊毛	杉江三 鈴木末雄	遠藤宗六 鈴木末雄
中津支店	工場長 工務主任	大澤重三 眞田文吉	大澤重三 眞田文吉	三宅郷太 高橋兵四郎	三宅郷太 高橋兵四郎	三宅郷太 高橋兵四郎 名取義雄	三宅郷太 高橋兵四郎 名取義雄	江口章蔵 名取義雄	江口章蔵 名取義雄
博多支店	工場長 工務主任	高倉範三 四岡忠夫	高倉範三 四岡忠夫	渡邊寅蔵 安永省三	渡邊寅蔵 安永省三	渡邊寅蔵 安永省三	渡邊寅蔵 安永省三	渡邊寅蔵 安永省三	渡邊寅蔵 安永省三

資料）各本支店「工場史」，「歴代工場長及工務主任」『鐘淵紡績株式会社五拾年史　草稿　中』神戸大学経済経営研究所所蔵，資料番号 407-24-7。
注1）下期：6-12月。
　2）「工場史」には洲本支店の記載が欠落していたため，洲本支店は省略した。

たとは考えにくいことから，昇進の要因を労働生産性のみに帰着することはできない[32]。しかし，この結果から示唆されることは，中間管理職が個別工場の労働生産性に大きな影響を与えているという事実である。

　武藤が看破したように，中間管理職の工場運営の巧拙は工場の生産性や効率性に多大な影響を及ぼした。そうであるからこそ，武藤は中間管理職の役割を明確に規定し，通知書や注意箱，社内報などを用いることによって，彼らと密に情報の交換と共有を図ったのである。

32）中間管理職が役員へ昇進する決定要因については別稿で論じたい。

表 6-5 中間管理職が工場に与えた影響：労働生産性，1902-1914 年

被説明変数：労働生産性（固定効果）		
説明変数	係数	t 値
藤正純	5.20	13.41 ***
山口武	−0.64	−1.50
福原八郎	1.08	2.28 **
望月栄作	−2.59	−7.06 ***
多和田督太郎	−0.11	−0.19
中村庸	−3.57	−8.72 ***
三宅郷太	0.36	0.69
瀧川定次	−0.51	−0.98
定数項	14.66	42.00 ***
調整済み R^2	0.38	
F 値	20.06	
標本数	250	

資料）各期営業報告書，「製糸成績表」，「職工入退社並現在人員調」。
注1）労働生産性＝綿糸生産量／（労働者数×営業日数）
　2）綿糸生産量は製額換算率を用いて標準化した。製額換算率については守屋（1973），45頁，「第7表製額換算率(1)純綿糸（無瓦斯）」より算出。
　3）説明変数：役員に昇進した中間管理職がいた場合＝1，いない場合＝0。
　4）***，**はそれぞれ1パーセント，5パーセント水準の有意性を示す。
　5）Wu-hausman 検定を行った結果，固定効果が採択された。

おわりに

　市場における資源配分よりも組織内におけるそれの方が相対的に効率的な場合，取引は組織内でなされる。市場が拡大するとともに，そうした組織内における取引が経済において決定的に重要な位置を占める起点となる。それが近代企業の出現であった。

　近代企業において最も重要な特徴のひとつは階層的な組織構造である。階層的組織において，経営者は中間管理職を評価し，中間管理職が現場の労働者や工場内の資源配分も監視し，調整する。すなわち，中間管理職を効率的に活用しえた経営者が存在する企業こそ他企業よりも超過利潤を獲得できるのである。

　1900年，すでに日本最大規模の綿紡績企業に成長していた鐘淵紡績会社の全

権を委託された武藤山治は，総支配人に就任早々，様々な組織改革や制度設計を行った。それらはみな現場の労働者によって発見される知識，すなわち，暗黙知をトップまで汲み上げる改革であった。しかし，そうした情報は経営者よりも中間管理職，中間管理職よりも現場労働者に情報優位がある。

したがって，1903 年になると，武藤はこうした現場の情報を組織全体に共有させるための制度設計を行った。それが社内報や注意箱などの仕組みである。こうした仕組みが定着し始める 1900 年代後半になると，それまで他社と比しても少なかった利益が他社を上回るようになった。

こうして成功を収めたかに見えた鐘淵紡績であったが，中間管理職の能力の差によって，生産性向上の成果が大きく異なるという問題も同時に生じた。こうした工場間の成果の差を可能な限り小さくする手段として，1910 年代に入ると，武藤は「科学的管理法」を採用した[33]。科学的管理法の導入により，労働者が各工程において標準とされる動作と時間が確定されて，それ以前よりも工場間の効率性の差は縮まった。

1900 年代は中間管理職たる工場長が現場労働者の有する固有の情報を汲み上げて，企業全体に行き渡らせるという漸進的な効率性の改善が行われた。1910 年代に入ると，そうした漸進的な改善は科学的管理法によってその役目の多くが代替されることとなった。さらなる超過利潤を獲得するためには，より高度な知識を必要とする高い技術に基づいて設計された機械を運転させることによって作られる，より高付加価値な製品の生産を行わなければならないようになったのである。

---

33) 桑原（1995），40-46 頁。

第 III 部
内部労働市場の成立

218

第7章

労働市場と労働組織
――筑豊炭鉱業における直接雇用の成立

森本真世

はじめに

　本章における大きな問題関心は技術進歩と労働との関わり合いである。かつては技術進歩とともに労働は不熟練化すると考えられたこともあったが，近年においては技術進歩は必ずしも不熟練化をもたらすわけではなく，人間に新たな熟練形成を促すと考えられるようになっている。一方，技術進歩は労働組織にも変化を及ぼした。たとえば前近代から存在した産業においては，しばしば機械導入とともに漸次的に直接雇用への移行が進んだ。その典型的な事例が，鉱山業である。近代技術導入前には，炭鉱業において納屋，金属鉱山業において飯場と呼ばれる，企業の所有者と労働者との中間に存在する組織が個々の労働者を管理する間接雇用組織が採用されていた[1]。しかし，機械の導入とともに，企業が直接的に労働者を管理，統轄する直接雇用組織へと漸次的に変化していったのである。日本の場合，こうした移行は，近代綿紡績業や近代製糸業といった移植産業には見られなかった。それらの移植産業は，勃興の当初から工場制工業として，直接雇用組織を形成した。これに対し，鉱山業は，近世期から存在し，近代に急成長した産業であり，それぞれの企業，鉱山において，間接雇用組織から直接雇用組織への移行が観察されたのである。

---

1) 納屋，飯場とも，物理的には，鉱夫の住居施設を指す。その管理者が採用や監視を委任されている場合には，その間接管理組織としての面を指して用いられる。

したがって，工場制の移植や，直接雇用組織だけでなく，伝統的な雇用組織自体が，何に作用を受け，いかに変化を経験したのかに関心のある本章にとって，鉱山業は格好の事例と言えるだろう。さらに，そうした変化を分析する際に，近世から操業され，そして近代に爆発的に成長した筑豊炭鉱業は最も望ましい対象のひとつである。

　筑豊炭鉱業において直接雇用に移行が完了したのは1930年代になってからである。初めは棟梁（頭領）制と呼ばれる，納屋制度の前身となる一山請負制が採られ，納屋頭らを指揮命令する棟梁が鉱業権者と請負契約を結んでいた。その後，棟梁が廃止され，そして長い時間をかけてまた納屋頭も廃止され，最終的には直接雇用に到達した。この組織変化の始まりと終わりについては隅谷（1968）や荻野（1993）によって指摘されているが，それら両端点の間においてどのような変化が進行したのか，30年以上にわたる長期的な変化の過程が十分に明らかにされているわけではない。本章では，まず第1節において，それを考える枠組みとして，機械の導入や採炭方式の変化といった技術革新と情報構造の変化との関係，そして，情報構造の変化と労働組織の変化との関係，すなわち，情報構造の変化を介した労働組織と技術条件との間の依存関係を考察する。

　伝統的熟練に依存していた時期，その技術知識は言うまでもなく現場に蓄積されていた。加えて，炭鉱業にはそれ自身が持つ技術的特性によって深刻な情報の非対称性が存在していた。したがって，労働の内容も技術の実態も企業側ではなく現場，そして納屋頭に情報優位であった。この深刻な情報の非対称性により，逆選択とモラル・ハザードという二つの問題が生じた（序章第1節2項①）。雇用契約締結前に生じる逆選択とは，企業側はどのような人物が鉱夫としてふさわしいのか，また熟練した鉱夫であるのかを知りえないため，志願者が自身の能力を過大に申告して雇用される危険性があるという問題である。雇用契約締結後に生じるモラル・ハザードとは，企業が炭鉱の労働について把握できないために，どの程度稼働すればどの程度出炭できるかが分からず，さらに労働者が適切に働いているのか否かが分からないため，その労働を適切に制御できないという問題である。炭鉱業での直接雇用組織への移行は，ある日突然なされたのでは決してなく，この二つの問題が徐々に緩和されることによってもたらされた。第1節においては，まずその漸次的な変化に対する本章の視角が提示される。

技術条件と情報構造によって規定される労働組織の変化は，そうした漸次的にしか生じない労働組織の変化をつぶさに分析することによってしか明らかにしえない。間接雇用組織という端点と直接雇用組織という端点とを結ぶ線上において生じた，炭鉱の技術条件と情報構造，情報構造と労働組織の相互依存関係の変化の手がかりをつかむことが本章の課題である。

　この課題を念頭に置きつつ，第2節以降においては，1902-1907年に操業された麻生藤棚第二坑が分析される。麻生藤棚第二坑は，納屋制度に依存しつつも「事務直轄」雇用を一部に採用し，また「直轄納屋」も設置していた。技術面では，採炭方式としては伝統的熟練が必要とされる残柱式(ざんちゅう)が用いられ，採炭作業においては鶴嘴を使う手作業によっており，採炭工程の大部分は納屋制度に大きく依存していたが，部分的に直接雇用を試行していた。6年間の操業は比較的短期間ではあるが，1900年代という時期に麻生に買収され，経営の連続性の絶たれた炭鉱であるがゆえに，それまでの経路依存による制約が相対的に小さく，斬新な改革に着手しえたのであろう。この過渡的な雇用形態に注目して，筑豊炭鉱業における労働組織の変遷を検討することができると考える。ここで主に使用する史料は「麻生家文書」の「志願書」，そして「戸籍簿」，「勤怠表」である。1890年（1892年施行）の鉱業条例は日本全国の鉱山に鉱夫名簿の作成を義務づけた。鉱夫個々人の情報を企業が持たないならば，直接雇用への移行はありえない。この条例によって炭鉱業全体の直接雇用移行への基本条件が整えられたのである。麻生はこれを契機に，「戸籍簿」，「除籍簿」も作成し，個別鉱夫の把握強化を試みた。第2節においては「契約書」，「志願書」，「戸籍簿」を用いて，職種によって異なる雇用契約の性質が検討される。

　第3節においては現存する麻生藤棚第二坑の鉱夫774名分の「志願書」に記載された全情報を入力したデータベースが分析される。「志願書」には，出身地，年齢，家族構成といった鉱夫自身の情報が詳細に記されているだけでなく，必ず保証人が連署している。直接採用であれば「事務直轄」と書き添えた上で職員が署名する。それ以外の保証人についてもデータベースと雇用管理原簿である「勤怠表」とを突き合わせることにより，保証人が納屋頭であるのか，職員であるのか，それとも納屋頭以外の周旋人や鉱夫といった通常の保証人かを識別することができる。さらに，「勤怠表」から，納屋内部の下位組織についての示唆も得ら

れる。これらの情報を組み合わせて，過渡期における労働市場と労働組織の構造に迫りたい。

1 炭鉱の技術と組織

1) 炭鉱の技術的特性と情報構造

　幕末から明治初期の炭鉱では，山元や元方と呼ばれる採炭業者がおり，彼らは直接には採炭などの監督は行わず，棟梁を作業監督として雇用し，労働者の統轄者として指揮監督もさせた。しかし，賃金の支払いなど事務処理のためにおいた勘場(かんば)は，棟梁ではなく，鉱業主である山元の直属であった。その後，20-30 名の炭鉱では 5-10 名ごとに組を作り，それぞれに納屋頭が置かれ，彼らが労働者を監督した。棟梁はその上に位置し，坑内作業から鉱夫の管理まで一切の責任を負い，全体を統轄していた[2]。棟梁は炭鉱経営者の下で坑内の事業を請け負い，納屋頭を使って鉱夫を働かせていた。しかしその後，棟梁制の「弊害」[3]からこれが廃止され，納屋頭が頂点に位置づけられた。しかし炭鉱側は棟梁制廃止の後においても，鉱夫の氏名も，さらには何人働いているのかも把握することはなく，鉱夫に関する監督や賃金管理，雇い入れなど一切の管理を納屋制度に委ねていた[4]。排水と運搬の機械化が始まるのは 1880 年代であるが，その時点においては，経営側である鉱業主[5]は炭鉱の内部には入らず，納屋頭に一切の作業を委任し，彼らを筆頭に現場に従事する者らが経営側に対して技術的情報と労働者についての情報の両方において優位であった。それが歴史的前提だったのである。

　また炭鉱では，労働者は地下坑内という暗く，かつ狭いところで作業をする。加えて採炭や，坑内支柱の設置と撤去にあたる仕操（仕繰(しくり)）[6]の作業は，1920 年

---

2) 隅谷 (1968), 88-90, 167, 314 頁。
3) 「高島炭坑坑夫雇入手続」，1888 年（労働運動史料委員会 (1962), 70 頁；隅谷 (1968), 273 頁)。
4) 隅谷 (1968), 274 頁。
5) ここで鉱業主とは鉱業権を持つ炭鉱の所有者を指す。ただし 1890 年の鉱業条例（1892 年施行）以後は，譲渡と抵当の設定の自由が認められるとともに，鉱業権を借り受けて，代理として採掘する権利も鉱業権から切り離されて取引されるようになった。そのため，鉱業権を持つ者（鉱業人）と実際に採掘する者（鉱業代理人）が異なる場合が少なくなかった。異なる場合には経営側とは，実際に採掘する鉱業代理人を指す。

代までは手作業で行われていた。また、その作業は、実地経験のある者が培ってきた伝統的熟練に大きく依存していた。このような状況下では、企業側は、鉱夫らの労働の過程や、あるいはそもそも、実際の出炭作業を十分に把握できていなかったと推測される。つまり、企業と労働者との間に、採炭作業の遂行に関する情報の深刻な非対称性が存在していた。企業側ではなく現場に情報優位なこの状況はモラル・ハザードと逆選択の可能性をもたらしていた。このため、長らく企業は、炭鉱の作業や労働の全般を納屋制度に委託せざるをえず、納屋頭に支払わねばならない追加的な費用（情報レント）を考慮しても、その選択は合理的な次善解であったのである。

必要な技能に関する情報の非対称性と作業の遂行状況に関する情報の非対称性とが漸次的に緩和されていくとともに、納屋頭に鉱夫の管理などを委託する必要も低下し、直接雇用体系への移行が可能となった。こうした労働組織の変化を概観しておこう。

情報構造が変わるとともに効率的な組織の構造も変わる、すなわち情報の非対称性が緩和されるにつれて直接雇用組織への移行が進む、炭鉱においてはそれは急速に起こりうることではなかった。炭鉱の作業工程は伝統的に、採炭、運搬、坑道の枠入れ、選炭などに明確に分かれており、各工程において必要な技術と技能が異なっていたからである。情報の非対称性が緩和されるには、機械化をはじめとする近代技術の導入が大きく作用した。まず、坑内の湧水を汲み上げる排水ポンプが導入され、ほぼ同時期に運搬過程に捲揚機(まきあげ)が導入された。このことによって、企業側による労働内容の把握は飛躍的に向上する。つまり企業と現場との間に存在した深刻な情報の非対称性が緩和されたのである。排水ポンプや捲揚機の操作に限っては納屋頭に委託する必要がなくなり、排水ポンプを操作する喞(そく)筒方(とう)、捲揚に用いる昇降機を操作する棹取夫(さおとり)らがまず最初に直接雇用されることになった[7]。

採炭過程の機械化は運搬過程より約20年ほど遅れて始まった。これによって炭鉱業の基幹である採炭に関しても企業が技術的情報を持つことが可能になり、採炭過程における鉱夫の監督や管理を納屋頭に委ねず、企業が行うようになっ

---

6) 本書では分析対象である「麻生家文書」において多用されている「仕操」を用いる。
7) 隅谷 (1968), 314 頁。

た。この採炭過程の機械化は採炭方法の変化とも深く関係していた。採炭方法の変化とは，後述するように，古くから使用されていた残柱式から長壁式への移行である。採炭方式の近代化と採炭機械の導入によって採炭過程においても企業側が技術的情報について優位となり，労働過程を把握する精度が格段に上がったのである。

　このように炭鉱業では工程ごとに作業が異なり，特に機械化前は，各工程で必要とされる伝統的熟練はまったく異なっており，その伝統的熟練に関する情報を企業側は持っていなかった。したがって独立性の高い各工程において必要とされる労働者の選別と監視の両方を企業側は納屋に委ねていた。納屋頭はそれらの相互に独立性の高い各工程の労働組織を統括，管理していたのである。しかし，ある工程に近代技術が導入され，その工程の情報構造が企業優位に変わると，その工程は納屋頭の管理から企業の直轄管理に移された。技術的に関連性の薄い各工程への近代技術の導入は必然的に個別に進められ，したがって情報構造の変化も個別に生じた。そのため労働組織の変化も工程別に起こり，それゆえ炭鉱全体としての組織変化は漸次的なものとなった。しかし，最後まで手作業に依存していた採炭工程が機械化されると，すべての工程を工学的に管理することが可能になり，全工程を同調させることによって生産性の拡大が見込めるようになった[8]。そのように近代技術導入の完了によって，各工程間の補完性が高まるとともに，すべての工程の情報構造が企業優位になると，炭鉱全体の労働組織が一元的に企業の管理下に置かれることになるのである。

2) 炭鉱業におけるモラル・ハザードと逆選択

　サービス供給の契約にあたり，多くの場合，契約以前には供給者はそのサービスの質について，需要者よりも多くの情報を持っている。こうした契約締結の前における情報の非対称性（隠された知識，hidden knowledge）は逆選択を導きうる。また，契約後においても，サービス供給の努力は需要者が直接に観察できないものであるが，こうした契約後における情報の非対称性（隠された行動，hidden action）はモラル・ハザードを誘発する（序章第1節2項①）。

8）荻野（1993），262頁。

炭鉱業では，雇用契約の締結後，鉱夫が怠けず働き，出炭を上げようと努力しているかどうかは鉱業主には観察できない。つまり鉱業主と鉱夫との間に鉱夫の行動，すなわち契約後の労働の内容についての情報の非対称性が存在している。そのため，怠けた者に対しても働いた者と同じ賃金を与える可能性が存在するというモラル・ハザードが生じる。この情報の非対称性を緩和し，問題を制御するために納屋頭を置き，鉱夫の監視や稼働の管理，賃金分配を委託していたのである。

　またこの問題は，鉱業主と納屋頭との関係でも生じる問題である。すなわち納屋頭が所属鉱夫らに対し，的確に指導や管理を行っているか鉱業主は分からない，というモラル・ハザードが生じうる。それによって，納屋頭の申請する労働者への賃金を含めた諸費用を鉱業主は知るところになく，それゆえ納屋頭が鉱夫らの労働を正当に評価せず，鉱夫の賃金を詐取するかもしれない。こうしたモラル・ハザードを制御するために，企業は，適切な管理，適切な情報提供を促す誘因賃金を納屋頭に支払う必要がある。たとえば，適切な管理に対する割増賃金を与えれば，その割増部分を失わないように，納屋頭は適切な管理を継続するであろう[9]。納屋頭の収益として鉱業主から納屋頭に移転する情報レントには，このように納屋頭自身のモラル・ハザードを制御するための誘因賃金も含まれていた。

　にもかかわらず，炭鉱業各工程の近代化が終わるまでは，何らかの形で納屋頭が用いられた。鉱夫のモラル・ハザードから生じる損失と納屋頭のモラル・ハザードから生じる情報レントという損失の総和が，情報の非対称性ゆえに企業が負担する損失である。近代化が完了する以前の時点では，モラル・ハザードを生じさせている納屋頭を解雇したとしても，それは鉱夫のモラル・ハザードによる損失の総和の増加を意味したのである。鉱業主が坑内まで関知しないという歴史的前提に加えて，技術的情報を鉱業主が持っていなかったため，鉱夫らすべてを直接雇用して管理する費用よりも，納屋頭に帰属する情報レントの方が低く済む。それが，鉱業主が納屋制度を採用していた理由である。

　鉱業主は，労働の過程を把握できないことはもちろん，その労働が手作業であ

---

9) すなわち，一種の「効率賃金」と考えてよい。

り，伝統的熟練に依存していたために，どのような者が鉱夫として適しているかを判断することもできない。鉱業主と鉱夫が雇用契約を結ぶ前において，熟練度やまじめさといった鉱夫の性質に関する情報は，鉱夫自身が鉱業主よりも当然に持っているのである。鉱夫は自らの能力を過大に申告して契約を結ぶ可能性があり，そのため逆選択が生じることになる。これを回避するために企業は，納屋頭に労働者の募集（選別）をも委託した。

3) 情報構造と労働組織の漸次的な変遷

　筑豊炭鉱における機械の導入は，まず1880年代後半からの排水ポンプに始まる。そしてほぼ同時期に，大炭鉱に運搬機械である捲揚機が導入され，1890年代後半に主要炭鉱にはほとんど設置された。捲揚機導入によって，運搬過程の処理能力が向上したが，炭鉱業の核である採炭過程は依然として手作業であり，鉱夫の熟練に依存せざるをえなかった[10]。そのため，運搬過程の設備投資や人員の投入もまた，手作業に依存する採炭過程の生産能力によって決まっていた（第8章第1節）。機械化された排水設備と運搬設備の運転に従事する者は，納屋頭を介さず炭鉱企業に直接雇用されるようになったと言われる[11]。

　採炭過程についてはまず第一次世界大戦を挟んで，採炭方式が残柱式から長壁式へと移行し，1932年には主要炭鉱のほとんどで長壁式が採られるようになった[12]。このように1920年代以降には採炭能率の向上を目標として切羽が集約され長壁式採炭法が普及するとともに，採炭機械が積極的に導入された[13]。採炭機械には，鑿岩機，コール・カッター，コール・ピック，切羽運搬機があり，それらは1930年代頃にはほぼ普及が完了した[14]。

　これまでの石炭産業研究史において，技術と情報構造，情報構造と労働組織の相互依存関係は必ずしも明示的に分析されてはこなかった。確かに，排水および運搬の機械化と，それにともなって生じた排水設備や運搬設備を操作する労働者の間接雇用から直接雇用への移行に注目した隅谷（1968）[15]，1930年代における

---

10) 隅谷（1968），308-312頁。三菱鯰田炭鉱の具体例として，畠山（2008），200-254頁。
11) 隅谷（1968），314頁。
12) 荻野（1993），141, 293頁。
13) 荻野（1993），262頁。
14) 荻野（1993），293-294頁。

採炭工程の機械化完了と同時期における納屋制度の廃止とをひとつの視角の下に論じた田中 (1984), 荻野 (1993)[16]は, 事実上, 技術と組織の相互依存関係に一定の見通しを与えており, その意味で, 本章と問題意識を共有するものである。

しかし, こうした先行研究の達成にもかかわらず, 最も重要な問題はいまだ解明されていないと本章は考える。機械化が始まると直接雇用への移行が始まり, 機械化が完了すると直接雇用への移行も完了する。その入り口と出口においては, 技術と組織の関係について静態的な分析を加えることも可能であり, 先行研究はまさにその関係を静態的に分析した。

ところが, 機械化や長壁式採炭法の導入が進むとともに, 納屋制度もゆるやかに変化していた 1900-1920 年代における技術と組織の関係については, 先行研究は曖昧な見解しか与えていない。たとえば, 採炭工程が近代化途上にありながら, 納屋制度に部分的な直轄管理を試みた, 1900 年代の麻生藤棚第二坑における納屋制度改革に関する荻野 (1993) の言及[17]は, まさに本章と関心を共有する先駆的な成果である。しかし, 荻野 (1993) は改革の存在を指摘するのみであり, その内容も, そしてその内容が持っていた技術変化と組織変化に関する含意も, 提供していない。炭鉱業が急激な発展を遂げた 1900-1920 年代における労働組織変化の構造と要因は, 依然として, 暗箱のなかにある。

その理由のひとつは, その過程を解明する史料が多くなく, しかも, 現存する数少ない史料も難読であるがゆえに分析者を退けてきた点にある。本章は, まず, この点を, これまで本格的に検討されたことのない麻生藤棚第二坑鉱夫「志願書」をはじめとする一次史料の徹底した分析によって克服したい。

もうひとつの理由は, 従来の研究が, 組織変化を, しばしば, 炭鉱企業と納屋頭, 納屋頭と労働者との間の分配の問題として捉えており, 炭鉱企業, 納屋頭, 労働者のそれぞれに帰属する余剰の総和を左右する効率性の観点からは必ずしも捉えていないことによっている。技術と情報, 情報と組織の相互依存関係という極めて重要な問題が, 自覚的に分析されてこなかった理由もそこにあった。本章は, まずは効率性が改善されたか否か, という一点に絞って組織変化を分析する

---

15) 隅谷 (1968), 313-314 頁。
16) 田中 (1984), 397-441 頁；荻野 (1993), 407-410 頁。
17) 荻野 (1993), 69-77 頁。

ことにより，組織変化の構造と要因に迫る。そこにおいて，分配問題の重要性が忘れられるわけでは必ずしもない。たとえば，炭鉱企業が効率性を追求して機械を導入し，それにともなって企業が研修を実施し，人的資本投資を行うとともに，1930年代には鉱夫の福利厚生が改善され，現実に効率性は改善された。その過程において鉱夫への分配は実質的に増加した。その事実が重要であると認識する点において本章と先行研究との間に大きな相違はない。しかし，鉱夫への分配の増加を，階級間の所得移転のための闘争という側面に偏って捉えてしまうと，組織変化が効率性改善に対して持った意味は見えにくくなってしまう。組織変化の持った意味を考えるために，本章および第8章は，あえて，技術と情報，情報と組織の相互依存関係によって決まる効率的な組織の選択，に焦点を当てている。この視点からの長期的な分析は，第8章によって与えられる。

　本章および第8章では，間接雇用組織である納屋制度から直接雇用組織への移行は4段階を経て進んだと考える。まず，モラル・ハザードと逆選択の両方が深刻であったときには納屋制度が用いられていた。次に，どちらの問題も存在しているが，企業が逆選択の緩和に取り組もうとする段階があった。そして，採炭機械などの機械が導入された後，モラル・ハザードが緩和された段階があった。最後には，両方の問題が緩和され，直接雇用組織となった。順を追ってこの漸次的変化の1段階目から見ていこう。

　①**納屋制度**　モラル・ハザードも逆選択も深刻であったときには，炭鉱企業は労働者の採用も監督と管理も納屋制度に委託するしかなかった。納屋制度は納屋という鉱夫向けの集合住宅を大きな単位として，納屋頭を筆頭に数十人の鉱夫によって構成されていた。納屋頭の下には，いくつかの組が存在し，日々の作業はそれぞれの組で行われていたと考えられる。その組には，リーダーが存在し，組をまとめていた。つまり，納屋制度は二重構造をとっていた（図7-1）。

　納屋頭は，企業より「募集から就職，稼働，賃金分配，住居の監督及び世話まで」[18]委任されていた。納屋頭は，納屋に所属する鉱夫全員分の賃金を一括で受け取り，鉱夫らに分配していた。受け取った金額と鉱夫らに分配する金額の差は納屋頭に帰属していた。この差額が，納屋頭が非対称性情報に従事し，モラル・

18）大阪地方職業紹介事務局（1926），21頁。

```
          ┌──────────┐
          │  炭鉱企業  │
          └──────────┘
- - - - - - - - - - - - - - - - - -
   ( 納屋 )  ( 納屋 )  ( 納屋 )  ( 納屋 )
```

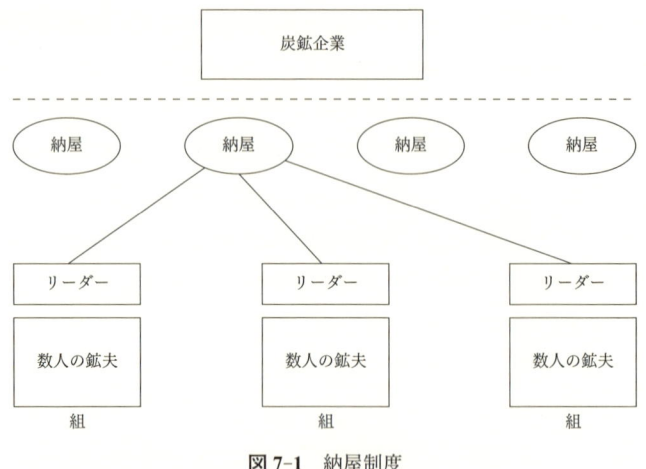

図 7-1　納屋制度

ハザードと逆選択を緩和することで得られる情報レントということになる。さらに，納屋制度は二重構造であったので，それぞれの組のリーダーに対しても情報レントを支払う必要があった。つまり，企業側は納屋頭とリーダーとの二重の情報レントを支払っていたことになる。それでもなお，全鉱夫を直接に管理する費用よりも納屋制度に委託して情報レントを支払う費用の方が低く，それがこの時期ではより効率的な次善解だったのである。

②**部分的直接雇用**　モラル・ハザードも逆選択も十分には緩和されていないが，企業が逆選択の緩和に取り組んでいた時期があった。それはすなわち納屋制度の二層のうちの一層を直轄化するものであった（図 7-2）。これには，直轄納屋という独立性の低い納屋を企業が設置するものと，組のリーダーを直接雇用するものとの 2 種類があった。リーダーを直接に雇用すれば，企業は二重に支払っていた情報レントを節約できる。また，実際の採掘など労働の過程を知る組のリーダーを直接雇用し，そのリーダーに鉱夫の採用を任せたならば，企業側は逆選択を緩和することができる。加えて，リーダーを直接雇用するならば，そのリーダーは企業に雇用された従業員として鉱夫らの人的資本投資にあたることになる。その条件が整えば，農業出身者など新規の鉱山業参入者も直接雇用しうるようになる。さらに農業出身者を雇用する際には鉱夫としての熟練を持ち合わせているか否かを判断する必要はなくなるので，逆選択の緩和につながるだろう。

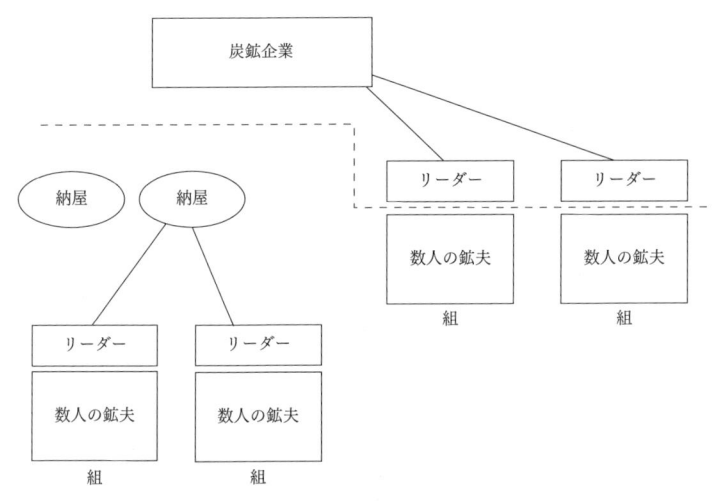

図 7-2　部分的直接雇用

にもかかわらず，依然として，鉱夫ひとりひとりを直接雇用するに至らなかったのは，労働の過程をつまびらかに知ることはできなかったからである。

この段階の変化は，次の段階③のように採炭機械の導入によってモラル・ハザードが緩和されるという技術変化に対応して起こった，受動的な組織変化ではなく，逆選択を緩和し，二重構造を解消しようという目的をもって試みられた組織変化である。また手作業に依存した伝統的熟練を企業が内包しようという目的もあっただろう。このように，直接雇用への第一歩は，納屋頭の下に存在していた組のリーダーを直接雇用するものであった。

③**世話役（方）制度**　この段階への変化のきっかけは，1920年頃から炭鉱に採炭機械が導入されたことであった。機械は企業によって導入され，企業によって所有される。企業はそれらの機械をどのように動かせばどれだけ出炭を上げられるかを知っている。ここに企業は採炭過程に関して，納屋頭に対して情報優位に立ったわけである。企業側は，労働者が怠けているか，働いているかを相当程度把握できるようになる。すなわち，雇用契約後の情報の非対称性が軽減されるので，モラル・ハザードは緩和されるのである。どれだけ稼働すればどれだけ出炭が上げられるかが分かる，ということは，労働の投入に対する出炭を正確に予想できる，ということであり，最も強力な誘因体系である出来高賃金を企業が決

めうる,ということである。出来高賃金を決められるとは,もはや鉱夫の賃金を納屋頭に委ねなくてもよいということである。したがって,納屋制度下の情報レントは消滅する。そこで,多くの炭鉱企業においては,1920年代後半には世話役制度という納屋制度から誘因制御をのぞいた間接雇用組織へと移行させた。世話役には,「納屋制度と同様に〔中略〕募集とか,稼働,居常の監督はある程度はやらせるが,賃銀支払等には絶対に干与させないのである」[19]とある(第8章第2節史料5)。モラル・ハザードが緩和されたことにより,賃金体系を企業が決めることができるようになり,納屋頭には鉱夫らの賃金をひとまとめにして渡さなくなった,と理解することができよう。一方の逆選択については,知的熟練[20]が浸透して内部労働市場が形成されるまで,深刻な問題として残ったと思われる。

④**直接雇用**　機械の導入が進み,企業内で養成される知的熟練の重要性が増すと,知的熟練を身につけうる新規農村出身者を企業が識別し,採用できるようになった。先の段階に加えて,逆選択が緩和されるに至ったのである。こうして両方の問題が緩和され,間接雇用組織に委託する必要は一切なくなった。企業は労働者に炭鉱機械に対する熟練を身につけさせなければいけないが,これはまったく新しい熟練であるので,前職が鉱夫でなくてもかまわないのである。こうして,企業は間接雇用組織を廃止し,鉱夫らそれぞれと直接雇用契約をかわし,納屋頭などが担った業務に企業の雇員が従事するようになった。

2　労働組織の端緒的変化

1)　麻生藤棚第二坑における組織改革

　藤棚第二坑は,元は本洞炭坑と呼ばれ,後に藤棚坑と呼ばれる炭坑とあわせて

---

19) 大阪地方職業紹介事務局 (1926),21頁。以下,〔　〕内注記,振り仮名,句読点は引用者による。採鉱の機械化が労働組織に与えた影響については,金属鉱山の例であるが,武田 (1987),323-324頁が示唆的である。

20) 氏原 (1966) は,熟練労働者個々人に手工的,職人的に蓄積されてきた技能に対して,これを置き換えるために企業内の教育と訓練によって蓄積された技能を「知的熟練」と呼んだ (氏原 (1966),398-399頁)。小池 (2005) の言う「知的熟練」(小池 (2005),11-26頁) はその部分集合的な概念であるが,ここでは「知的熟練」によって,氏原 (1966) の言う広い意味の「知識的熟練」を指すこととした。

1882年に許斐鷹助（このみ たかすけ）の所有となった。1885年には猿田の旧坑を開鑿して，蒸気機関の装置を据え，1890年に33万2,655坪の選定鉱区に指定され，1891年にさらに14万7,714坪の増借区を出願し，合計48万365坪となった。1892年，そのうちの21万9,390坪を藤棚坑，残りを本洞坑と命名し，その本洞坑は山本周太郎の名義となったが，1896年に再び許斐の所有に帰し，1900年11月には堀三太郎の手に渡り，1902年7月に麻生太吉に譲渡され，麻生が藤棚第二坑と改称した[21]。その後，1907年7月に三井鉱山に売却される。

1906年時点では，麻生藤棚第二坑での採炭方式は残柱式で，鶴嘴を使用しており，採炭機械は導入されていなかったため[22]，採炭工程の大部分は納屋制度に依存していたと考えられる。だが，麻生は「事務直轄」や，「直轄納屋」といった，より直接的な管理を試行していた。

荻野（1993）は，1900年代の麻生藤棚第二坑の組織変革に言及しており，独立性の強い納屋と「直轄納屋」が併存し，1903年には「直轄組織改正」が試みられたことを指摘している[23]。「納屋」と「直轄」と2種類の組織が存在していたが，その「直轄」の組長が「疾病坑夫食費貸越等」があり，「勉励ナル坑夫ノ賃金ヲ恣（ほしいまま）ニ融通使用致ス様ノ事」もあるとのことで，「純然タル直轄」としたい，と坑長が本店に対して「稟申書」を提出している件である[24]。もっとも，荻野（1993）は，この稟申書を紹介するのみで，この時点における麻生藤棚第二坑鉱夫の募集および管理に分析を加えておらず，労働組織の漸進的な変遷過程における過渡的な雇用形態としての「直轄」と「納屋」を語るものではない。しかし，そうした過渡的な雇用形態こそ，技術条件や情報構造を労働組織との関わりを通して分析するための興味深い事例を提供してくれる。本章はこの過渡的な労働組織に現れるであろう漸進的な変化を明らかにしたいと考え，麻生藤棚第二坑を分析対象とする。

---

21) 『筑豊石炭鉱業組合月報』第36号，1907年，22-23頁。
22) 農商務省鉱山局（1908），365頁。
23) 荻野（1993），91-92頁。
24) 「『本洞坑所員用』手帳」，年代不明，「麻生家文書」1-こ-42（目録：『九州石炭礦業史資料目録』第1集，373頁）；〔稟申書〕，〔作成〕本洞炭坑長安永乙吉，〔宛所〕麻生商店店主，〔年代〕1903年8月，「麻生家文書」2-本洞-18-3（目録：『九州石炭礦業史資料目録』第2集，320頁）；荻野（1993），91-92頁。

2) 史　料

　本章においては，麻生藤棚第二坑へ志願した者が提出した「志願書」[25]から分析を始める。確認できた「志願書」は 1902-1907 年にわたる合計 774 名である（多くは 1905-1907 年）。「志願書」には，志願時点における志願者の以下の情報を含んでいる。本籍地（県／府，郡／市，村／町），身分（平民もしくは士族），直近の前職，氏名（拇印もしくは捺印あり，多くは拇印），生年月日，保証人氏名，保証人印（捺印もしくは拇印あり，捺印が主），志願日，である。この他に「戸籍簿」[26]と「勤怠表」[27]も用いられる。「志願書」は志願時点に作成されるが，「戸籍簿」は志願後に作成されたものである。「勤怠表」は鉱夫の毎日の入坑を記録したものである。

　1890 年の鉱業条例によって「鉱夫名簿ヲ備ヘ置キ氏名，年齢，本籍，職業，雇入及解雇ノ年月日ヲ記入ス」と定められたため，全鉱山でこういった名簿の作成が義務づけられた。そのため，麻生も「志願書」や「戸籍簿」の作成を徹底した。そのことの意味は決して小さくない。1890 年代においては依然として大多数の鉱山が間接雇用組織に依存していた。そうした組織構造において鉱夫個々人を識別しているのは，納屋頭であって企業ではない。仮に企業側が鉱夫の個人情報を得ようとすれば，それは鉱夫の個人情報を独占していた納屋頭の情報レント源泉を損なうことになりうる。したがってある鉱山が単独でそうした改革を行おうとすれば，不利な条件を嫌う納屋頭の移動を惹起したかもしれない。しかし，全鉱山企業が強行法規によって一斉に鉱夫個人情報の獲得に移行するとすれば，そうした問題は抑止される。そもそも鉱夫個々人を企業側が識別できなければ，直接雇用への移行などありえない。言い換えれば，鉱業条例はそうした直接雇用移行への基本条件を整えたのである。また，この名簿作成は一斉に全鉱山に命じられたので，各鉱山において絶対的には追加的な費用が生ずるが，他鉱山との相

---

[25] 「麻生家文書」2-本洞-51, 52（目録：『九州石炭礦業史資料目録』第 2 集, 322 頁）；「麻生家文書」4-二坑 D-29-32（目録：『九州石炭礦業史資料目録』第 4 集, 84 頁）。
[26] 「麻生家文書」4-二坑 D-1-6, 8-10, 24-28（目録：『九州石炭礦業史資料目録』第 4 集, 82-84 頁）。
[27] 「麻生家文書」2-本洞-51, 52, 87（目録：『九州石炭礦業史資料目録』第 2 集, 322, 324 頁）；「麻生家文書」4-二坑 E-1-72, 74-79（目録：『九州石炭礦業史資料目録』第 4 集, 85-91 頁）。

対的な費用増は零と考えてよい。鉱業条例の効果には否定的な評価が多いが，このように鉱夫名簿の作成が義務づけられたことによって，全炭鉱が足並みを揃えて直接雇用への移行を志向できた可能性を看過すべきではない。

3) 契約の構造

まず雇用契約から組織の構造を確認しておこう。

史料1[28] 「契約証」

契約証
第一条 　一般御坑則堅ク相守リ，決シテ違背致間敷候事。
第二条 　御規則ニ違背シ及ビ労働ニ堪ヘ兼，又ハ，坑業ノ御都合ニ依リ，退坑ヲ命セラルヽトキハ，何時ニテモ直チニ立退キ可申，又自分ヨリ退坑セントスルトキハ，先ツ願書ヲ提出シ御許可ヲ受ヘキ事。
第三条 　就業時間ハ毎日十二時間以内タルヘシト雖モ，天災非常或ハ緊急ヲ要スル場合若シクハ，事業ノ都合ニ依リ係員ノ御命令アルトキハ，右規定ノ時間外ト雖モ，坑内外ヲ論セス労働ヲ辞セサル事。
第四条 　事業ハ渾テ御坑係員ノ御指導ヲ受ケ，若クハ自分付属納屋等ノ申付ニ依リ就業可致候事。
第五条 　御坑役員ノ許可ヲ得スシテ親族知己ト雖モ勝手ニ宿泊セシメ申間敷候事。
第六条 　喧嘩口論ハ勿論，賭博又ハ之レニ類似ノ所業，其他風俗ヲ乱スヘキ所業ハ毛頭致間敷事。
第七条 　衛生上ノ義ハ常ニ注意シ，御坑役員ノ命令ニ従ヒ不都合ナキ様可致事。
第八条 　安全灯使用ノ儀ハ御制規ニ基キ，使用可致ハ勿論，如何ナル場合ト雖モ，自己ニ開放致ス間敷。若シ破損ヲ生シタルトキハ，原価自弁可仕候事。
第九条 　前条ノ契約其他一般ノ御規則ニ違背シタルトキハ，如何様ノ御処置相成候トモ，聊カ異議申間敷事。

今般御坑々夫稼業ノ議，志願候処，御許容相成候ニ付テ，前記ノ条項，屹度相守リ，稼業勉励可仕候。依テ保証人連署ヲ以テ契約書一札如件。

---

28) 「契約証」，〔年代〕1904年，「麻生家文書」4-二坑 D-32（目録：『九州石炭礦業史資料目録』第4集，84頁）。

〔志願日〕　明治＿＿年＿＿月＿＿日
〔本籍〕　＿＿県　＿＿郡　＿＿村　＿＿番地
〔氏名〕
＿＿年＿＿月＿＿日生〔生年月日〕
保証人　〔保証人氏名〕
　坑長　安永乙吉殿

　第四条に見られるように，企業の雇員に直接に監督を受ける場合と納屋頭の監督を受ける場合と双方の場合が想定されていた。そのように間接管理が想定されていたとはいえ，第五条に見られるように，企業側雇用職員の許可なく納屋への入居が認められることはなかった。
　そして採用にあたっては，1種類の雇用身分を想定する「志願書」と2種類の雇用身分を想定する「志願書」とがあった。前者はその構成も単純であった。

史料2[29)]　「志願書」

志願書
自分共今般御坑ニテ稼業致度（いたしたく），御採用ノ上ハ，左ノ条件相守リ可申（もうすべく）候条，御雇被下度（くだされたく）候。
一，法律規則ハ勿論，御坑ノ規定堅ク相守リ可申候。若シ之ヲ犯シ候歟（か），又ハ坑務ノ不利益トナルベキ行為御認定ノ節ハ，放逐，其他ノ御処分ニ預リ候トモ，決シテ故障不申（もうさず）候。
一，御坑規定賃金ノ内，一割高ハ堅ク御坑ニ積金ヲ為シ，一月ヨリ六月マデノ分ハ，陰暦七月中旬ニ，七月ヨリ十二月マデノ分ハ，陰暦十二月末ニ，申受候外（ほか），勝手ニ払戻シノ請求不致（いたさず）候。
一，自己ノ都合ニ依リ，御坑ノ許可ヲ得ス退坑シ，又ハ放逐等ノ処分ニ預リ候節ハ，積金没収相成候共，異存無之（これなき）ハ勿論，負債ニ係ルモノハ，一時ニ弁償可仕候。
右条件ヲ掲ケ保証人相立（あいたて），志願仕（つかまつり）候也。

　＿＿県＿＿郡／市＿＿番地＿＿字　　士族／平民
　＿＿業　〔氏名〕　〔拇印または捺印〕

　〔同3名分〕

---

29)　「志願書」，〔年代〕1905-1907年，「麻生家文書」4-二坑 D-29-32。

〔志願日〕　明治＿＿年＿＿月＿＿日　　右保証人　〔氏名〕
〔保証人印または捺印〕

麻生藤棚第二坑事務所御中

一方、2種類の雇用身分を想定する「志願書」はより複雑な構成となっていた。

史料3[30)]　「志願書」

志願書

今般、御鉱所ノ鉱夫雇傭及労役規則ニ服従シテ、御雇入志願仕候ニ就テハ、左記ノ契約証遵守仕、堅ク履行可致候。仍テ身元保証人連署志願書如件。

　　＿＿種鉱夫志願者
　　　〔本籍〕
　　　　〔氏名〕
保証人　〔保証人氏名〕
〔志願日〕　明治＿＿年＿＿月＿＿日
　　＿＿炭鉱
　　　＿＿鉱業事務所御中

契約書
第壱条　官令ハ勿論、総テノ御鉱則ヲ初メ、諸係員ノ御命令ヲ遵守シ、決シテ違背仕間敷候事。
第弐条　誠実ニ業務ヲ勉励シ、品行ヲ慎ミ、風紀ヲ害セザル様、相勤ミ可申(もうすべく)候事。
第参条　御鉱所ノ都合ニ依リ、解雇ヲ命ゼラルルトキハ、何時ニテモ異議ナク立退可(つかまつるべき)仕ハ勿論、万一自己ノ都合ニテ退去相願候時ハ、其一ヶ月前ニ願書ヲ差出シ、御許可ヲ可受(うくべく)候事。
第四条　総テ遵守スベキ事項ニ背キ、弁償金、違約金ノ徴収申渡(もうしわたし)ヲ受ケタルトキ、又ハ、御坑所ニ負債アル場合ハ、異議ナク一時ニ納附可(つかまつるべく)仕、万一私儀ニ於テ、納附能ハザルトキハ、保証人ニ於テ、代償可(あたう)仕事(つかまつるべきこと)ハ、保証人ハ異議無之(これなく)候事。
第五条　御鉱所、御雇入中ハ、身元保証金トシテ、甲種鉱夫ハ毎月稼高ノ百分ノ

---

30)「志願書」、〔年代〕1906年、「麻生家文書」4-二坑 D-29-32。

三，乙種鉱夫ハ毎日稼高ノ壱割宛ヲ積立テ，御坑ニ預ケ置キ，退坑ノ節，払渡ヲ可申受候事。
第六条　第三条ノ，自己ノ都合ニテ退坑スル節ハ，退鉱手続ヲナサザルカ，又ハ，第壱条ニ違背スルカ，又ハ，不都合ノ行為ニテ解雇相成タルトキハ，身元保証金ハ違約金又ハ損害金トシテ，御払渡不相成共，一切異議申間敷候事。
第七条　共済費及納屋賃等ハ，御規定通リ，堅ク相納メ可仕候事。
第八条　家族ニ於テ御坑所内ニ居住致居候者モ，第壱条ニ基キ，不都合ノ所行為致申間敷，万一，違背致候時ハ，私儀諸共，如何様ノ御処分相成共，聊カ異議無之候事。
第九条　賃金ハ勤務当月分ヲ，其翌月十五日迄ニ，身元保証金ハ解雇ノ日ヨリ，起算シ十日間内ニ，下渡請求致不申候節ハ，御下渡不相成共，聊カ苦情申出間敷候事。

以上

　史料2，3より積立金あるいは身元保証金には，2種類あったことが分かる。史料3にあるように，毎日賃金の10パーセントを積み立てなければならない「乙」契約と，毎月賃金の3パーセントを積み立てなければならない「甲」契約が存在していた。『筑豊石炭鉱業組合月報』第35，36号記載の「筑豊各坑近状」によれば，麻生が所有する藤棚第一坑，第二坑は，甲種納屋，乙種納屋と2種類の納屋を設けており，「甲は職工納屋」，「乙は採炭夫納屋」であるという[31]。表7-1，表7-2で甲種納屋の棟数が少なく，しかも，1人当たり畳数が大きいことから「職工」とは人的資本価値の高い労働者であったことが分かる。史料2には乙種にあたる契約しか記載されておらず，また史料群内においても史料2様式の「志願書」が圧倒的に多いことから，鉱夫における甲種にあたる「職工」は稀少であったと思われる。
　三井に経営が移った直後の藤棚第二坑（本洞炭鉱）の賃金支払いは，「採炭夫」が毎日締め4日後払いの日給制，「其他の鉱夫」が毎月15日，30日締め，6日，

---

31) 『筑豊石炭鉱業組合月報』第35号，1907年，25頁；『筑豊石炭鉱業組合月報』第36号，1907年，25頁。第36号には三菱合資会社所有の新入炭鉱についても「近状」が掲載されている。それによると，麻生と同様に新入炭鉱も「甲種鉱夫納屋」「乙種鉱夫納屋」とに分けていた。甲種は「事務所より辞令を交付するもの」とし，乙種はそうではないもの，としていた。つまり，甲種鉱夫は直接雇用された鉱夫である。

表7-1 麻生藤棚第一坑における鉱夫納屋および現住人員

	棟数	戸数	畳数	現住人員		1人当たり畳数
				稼働者	不稼働者	
甲種納屋	11	54	264.5	66	53	2.2
乙種納屋	76	393	2,112.0	789	771	1.7

資料)『筑豊石炭鉱業組合月報』第35号, 1907年, 25頁。

21日払いの日給半月給制であったとされている[32]。その支払い法は麻生の経営時から引き継いだものであろう。そして実際この貯金積立法においても, 甲は「毎月稼高ノ百分ノ三」, 乙は「毎日稼高ノ壱割」とされている。すなわち, 乙種は短期雇用に対応しているのに対し, 甲種は相対的に長期の雇用に対応していると推測される。『鉱夫待遇事例』[33]においても, 炭鉱においては10年以上勤続する者の大部分は「職工」であると述べられている。

表7-2 麻生藤棚第二坑における建物の棟数および建坪数

	棟数	建坪
事務所	3	128.35
工場	4	162.50
雑建物	17	447.50
社宅	10	382.35
甲種納屋	11	355.92
乙種納屋	86	3,323.10

資料)『筑豊石炭鉱業組合月報』第36号, 1907年, 25頁。

雇用契約不履行による移動の抑止と保険機能を持たせるとすれば, 積立法も雇用形態に対応させることが望ましいであろう。たとえば, 技能を身につけた後, 保証人ネットワークを通じて鉱山を渡り歩く鉱夫にとっては, 移動したいときに移動できる賃金支払い方法が好まれたであろう。

志願時点で甲種の者はおらず, 加えて, 甲種と乙種の別を明記した「鉱夫戸籍簿」で確認できた範囲内でも甲種は2人のみである。また, 同「筑豊各坑近状」記載の甲・乙種それぞれの納屋の現住人員数を比べても, 甲種の稼働者は全体の約8パーセントである(表7-1)。そして「鉱夫戸籍簿」で確認される2名の甲種は, 「甲種仕操夫」なのである。この時期の仕操夫は, 依然として伝統的熟練

---

32) 『筑豊石炭鉱業組合月報』第45号, 1908年, 10-11頁。三井は三池炭鉱をはじめとして日給月給制を志向していたから, 藤棚第二坑が三井に譲渡された後に三井があえて新たに日給制を導入することは考えにくい。それが1908年時点における本洞炭鉱の賃金支払い法を麻生経営時からの慣習とする理由である。
33) 農商務省鉱山局(1908)。10年以上勤続の者は全鉱夫の3.4パーセントであり, その「大部分」が「職工」であった。

を要し，また，一般には移動性が高かった。しかし，そうした熟練仕操夫の一部は，長期雇用を前提とした組織に組み込まれつつあったことを，この2名の事例は示唆している。

機械課採用者の「志願書」[34]は鉱夫志願書とは大きく異なっていた。坑長を含め職員と思われる者3名の捺印があり，保証人の捺印，そして機械課の課印が捺されていた。また鉱夫志願書には保証人氏名のみ記されているのに対し，機械課の志願書では，保証人の住所まで記載されていた。これらは，炭鉱運営の要となる機械を扱わせる者の採用に，企業側の4回に及ぶ検印が必要であったことを意味している。また，機械課「除名報告」[35]，「解雇ニ付報告」[36]も存在しており，坑長と職員と思われる者の2名の捺印と機械課の課印があった。一般の鉱夫の「除籍簿」[37]は「戸籍簿」に綴じられている鉱夫の個票を除籍された者について赤いインクのペンによって斜線で抹消し，それを集めて綴じ直しただけのものであり，職員の検印などはない。隅谷（1968）が主張したように，機械を扱う者の採用にあたっては，直接に雇用しており，その管理は一般鉱夫のそれよりも厳格だったのである[38]。

その上で，麻生藤棚第一坑，第二坑の甲種と乙種の区別について再び考えてみよう。前掲の「筑豊各坑近状」には甲が職工で乙が採炭夫，とあった。乙の職種は「採炭夫」と限定されているが，甲の職種は「職工」とのみ言及されている。また，1人当たり畳数は甲が乙の1.3倍であることから（表7-1），甲種鉱夫は技能の高い労働者であったと考えられる。機械課採用の労働者はこれに含まれるのではないか。また，熟練者でなければ務まらないとされている仕操夫[39]の一部が

---

34) 「機械課採用報告書」，〔作成〕本洞炭坑機械課，〔宛所〕事務所，〔年代〕1902年8月29日，9月7日，「麻生家文書」二坑A-23, 24（目録：『九州石炭礦業史資料目録』第4集，61頁）。

35) 「除名報告」，〔作成〕本洞炭坑機械課，〔宛所〕事務所，〔年代〕1902年9月11日，「麻生家文書」4-二坑A-20（目録：『九州石炭礦業史資料目録』第4集，60頁）。

36) 「解雇ニ付報告」，〔作成〕本洞炭坑機械課，〔宛所〕事務所，〔年代〕1902年9月4日，「麻生家文書」4-二坑A-21（目録：『九州石炭礦業史資料目録』第4集，60頁）。

37) 「除籍簿」，〔作成〕第弐坑，〔年代〕1905年12月，「麻生家文書」4-二坑D-7（目録：『九州石炭礦業史資料目録』第4集，82頁）。「事務直除籍簿」，〔作成〕人事係，〔年代〕1906年10月，「麻生家文書」4-二坑E-73（目録：『九州石炭礦業史資料目録』第4集，90頁）。

38) 隅谷（1968），314頁。

甲種として採用されていることも，甲種採用の基準のひとつが熟練の水準にあったとする推論と整合的である。

一方，機械課採用者は直接雇用されているから，機械課採用者が甲種職工であったとすれば，甲種納屋は直接管理下にあったということになろう。企業側の直接管理下にある労働者と納屋頭の間接管理下にある労働者とを同じ納屋に収容するとは考えにくい。甲種納屋は全体として直接管理下にあったと考えるのが自然である。

機械夫については，必要な技能に関する情報を企業側が持ち，かつ，機械を扱うがゆえに企業側による監視が容易であるから，直接管理下に置かれても不思議ではない。しかし，伝統的な熟練を身に付けているはずの仕操夫が直接管理下にある甲種納屋に収容されているとしたら，その理由は何であろうか。この時期には仕操夫が持つ熟練についての技術的情報を企業は持っていない。仕操夫が部分的にであれ，直接雇用されていたとすれば，その目的は仕操夫の伝統的熟練を企業側が包摂することにあったのではないだろうか。

甲種採用が近代的な熟練を持つ者を含む一方で，伝統的熟練を持つ者も含んでいたとすれば，甲種と乙種という分類方法は，以下に述べる組のリーダーに対する直接雇用と同様，伝統的熟練を企業側が包摂しようとする組織設計ということになるかもしれない。

3　麻生藤棚第二坑における選別と人的資本投資

1)「志願書」の記述統計的分析

本節では現在まで遺されている，のべ774名分の「志願書」の全数分析を行う。774名のうち，男性が589名（76.1パーセント），女性が185名（23.9パーセント）であった。男性のうち家族と同時に志願した者は192名，女性単身志願は14名であった（全体の1.8パーセント）。ただし，774名のうち，5名は同姓同名であり，同じ本籍地の者である。志願の1回目と2回目の期間が2週間程度しかなく，おそらく二重登録であろう。麻生は全志願者の情報を把握することを試

---

39) 大阪地方職業紹介事務局 (1926), 31頁。

表 7-3 麻生藤棚第二坑における志願者出身別人数，前職内訳，1902-1907 年

(人)

		合 計	採炭夫	仕操夫	棹取，鍛冶	他鉱夫	農 業	その他	記載なし
九州	福岡県	272	28	13	5	10	43	3	170
	佐賀県	37	4	0	1	1	1	1	29
	大分県	83	1	4	0	2	9	0	67
	熊本県	57	5	1	1	6	4	0	40
	長崎県	16	3	2	0	0	0	2	9
	宮崎県	7	0	2	0	0	0	0	5
	鹿児島県	6	1	0	0	0	0	0	5
中国	広島県	90	5	7	1	3	17	0	57
	島根県	32	0	2	0	0	5	0	25
	山口県	31	0	1	0	0	3	0	27
	岡山県	13	0	1	0	0	4	0	8
	鳥取県	6	0	0	0	0	0	0	6
四国	愛媛県	72	8	11	0	3	11	0	39
	香川県	22	2	0	0	0	7	0	13
	徳島県	8	0	1	0	0	3	0	4
	高知県	6	1	1	0	0	0	0	4
近畿	兵庫県	7	1	1	0	0	0	0	5
	大阪府	4	0	1	0	0	0	0	3
	和歌山県	3	0	3	0	0	0	0	0
	奈良県	2	2	0	0	0	0	0	0
	合 計	774	61	51	8	25	107	6	516

資料)「志願書」。

み，それゆえに「志願書」が史料群のなかに遺されているわけだが，一部には管理が完全でなかったことが窺われる。

志願者の出身地については表 7-3 に示した。市町村名は掲出を略したが，麻生藤棚第二坑のあった福岡県鞍手郡下境村の出身者は 13 名（全体の 1.7 パーセント）と少ない。むしろ，福岡県を中心としつつも，その出身地は広く西日本全体にわたっている。これは筑豊地方の他炭鉱にも共通する傾向であり[40]，炭鉱労働市場の統合が進んでいたことを示している。

次に保証人の属性を見ていこう。保証人は計 87 名であり，彼，彼女らは 4 種類に分類される。事務直轄の保証人，納屋頭，直轄納屋頭，通常の保証人（以上の 3 種類のいずれでもない者）である。通常の保証人のなかには，鉱夫として志願

---

40) 田中 (1984), 272-274 頁；荻野 (1993), 105 頁。

表7-4 麻生藤棚第二坑における4名以上男子単身者を保証する保証人, 1902-1907年

氏 名	合計保証人数	志願者前職	単身志願や家族同時契約について
合田幸一	11		夫婦4, 3人男子単身者, うち2人同村同日
青木鶴松（納屋頭）	12	採炭2, 仕1	すべて男子単身者
麻生久米吉	9	すべて仕	すべて男子単身者
池田キヨ	4		すべて男子単身者
石原寿太郎	3		すべて男子単身者
池田卯一（納屋頭）	11	二重登録1	夫婦1, 他はすべて男子単身者
出田幸作	4	採炭2	すべて男子単身者
上野繁吉	4	採炭1, 仕3	すべて男子単身者
篠原鉄五郎（納屋頭）	11	1名のぞきすべて農	夫婦3。他はすべて男子単身者
篠原利右衛門（直轄納屋頭）	12	農9, 採炭1（篠原姓）	夫婦なし, 女子単身者2, 他はすべて男子単身者
武内助太郎	4	農3	すべて男子単身者
鳥越磯五郎	26	採炭2（夫婦）	夫婦5, 3人家族2, 父子1
西村文吉	10	二重登録1。棹取4（全志願者の前職棹取のすべて）。農3	すべて男子単身者
野上鶴吉（出世）	7	採炭1	夫婦1
野見山藤太郎	4		すべて男子単身者
長谷川菊市	33	二重登録2（同一人物）。採炭4, その他鉱夫1	夫婦5
姫島佐吉（納屋頭）	34	採炭13, 仕12	夫婦7, 2人姉妹1, 男子単身者17
平岡春次	4	事直仕操1	すべて男子単身者
平木亀太郎	8		夫婦1, 3人家族1
前山太吉（出世）	4	採炭2, 仕1	すべて男子単身者
森安吉	33	採炭2, 鍛冶1	夫婦9, 3人家族1, 男子単身者13
安川音吉（納屋頭）	36	採炭5, 仕5	夫婦5, 3人家族1, 男子単身者22
山口幸三郎（納屋頭）	24	二重登録1。農2, その他鉱夫1	夫婦7, 3人家族1, 男子単身者6
山本忠作（納屋頭）	42	仕1, その他鉱夫1, 行商1, 農14	夫婦7, 父子2, 3人家族2, 男子単身者18

資料：「志願書」。
注）出世：鉱夫として志願した後に保証人となった者（筆者が仮にそう呼ぶので, 史料上の語ではない）。農：農業。採炭：採炭夫。仕：仕操夫。事直仕操：事務直轄の仕操夫。その他鉱夫：採炭夫, 仕操夫, 棹取夫をのぞく鉱夫。

表 7-5 麻生藤棚第二坑において3組以上の家族同時契約者を保証する保証人, 1902-1907年

氏　名	合計保証人数	志願者の前職	家族同時契約について
内海伴次郎（直轄納屋）	32	農 12, その他鉱夫 2, 魚 1	夫婦 4, 2兄弟 1
占部亀吉（出世）	18	採炭 5, 仕 1	夫婦 3, 3人家族 1, 2人姉妹 1
神谷金造（納屋頭）	64	二重登録 3。農 12, その他鉱夫 4	夫婦 12, 3人家族 1
神谷重太郎（納屋頭）	73	農 28, 魚 1	夫婦 10, 3人家族 4, 4人家族 1
菅松太郎	28	採炭 2, 仕操 2, その他鉱夫 2	夫婦 2, 3人家族 2, 4人家族 1, 6人家族 1
記載なし, 不明	17	女性鉱夫日役 2	夫婦 5
仲谷浅吉（事務直轄）	27	二重登録 1。採炭 2, 仕 3, その他鉱夫 5, 農 6, 船乗 1	夫婦 1, 2兄弟 1, 5人家族 1
中村伊之吉（事務直轄）	11	農 4（男子単身者）	夫婦 4
鳥越磯五郎	26	採炭 2（夫婦）	夫婦 5, 3人家族 2, 父子 1
長谷川菊市	33	二重登録 2（同一人物）。採炭 4, その他鉱夫 2	夫婦 5
姫島佐吉（納屋頭）	34	採炭 13, 仕 12	夫婦 7, 2人姉妹 1
平土井勝之助	13	採炭 2	夫婦 5
森安吉	33	採炭 2, 鍛冶 1	夫婦 9, 3人家族 1
安川音吉（納屋頭）	36	採炭 5, 仕 5	夫婦 5, 3人家族 1
山口幸三郎（納屋頭）	24	二重登録 1。農 2, その他鉱夫 1	夫婦 7, 3人家族 1
山本忠作（納屋頭）	42	仕 1, その他鉱夫 1, 行商 1, 農 14	夫婦 7, 父子 2, 3人家族 2

資料）「志願書」。
注）農：農業。採炭：採炭夫。仕：仕操夫。その他鉱夫：採炭夫, 仕操夫・樟取夫をのぞく鉱夫。

したのちに保証人となっている者もいた。常時七-八つの納屋が運営され，保証人として志願書に現れる納屋頭と直轄納屋頭は，あわせて計16名である。

　保証人の属性について具体的に見ていこう。表7-4には男子単身契約者を4名以上保証する保証人を，表7-5には3組以上の家族同時契約者を保証する保証人を列挙した。表7-4では，前職が採炭夫や仕操夫といった熟練鉱夫と見なしうる者を保証する者が目立っている。表7-5では，男子単身かつ熟練鉱夫の保証をする保証人があまり見られないことが分かる。つまり保証人には，熟練男子単身者の採用に特化している者と必ずしも熟練者とは限らない家族同時契約者の採用

表 7-6 麻生藤棚第二坑において 2 名以上の農業出身者を保証する保証人，1902-1907 年

氏　名	人数	前　職	家族同時契約について
神谷重太郎（納屋頭）	73	農 28，魚 1	夫婦 10，3 人家族 4，4 人家族 1
内海伴次郎（直轄納屋）	32	農 12，その他鉱夫 2，魚 1	夫婦 4，2 兄弟 1
神谷金造（納屋頭）	64	二重登録 3。農 12，その他鉱夫 4	夫婦 12，3 人家族 1
仲谷浅吉（事務直轄）	27	二重登録 1。採炭 2，仕 3，その他鉱夫 5，農 6，船乗 1	夫婦 1，2 兄弟 1，5 人家族 1
中村伊之吉（事務直轄）	11	農 4（男子単身者）	夫婦 4
上田市松（事務直轄）	2	農 2	すべて男子単身者
篠原利右衛門（直轄納屋）	12	農 9，1 名採炭（篠原姓）	夫婦なし，女子単身者 2，他はすべて男子単身者
武内助太郎	4	農 3	すべて男子単身者
直轄，事務直轄，人事係	6	農 2	夫婦 1。占部（人事係名義）
西村文吉	10	二重登録 1。棹取 4（全志願者の前職棹取のすべて）。農 3	すべて男子単身者
山口幸三郎（納屋頭）	24	二重登録 1。農 2，その他鉱夫 1	夫婦 7，3 人家族 1
山本忠作（納屋頭）	42	仕 1，その他鉱夫 1，行商 1，農 14	夫婦 7，父子 2，3 人家族 2

資料）「志願書」。
注）農：農業。採炭：採炭夫。仕：仕操夫。その他鉱夫：採炭夫，仕操夫，棹取夫をのぞく鉱夫。

に特化している者とが存在すると推測される。

　表 7-6 には農業出身者を積極的に採用している保証人を挙げた。農業出身者とは炭鉱業への新規参入者である。被保証者数の 3 分の 1 以上を農業出身者が占める納屋頭は神谷重太郎，山本忠作の 2 名，直轄納屋頭は内海伴次郎，篠原利右衛門の 2 名がいる。また事務直轄の保証人も農業出身者を積極的に採用している。企業側，そして一部の納屋も新規参入者である農業出身者を積極的に採用し，鉱夫となるための熟練を身につけさせるように，人的資本を投資していたことが示唆されている。

　納屋別に個々の鉱夫の入坑を毎日記録した「勤怠表」によると，神谷金造，神谷重太郎，山本忠作の 3 人の納屋頭の所属鉱夫はいずれも 100 名前後にのぼり，被保証者数も多い。所属鉱夫および被保証者数の多い納屋を大規模納屋，それ以外を小規模納屋とすると，農業出身者を多く保証している納屋頭は合計の被保証

者数が多く，前職が採炭夫や仕操夫とする熟練鉱夫を主に保証する納屋頭は，合計の被保証者数が少ないことが分かる。すなわち，大規模納屋が新規参入者を鉱夫として養成しているのに対し，小規模納屋はすでに熟練を身につけた鉱夫を確保する傾向があったと推測される。

2)「志願書」の推測統計的分析

「志願書」全体の概観はおよそ以上の通りである。ここでは現存する麻生藤棚第二坑の「志願書」すべてをデータベース化し，より多くの情報を引き出してみたい。

まず，鉱夫の属性について残された情報を分析してみよう。表7-7は，「志願書」署名欄に，拇印ではなく印鑑を用いて捺印した者を1，それ以外の者を0とするダミー変数（SL）を，前職採炭夫（MNG），前職仕操夫（APL），前職椊取夫（ELV），前職その他の鉱夫（MGL），前職雑業（農鉱業以外の職業，MIS），前職農業（AGR），男性（MALE）といったダミー変数，および年齢（AGE）に回帰させたプロビット分析の結果である。ダミー変数の係数は，制御群に対して，当該ダミー変数に1を取る群であることが，どれだけ捺印の確率を高めるかを示している。たとえば，モデル7-1は，前職が未詳の者（UNK＝1）もしくは雑業である者（MIS＝1）に対して，説明変数に入っているダミー変数に1を取る者がどれだけ捺印確率を高めるかを調べている。

表7-7の結果から頑健に言えることは，前職その他鉱夫（MGL）の者は印鑑を持ち歩いている傾向があること，である。もとより，鉱夫「志願書」によって志願している彼らは職員ではなく，坑内日役や坑内大工等の現業労働者である。印鑑を常用している者は，おそらく一定の読み書き能力を持つ者であろう。また，鉱夫日役のように，複数の炭鉱を渡り歩く者は，雇用契約書を書き慣れていたため，印鑑を所持していたとも推測できるだろう。小学校教育が普及途上にあった彼らの幼少期にあって生年は読み書き能力を左右しうるであろうし，また，男性は女性よりも読み書き訓練を受ける機会により多く恵まれたかもしれないが，モデル7-2において年齢（AGE）と男性ダミー（MALE）の係数はいずれも有意ではなく，かつ，年齢と男性を制御したモデル7-2においても，前職その他の鉱夫（MGL）は有意であるから，印鑑常用の習慣はその職種の特性に依存

表 7-7 麻生藤棚第二坑における鉱夫の属性:前職と印鑑,1902-1907 年

	7-1		7-2	
推定法	プロビット		プロビット	
被説明変数	SL		SL	
説明変数	係数	z 値	係数	z 値
C	−1.2915	−17.1259 ***	−1.3042	−5.6866 ***
MNG	−0.5642	−1.7697 *	−0.5280	−1.6480 *
APL	−0.7539	−1.8080 *	−0.6876	−1.6321
ELV	0.1411	0.2463	0.1968	0.3416
MGL	0.5852	2.0539 **	0.6289	2.1762 **
MIS	1.2915	1.4520	1.3316	1.4856
AGR	−0.2241	−1.1100	−0.1585	−0.7637
AGE			0.0018	0.2535
MALE			−0.0909	−0.5624
制御群	MIS ∪ UNK		MIS ∪ UNK ∪ FEMALE	
標本数	774		709	
McFadden R^2	0.0346		0.0369	
LR 値	16.1069 ***		15.3530 ***	

資料)「志願書」。
注)***, **, * はそれぞれ 1 パーセント, 5 パーセント, 10 パーセント水準の有意性を示す。変数の定義については章末附表 7-1 参照。

していると考えられる。

　また,雇用契約書の検討においても述べたように,家族を納屋に同居させる者は事前に届け出ることが義務づけられているから,「志願書」には契約者本人が帯同する家族の指名も記入されている。表 7-8 は家族帯同ダミー (FML) を鉱夫の属性に回帰させたプロビット分析の結果である。モデル 8-2, 8-4 において男性 (MALE) が強く負に効いていることは,女性労働者が夫や父などの家族とともに移動する傾向が強いことを示している。そして,職種別の傾向としては,まず,モデル 8-1, 8-2, 8-3, 8-4 を通じて,前職仕操夫 (APL) が家族を帯同しない強い傾向を持つことが注目される。そして,モデル 8-3, 8-4 が示すように,前職鉱業関係者のなかでは前職採炭夫 (MNG) は家族を帯同する傾向にあることが分かる。既に述べたように,仕操夫は,掘進した炭層が落磐しないために支柱を入れたり,掘り終えた炭層ではその支柱を抜いたりする職種の者であり,危険な作業であるとともに実地経験によって培われた勘や熟練が必要とされる。し

表 7-8 麻生藤棚第二坑における鉱夫の属性：前職と家族帯同，1902-1907 年

	8-1		8-2		8-3		8-4	
推定法 被説明変数	プロビット FML		プロビット FML		プロビット FML		プロビット FML	
説明変数	係数	z値	係数	z値	係数	z値	係数	z値
C	0.0602	1.0952	1.2663	6.3931 ***	−0.5322	−4.2477 ***	0.8705	3.7112 ***
MNG	0.0395	0.2356	0.0270	0.1454	0.6318	3.1310 ***	0.4244	1.9244 *
APL	−1.0413	−4.7095 ***	−1.0221	−3.9659 ***	−0.4489	−1.8093 *	−0.6249	−2.2050 **
ELV	−0.3788	−0.8331	0.0012	0.0027	0.2136	0.4559	0.3977	0.8433
MGL	−0.4186	−1.5953	−0.2059	−0.7799	0.1737	0.6084	0.1911	0.6610
AGR	−0.5687	−4.1248 ***	−0.3746	−2.4907 **				
MIS					0.5322	0.5946	0.6718	0.7411
UNK					0.6003	4.3840 ***	0.4032	2.6985 ***
AGE			0.0051	0.9430			0.0050	0.9157
MALE			−1.7214	−11.4248 ***			−1.7183	−11.3936 ***
制御群	MIS ∪ UNK		MIS ∪ UNK ∪ FEMALE ∪ AGR				AGR ∪ FEMALE	
標本数	774		709		774		709	
McFadden R^2	0.0387		0.2175		0.0409		0.2187	
LR 値	41.4048 ***		212.8660 ***		43.7317 ***		214.1297 ***	

資料）「志願書」．
注）***，**，* はそれぞれ 1 パーセント，5 パーセント，10 パーセント水準の有意性を示す．変数の定義については章末附表 7-1 参照．

したがってこの表 7-8 の結果は，命の危険にさらされている者は家族を持たず単身で動く傾向にある一方で，家族を養おうとする者は採炭夫を志す傾向にあることを示唆しているだろう．

ここで先に触れた麻生藤棚第一坑の甲種・乙種鉱夫について再び考えよう．表 7-1 より，各納屋の「不稼働者」が鉱夫らの家族であるとすれば，不稼働者数を稼働者数で割り，平均家族帯同率を求めると，甲種鉱夫が 80 パーセント，乙種鉱夫が 98 パーセントとなり，乙種鉱夫よりも甲種鉱夫の方がより家族を帯同しない傾向にあることが分かる．甲種納屋は職工納屋であったことから仕操夫が甲種鉱夫であるとすれば，この結果はこの表 7-8 が示す，仕操夫は単身者である傾向があることに整合的である．

志願者が入職する経路となるのは，彼，彼女を紹介する保証人であるが，上に見た通り，「志願書」からは連署している保証人の属性も知ることができる．次に，志願者の属性によってどのような属性の保証人を経由しているか調べてみよう．表 7-9, 表 7-10, 表 7-11, 表 7-12 は保証人の属性を志願者の属性に回帰させたプロビット分析の結果である．

表 7-9　麻生藤棚第二坑における鉱夫の前職と保証人の属性：事務直轄，1902-1907 年

	9-1		9-2	
推定法	プロビット		プロビット	
被説明変数	FRM		FRM	
説明変数	係数	z 値	係数	z 値
C	−1.7317	−17.7373 ***	−1.7254	−17.6335 ***
MGT	0.2740	1.4614		
MNG			−0.1303	−0.4011
APL			0.1808	0.6039
ELV + MGL			0.6955	2.4545 **
AGR	0.6035	3.3239 ***	0.5973	3.2873 ***
制御群	MIS ∪ UNK		MIS ∪ UNK	
標本数	774		774	
McFadden R^2	0.0314		0.0428	
LR 値	10.9573 ***		14.9287 ***	

資料）「志願書」。
注）***, ** はそれぞれ 1 パーセント，5 パーセント水準の有意性を示す。変数の定義については章末附表 7-1 参照。

募集担当職員が保証人となる「事務直轄」（FRM）について見た表 7-9 からは，前職農業（AGR）の者が事務直轄を経由する傾向が強いこと，モデル 9-2 に見られるように，前職鉱夫のなかでは，棹取夫（ELV）および前職その他の鉱夫（MGL）に事務直轄を経由する傾向が強いことが分かる。企業側による直接採用は，鉱業新規参入者である農業出身者と，石炭運搬に用いる昇降機を操作する棹取夫や印鑑を携帯する読み書き能力の高い坑内労働者に集中していたのである。

直轄納屋頭（FN）もしくは納屋頭（HNN）が保証人となる場合について見たのが表 7-10 および表 7-11 である。標本数の制約から直轄納屋頭（FN）の募集内容を鉱夫職種別に分解することはできない。表 7-10 および表 7-11 からは，表 7-9 の事務直轄（FRM）と同様に，直轄納屋頭（FN）および納屋頭（HNN）もまた，鉱業新規参入者である農業出身者（AGR）を積極的に採用していることが分かる。他方，表 7-11（通常の納屋頭，HNN）のモデル 11-2 に明らかなように，事務直轄（FRM）とは対照的に，棹取夫（ELV）や読み書き能力の高いその他の鉱夫（MGL）の係数が有意に負であることから，それらの職種の採用には消極的であるか，もしくは競争力を持たない。

表 7-10 麻生藤棚第二坑における鉱夫の前職と保証人の属性:直轄納屋頭,1902-1907 年

	10-1	
推定法 被説明変数	プロビット FN	
説明変数	係数	z 値
C	−1.7317	0.0000 ***
MGT	−0.2874	0.2654
AGR	0.8700	0.0000 ***
制御群	MIS ∪ UNK	
標本数	774	
McFadden R²	0.0880	
LR 値	30.7067	

資料)「志願書」。
注) *** は 1 パーセント水準の有意性を示す。
変数の定義については章末附表 7-1 参照。

表 7-11 麻生藤棚第二坑における鉱夫の前職と保証人の属性:納屋頭,1902-1907 年

	11-1		11-2	
推定法 被説明変数	プロビット HNN		プロビット HNN	
説明変数	係数	z 値	係数	z 値
C	−0.2299	−4.1744 ***	−0.2207	−3.9837 ***
MGT	−0.2209	−1.7860 *		
MNG			−0.2541	−1.4637
APL			−0.0645	−0.3395
ELV + MGL			−0.5784	−2.2984 **
AGR	0.5121	3.8164 ***	0.5029	3.7441 ***
制御群	MIS ∪ UNK		MIS ∪ UNK	
標本数	774		774	
McFadden R²	0.0202		0.0241	
LR 値	21.3000 ***		25.4011 ***	

資料)「志願書」。
注) ***,**,* はそれぞれ 1 パーセント,5 パーセント,10 パーセント水準の有意性を示す。変数の定義については章末附表 7-1 参照。

表 7-12 麻生藤棚第二坑における鉱夫の前職と保証人の属性：通常の保証人，1902-1907 年

	12-1		12-2	
推定法	プロビット		プロビット	
被説明変数	OGT		OGT	
説明変数	係数	z 値	係数	z 値
C	0.0190	0.3482	0.0072	0.1314
MGT	0.1822	1.5114		
MNG			0.2958	1.7429 *
APL			0.1210	0.6445
ELV + MGL			0.2618	1.1495
AGR	−1.5346	−7.8679 ***	−1.5228	−7.8035 ***
制御群	MIS ∪ UNK		MIS ∪ UNK	
標本数	774		774	
McFadden R^2	0.0901		0.0920	
LR 値	96.2220 ***		98.2090 ***	

資料）「志願書」。
注）***，*はそれぞれ 1 パーセント，10 パーセント水準の有意性を示す。変数の定義については章末附表 7-1 参照。

　表 7-12 は事務直轄（FRM），納屋頭（FN, HNN）以外の「通常の保証人」（OGT）について見たものである。通常の保証人（OGT）は周旋人や麻生藤棚第二坑に入職している鉱夫によって構成されている。周旋人には麻生藤棚第二坑と一定期間の契約を持つ者も[41]，そうした契約を持たない社外の独立周旋人も含まれる。事務直轄（FRM）や納屋頭（FN, HNN）に対して通常の保証人（OGT）が持つ顕著な特徴は，前職農業（AGR）が負に有意であることに示されているように，新規参入者の採用経路にはならない強い傾向を持つことである。そして，モデル 12-2 に示されているように，前鉱夫のなかでは前職採炭夫（MNG）が通常の保証人を経由する傾向があった。
　以上から得られるおよその傾向は，農業出身者（AGR）をはじめとする鉱業新規参入者の採用には，企業による直轄採用と納屋頭を経由するそれとの 2 経路が支配的であったこと，昇降機を操作する棹取夫出身者（ELV）や読み書き能力の

41）たとえば，周旋人には，「納屋頭周旋人勤怠簿　第貳礦内」，〔年代〕1907 年 6 月，「麻生家文書」果-013（目録：カード目録），に見られるように，納屋頭と同様に常雇いの者もいた。

表 7-13 麻生藤棚第二坑における志願者の属性と保証人の活動規模, 1902-1907 年

	13-1		13-2		13-3		13-4	
推定法 被説明変数	最小自乗法 NOG		最小自乗法 NOG		最小自乗法 NOG		最小自乗法 NOG	
説明変数	係数	t値	係数	t値	係数	t値	係数	t値
C	28.6399	29.8868 ***	28.3721	10.4700 ***	28.9067	30.0276 ***	28.5260	10.5361 ***
MGT	−7.6399	−3.6552 ***	−5.2495	−2.4983 **				
MNG					−9.1448	−3.1665 ***	−7.5223	−2.6233 ***
APL					−9.4986	−2.9371 ***	−6.3976	−1.9568 *
ELV					−14.9067	−1.9356 *	−12.0995	−1.6013
MGL					−2.2111	−0.4798	0.5397	0.1186
MIS	28.8601	1.8804 *	31.0111	2.0637 **	28.5933	1.8673 *	30.7176	2.0480 **
AGR	11.5916	5.0526 ***	13.2434	5.6985 ***	11.3247	4.9418 ***	12.9957	5.5908 ***
AGE			0.0691	0.8374			0.0748	0.9076
MALE			−4.3365	−2.2215 **			−4.4004	−2.2331 **
制御群	UNK		UNK		UNK		UNK	
標本数	757		695		757		695	
調整済み R^2	0.0599		0.0660		0.0643		0.0696	
F値	17.0615 ***				9.6557 ***		7.4920 ***	

資料)「志願書」。
注) ***, **, * はそれぞれ 1 パーセント, 5 パーセント, 10 パーセント水準の有意性を示す。変数の定義については章末附表 7-1 参照。

高いその他の鉱夫出身者 (MGL) といった新しい熟練を蓄積している者は, 企業の直轄採用を経由していたこと, 伝統的熟練を蓄積している採炭夫出身者 (MNG) は企業外の周旋人や現職の鉱夫といった通常の保証人 (OGT), すなわち, 水平的なネットワークを経由して移動, 入職していたこと, である。

　水平的なネットワークの存在を確かめるために, 保証人欄に署名している保証人が, 標本期間中の 1902-1907 年に保証した志願者の数 (NOG) を被説明変数として, これを志願者の属性に回帰させた結果が表 7-13 である。鉱業出身者 (MGT) と前職採炭夫 (MNG) とが有意に負の, 農業出身者 (AGR) が有意に正の係数を持つ, この推計結果が強く示している事実は, 保証人数 (NOG) の大きい大規模納屋頭が農業出身者を中心とする新規参入者の入職口になっている一方, 熟練鉱夫は紹介人数の少ない保証人を経由して入職しているということである。保証人数 (NOG) の少ない保証人は典型的には鉱夫や社外周旋人等の通常の保証人であるが, ここでは, 事務直轄の保証人についても事務直轄として集計せず, 個別に同定しているので, 事務直轄の保証人も NOG の小さい保証人に含まれる。すなわち, この結果は, 伝統的な熟練を蓄積した者が水平的なネットワー

クを経由して入職し，新しい熟練を蓄積した者が事務直轄を経由して入職するという推論に矛盾しない。

金属鉱山の労働市場においては，20世紀初頭においても，熟練労働者が，企業に対して独立で，水平的かつ企業横断的な坑内夫ネットワークである「友子」を経由して入職する傾向が強く残っていたとされている[42]。筑豊炭鉱の場合も，手作業による採炭の技能を持っていた採炭夫については，同様の傾向が看取されると言えそうである。一方，新しい熟練については，企業による直轄採用が浸透しつつあった。それが20世紀初頭の筑豊炭坑労働市場のありようである。

3) 移行期における雇用管理と人的資本投資の複線的経路

入職した鉱夫の賃金はどのように支払われていたのであろうか。賃金の支払いを記録した「採炭費報告書」によれば，麻生藤棚第二坑においては，採炭費は毎日，納屋頭に対して一括して支払われていた。これは直轄納屋頭についても同様である。棹取夫については，納屋頭ではなく，昇降機操作に責任を持つ桟橋棹取夫の組のリーダーに毎日，一括して支払われていた[43]。事務所は賃金の受取証を徴収したから，個々の鉱夫が受領した賃金を事後的に知ることはできるが，直轄納屋頭配下の鉱夫を含めて，企業側が事前に個別鉱夫の成績を知り，賃金額を知る雇用管理とはなっていなかったのである。それでは，直轄納屋頭と通常の納屋頭との相違は何であろうか。ひとつの相違は，採炭夫の管理ではなく，むしろ仕操夫の管理にあった。「直轄」以外の納屋頭は，坑道の掘進と支柱の設置および撤去にあたる「跡間（あとけん）」[44]作業と，坑内支柱を維持管理する「修繕」作業の「見合貸（みあい）」を受けている[45]。見合貸しとは経費の前貸しである。当該期には，個々の仕操夫に直接に賃金を支払う新体制への移行も試みられており[46]，第2節3項に指

---

42) 村串 (1989)，301-306，331-341頁；土井 (2010)，7-11頁。
43) 「採炭費報告書」，〔作成〕藤棚第二坑監量係，〔年代〕1906年4月1日起，「麻生家文書」菜-019。
44) 坑道の掘進や仕操作業を行う場合に，その作業延長1間 (1.82メートル) 当たりの請負単価を決め，作業させる方法を跡間と呼ぶ。坑内の請負箇所を跡間箇所，作業に従事する者を跡間夫，作業の結果を調べることを跡間取と呼ぶ（藪 (1942)，9頁）。
45) 「見合貸収入台帳　壱坑」，〔作成〕壱坑，〔年代〕1906年1月起，「麻生家文書」菜-022（目録：カード目録）。

摘したように，一部の仕操夫は企業側が個別に成績を把握する直接雇用管理に移行していたと思われる。これらの事実から，仕操夫集団への孫請けを仲介する機能を保持していた通常の納屋に対して，直轄納屋頭のひとつの特徴は，そうした孫請け機能を切り離された点にあると思われる。

こうした賃金管理の事実と，前項に見た入職経路の分析から，人的資本投資の経路を考えてみたい。通常の納屋頭（HNN）について見た表 7-11 と通常の保証人（OGT）について見た表 7-12 から，第一に，伝統的な経路として，農村を出てまず大規模納屋に入職し，鉱夫としての熟練を形成，そして，鉱夫と見なされうる熟練を形成した後，各地に熟練鉱夫として就業している保証人のネットワークを通じて炭鉱を渡り歩く経路が存在していたと想定される。これに対して，第二に，事務直轄（FRM）について見た表 7-9 から，企業側がより直接的な管理を試みたことにともない，新たな人的資本の形成経路が生まれつつあったことも分かる。それは，事務直轄の保証人が農業出身者を募集，採用した後に納屋に配置する経路である。仕操が納屋頭を介した孫請けから直接管理に移行しつつあったのに対して，個々の採炭夫を個別に管理することまでは意図されておらず，請負機能を弱めた「直轄」納屋頭も採炭鉱夫の間接管理を委任されている。ことから，企業側の企図は，従来の納屋の人的資本形成機能を解体するのではなく，一定の自律性を残したまま，企業に包摂することにあったと考えられる。こうした包摂の進行は，同時代の金属鉱山においても指摘されている[47]。

未経験者の養成は，当然，必要な業務に熟達した者に任せられなければならない。しかし，1900 年代において麻生藤棚第二坑は残柱式によって採掘しており，採炭機械も導入されていなかった。すなわち，必要とされる熟練は伝統的なそれであったと推測される。それゆえ，養成にあたる者は伝統的熟練に優れた者でなければならない。そうであるとすれば，組のリーダーを直接雇用し，既に蓄積された熟練を企業側に内包しようとしたとも考えられるのではないか。

この仮説を確かめるために，鉱夫として入職した後に，後から入職してくる鉱夫の保証人となっている「出世」ダミー（GRT）を本人の属性に回帰させた結果

---

46)「新仕操費支払伝票」，〔作成〕麻生藤棚第弐礦業所，〔年代〕1906 年 3 月 24 日以後，「麻生家文書」菜-040。
47) 村串（1989），341-349 頁。

表 7-14 麻生藤棚第二坑における鉱夫の属性と保証人への出世，1902-1907 年

	14-1		14-2		14-3		14-4	
推定法	最小自乗法		最小自乗法		最小自乗法		最小自乗法	
被説明変数	GRT		GRT		GRT		GRT	
説明変数	係数	t 値	係数	t 値	係数	t 値	係数	t 値
C	0.5133	24.9284 ***	0.5942	9.9851 ***	0.5087	24.6467 ***	0.5891	9.9368
MGT	0.0592	1.3097	0.0107	0.2326				
MNG					0.1104	1.7596 *	0.0681	1.0745
APL					0.0219	0.3123	−0.0379	−0.5241
ELV					0.4913	2.9331 ***	0.4460	2.6675 ***
MGL					−0.0287	−0.2978	−0.0707	−0.7330
MIS	−0.5133	−1.5342	−0.5405	−1.6210	−0.5087	−1.5271	−0.5360	−1.6145
AGR	−0.4485	−8.9896 ***	−0.4896	−9.5148 ***	−0.4439	−8.9257 ***	−0.4850	−9.4479 ***
AGE			−0.0020	−1.0903			−0.0020	−1.0877
MALE			0.0168	0.3945			0.0169	0.3950
制御群	UNK		UNK		UNK		UNK	
標本数	774		709		774		709	
調整済み R^2	0.1033		0.1175		0.1112		0.1253	
F 値	30.6841		19.8545 ***		17.1139 ***		13.6797	

資料）「志願書」．
注）***，* はそれぞれ 1 パーセント，10 パーセント水準の有意性を示す．変数の定義については章末附表 7-1 参照．

が表 7-14 である。標本数の制約からプロビット分析は応用できず，最小自乗法による暫定的な結果ではあるが，およその傾向はつかめよう。当然に予想される通り，前職農業者（AGR）の新規参入者は標本期間中の数年間には「出世」しない傾向が強い。一方，モデル 14-2 に見られる通り，鉱夫や周旋人などの通常の保証人を経由して入職する傾向の強い前職採炭夫（MNG）（表 7-12）と，新しい熟練を蓄積しており，事務直轄を経由して入職する傾向の強い（表 7-9）前職棹取夫（ELV）には，入職後に保証人として活動する傾向が強い。すなわち，伝統的な熟練を蓄積した前職採炭夫（MNG）について，熟練鉱夫間のネットワークが活きていることはもとより，新しい熟練を蓄積し，事務直轄で採用される傾向のある前職棹取夫（ELV）についても，採用された棹取夫個人のネットワークが切断されるのではなく，そのまま企業に包摂されたことが想定されるのである。この想定に合致する具体例を次に紹介しておこう。

それは「志願書」に見られる個別事例である。「志願書」からは小集団を形成し率いて入職してきた鉱夫が 2 名確認できる。そのひとりは TH という者である。彼は，福岡県三井郡本郷村出身の当時 28 歳で 1907 年 2 月 7 日に志願した。

親族と思われる，同郷であり同姓の者5名と，他4名とともに志願している。自分自身を含め，10名の保証人となっていた。そしてそのおよそ2カ月後，1907年4月30日に同村出身の「桟橋棹取」を前職とする者3名の保証人にもなっていた。自らが自らの保証人となっている例はTH以外には存在せず，稀なことだと思われるが，このことは，納屋頭などの保証人を通していないことを意味しており，直接雇用された者であると考えられる。また，志願後に保証した「桟橋棹取」夫という職種は，石炭運搬機械を扱うものであり，直接雇用された職種であったと考えて間違いない。その者らの保証人となるとは，TH自身も直接雇用された鉱夫であったと考えられる。同郷の小集団を確保する力があったことから，組のリーダーとして直接雇用されたのであろう。

　もうひとりはFIという人物である。彼は福岡県田川郡糸田村出身の当時28歳，1905年7月3日に同村出身の者5名を連れ，本人を含め計6名で志願した。保証人はKHという人物で，納屋頭，直轄納屋頭，事務直轄の保証人のいずれでもない。本人以外の5名分の志願書の欄外にはFIの姓が記載され，FIが組のリーダーであることが窺われる。

　「志願書」から確認されたのは，上記2例であったが，それにとどまらない数の者が企業に組のリーダーとして管理されていたと思われる。具体的には，「勤怠表」の欄外に，鉱夫数名の「受持」を示す人名が記載されていることから，そうした組織構造が推測される。とりわけ興味深いことに，欄外における「受持」人の記載は，「直轄鉱夫勤怠表」に特に多く見られる。直轄納屋頭においても，鉱夫の間接管理が納屋頭に委任されていたことは上述の通りであるが，納屋頭の配下の組構成は，直轄納屋において，企業側によりよく把握されていた。先行的に導入された直轄納屋においては，伝統的熟練を身につけた鉱夫が直接雇用され，彼らが受け持ちの鉱夫の監視と訓練に責任を持ったのではないだろうか[48]。こうした一連の変化によって，納屋頭に帰属する情報レントが圧縮されたことは想像に難くない。しかし，企業側は，ただちに個別鉱夫の管理に移行しようとしたのではない。二重構造になっていた納屋と組のうち，納屋の機能を弱める一方，組の雇用管理と人的資本投資の機能は温存したまま，包摂しようとしたので

---

48)「勤怠表」，〔年代〕1904-1907年，「麻生家文書」2-本洞-51, 52, 87, 4-二坑 E-1-72, 74-79。

ある。

おわりに

　鉱夫の逆選択とモラル・ハザードの両方の問題が深刻であった時期には，納屋頭に鉱夫の募集から監督，管理，誘因付与まで委ね，鉱業主は納屋頭に情報レントを支払っていた。さらに，納屋制度の内部には個々の納屋頭の下にいくつかの組が存在し，その組にもリーダーがおり，組単位で実際の業務にあたっていた。したがって，情報レントは納屋頭のみならず，組のリーダーにも支払われており，鉱業主は二重のレントを支払っていたことになる。鉱業主と鉱夫との間における情報の非対称が深刻であったこの時期においては，それでもなお，納屋制度を選択する方が低費用であった。

　その後に，納屋制度を選択していた時期と同様に逆選択とモラル・ハザードのいずれも十分には緩和されていないものの，企業側が逆選択の緩和に取り組んでいた部分的直接雇用の時期があった。その事例のひとつが，第3節に見た20世紀初頭の麻生藤棚第二坑である。それは，納屋制度の二重構造のうちの一層を直轄化するものであった。これには，企業が納屋の独立性を弱めて設置した直轄納屋と，納屋頭の下に存在していた組のリーダーを一部直接雇用し始めるものの2種類があった。二層のうちの一層を直轄化すれば，二重に支払っていた情報レントを節約できる。さらに，実際の採炭業務の知識と技能を持つ組のリーダーを直接雇用し，そのリーダーに鉱夫の募集を任せるならば，企業側は逆選択を緩和することができる。加えて，直接雇用されたリーダーは企業の雇員として鉱夫の人的資本投資にあたることになり，農業出身者などの新規に鉱夫になる者に対して鉱夫としての熟練を身につけさせることができ，農業出身者をも直接雇用することが可能になる。農業出身者を採用する際には鉱夫としての熟練を持ち合わせているか否かを選別しなくともよいから，逆選択の緩和にもつながる。この部分的直接雇用の段階は，機械の導入などのきっかけによって起こった変化ではなかった。この時期の労働は手作業に依存した伝統的熟練に支えられていたので，それを備えた者を企業が直接雇用し，人的資本投資機能を内包しようとする試みから起こった労働組織の変化と言えよう。組のリーダーは，具体的には，労働者を調

達する能力があり，すでに小集団として移動している人物を外部から調達することによって確保された。

このような，炭鉱の技術条件と情報構造，情報構造と労働組織の相互依存関係において漸進的に生じた労働組織の変遷を考察する上で特に注目すべきは，直接雇用への移行の途中段階に観察される変化である。1902-1907年に操業した麻生藤棚第二坑の技術条件は，伝統的熟練が必要とされる残柱式を用い，鶴嘴を使う手作業による採炭であった。したがって，労働過程における情報は現場に優位であるため，採炭工程の大部分は納屋頭に大きく依存していた。しかし，麻生藤棚第二坑が，「直轄納屋」の導入や「事務直轄」による採用といった組織改革を試みていたことは興味深い。麻生藤棚第二坑の組織改革において，まず，着目すべきは「甲」種と「乙」種の2種類の契約の存在である。甲種は「職工」であり，日給月給を前提とし，乙種はそれ以外の鉱夫であり，日給を前提としていた。甲種に該当すると思われる具体例のひとつは機械課採用の職工である。機械課採用の職工は，一般鉱夫とは異なって，坑長以下，複数の職員が捺印する契約形態が取られており，直接雇用に移行していた。また，一般鉱夫の場合，「戸籍簿」によって確認される甲種は2名の仕操夫のみであった。仕操夫とは，伝統的熟練を要し，遅くまで請負制が残り，一般に移動性の高いとされる職種であった。熟練鉱夫を長期雇用を前提とした組織に組み込もうとしていたのである。機械課の採用者は企業の所有物である機械を扱うがゆえに，企業側がその技術を把握でき，そのことから直接雇用が可能になったとすれば，仕操夫を甲種採用する意図は，彼らの持つ伝統的熟練を企業側に包摂しようとし，さらには既に伝統的熟練を形成した彼らに企業内で伝統的熟練についての人的資本を養成させることにあったと思われる。

麻生藤棚第二坑に残された1902-1907年の「志願書」における保証人の特徴の概観により，熟練男子単身者の採用に特化している者と，必ずしも熟練者とは限らない家族同時契約者を多く採用している者とがいることが分かった。また，企業側と大規模納屋が農業出身者を積極的に採用している一方，小規模納屋では既に熟練を身につけた鉱夫を確保していた。

さらに「志願書」データベースを用いて志願者の属性を調べた結果，採炭夫，仕操夫，棹取夫以外の鉱夫には印鑑を携帯する傾向が見られ，高い読み書き能力

と高い移動性を持つ鉱内夫の存在が示唆された。また，採炭夫は夫婦・家族同時契約をする者が多い傾向にあるが，仕操夫は単身契約の傾向があることが分かった。仕操夫は，伝統的熟練を要し，実地経験による勘が重要であると同時に常に危険と隣り合わせである職種でもあり，それゆえ単身で移動する傾向があったのであろう。

　続いて，保証人の属性と志願者の属性の関係を探索した結果，農業出身者をはじめとする鉱山業新規参入者は，事務直轄の保証人，納屋頭，直轄納屋頭を保証人として入職する傾向があることが明らかにされた。一方，前職鉱山関係者の採用にあたっては，事務直轄の保証人は，前職が棹取夫や読み書き能力が求められる職種の鉱夫といった，新しい熟練を蓄積した鉱夫を採用する傾向がある一方，納屋頭および事務直轄以外の，鉱夫や周旋人といった通常の保証人は，前職が採炭夫である者を採用する傾向にあることが明らかにされた。すなわち，鉱山業への新規参入者は納屋頭を介した経路，もしくは企業直轄の採用経路で入職した。そして，経験者の市場においては，採炭夫の採用が鉱夫間の水平的なネットワークに依存していた一方，昇降機の操作や読み書き能力といった新しい熟練を蓄積した者は企業に直接に採用される傾向があったのである。

　これらの事実から，1900年代においては複数の人的資本形成経路が存在したことが推測される。伝統的な経路は，農村を出てまず大規模納屋に就職し，鉱夫としての熟練を形成し，それがある程度完了すれば，各地の熟練鉱夫として就業している周旋人などのネットワークを通じて炭鉱を渡り歩く，というものである。これに対し，新たな人的資本形成経路として，事務直轄の保証人が農業出身者を積極的に採用し，未経験者を企業が鉱夫として養成するものと，納屋の人的資本形成機能を温存したまま「直轄」納屋に改組され，独立性を弱めた形で企業に包摂された納屋において養成するものとの2経路が形成されつつあったと推測される。

　納屋に就職した農業出身者は，納屋頭によって熟練を形成されるであろうが，事務直轄や直轄納屋に就職した農業出身者の熟練養成は誰が担当したのか。これに適任であったのが，部分的直接雇用の段階で直接雇用された組のリーダーであろう。1900年代には企業側は依然として技術に関して十分な情報を持っていない。それでも新規参入者を直接雇用し熟練を形成するのであれば，必要な熟練を

既に形成した者を企業側に内包する必要がある。事後的に言えば，採炭工程が機械化されるのは早くても20年後の1920年代後半であったから，1900年代から少なくとも20年間にわたって重要性を失わない伝統的熟練を把握し，制御していくためにも，それは必要なことであった。

附表 7-1　変数一覧

C	ダミー変数	定数項
MNG	〃	前職採炭夫
APL	〃	前職仕操夫
ELV	〃	前職榑取夫または鍛冶
MGL	〃	前職その他の鉱夫
MGT	〃	前職鉱山関係すべて
AGR	〃	前職農業
MIS	〃	前職雑業（農鉱業以外の職業）
UNK	〃	記載なし
FML	〃	家族同時契約者
GRT	〃	他の鉱夫の志願書に保証人して署名している者（出世）
NOG	〃	保証した志願者の数（保証人として被保証者の「志願書」に現れる数）
FRM	ダミー変数	事務直轄の保証人
HNN	〃	納屋頭
FN	〃	直轄納屋頭
OGT	〃	通常の保証人（事務直轄，納屋頭，直轄納屋頭以外の保証人）。1−(FRM+HN+HNN)
SL	ダミー変数	志願者の捺印あり

第8章

内部労働市場の形成
―― 筑豊炭鉱業における熟練形成

森 本 真 世

はじめに

　炭鉱業の技術変化は大別して採炭方式の変化と採炭機械の導入の二側面において進行した。そして両者の間には密接な関係があり，採炭方式が残柱式から長壁式へと変化したことによって，機械の導入が促されたとされる。それゆえ，第1節では，まず採炭方式について具体的に分析する。続いて，そうした技術革新の影響を定量的に検出するために，コブ゠ダグラス型労働投入関数を仮定して，工程ごとの労働投入が生産量に及ぼす影響の変化を捕捉することを試みた。第2節では，1920年代半ばにおける労働組織を『筑豊炭山労働事情』と『筑豊石炭鉱業組合月報』によって具体的に検討する。なかでも，技術変化にともなう共有信念の変化に焦点が当てられる。鉱夫社会の基本組織であった納屋制度とは，鉱夫社会外の規範とは必ずしもなじまなかったが，それが用いられていたときの技術条件と情報構造の下では合理的な次善解であった。たとえば，納屋頭などの親分は，配下鉱夫の子らと親子関係を擬制していたが，それは，リスク管理と誘因付与について納屋頭と配下鉱夫らとの間に安定した均衡，すなわちベイジアン均衡（序章第1節1項②）を成り立たせるための「信念の体系」（belief system）の一部であった。鉱夫社会固有の論理のひとつひとつが，そうしたベイジアン均衡を成り立たせる共有信念の体系の構成要素として存在していたのである。したがって，新技術を導入しようとする企業側の技術者が，近代鉱山学を修得していたと

しても，実地経験が乏しく，それゆえそうした信念の体系を共有していないと鉱夫たちが考える限り，その主張が鉱夫に受け入れられることはない。第2節においては，生産技術の進歩と労働組織の変化が必然的にともなう共有信念の再構築の過程に，同時代の技術者の証言によって迫りたい。第3節では，採炭方式の変化と機械の導入が完了すると，それまでの伝統的熟練に代わって重要となった知的熟練について見ていく。知的熟練とは，機械などの近代技術の操作に要する熟練である（第7章第1節）。三井田川炭鉱では，機械操作における熟練者の確保が出炭に影響することを自覚し，たとえばコール・カッターの操作については1カ月半にわたる講習を実施している。西洋から新しく導入されたこれらの機械は，どの炭鉱でも新しいものであり，したがって各企業自身が企業内でこの知的熟練を養成し，鉱夫らに知的熟練に関して人的資本投資を行うしかなかった。そして，その投資を回収するため，企業は鉱夫たちをより長く勤続させようとし，たとえば年功慰労金支給などの「足止め策」をとった。つまり，知的熟練形成と長期勤続は補完的であり，年功慰労金といった誘因は長期勤続の必要条件であったのである。

1　技術進歩と生産性の推移

1) 採炭技術の変化

　1880年代から1920年代にかけて，筑豊炭鉱業には大きな技術変化が生じた。それらは大きく機械の導入と採炭方式の変化に分けることができる。この二つの技術変化は無関係に生じたのではなく，採炭方式の変化は機械の導入を促す大きな要因となった。

　機械化は，1880-1890年代に進んだ坑内運搬過程の機械化と，1900年代後半に始まり，1920年代以降に本格的に進んだ採炭過程の機械化に分けることができる。採炭工程の機械化が遅れた理由は主に2点である。ひとつは，電力の普及までは坑道深くの切羽[1]を機械化することは困難であったこと，もうひとつは，炭柱を残して掘進する残柱式採炭法そのものが機械化になじまなかったことであ

[1) 炭層から石炭を掘り出す場所。

る[2]。

　一方，採炭方式については，伝統的な残柱式採炭法が1900年代以降，徐々に採炭効率の高い長壁式採炭法に置き換えられていった。残柱式採炭法からの移行においては，まず，必要に応じて落磐を防ぐために残されていた炭柱の採掘（柱引（はしらびき））がなされる柱房式（ちゅうぼう）採炭法や，主要坑道の両側に保護炭柱を残す残柱式長壁法（ちょうへき）が用いられ，そして，保護炭柱を残さない総払式長壁法が導入された。各炭鉱の鉱脈の性質を考慮しつつ，炭層全体の採掘へと漸進的に移行していったのである[3]。

　残柱式は，炭層の傾斜方向に卸（おろし）坑道，それに直交する走向方向にいくつかの片磐（へんばん）坑道を掘進し，上下の片磐坑道間に坑道保護のため10-20間（18-36メートル）角の炭柱を残して，碁盤の目のように1-2間（1.8-3.6メートル）幅の切羽，一丁切羽をつけて採炭する方式であった[4]。そして，長壁式は，残柱式の坑道体系を基本的に継承しつつ，炭柱を残さずに傾斜あるいは走向方向に長い採炭面，つまり長壁を取る方式である。この方式を採用するためには地圧制御により長壁採炭面を保護する必要があり，当初は薄層のみで採用されたという[5]。また，残柱式での切羽における労働は，孤立分散的であったため，採炭と運搬のみの分業であったが，切羽を集約した長壁式では，採炭空間が拡大され，採炭，積み込み，運搬，支柱，土砂充填などで分業ができ，機械の体系的導入の可能性が与えられたという[6]。1本の鉱脈を採炭，掘進すれば，当然，運搬距離（坑道）は長くなる。それは坑道維持と運搬に要する固定費の増加を意味したから，資本効率を一定に保とうとすれば，それに応じて採炭効率を上げなければならない。その手段として，採炭において火薬を使用し，あるいは切羽を集約，つまり長壁式採炭を採用することとなるのである[7]。それが，残柱式坑道から長壁式坑道へ切り替わるひとつの契機であった，と言われている。

　これら残柱式と長壁式について，『筑豊炭山労働事情』により，もう少し具体

---

2) 隅谷（1968），377頁。
3) 荻野（1993），18-19頁。
4) 荻野（1993），18頁。
5) 荻野（1993），19頁。
6) 隅谷（1968），386頁。
7) 隅谷（1968），390頁。

的に確認しておこう。まず残柱式を見ておく。

史料1[8]

　残柱式は，石炭を残して其れを柱として前進する方法であるが，上磐即ち冠と称する箇所が強堅であつて一部に石炭を残して置けば切端〔切羽〕の安全を期せられるという状態の炭層に適用されるものである。数箇所の採炭坑道若くは採炭房を切開し，其の中間に石炭を残して切端，採炭坑道，運搬坑道の連絡を保つのである。〔中略〕長所としては(1)坑内深からず岩磐の圧迫大ならざれば坑道維持に費用少なきこと，(2)市場の状況に応じて出炭額を適宜調節し得る事。〔中略〕短所とする重（おも）なるものは，(1)深き時は上磐圧迫の為坑道維持困難，炭柱圧迫を受け発熱することあり，柱引（残柱を回収す）の時期後るれば石炭の亡失多大なり，(2)粉炭の増量，石炭酸化の為品質及外見の見劣りを生じ市価低下す，(3)柱引後天井磐の変動急激に来る，(4)上磐地層の沈降急激にして，相重なる上層若しくは下層炭に悪影響を及ぼし，或は累を地表に及ぼす事あり，之は炭層の厚きものに於て特に然り，(5)瓦斯（ガス）発生多きものにありては掘進にも，退却にも通風上の困難あり，発熱し易き炭層にありては火災の恐れ少なからざるを以て其大なる注意を要す。

　残柱式は，炭層上の層が固い場合に用いられ，一部に石炭の柱を残して，落磐を防ぎ，石炭の層に水平に掘進，採炭する。この残柱式には，さほど深くなければ，坑道維持の費用が小さく，市場価格に応じて出炭調整ができるという利点がある。しかし，深ければ，坑道の維持が難しく，また，上の層からの重みがかかるために，石炭が圧迫されて発熱し，火災の恐れもある。安全のために残した炭柱からも採炭する際には，すぐに落磐してしまう危険性もある。このように，安全の確保のための炭柱の数を調整する必要があった。炭層や坑道の状況によって異なる炭柱数の調整には，伝統的な熟練が必要とされた。

　次に長壁式について見てみよう。

史料2[9]

　是は，炭層の全包含物の採取を企つるので，切端を長壁面に着け，石炭の全幅を

---

8) 大阪地方職業紹介事務局（1926），16-17頁。以下，〔　〕内注記，振り仮名は引用者による。句読点も一部，引用者によって改められている。切羽は，切端，切場等とも呼ばれる。
9) 大阪地方職業紹介事務局（1926），15-16頁。

同時に破採し，其採掘跡は狭岩，硬，土砂，がら（土砂は花崗岩類の風化せる物最も適す，がらとは石炭の焚滓〔焚燼，燃えかす〕の事で汽鉄用のものを利用す。何れも坑外より特に装置を施し坑内に運ぶ）等の塡塞物を以て充塡する。夫れには充塡壁築造に依って規定の坑道を残す事がある。〔中略〕長所としては，(1)開坑後速に多数の切端を開設し，一局部に勢力を集中しながら多量の出炭を為し得る，即ち資金の回収，利益の取得が速かなる事，(2)坑木使用節約，(3)通風容易にして少量の空気も有効に切端に流通する，通風用諸装置減少す，(4)採掘跡に石炭遺失少なく自然発火，瓦斯，炭塵爆発の災害を醸す事少なし，石炭の採収率増加す，(5)上磐地層の沈下均斉にして地表の損害大ならず水の侵入する恐れ少なし，(6)採炭及び切羽運搬に機械力の応用最も有効なり。〔中略〕短所としては，(1)熟練なる坑夫にあらざれば十分な効果を挙ぐるを得ず，(2)採炭跡の充塡及び充塡壁築造に多くの労力を要す，(3)切端を休止することは長壁式に困難なり，(4)岩層突発する時は切端が一時に消滅し採炭上に変調を来す，(5)充塡材料を多量に要す，(6)一個所に瓦斯多量噴出しある時は之を一局部に閉塞し若くは其部分より直に排気道に導き他に累を及ぼさざる様為す事困難なり，火災の場合亦同じ。

すなわち，長壁式は，石炭を切り出す切羽を石炭の層にいくつも設置し，その採掘跡には土砂などを充塡していくという方法である。この長壁式は，一度で大量に採炭でき，残柱式では危険が多かった通風面でも安全である。石炭を残すことも少なくなるので，それが原因となる自然発火やガスの発生，粉塵爆発も少ない。そして，何よりも，機械の使用に適しているのである。これが，長壁式採炭法の普及とともに採炭過程の機械化が進んだ理由であった。しかし，同時に，長壁式はその技術的特性に適した熟練を身につけた労働者でなければ十分に効果を上げられないという。機械化や採炭方式の変化は，残柱式手掘り採炭に要した伝統的な熟練の必要性を減少させる一方，決して労働者の非熟練化を意味するものではなかったのである。また，長壁式は採掘跡に土砂を充塡する作業に労力を要し，その充塡材料も多く必要とされる。採炭を途中でやめることは難しく，一カ所でガスが発生しても，それが広く充満してしまう，などの短所があった。

2) 技術進歩と労働投入の変化

　1900年代から1920年代にかけての技術進歩の成果を概観しておこう（表

表 8-1 筑豊炭鉱の 1903 年頃と 1927 年頃との比較

対照事項	1903 年	1927 年	記　事
出　炭	550 万噸	1,455 万噸	左は組合炭山，右は製鉄所炭山を含む
採炭法	残柱式	長壁式	1903 年頃に既に長壁式を採用していた所もあった。1927 年では，機械堀採用されつつある
発破跡	岩延松岩には外国製ゼリグナイトダイナマイト。切羽には黒色薬	舶来，和製，各種の爆薬。切羽には盛んに安爆使用	近来鑿岩機の使用著しく増加
1 人当たり採炭工程	1 カ月　約 20.0 噸	1 カ月　約 22.5 噸	採炭夫には支柱夫掘進夫を含む所あり
鉱夫 1 人当たり出炭	1 カ月　約 10.0 噸	1 カ月　約 12.0 噸	
採炭夫収得	就業　1 日　50-55 銭	200 銭	
総鉱夫平均収得	35-40 銭	150 銭	
米 1 升の価格	15 銭	34 銭	
1 噸の切賃	60 銭	150 銭	

資料）石渡信太郎，「筑豊石炭鉱業の過去及将来に就いて」，『筑豊石炭鉱業組合月報』第 292 号，1928 年，11-13 頁。
注）「安爆」は硝安爆薬（ダイナマイト）の略。

8-1)。出炭量は 25 年前に比べ，3 倍弱になっている。そして，1927 年では長壁式採炭法がとられ，鑿岩機が用いられている。また，鉱夫の 1 労働日当たりの採炭高は明示されていないが，1 トンの切賃と採炭夫の収得から計算すると，1903 年では 1 日に 1 トン弱（55 銭 ÷ 60 銭 ≒ 0.92 トン）を，1927 年には 1 日に 1 トン強（200 銭 ÷ 150 銭 ≒ 1.33 トン）を採炭している。この採炭夫の収得は，インフレーションを考慮して米価で実質化しても，1.6 倍（55 銭 ÷ 15 銭 ≒ 3.67 と，200 銭 ÷ 34 銭 ≒ 5.88）に伸びている。採炭夫以外の鉱夫も含む全鉱夫平均収得で考察してみても，1.65 倍（40 銭 ÷ 15 銭 ≒ 2.67 と，150 銭 ÷ 34 銭 ≒ 4.41）になっていることが分かる。すなわち，採炭方法の革新によって，出炭量は飛躍的に増大し，鉱夫の実質賃金もまた増加することとなった。

こうした技術進歩は，各工程の労働投入の効果にどのような変化をもたらしたのであろうか。ここでは，『筑豊石炭鉱業組合月報』より，職種別労働投入量と採炭量との関係を分析する。まず，『筑豊石炭鉱業組合月報』の労働者の分類に即して，1920 年代におけるその業務と賃金決定の具体的なあり方を『筑豊炭山労働事情』により見ておこう[10]。

(1) 坑夫：採炭夫先山（さきやま）と採炭夫後山（あとやま）。前者は，炭鉱において最も重要な作業を

する者で，体力も熟練も要する職種。後者は，後向(あとむき)，手子(てこ)とも呼ばれ，先山が採炭した石炭を運搬し，手があけば先山の業務を手伝う者。先山と後山は一組となるのが慣行で，しばしば夫婦で一組になる。採炭夫は出来高制であり，毎日払いであった。毎日払いとは，働いた翌日の賃金計算を経て3日後に支払われるもの。以降は毎日従業していれば毎日，賃金が支払われる。

　(2) 支柱夫：仕操夫とも呼ばれ，旧坑改修，天井崩落の修繕，枠入，その他，坑道を保全する作業に従事する者。応急修繕等において土砂を掘り出すなど，熟練者でなければ適切に修理はできない。賃金は，枠1本いくらといった具合に出来高払いか，またはひとつの仕事をある一団体の鉱夫で請け負う団体賃金制度で支払われていた。

　(3) 棹取(さおとり)夫：運搬夫のこと。炭車の運搬は採炭業において最も重要視されており，熟練を要した。敏活にして沈着であることを要し，坑内保安の精神を呑み込んでいる者でなくてはならない。「函乗(はこのりまわし)廻棹取，勾片(ころへん)棹取の名称があつて千五百間の本卸坑道を三分乃至五分間に捲き上げる函に飛び乗り，飛び降りをなす術は実に敏速なものであつて迂鈍なものでは間に合わない」[11]とされる。棹取夫の賃金制度は，請負制と日給制とがある。日給制が多いが，運搬した函数に応じて支払われているので出来高制と言う方が正しいかもしれない，とされている。

　(4) 火夫：坑内において安全等の揮発油補給ならびに火気に関することにあたる者。坑内において，各労働者は消灯されている安全灯に勝手に点火することは認められておらず，この坑内火番の駐屯する一定カ所に持って行ってそれぞれ手当を乞う。

　(5) 大工：主として坑内の車道大工のこと。炭鉱では車道が傾斜している上に曲線が多く，そして坑道の幅も狭く，炭車が枠足に触れやすいため，坑内車道大工は技能を要すると言われている。坑木を組み合わせ，坑道または切端の天井崩落を防ぐ作業である枠入も行う。賃金制度については，作業工程によっては請負制の所もあった。

　以上は，坑内夫である。次に，坑外夫を見ておこう。

　(6) 選炭夫：石炭を選別する者である。大部分が女性であった。選炭量に応じ

---

10) 大阪地方職業紹介事務局（1926），29-33，45頁。
11) 大阪地方職業紹介事務局（1926），32頁。

て賃金が支払われる，出来高制度である。

(7) 機械夫：喞筒方(そくとう)という，喞筒つまりポンプを運転する機械夫と，捲方(まきかた)と呼ばれる引き上げ機械または捲揚機を運転する機械夫をあわせて機械夫とする。

(8) 電工：電気機械ならびに電線に関する職工。

(9) 雑夫：上に挙げた職種には分類されなかった鉄工などのことだと思われる。

では次に，実際に労働投入量と出炭量の関係を見ていこう。各工程ごとに労働投入についての収穫逓減が成立していると想定し，以下のようなコブ＝ダグラス型生産関数を仮定する。

Y：採炭量，X_1：採炭夫数（MNG）＋支柱夫数（APL），X_2：棹取夫数（ELV），X_3：火夫数＋大工数（MGL），X_4：選炭夫数（CLN），X_5：機械夫数＋電工数（MCN），X_6：雑夫数（FAC），

(1) $\quad Y = a X_1^{\beta_1} X_2^{\beta_2} X_3^{\beta_3} X_4^{\beta_4} X_5^{\beta_5} X_6^{\beta_6} \quad (0 < \beta_1, \beta_2, \beta_3, \beta_4, \beta_5, \beta_6 < 1)$

a は労働投入以外の要素，すなわち，炭層の質と，それに対して最適に選択された設備による生産性向上を捉える変数である。炭鉱によっては，支柱夫（APL）が零の場合があるが，これは採炭夫（MNG）に合算されているためと思われるので，X_1 は採炭夫と支柱夫の合計にした。X_3 は，火夫と大工は坑内夫であるが，採炭に直接関係するものではないこと，どちらも数が多くないことから合計した。X_5 については，電工も機械に関する職種であるので，機械夫と合計した。

(1) の両辺の自然対数を取ると，

(2) $\quad \ln Y = \ln a + \beta_1 \ln X_1 + \beta_2 \ln X_2 + \beta_3 \ln X_3 + \beta_4 \ln X_4 + \beta_5 \ln X_5 + \beta_6 \ln X_6$

基本的には (2) 式について『筑豊石炭鉱業組合月報』に記載された各炭鉱データによって推計することになるが，坑内夫のみについて推計した結果も検討する。

まず，1910-1912，1914-1915 年[12]について，『筑豊石炭鉱業組合月報』記載の採炭量と人員数の双方を確認することができる全炭鉱について対数化したデータにより，坑内夫のみの推計をすると表 8-2 の結果を，1925-1929 年の坑内夫につ

---

[12] 1913 年については史料を得ることができなかった。

表 8-2　生産関数の推計（坑内夫），1910-1912, 1914-1915 年

被説明変数：ln(Y)		
説明変数	回帰係数	t 値
C	3.471	28.811 ***
ln(MNG+APL)	0.713	21.209 ***
ln(ELV)	0.141	4.399 ***
ln(MGL)	0.176	4.983 ***
調整済み R^2	0.906	

資料）『筑豊石炭鉱業組合月報』．
注）*** は1パーセント水準の有意性を示す．変数の定義については章末附表 8-1 参照．

表 8-3　生産関数の推計（坑内夫），1925-1929 年

被説明変数：ln(Y)		
説明変数	回帰係数	t 値
C	3.822	35.547***
ln(MNG+APL)	0.589	19.501***
ln(ELV)	0.292	11.462***
ln(MGL)	0.134	5.278***
観測数	855	
調整済み R^2	0.935	

資料）『筑豊石炭鉱業組合月報』．
注）*** は1パーセント水準の有意性を示す．変数の定義については章末附表 8-1 参照．

いて同様に推計すると表 8-3 の結果を得る．

　次に，1910-1912, 1914-1915 年における全鉱夫について同様に推計すると表 8-4 の結果を，1925-1929 年における全鉱夫について推計すると表 8-5 の結果を得る．

　まず表 8-2 と表 8-3 を検討しよう．表 8-2 において，説明変数はすべて有意である．採炭夫＋支柱夫（MNG＋APL）の回帰係数が最も大きく，採炭夫＋支柱夫が持つ出炭量への影響の大きさが分かる．表 8-3 においてでも全説明変数について有意な結果が得られ，回帰係数より，採炭夫＋支柱夫数（MNG＋APL）の出炭量への影響が最も大きく，次に，火夫＋大工数（MGL），そして楾取夫数（ELV）の影響が大きいことが分かる．1910 年代前半について見た表 8-2 と表 8-3 の

表 8-4 生産関数の推計（全鉱夫），1910-1912，1914-1915 年

説明変数	回帰係数	t 値
被説明変数：ln(Y)		
C	3.586	31.495 ***
ln(MNG+APL)	0.608	17.946 ***
ln(ELV)	0.081	2.647 ***
ln(MGL)	−0.020	−0.511
ln(CLN)	0.102	4.357 ***
ln(MCN)	0.190	8.686 ***
ln(FAC)	0.057	2.799 ***
標本数	689	
調整済み R^2	0.920	

資料）『筑豊石炭鉱業組合月報』。
注）*** は 1 パーセント水準の有意性を示す。変数の定義については章末附表 8-1 参照。

1920 年代後半について見た回帰係数を比較すると，まず，労働投入以外の効果を拾っている切片の値が増加しており，機械化が生産性を引き上げていることを示唆している。また，採炭夫＋支柱夫（MNG＋APL）の係数が減少し，棹取夫（ELV）の係数が約 2 倍に大きく増加している。棹取夫（ELV）の回帰係数の違いは，坑道の延長と長壁式の導入にともなう，運搬坑道に対する切羽の増大と，採炭工程の機械化による運炭量の増大を反映していると思われる[13]。一方，採炭工程の機械化が進展していなかった 1910 年代に大きかった採炭夫＋支柱夫（MNG＋APL）の係数が，採炭工程機械化の進展していた 1920 年代後半に小さくなっていること，他方，機械化の効果を含む定数項（C）が大きくなっていることは，機械化にともなって資本投入の相対的な重要性が増したことを反映している。

次に，1910-1912，1914-1915 年と 1925-1929 年での全職種から推計した表 8-4，表 8-5 を見よう。やはり，1910 年代前半を対象にした表 8-4 では，採炭夫＋支柱夫（MNG＋APL）の係数が最も大きいが，1920 年代後半を対象とした表 8-5

---

[13] 1900 年頃までに捲揚機が導入され出炭量が増加したが，実際に採炭する工程ではないため，それが持った生産性向上能力には限界があった，とする隅谷（1968）の主張にも対応している。隅谷（1968），311-312 頁。

表 8-5　生産関数の推計（全鉱夫），1925-1929年

被説明変数：$\ln(Y)$

説明変数	回帰係数	t 値
C	4.665	39.115 ***
$\ln(\text{MNG+APL})$	0.205	6.152 ***
$\ln(\text{ELV})$	0.179	8.822 ***
$\ln(\text{MGL})$	0.062	3.133 ***
$\ln(\text{CLN})$	0.209	13.532 ***
$\ln(\text{MCN})$	0.166	6.611 ***
$\ln(\text{FAC})$	0.167	11.298 ***
標本数	855	
調整済み R^2	0.961	

資料）『筑豊石炭鉱業組合月報』。
注）*** は1パーセント水準の有意性を示す。変数の定義については章末附表 8-1 参照。

ではその値はほぼ3分の1となる。一方，棹取夫（ELV）の係数に注目してみると，採炭機械の導入が始まっていた1925年以降を対象とした表8-5のそれは約2倍となる。機械化の効果を含む定数項（C）も大きくなっている。やはり，採炭機械が導入される以前では，出炭量は採炭夫（MNG）らにより強く依存しており，機械化にともなってその依存度は相対的に低下したことを示している。

3）情報構造の変化

こうした技術変化にともなって，坑道内の情報構造とリスク管理はどのように変化したのであろうか。明治炭鉱の技師石渡信太郎は，残柱式に依存していた1900年代のリスク管理について，興味深い言及を残している。

史料3[14]　「第二，過去について，二，採炭法及機械設備」
　当時の筑豊採炭法は，多くは残柱式であった。各炭坑共何れも坑内の炭層状態は立派で，今日の北海道の炭坑の様な，厚き地山の炭層を沢山持つて居つて，何の層から先に掘るかと迷ふて，先ず炭層の一番上等な天井の丈夫な層から先に掘れと云

14）石渡信太郎，「筑豊石炭鉱業の過去及び将来に就いて」，『筑豊石炭鉱業組合月報』第292号，1928年，7-9頁。

ふ有様, 何れも炭柱を残して地山を掘るので, 支柱も要らず誠に監督は気楽であった。只残柱を濫堀せぬ様にすればよかったので, 残柱の角々, 或は其表面には一面に白を塗る, 白とは石灰水のことで此白を塗って濫堀を防ぎ, 若し坑外に出る石炭に此の白が少しでも附いていたなら, 其の者の賃金は全部没収して, 鉱夫は撲られて放逐せられたものである。然し其の頃でも古き山になると, そろそろ残柱を払ふ様になって来て, 残柱を払ふと急に天井に荷が来る。負傷者は段々出来ると云ふ事にもなり, 支柱法に骨が折れてきたので, 一層の事, 初から炭柱を残さず炭層を広く掘って進んだ方が良くはないか, 即ち外国でも当時やって居った長壁法に依って掘った方がよいと云ふ意見がポツポツ起り, 松田先輩の居られた鯰田炭坑では既に試験的実行に着手せられたのであった。

ここで「当時」とは, 残柱式が採られていた1903年頃のことである。落磐を防ぐ残柱の管理は, 賃金を一括して受け取り, 鉱夫を管理するとともに, 賃金を配分する納屋頭によって行われた。炭柱の採掘を防ぐために, 白と呼ばれた石灰水を塗って明示し, 違反をした者は賃金を没収され, 殴られ, 追放された。しかし, 炭層からの採炭が進むと, いずれその炭柱も掘るようになる。そうすると上層を支えられなくなるため, 落磐事故が相次いだ。そのために坑木を入れる作業がなされたが, やがて長壁式の導入が試みられるようになった。

長壁式への移行によって, 切羽を集約し, 採炭面を広くとることができたため, 生産性が向上したと思われるが, では, 坑内労働の監視に対してはどのような影響があったのであろうか。監視の難易度に直接言及する史料は得られないが, 坑内風紀に関する記録からある程度は読み取ることができる。

史料4[15]

　男女が入坑の際は着衣せるも, 作業に取掛ればほとんど裸体である。男は褌のみ, 女は極めて短い巾を腰部に巻いて居るばかりである。〔中略〕右の服装状態であって, 暗く広い坑内の事であるから, 男女関係は如何なる状態にあるかといふことは想像に難くはない。この男女関係に問題の起るは採炭方式にも依るものであって, 昔多くの残柱方式に依りたる場合は採炭後山の女子が比較的遠距離に石炭を運ぶため, 其路すがら他の男子と出合する事が多いため間違ひが起り安かった。〔中略〕近来の長壁法に依れば比較的多数の者が同じ切端に就労し, 函は切端近く届いて居る

---

15) 大阪地方職業紹介事務局 (1926), 76頁。

等の関係上，設備上から見て風紀の改善された事は著しいものである。

長壁式が採用されたことで，同一の切端における稼働者数が増加するとともに，運搬工程の機械化によって，残柱式のもとではしばしば起こった姦通が少なくなり，風紀が改善されたという。怠業し隠れて姦通に及ぶことさえ可能な状況が改善されたのであるから，職員による坑内での監視もまた改善されたであろう。このように，採炭方式の変化によって，労働の過程と成果の観察はより容易となった。それは，直接雇用への移行を促す条件のひとつになったであろう。

またこの姦通の減少は，市原（1997）が指摘するように[16]，残柱式が支配的であった1900年頃と，この史料が刊行された1926年との間で鉱夫の文化が変化してきたことも示唆している。

このような坑内という独立もしくは孤立していた文化圏の境界の消滅は，坑内の情報構造，そして組織構造の変化と密接に関わっている。情報の非対称性が存在する限り，たとえば，リスク管理を巡る労使間の意思伝達は必然的に不完全であるし，また，起こりうるすべての突発事態に対する互いの行動を書き上げて契約することも不可能である。しかし，ある突発事態に対する互いの行動を想定し合うにあたり，互いが互いの行動に割り当てる確率が整合的であると，その関係は飛躍的に安定する。たとえば，この程度の落盤ならば雇用者が救援に出動する確率はこれくらい，鉱夫が事態を打開するために協力してくれる確率はこれくらい，といった互いの見立てが整合的であれば，労使関係は安定するであろう。この互いに割り当てる確率，もしくは見立てを，ベイジアンゲームにおける「信念の体系」（belief system）と呼び，この「信念」がプレーヤー間で安定的であるとき，両者の間には，ベイジアン均衡という安定的な関係が成立する（序章第1節2項②）。

このベイジアン均衡を成り立たせるために，あらゆる労働組織は信念の体系を共有する道具となる「文化」を共有しようとする。暴力を含む統治によって落盤を防ぐ納屋の管理にはそれにふさわしい文化が，鉱山学によって安全を管理する企業の管理にもまたそれにふさわしい文化が，それぞれ必要とされたのである。

---

16) 市原（1997），133-143頁。たとえば，市原（1997），140頁は，三井鉱山の事例として，半裸で鉱夫街をさまよい，酩酊していた鉱夫たちが，1920年代にはワイシャツやネクタイを着用するようになったという逸話を紹介している。

2 筑豊石炭産業における労働組織の変化

1) 直接雇用への移行と企業文化への包摂

本項においては，『筑豊炭山労働事情』と『筑豊石炭鉱業組合月報』[17]より，筑豊炭鉱業における労働組織を見ていくことにする。

『筑豊炭山労働事情』は，三井田川，貝島大之浦，明治赤池，新入炭鉱の4カ所を実地調査の対象としたものである。これら先進炭鉱の具体像から筑豊石炭鉱業全体の発展の方向を捉えることが調査の目的であった。

史料5[18]

　炭坑労働者の統轄方法には大体三種ある。之を発達の順序から述べると，旧納屋制度は募集から就職，稼働，賃金分配，住居の監督及び世話まで納屋頭が為すのである。其次は世話役制度であるが世話方には納屋制度と同様に所属坑夫の稼高の何歩かに該当する金を手当としてやつて募集とか，稼働，居常の監督はある程度はやらせるが，賃金支払等には絶対に干与(かんよ)させないのである。次は純粋の直轄制度で募集其他一切はすべて事務局の役員がするので筑豊地方に於ける炭山の大部分は現今此方法に依つている。

調査者は，実地調査の対象となった先進4炭鉱の動向から，筑豊炭鉱のほぼすべての炭鉱について，1920年代半ばには直接雇用体系に移行していたと推測している。

　炭鉱によって多少の差異はあるだろうが，1890年頃の納屋は四畳半一間ほどの牛や馬の小屋のように粗末なものであり[19]，その頃の鉱夫生活は極めて悲惨であったと言われている[20]。そのような環境で，鉱夫らは，納屋者と呼ばれ，人間以下と見られていた[21]。こうした状況のなかで，鉱夫らは独自の文化を形成して

---

17) 第67-81号，1910-1911年；第83-98号，1911-1912年；第101-102号，1912年；第123-138号，1914-1915年；第248-273号，1925-1927年；第275-289号，1927-1928年；第291-306号，1928-1929年。
18) 大阪地方職業紹介事務局 (1926)，21頁。
19) 三池炭鉱主婦会 (1973)，47頁。
20) 上妻 (1980)，19頁。
21) 三池炭鉱主婦会 (1973)，47頁。

いた[22]。1900年代の納屋について以下のように説明されている。

史料6[23]「鉱夫待遇事例（二）　第七章　鉱夫居住の状態」
〔前略〕納屋の構造に付ては，各鉱山区々にして殆（ほと）んど一定したるものなしと雖（いえど）も，概（おおむ）ね平家木造建にして，一棟を背割間仕切（せわりまじきり）をして左右に別（わか）ち数戸に区別するもの，若（もし）は一棟を一と並ひの数戸に分（わく）るもの等あり，前者に於ては空気の流通，日光の射入等不良なるを以て，近時筑豊地方の炭坑にて新設するものは重に後者の設計に依り，各棟間の間隔を広くし，空気の流通日光の射入を計れるもの多し，而（しか）して一戸における坪数に就（つい）ては，単身鉱夫を収容する合宿所，又は大納屋を除き，其他の小納屋等は三畳敷，四畳半敷，六畳敷，八畳敷等其家族人員の多少に依りて各差異あるも，一戸四畳半敷のもの最も多く，之に土間少許（すこしばかり）を置き，且押入の設けあるものあり，又畳其他敷物等の設備に付ては，是亦（これまた）一定ならさるも，金属山及北海道に於ける炭坑の如きは何等の設備もなく，多くは鉱夫自費を以て薄縁を敷き，居住せるものゝ如きも，九州地方の炭坑にては鉱業人に於て琉球表の畳を敷けるを普通とす。

又納屋に居住せしむへき鉱夫は，家族持に対しては其家族の員数に応し，一戸又は二戸を貸与し，単身者は多く飯場，寄宿所，合宿所，若（もし）は家族持鉱夫の宅に同居するを以て，一戸を貸与することなし，而して納屋の良否に依りて，居住鉱夫に区別を設けたるものは甚だ少きも，鉱夫の勤続を奨励する為め，一定の年限勤続せしものには，上等の納屋を与ふるものあり。

鉱夫一人に対する坪数に就ては，金属山に於ては一坪半乃至二坪半のもの最多く，平均二坪二五を示し石炭山に於ては二坪乃至三坪のもの最も多く，平均二坪一五を示せるも，家族にして，鉱夫稼業を為さゝるもの一戸二三人，若は数人あるを以て，実際の一人当り坪数は甚だ僅かなり。

1戸は3-8畳で，なかでも4畳半のものが最も多いという。炭鉱では平均して1人当たり2.15坪（4.3畳）が与えられ，そこに稼働していない家族数名が同居するため，実質的な1人当たり専有面積は極めて小さかったことが分かる。

では，納屋頭とはどのような職務を担っていたのであろうか。

---

22)　市原（1997），30-35頁。
23)　『筑豊石炭鉱業組合月報』第45号，1908年，15-16頁。

史料7[24]　「鉱夫待遇事例（六）　第十四章　鉱夫の監督」
〔前略〕
　一　鉱夫の募集傭入に関する萬般の世話を為すこと
　一　鉱主に対し鉱夫身上の保証を為すこと
　一　新に傭入の鉱夫に対しては納屋を供給し且つ飲食品及鍋釜，炊事具等の家具用品及職業用の器具類を貸与すること
　一　単身鉱夫は自己の飯場に寄宿せしめ飲食其他一切の世話を為すこと
　一　所属鉱夫の繰込〔勤怠管理〕を為し又は事業の配当を為し現場に於て其監督を為すこと
　一　所属鉱夫死亡，負傷，疾病等の節相当の保護を与ふること
　一　所属鉱夫日常の挙動に注意し逃亡等なからしむこと
　一　事業の受負を為して所属鉱夫に稼業せしむること
　一　所属鉱夫に対し日用諸品を供給すること
　一　所属鉱夫の賃金を一括して鉱主より受取り各鉱夫に配布すること
　一　鉱夫間の争闘，紛議を仲裁し又は和解すること
　一　鉱山より鉱夫に対する通達を取次ぎ又鉱夫に代り鉱主に事情を陳すること
　飯場頭にして右記載する権限の全部を有するものは甚た稀にして，二三の鉱山に其例を見るのみ，多くは日用諸品の供給，賃金の代理受取を禁し，或は事業の受負を禁するか如き，又単に独身者を寄宿せしめて，飲食其他日常の世話を為すに過きさるものあり，その範囲区々なるのみならす，一鉱山にして，飯場制度と直轄制度とを併用し〔後略〕

　この史料は1908年のものであり，また金属鉱山を含めた全国の鉱山における鉱夫の待遇について調査されたものであるが，納屋頭（金属鉱山では飯場頭と呼ばれる）は概ね以上の12項目に従事していた。しかし，全項目を納屋頭が担うことは稀であり，多くの鉱山で上記のうち，企業から採鉱事業を請け負うこと，所属鉱夫に日用品を売ること，そして所属鉱夫の賃金を一括して受け取り彼らに分配することの3項目は，もはや納屋頭に担われていなかった。そして，単身鉱夫を自らの納屋に置き，世話をする役割のみを納屋頭に与える炭鉱もあった。同史料の調査には，納屋制度の利点と欠点について以下のように述べられている。

---

24)『筑豊石炭鉱業組合月報』第49号，1908年，13-14頁。

史料8[25] 「鉱夫待遇事例（六） 第十四章 鉱夫の監督」

〔前略〕飯場制度の利害得失は，鉱山に於ける実地の状況に応し，之を決すへきものにして，概括的に之を速断スルを得すと雖，飯場制度に於て普通利益なりとする主要の事項を挙示すれは左の如し。

　一　鉱夫の募集上便利なること
　二　新参鉱夫の世話並に単身鉱夫生活上の世話等懇切周到なること
　三　鉱夫の勤惰を監督し鉱夫の繰込及事務の配当等，利便にして鉱山の手数を省き役員の数を減し得ること
　四　急速事業の進捗を計り若は産額の劇増を計らんとする場合等に於て利便あること

又飯場制度に随伴する弊害なりとして，普通称する所のものは概ね左の如し。

　一　鉱夫の団結を容易ならしめ多数人の力を藉り鉱山に対抗する傾向あること
　二　鉱夫の賃金を減殺すること
　三　営利上鉱夫に飲食を強ひ負債を生せしめ其他不当の利を貪り鉱夫の自由を羈束するの弊あること
　四　飯場頭又は納屋頭間に於ける確執の弊あること
　五　坑内濫掘の弊あること

上来述ふるか如く，飯場の制に付ては一利一害あるを免かれすと雖，無制限なる飯場制度は，之を有害視し，漸々減少の傾向を呈せり。

表8-6 間接雇用組織の利用率，1908年

	(%)
直轄制度	32.0
飯場制度	26.0
両制度併用	42.0

資料）『筑豊石炭鉱業組合月報』第49号，1908年，14頁。
注）鉱夫を500名以上使役する全国の鉱山における比率である。

欠点としては，やはり賃金の支払いにあたって差し引かれる情報レントが特記されている。また，納屋頭が鉱夫との取引からも情報レントを得ていたことも指摘されている。これらの納屋制度の欠点から，1900年代後半には徐々に納屋制度を使用しなくなっているという。しかし，客観的には納屋制度が絶対的な問題を含んでいたというよりは，技術進歩と共に，納屋制度が，もはや望ましい次善解でなくなってきていると理解すべきであろう。表8-6からも，この時期には両制度併用の炭鉱が最も多いことが分かる。

このような納屋制度から移行した直接雇用組織とはどのようなものだったのだ

25）『筑豊石炭鉱業組合月報』第49号，1908年，13-14頁。

ろうか。

史料9[26]
　純直轄の優れたる事は云う迄もない事で，秩序ある統一的組織の下に合理的方法を以て労働者を統轄し労働者の人格を認めて意思の疎通を図り，新時代の要求に応ぜんとするには之でなくてはならぬことは明かである。

秩序の整った組織において企業が直接的に労働者を雇用するが，労働者との意志疎通にも努める，即物的ではなく人間的な性質も兼ね備えた直接雇用組織を賞賛している。『筑豊石炭鉱業組合月報』にも以下のような記述が見られる。

史料10[27]　「炭山概況と所長漫談，明治鉱業所，岩永所長の談」
　炭坑を預かり二千余名の荒くれ男や，節くれ女の父となり母となつて，毎日面倒を見られるのも骨が折れましよう，如何です，何か新しい傾向もありませんか，格別なこともありません。最近鉱夫の年齢は如何です，平均年齢は幾分若くなつたようです，鉱夫の素質も変つて理屈も多いが分りも早いようです。鉱夫の統制，それは二十年も前から鉱業所が直接備入し第三者を介在させません，其方が労資の意思が疎通し一面には坑夫個人個人の個性も分つて統制上利益が多いようです。

この史料が刊行される「二十年も前」，つまり1907年頃から明治炭鉱では直接雇用に移行し，そしてその組織体系のもとに，監督者と労働者の意思疎通も効率よく行われていたという。実際，1908年当時の明治炭鉱は「直轄，納屋の両制度」を併用していたが，直轄の者3,205名に対し，納屋制度下の鉱夫はわずか50名であったという[28]。先の史料5は，「世話方制度」は賃金については関与させないけれども，募集，稼働，居常の監督には従事させると述べるが，1908年の明治炭鉱人事担当者は，業務，居住，その他挙動を監視し，一般の世話まで行うなど，直接雇用において先んじていたことが分かっている[29]。

　そして，注目すべきは，鉱夫たちに親のように接するよう努力していると企業側が認識していることである。所長が，鉱夫たちを直接監督することはないだろうが，そのような所長でさえも，「父となり母となつて」彼らの面倒を見る，自

---

26)　大阪地方職業紹介事務局（1926），21-22頁。
27)　『筑豊石炭鉱業組合月報』第281号，1927年，81頁。
28)　『筑豊石炭鉱業組合月報』第49号，1908年，17-18頁。

己認識を持っていた。すなわち，直接雇用に移行するとは，職員が鉱夫との間に肉親関係を擬制する作業をともなってもいたのである。また「個人の個性」を理解することに「利益が多い」と書かれていることから，直接雇用にともなう利益の少なくとも一部は，鉱夫個人を識別し，個々人に誘因を与えることから発生していると推測される。

史料 11[30]
　賃金の支払の方法に就ては曾て納屋制度存置の時代は納屋頭に一纏めにされ，其から多くの弊害を見るに至つたのであるが，今日では其方法を採るものはない。純直轄制度は勿論，世話方制度と雖，坑夫各自へ直接払である。而して筑豊地方に於て好況時代に切符制度（鉱業所発行の切符を坑夫に渡され坑夫は之を売店に持ち行きて物品と交換し，配給所は月末に鉱業所に提出して現金と引換へる制度）に依り坑夫に賃金を支払ひ，一時は同地方一帯民家にも通用して，其弊害多きに至つたので福岡鉱務署は其廃止を命じ，之亦跡を絶つて現今は皆現金支給である。

納屋制度下においては納屋頭に一括して賃金を支払っていたが，廃止されてからは，切符制度を用いた後，企業が鉱夫に直接支払っていたことが確認できる。

史料 12[31]
　新入者に対する態度等も昔の如く親分，子分といふ事を余り言はない様になつて，係員が直轄するところでは本人が箇人的に不都合さへ行はなければ特に新入者に制裁を加へるといふが如き事はないとの事である。

納屋制度においては，納屋頭等の「親分」から新入り者への「制裁」がなくなったという。これは，間接雇用組織下において重要な役割を果たしていた暴力によ

---

29)「『鉱夫待遇事例（六）　第十四章　鉱夫の監督　直轄，飯場制度併用の鉱山　明治炭坑』本炭坑は直轄，納屋の両制度なるも，納屋制度に属するものは一小部分に過きず，而して直轄のものは家長と称へ，単身者合宿所の長として，其配下の鉱夫を取締り，業務，及居住，其他挙動を監視し，一般の世話を為す，目下所属の鉱夫三千二百五名あり，其報酬は所属の鉱夫就業日数を標準として鉱業人より与ふ。
　　納屋制度のものにありては，納屋頭一名あり，僅々五十名の鉱夫を支配し，其業務並に挙動等を監視し，各鉱夫の世話を為す，其報酬は所属鉱夫の採炭賃金を標準として鉱業人より与ふ」（『筑豊石炭鉱業組合月報』第 49 号，1908 年，17-18 頁）。
30）大阪地方職業紹介事務局（1926），45 頁。
31）大阪地方職業紹介事務局（1926），77 頁。

る管理（史料3）を認識させるための通過儀礼もまたなくなった，ということである．納屋制度の廃止，直接雇用への移行は，労働組織の機能に実質的な変化をもたらしたのである．こうした労働組織の変化を支えるために，鉱夫文化の企業文化への統合もまた進められた．

2) 技術変化と共有信念の変化

以上に見たように，1900年代以降における漸進的な変化の結果として，1926年には直接雇用体系に移行していた．その間における漸進的な技術変化は情報構造の変化をともない，情報構造の変化は労働組織の変化をともなっていた．そして労働組織の変化は，それを成り立たせる共有信念の変化をともなわなければならなかった．まさにその点が，現場において痛感された困難のひとつである．

> **史料13**[32]　「炭山概況　大之浦炭鉱第三坑，坪内坑主任の所感」
> 　最小限度の鉱夫を擁して予定の出炭をなすことは労資共通の利益であります．即ち鉱夫の稼働能率を増進せしめることは収得を増加せしめることにならねばなりませんので労働者の幸福であり，又経営者側も比較的少数の人員にて間に合ふが故に間接の利益が大であります．然るに合理的の方法により機械力によりて坑夫の能率を促進せしめんとする場合に最も困難を感ずる点は，鉱夫に限らず支配者，担当係員の長き習慣を打破することであると思ひます．
> 　此の長き習慣性は往々にして改良改善の進展を阻害するのみならず，逆転逆転を繰り返すのであります．然し乍ら二度や三度の挫折によりて方針の変更は禁物であると思ひます．然り乍ら急進的は如上の事情により尚更弊害を伴ふものでありますから，やはり漸進的であり度い，私の云ふ漸進的は雨垂れが滴々石を穿つ式ではなくてかなり大きな衝動を感ぜしめ「センセーション」を喚起する如き力の籠つた漸進であり度い，恰も筍が堅土を貫く式の漸進的でなければ数十年来の時代遅れの習慣は破れまいと思ひます．

長壁式への移行や機械の導入によって，鉱夫の能率を上げたいと考えているのだが，長く続いていた納屋制度をはじめとする従来の習慣が，1929年時点においてもなお，困難をもたらしていた．急に変化を起こすと労働者から不満があがるので，ある程度の力強さをもって漸進的に変えていきたいと考えている，とい

---
32)『筑豊石炭鉱業組合月報』第296号，1929年，52頁．

う。なぜ漸進的でなければならなかったのだろうか。

史料14[33]　「第二，過去に就いて　二，採炭法及機械設備」
　吾々学校で長壁法の講義を聞いた技術者は，大いに之を試み様としたが，実地家上りの係長連中は中々之を許さない。鉱夫は無論，夫れは危険だてと承知しない，何にせよ其の当時大学を出た吾々は，技師と云ふ辞令は貰つても，鉱夫からは技師とは云はれず，先生先生と言はれて尊敬されただけで，命令は少しも聞いて呉れない。先生などに石炭が掘れるものかと云ふ様な言を耳にし，残念で堪らなかったが，要するに何事も実地経験からだと，朝は七時から夕は五時過迄素足に草履，魚燈の「カンテラ」で鼻の穴を真黒にして坑内に入ったもので，無論夜間の勤務もやつたが，中々先生の言ふ事を鉱夫も，下級小頭又は頭領（役員の現場係の当時の通称）も聞いて呉れない。

石渡信太郎は大学を出た技師で，採炭方式をより効率的な長壁式へ変えたいと考えていた。しかし，鉱夫ら，実際に坑内に入る者たちには命令を聞いてもらえず，相手にされなかった。石渡は鉱山学は知っているとしても，実際の危険度については認識していない，と鉱夫らが考えたためであろう。

史料3に見たように，残柱式採炭であったとき，違反して残柱を掘ったならば，納屋頭の指導の下，「鉱夫は撲られて放逐せられた」。鉱夫にとっては，残柱まで採掘すればその分の賃金を得られる。しかし，その行為は，落磐を引き起こす，全鉱夫にとって極めて危険な行為である。したがって監督者である納屋頭は，他に違反者を出さないように，見せしめとして殴り，追放して，リスクを管理した。この時期は，機械導入前であり，労働に関する情報を把握することは困難であったため，暴力的な管理によって，鉱夫の誘因を制御する必要があったのであろう。それゆえ史料12で見たように，新入り者にまず，暴力による管理の存在を認識させたのである。そのようにリスク管理が重要な場では，採炭の知識を持っていても，それにともなうリスクに関する知識とリスク管理の能力を持っていることを鉱夫に認められなければ，相手にはされない。そこで石渡は，実際に坑内に入って作業し，採炭のリスクを共有し，鉱夫たちに馴染もうと努力したようである。

---

33) 石渡信太郎，「筑豊石炭鉱業の過去及び将来に就いて」，『筑豊石炭鉱業組合月報』第292号，1928年，7-9頁。

史料 15[34]　「第二，過去に就いて　二，採炭法及機械設備」

　所が其の内に急に余の言ふ事を聞く様になつた。夫れは余が坑内の仕事に経験を得て，少しは事が解つて来たと云ふ結果でなく，余が酒が相当に飲めると云ふ事と，柔道，当時九州では柔道の事を体術と云つて居つたが，其の体術が少し出来ると云ふ事からである。当時は坑内の役員と云つても，中々恐ろしい人物が沢山居つて，今日では鉱夫でも入墨は百人に一人位，極めて少ないが，当時は坑内役員連中にも，入墨は中々多かつたので，集会と云へば必ず酒で，松林先輩が，「炭坑の出炭の多少は其の山の役員，鉱夫の飲む酒の量に正比例す，己の所の新入を見よ」と威張られたのも無理はなかつたのである。又余が少し飲むので，飲む会にはよく呼ばれた。或る会合の時，酒の上から役員同志の喧嘩が始まり，御定まりの刃物三昧となつた。其の時余は相当酔つたと見え半分腰が動かなかつたので，其の喧嘩を酒を飲みながら黙つて見て居つた相であるが，其事が鉱夫間に，大酒飲みで度胸が良いと，甘い具合に伝へられたのである。当時は筑豊何れの炭坑でも，納屋制度であり，鉱夫の気風は頗る殺伐で，喧嘩の絶え間がなく，時には隣りの炭坑と「ダイナマイト」で大喧嘩をやる，其んな場合では駐在巡査では治まらぬ，各炭坑には大頭領といふものが一人づゝ（坑長より月給の多い大頭領が沢山居つた）居つた。即ち所謂昔の侠客である。其の大頭領が納屋頭を統御して居つた。炭坑と炭坑との大喧嘩の場合には，必ず此大頭領が両方から出て，話を附けると云ふ中々物騒な時代であつたから，賃金の誤りとか，切場に不公平の事でもあれば，よく一刀を提げて役員の家に押掛けて来たもので，従つて役員各自は自衛上，剣道や柔道を練習したもので，余の任地明治炭坑でも，柔道の先生が居た。余は高等学校仕込みの初段の下の方であつたが，其の先生と取組むと恰度よい勝負であつた。夫れを鉱夫が見たり聞いたりして，此度の先生は酒も飲み，体術もやるといふので，夫れからと云ふものは急に，余の命令を鉱夫が聞く様になり，当時の残柱式を長壁式採炭法に改良する事が出来たのであつた。

　石渡の採炭方法に関する知識のみでは，鉱夫らの信用は得られなかったという。機械化される前，坑内は，労働の監視の困難な空間だった[35]。また，史料1，2にも見たように，坑内は常に危険と隣り合わせの職場であった。それゆえ，そこで労働組織を管理する者は，鉱夫らの仕事内容，危険度を理解することはもちろ

---

34) 石渡信太郎，「筑豊石炭鉱業の過去及び将来に就いて」，『筑豊石炭鉱業組合月報』第292号，1928年，7-9頁。
35) 上妻（1980），104-105頁；史料4。

ん，リスク管理に責任を持つ，「親分」として，危険な場面においても，鉱夫らをなるべく見捨てず助けに行く等，最適なリスク管理を遂行できる気質を持った者が望まれたのであろう。そのような親分気質の者にリスク管理業務を任せることができたとき，鉱夫らは採炭業務に専念することができた。では鉱夫は，日常生活のなかでどのようにしてリスク管理する能力がある者を見分けていたのだろうか。鉱夫らは，酒がよく飲めることに加え，柔道ができる，すなわち体力があること，そして，刃傷沙汰に直面しても動じないことを重視したという。つまり，鉱夫と意思疎通を図る技能に加えて，身体的なリスクに対する耐性があるかどうか，そして，リスク管理に適する気質であるかどうかを判断基準としていた。

史料16[36]　「第二，過去に就いて　二，採炭法及機械設備」
　当時の鉱夫は前記の如く，酒に親しみ，気は荒かつたが，義俠心に富み，親分子分の情義は厚かった。坑内の仕事の上に於ては採炭にしろ，掘進にしろ，支柱にせよ中々よき技術を持つて居つた。火薬又は他の爆発は，岩石掘進か，巨大な松岩（まついわ）〔鉱物化した樹木化石〕に向つてのみ用ひられ，従つて火薬は誠に貴重なる薬品と心得，其の使用の方法は理論の上から云ふよりも，実地経験の上から余程巧妙に使用せられたものである。普通の切場は特別の場合の外火薬を使用せず，下透し（したすかし）を充分にしたものである。

「親分」と「子分」との関係は，リスク管理の遂行者と採炭業務の遂行者との間のそれとして重要であった。そして，在来的な残柱式に関しては，鉱夫は「実地経験」に基づく技術と熟練を持っていた。「親分」，「子分」とは，納屋制度の下において，納屋頭と所属鉱夫らが親子を擬制する関係を構築していたことを指す。それを踏まえるならば，企業側が親のように面倒を見ること（史料10）は，直接雇用組織においてもまた，企業側の管理者が納屋制度の「親分」「子分」関係を継承しているかのように鉱夫に認識させようとしていたことを示唆しているのかもしれない。
　このように，炭鉱で働く鉱夫たちは，企業に任命された技師を簡単に信用する

36）石渡信太郎，「筑豊石炭鉱業の過去及び将来に就いて」，『筑豊石炭鉱業組合月報』第292号，1928年，8頁．

ことはなかった。彼らは自分たちの「実地経験」に基づく残柱式の技術と熟練に自信を持っていた。納屋制度は，納屋に所属する鉱夫が，残柱式の下，生産性を上げるための人的資本を「実地経験」によって蓄積してきたがゆえに，残っていた。そうした鉱夫にとっては残柱式から長壁式に，そして，納屋制度を廃止して直轄制度に移行することは，簡単に受容できることではなかった。それは，彼らが培ってきた伝統的な「実地経験」に基づく熟練から発生していたレントを消滅させうるものであった。また，史料16にもあるように，「親分」「子分」関係によって成立していたリスク管理の組織を解体することにつながるからでもあり，そしてそれに置き換わる企業側のリスク管理が適確に行われるかが定かでなかったからでもある。突然やってきた企業の技師や職員に対する反発があったとしても，不思議ではない。それゆえ，それらの変化は，漸次的なものでなければならなかったと言えよう。

3）リスク管理と労働組織

　直接雇用組織への移行は先進的な炭鉱では早くから試みられていたが，変化は漸進的でしかありえず，たとえば，1900年代から1910年代においても，「世話方制度」といった，納屋制度に代わる間接雇用組織が存在していた。そして，作業工程によっては，請負名義人制度と呼ばれる組織が存在した。請負名義人は，請け負った鉱夫らの賃金を一括して受け取り，その総額の1割をレントとして得ていた。それは，納屋制度と同様に中間雇用組織のひとつであった。請負夫は，採炭夫ではなく，仕操作業や，急掘進採炭，坑外の作業に従事していた[37]。坑外作業は別として，これらの作業は，特に危険をともなうと同時に，おそらく「実地経験」による高度な技能を要求された。仕操は，落磐を防ぐために長壁式採炭では欠かせない作業であり，しかも自らが常に落磐の危険にさらされた。こうした困難な作業を請負夫に担当させたのは，請負名義人はかつての納屋頭と同様に「親方」としてのリスク管理能力があったこと，そして，その下に組織されている鉱夫には伝統的な熟練が蓄積されていたためであろう。

　特に仕操作業は，後の時代まで伝統的な熟練への依存度が大きい工程であっ

[37) 荻野（1993），75頁。

表 8-7　三井田川炭鉱使用人員数，1918 年 2 月 12 日

(人，%)

	第一坑		第二坑		第三坑		伊田坑	
採炭夫	1,369	(53.0)	894	(42.6)	1,839	(44.3)	755	(59.9)
請負夫	404	(15.6)	352	(16.8)	804	(19.1)	156	(12.4)
支柱夫	50	(1.9)	120	(5.7)	176	(4.2)	12	(1.0)
内雑夫	255	(9.9)	253	(12.1)	564	(13.4)	115	(9.1)
外雑夫	314	(12.2)	335	(16.0)	457	(10.9)	160	(12.7)
職　工	189	(7.3)	144	(6.9)	364	(8.7)	62	(4.9)
計	2,581	(100)	2,098	(100)	4,204	(100)	1,260	(100)

資料）『筑豊石炭鉱業組合月報』第 165 号，1918 年，53 頁。

た。1906 年の三井田川炭鉱の例を見ると，残柱式から長壁式に移行しつつあった田川四尺層請負夫の構成比は仕操作業量に依存していることが推測される[38]。1918 年においても，三井田川炭鉱のうち，仕操作業量の多い坑道は請負夫への依存度が高い傾向が見られた（表 8-7）[39]。企業側が仕操作業や，打柱に必要な技能を持っていないこと，そしてそこにおけるリスク管理の知識も欠けていたためと思われる。

では，直接雇用組織で鉱夫らを管理する職員とはどのような人物だったのだろうか。

史料 17[40]

　　炭山事業経営には勿論技術上の問題は重要であるが，労働者を管理して操業上故障なからしむることは亦緊要なることで寧ろ従来この事に多大の苦心を積んで来て居る様である。鉱業所の労務係又は人事係は直接稼働者に当る点において言ひ知れぬ苦心を要する，各坑々夫の監督常の方針に多少の差は認むるが何れも体育の優れ

---

38) 荻野（1993），76 頁。
39) 「伊田八尺層〔中略〕各坑道は頁岩を取り除くに依り一切支柱を要せず，採掘面に於いては末口四寸内外の打柱をなして一時天井の頁岩を支ふるのみにて充分なり。
　　田川四尺層（第一坑，第二坑）〔中略〕各採掘切羽面の支柱は三尺毎に切羽面に併行して打柱及び木積を施し，掘進に伴ひ漸次其位置を移し採炭後の天井をして自然墜落に任せ，採炭面に於ける急撃の下圧力を軽減せしむ。
　　田川八尺層（第三坑）〔中略〕竪坑底附近及各主要個所は煉瓦工事をなし，坑道は松材を以て枠入をなし，炭柱の個所は打柱及木積をなす」（『筑豊石炭鉱業組合月報』第 165 号，1918 年，39-40 頁）。
40) 大阪地方職業紹介事務局（1926），25-26 頁。

たる人であつて稼働者を牽制すると同時に人格者であつてよく彼等の衆望を需め得る人でなくてはならない事は同一である。

直轄制度において，直接に労働者を統轄した職員は「労務係」，または「人事係」と呼ばれた。炭鉱では，技術面はもちろん重要であるが，労働者の管理が重要であると言う。労務係や人事係の職員は納屋頭の性質と似て，体力や，人望もなければならないとされている。労働者を監督する職員である彼らに，納屋頭と同様の体力が求められたのも，労働者の「管理」が「緊要」だからである。また，史料14から16において考察したように，労務係や人事係には，鉱夫らの危険な作業を理解し，適切にリスクを管理することが求められたのであろう。間接雇用から直接雇用への移行が，実際に労働する者にとって目に見えて大きく重要な変化であったことは間違いない。であるから，鉱夫らが動揺しないように，新しい直接雇用組織においても，彼らの上に立つ，労働組織を管理する者は，納屋頭のリスク管理業務を継承しただけでなく，文化的，外見的にも納屋頭と似た者を起用したのだろう。労働組織を管理する者が，管理される者に信頼されていなければ誘因制御は機能しない。それゆえ，「体力」，「衆望」といった外見的，人格的連続性を利用したのではないだろうか。

機械化以前，残柱式が支配的であった時期には，納屋制度は効率的な次善解であった。その後，長壁式に移行し，徐々に機械が導入され，情報の非対称性が緩和され，その結果として納屋制度は廃止されるに至ったと考えられる。それでもなお，坑内における情報の非対称性が消滅するわけではない。企業や監督者との意思疎通が困難な状況において，情報の非対称から生じる損失を最小化するには，管理にあたる者が，労働におけるリスクを引き受ける用意があることを鉱夫に信用される必要があるだろう。「親」のような存在であり，あるいは外見的にかつての納屋頭に似た部分を持たなければならなかったのは，彼らのように身を賭す度胸のある人間であると信用される必要があったから，である。

もちろん，納屋頭と異なる点もあった。

史料18[41]

而して稼働者の立場から之を見れば従来の納屋制度に於ける賃銀の頭刎とか強制

41）大阪地方職業紹介事務局（1926），26頁。

労働の如き束縛から放たれて，高等教育のある人によつて直接世話を受けるのであるから万事理解を以て迎へられ，真面目な労働者程この労務係や，人事係とよく意志の疎通を見て円満操業に当る状態である。

　直轄制度は，納屋頭とは異なり，賃金の一部を取る行為も暴力を用いた誘因制御を行うこともなく，教育を受けた人物によって担われたことが分かる。労務係，人事係も，鉱夫らも企業に直接に雇用され，直接に賃金を受け取る。労務係，人事係は鉱夫を監督するのみである。

史料 19[42]　「炭山概況，住友忠隈炭坑，山本所長の談」
鉱夫日常生活の世話は納屋制度で納屋頭になさしめて居りますが金銭の授受は納屋頭の手を経ず炭坑対坑夫間に直接行ひ，坑夫直営炭坑のそれと実質に於て変りはなく納屋制度の欠点を除き其の長所を発揮させて居ります。

　1927 年頃，住友忠隈炭鉱においては，直接雇用に移行していたものの，生活の世話や監督は納屋頭が行った方が効率がよく，それが納屋制度の長所であった，と述べられている。ただし，賃金の受け渡しは企業が直接的に行い，史料 11，18 で確認したように，納屋頭を通じて，「一纏め」で払われることはなく，その意味では間接雇用組織としての納屋制度は解体されており，納屋は鉱夫の管理にのみあたっていたことが分かる。

3　内部労働市場の形成

1）技術進歩と知的熟練

　残柱式と手作業の採炭が高度の伝統的熟練を必要としたことは，既に見た通りであるが，その熟練とは，労働移動が激しかったことから考えて，筑豊炭鉱業全体において，山の個性を除けば，ほぼ共通，すなわち企業特殊的ではなく産業特殊的なものであったと考えられる。では，採炭機械が導入された後，筑豊炭鉱業において，その伝統的な産業特殊的熟練はどのように形を変えていったのであろうか。

---

42)『筑豊石炭鉱業組合月報』第 282 号，1927 年，79-80 頁。

史料20[43] 「炭山概況　三井田川鉱業所第三坑，中根技術管理者所感」

　近来炭鉱における能率増進法の研究が行はれつつあるが，その具体的方法の大勢は切羽を集中して可及的機械力を利用して出来る丈人員を省く所謂機械採炭の目標に向ひつつあり，然るに機械類を多数使用するに伴ひ，機械の故障が直ちに出炭に大なる影響を与ふるが為に，之を運転する係員や鉱夫の技術の巧拙が大変重大な事となり，特に此頃の様に極度に人員を減少せる場合には，熟練者の欠役が多いと直に出炭に影響を来すに付，従業員の補充と其の素質の向上とに不断の注意を払はざれば直に行詰りを来す事となる。仍而現在当坑では係員の養成の為に炭坑保安，電気，機械の三科目に就いて各六十時間程度の講習会を開き，又截炭機の運転手養成の為めに截炭機講習会を開き，一ヶ月半に亘り截炭機，鑿岩機並に簡単なる電機，機械学を専攻せしめ，又幼年工を募集して職工の養成に努めつつあり。鉱夫でも相当の技術に達するには可成の期間を要し，係員に依りては数年を要する者もあり，一方相当の移動を免れざる為め一般従業員の素質を向上せしむる事は極めて容易の如くして実は仲々急には出来難き事柄と考へらる。此れは何所でも御同様の事と思ふが此頃の様に失業問題がやかましく世間に人が余ってゐる時でも適当の人を得るに苦しむが如き一種の矛盾を感ずる次第である。

　史料20が書かれた1929年には既に機械が導入されており，それをより一層活用していこうとしていたことが分かる。機械の故障や，それを扱う者の技術の程度が，出炭に大きく影響する，とあり，それらの機械の操作が重要視されている。そして，機械の使用，例えば截炭機，つまりコール・カッターの操作法を修得するには，1カ月半にわたって講習会が必要とされ，加えて，「熟練者」となるには「可成の期間を要」するとある。すなわち，機械が導入されてもなお熟練が必要とされたことは疑いようがない。そして，その熟練は，伝統的熟練のように，既に炭鉱産業に共通の技能として蓄積されてきたものではなく，まったく新しい機械を使用する新しい熟練であった。まさに新しいがゆえに，企業内で養成するしかなかったのである。また，幼年工を募集して職工を養成しようとしていることから，未経験の者を長期的に雇用し，人的資本投資を進めようとしていることも分かる。「熟練者」になるには数年かかるので，その熟練を養成するため，労働者を長期的に雇用する必要もあった。それは，労働市場が供給過剰で，失業問

---

43)『筑豊石炭鉱業組合月報』第305号，1929年，61-62頁。

題が発生していても，適切な労働者がいないと断言されていることからも明らかである。誰もが鉱夫になれるのではなく，企業内において熟練を身につけさせないと鉱夫としては使用できないのである。

史料21[44] 「炭山概況　三井田川鉱業所第三坑，中根技術管理者所感」
　　次に炭鉱の災害の多いのは誠に寒心に堪へぬ。当坑でも本年始から組織的の安全運動に着手した結果，軽傷は稍減少を見たが，重傷は余り減少の傾向を示し居らず，運転方法も今迄の総括的方法を段々に分析的にする必要を痛感せるが，未だ前途遼遠の感なきに非ず，安全運動も初めのうちは能率増進とは相反する事柄の様に考へられ勝で例へば，坑内の女後山廃止問題の如きも此頃でこそ女を男に置換へる事は能率増進の一法と認めらるる様になりしものの，当初に於いては，女後山を廃止する等の事は以ての外で，女を廃止すれば筑豊の炭坑の大部分は到底事業を継続し得ずと斯道(しどう)の大家が強硬に主張せられ，一般にもそう信ぜられたにも拘はらず僅々四，五年間に反対の結果を生むに至り，全く隔世の感に堪へぬ。安全運動も徹底すれば大局に於て能率増進と一致す可く，其の方法としては，人の注意を緊張せしむる事と，設備を改善する事の外に，人の素質を向上せしめ無智又は未熟に起因する変災を先以て減ぜねばならぬと考へるが，以上の三つの内人の注意を緊張せしむる方法は或は若干能率を引下ぐる場合も生じ得るかも知れぬが，設備の改善と人の素質を向上せしむる事とは必然的に能率増進の一方法となる可き事柄で，此の点を徹底せしむれば，安全運動と能率増進法とは一致すべきものではないかと思はる。一般の従業員に此の様な気分を作らせるに何か良い方法はないものか早くから安全運動を始められた向の御教示を御願ひ致し度い次第である。

中根は，能率を上げるためには，安全を徹底しなければならない，と述べている。そのためには，労働者の注意を喚起し，設備を改善する，すなわち新しい機械を導入し，または機械の整備をし，そして，労働者に，機械の操作法などを教え，熟練を蓄積させるべきだという。特に，機械の導入と熟練の養成は，安全ばかりでなく能率向上に直結するようである。

---

44) 『筑豊石炭鉱業組合月報』第305号，1929年，61-62頁。女後山の廃止がなぜ能率増進につながるのか，その理由は明示されていないが，おそらく，史料4に見た「風紀」の問題を念頭に置いていたと思われる。

2) 企業内養成熟練

　新たに企業内で養成される熟練（史料20）を，文字通り「企業内養成熟練」と呼ぶことにしよう。企業内で講習会を開き，熟練を養成している点と，3項で後述するように，年功慰労金などの賞与を長期勤続者に与えている点などから，企業内で長期的に雇用し，熟練を養成しようとしていることは明らかである。これら企業内での人的資本投資と年功慰労金は，直接的に企業内養成熟練の形成に作用していたであろう。講習会を開くとは，まさに企業の負担によって人的資本を投資することを意味するが，しかし，その後に他企業に引き抜かれてしまうならば企業内における人的資本投資は当該企業にとっては無駄となり，企業内における熟練の養成は成り立たないであろう。そこで，企業は，引き抜きを防ぐために，住居を提供し，年功慰労金を与えるのである（後掲史料25）。一方，労働者にとって年功慰労金は，その企業から離職する機会費用を高める役割を持っている。

　また，この企業内養成熟練は，必然的に個別企業の技術選択に依存する面も持っていた。手作業によっていたときの熟練は産業に共通の熟練であるとともに，納屋という企業の外側で養成される熟練であった。企業内養成熟練は，機械を扱う技能であり，企業内で養成される。その特殊性は事業所ごとの技術選択に依存していたであろうから，一般的熟練か特殊的熟練かという区別に従えば，事業所特殊的な傾向を必然的に持つことになる。

　一連の採炭機械は，その頃，西洋から導入された新しい技術であった。したがって，その導入された技術を使いこなせる新しい技能労働者が求められ，一方では伝統的な技術体系に対する需要は少しずつ減少していった。この新しい技術の普及が不完全な段階では，技術と生産システムそのものに特殊性が強かった，と言われている。すなわち，必要とされる熟練や技能は労働市場には存在しておらず，企業が養成するしかなく，そして，労働市場に存在しない技能であるため，労働者はその訓練費用を負担する誘因を持たず，企業が全額負担せざるをえない[45]。であるから，史料20に見たように，熟練は労働市場に存在せず，不況期においても企業内で養成しなければならなかったのであろう。

---

45) 尾高 (1984), 278頁。

加えて，新鋭設備を投入する大規模炭鉱のそれぞれが，同じ機械を投入したわけではないことも重要である。たとえば，1930年代初めにおいて，鑿岩機については，明治炭鉱はデンバー（Denver）社製とジーメンス（Siemens）社製を，三井田川と三井三池はインガーソルランド（Ingersoll Rand）社製を，貝島大之浦はデンバー社製を，三菱新入はデンバー社製，三菱飯塚はインガーソルランド社製とデンバー社製を，住友忠隈はインガーソルランド社製を，それぞれ採用していた。しかも，炭鉱企業は炭層の質に応じて，それらの設備機械の用い方，発破のかけ方に個別の工夫を重ねており，同じ機械を使っている場合であっても，作業工程がまったく異なることは珍しくなかった[46]。事業所特殊的な技術導入が，それを使用するために必要とされる事業所特殊的な技能の形成をもたらしつつあったのである。それを促す仕掛けが，長期勤続を促す企業内養成熟練の仕組みであった。伝統的な熟練形成が求められていた20世紀初頭には鉱夫は水平的なネットワークを通じて活発に移動していた（第7章）。その行動様式を変える誘因が必要だったのである。

新しい技能者に対しては，企業は労働市場の賃金相場よりも高い賃金を提示し，労働者の離職への誘因を弱めようとする。なぜならば，市場にそういった技能者が存在しないからといって，労働市場の賃金相場，すなわち競争均衡賃金を提示したとすれば，労働者は勤続する誘因を失い，そして当該労働者がもしも離職したならば，投じた分の訓練費用は無駄になり，新たな技能養成のための費用もかかり，技能者を補充している間は生産性が上がらない状況を甘受しなければならないからである。勤続への誘因，すなわち競争均衡賃金を超える賃金を得られる限り，労働者はその企業に残る[47]。筑豊炭鉱業では，その勤続への誘因が年功慰労金に相当するものと考えられる。

ところで個々の企業は，他企業よりも少しでも早く機械を導入し，他企業が追いつくまでの間，超過利潤（rent）を得ようとする。したがって，企業内の熟練の養成を円滑に行えるか否かは，超過利潤獲得の可否を決する重要な条件であったはずである。しかし，追いつかれてしまえば，他企業との差異がなくなり，労

---

46) 『日本鉱山協会資料第三十三輯　炭礦に於ける鑿岩機使用状況調査報告』，社団法人日本鉱山協会，1933年，5-8, 19, 21, 30-33, 36-38, 42-43, 46-48, 50-52, 58, 60, 66-72頁。
47) 尾高（1984），278-279頁。

働者を引き抜かれることを懸念しなければならない。したがって，企業は，引き抜かれないように，少しでも自企業特有の技能を身につけさせたとは考えられないだろうか。企業特殊的な熟練形成への傾斜には，技術選択だけでなく，そうした戦略的な囲い込みも働いていたかもしれない。

3) 熟練形成への誘因

　機械導入後に必要とされた新しい熟練は，企業内で養成され，また，企業内で養成されるしかなかった。そして，企業がその人的資本投資を回収するためには，養成期間も含め，より長く就業させることが必要であり，それは次第に筑豊炭鉱業界の共通認識となっていった[48]。しかし，伝統的に移動性の高い彼らをひとつの炭鉱へ落ち着かせるのは必ずしも容易でなかった。荻野（1993）や市原（1997）に拠りつつ，実際の移動率を見てみよう。

　まず，表8-8，表8-9より，1910年代後半では移動率が高かったことが確認できる。1916年には，三菱鮎田炭鉱においても，三井山野炭鉱においても離職率が急上昇し，特に三菱鮎田では，年間で在籍鉱夫の2倍を超える者が離職している。こうした状況に変化が見られるのが1920年代後半以降であった。福岡県全体の動向をまとめた表8-10によれば，依然として解雇率は低くはないが，年間で在籍数の1倍以上にはなっていない。1910年代（表8-8，表8-9）と比べて，移動率は下がっていると言ってよいであろう。

　実際，1925年の筑豊炭鉱における月間移動を見ると（表8-11），年間で1910年代（表8-8，表8-9）と比べて，移動率が低下しているとともに，雇用鉱夫数は21万人前後で，月ごとに大きな変動はなく，月別での雇入率，解雇率もあまり変動がないことが確認される。1920年代半ばには，年間を通じて，筑豊炭鉱では安定した操業が行われていたと考えてよい。また，農繁期，農閑期にも雇入率と解雇率が変動していないことは，労働移動に農業部門由来の季節性は見られないということでもある。

　こうした定着化傾向のなかでも，とりわけ成功していたのは，直接雇用への移行において先んじていた三井炭鉱であった[49]。すでに1908年には三井田川炭鉱

---

48) 石渡信太郎，「我国石炭鉱業の将来に就いて」，『筑豊石炭鉱業組合月報』第268号，1926年，26頁。

表 8-8 三菱鮎田炭鉱における採炭夫移動の推移, 1915-1919 年

(人, %)

年	6月末人員	雇入	解雇	雇入率	解雇率
1915	2,194	3,628	3,741	165.4	170.5
1916	2,310	5,937	5,486	257.0	237.5
1917	3,194	5,561	5,226	174.1	163.6
1918	2,790	5,103	5,051	182.9	181.0
1919	3,091	4,843	4,940	156.7	159.8

資料）荻野 (1993), 150頁。

表 8-9 三井山野四坑における採炭夫移動の推移, 1914-1920 年

(人, %)

年	年末人員	雇入	解雇	雇入率	解雇率
1914	199	360	414	180.9	208.0
1915	155	132	176	85.2	113.5
1916	234	515	436	220.1	186.3
1917	288	549	495	190.6	171.9
1918	361	537	424	148.8	117.5
1919	382	724	605	189.5	158.4
1920	400	671	667	167.8	166.8

資料）荻野 (1993), 150頁。

表 8-10 福岡県における炭鉱夫移動の状況, 1925-1935 年

(人, %)

年	鉱夫数	雇入	解雇	雇入率	解雇率
1925	146,457	132,457	138,417	90.4	94.5
1931	83,486	39,557	56,772	47.4	68.0
1935	97,125	89,240	79,734	91.9	82.1

資料）荻野 (1993), 276頁。

は世話方制度を採っていたのである[50]。表 8-12 には, 三井が所有する三池, 田川の 2 炭鉱において, 短期就労者を減らし, 長期勤続者を顕著に増やしていることが示されている。

表 8-13 は, 三井田川炭鉱の鉱夫移動状況である。これによると, 1921 年では

---

49) 荻野 (1993), 74頁。
50) 『筑豊石炭鉱業組合月報』第 49 号, 1908 年, 15-16 頁。三井田川炭鉱について「直轄制度」を使用とあるが,「鉱夫事務」役員の下に「世話役」が置かれていることから世話方制度と分類した。

表 8-11　筑豊炭鉱における鉱夫の月別移動統計，1925 年

(人，%)

調査期	調査炭鉱数	鉱夫数(月末)	雇入数	解雇数	雇入率	解雇率
1925年1月	121	206,234	12,696	12,309	6.2	6.0
2月	122	209,544	14,008	12,480	6.7	6.0
3月	122	212,803	14,763	15,155	6.9	7.1
4月	122	211,411	13,214	17,606	6.3	8.3
5月	122	211,615	15,279	15,075	7.2	7.1
6月	123	210,644	12,396	13,511	5.9	6.4
7月	124	210,606	13,762	14,076	6.5	6.7
8月	124	209,044	11,036	12,597	5.3	6.0
9月	124	208,373	12,472	13,352	6.0	6.4
10月	123	207,205	13,318	14,486	6.4	7.0
11月	122	207,251	12,068	12,022	5.8	5.8
12月	121	207,453	10,131	9,929	4.9	4.8
平均	123	209,349	12,929	13,550	6.2	6.5
1925年合計			155,143	162,598	74.5	78.0

資料)『筑豊石炭鉱業組合月報』第 268 号，1926 年，25-26 頁。

表 8-12　三井鉱山における従業員勤続年数の構成，1921-1935 年

(%)

	年	1年未満	1年以上	3年以上	5年以上	11年以上	16年以上
三池	1921	20.6	32.4	18.0	17.5	6.7	4.8
	1926	12.4	27.6	14.7	30.0	8.7	9.1
	1930	17.0	16.0	10.8	28.5	14.8	12.2
	1935	24.9	28.0	4.3	19.9	11.1	11.8
田川	1921	36.9	29.9	14.1	15.1	2.7	1.3
	1926	20.3	26.9	18.0	23.9	7.4	3.5
	1930	5.5	24.2	17.9	27.6	14.9	9.9
	1935	25.0	24.7	2.4	25.0	10.8	12.7

資料)市原 (1997), 141 頁。

在籍鉱夫数以上の鉱夫が移動しているが，1926 年で大幅に減少し，そこから 1935 年まで継続的に減少しているようである。三井田川炭鉱は 1 年間で計測される鉱夫移動を低下させるだけでなく (表 8-13)，長期勤続者を確実に増加させていたのである (表 8-12)。

実は，三井の成功は筑豊に限ったことではなかった。三井が所有する北海道の炭鉱も含めた全三井炭鉱の鉱夫移動状況を見ると，1922 年から 14 年間にわたって，解雇率を大幅に下げていることが分かる (表 8-14)。三井炭鉱は，直接雇用

表8-13 三井田川炭鉱における鉱夫の移動状況，1921-1939年

(人, %)

年	鉱夫数	雇入率	解雇率
1921	10,337	91.9	135.8
1926	7,671	30.8	53.3
1930	4,878	17.6	57.7
1935	5,066	31.9	17.0
1939	10,893	49.4	31.9

資料）荻野（1993），310頁。

表8-14 三井鉱山（炭鉱）における鉱夫移動の状況，1922-1935年

(%)

年	雇入率	解雇率
1922	72.0	74.8
1923	93.8	85.0
1924	65.9	68.4
1925	48.0	55.2
1926	38.4	48.0
1927	57.7	53.7
1928	39.2	47.7
1929	44.4	44.5
1930	25.1	52.1
1931	3.2	42.1
1932	10.6	20.0
1933	44.7	18.5
1934	23.8	20.6
1935	33.5	20.5

資料）市原（1997），140頁。

への移行だけでなく，企業内の熟練養成においても先行していたのである。

　表8-10，表8-11から，筑豊全体で鉱夫の移動率が下がっていることは確認されるが，すべての先進炭鉱が同じ速さで変化していたわけではない。三井田川炭鉱と三菱新入炭鉱の鉱夫勤続年数の表を整理してみると表8-15になる[51]。ここからまず，1925年11月末時点で，両炭鉱において勤続が3年未満の者が全体の多くを占めていることが分かる。一方，両者の間で異なる点は，三菱新入炭鉱で

---

51) 大阪地方職業紹介事務局（1926），86頁。

表 8-15　鉱夫勤続年数，1925 年 11 月末

(人，%)

勤続年数	1年未満	1年以上	3年以上	5年以上	10年以上	合計
三菱新入炭鉱	2,675 (53.9)	1,299 (26.2)	383 (7.7)	409 (8.2)	201 (4.0)	4,967 (100)
三井田川炭鉱	2,501 (27.3)	2,729 (29.8)	1,104 (12.1)	1,799 (19.7)	1,021 (11.2)	9,154 (100)

資料）大阪地方職業紹介事務局，『筑豊炭山労働事情』，86-87 頁，1926 年。

は勤続が 1 年未満の鉱夫は約 50 パーセントと過半数を占めているのに対し，三井田川炭鉱において同様の鉱夫は約 30 パーセントであり，三井田川では短期勤続者が比較的少なくなっている点である。加えて，三井田川では，5 年以上勤続する者の構成比が，三菱新入のそれの 3 倍近く存在している。したがって，三井田川では，長期的に勤続している鉱夫が増え始めているが，三菱新入では 1 年未満などの短期就労の鉱夫が多く，長期勤続者は非常に少ないということが分かる。この差はどこから生じたものであろうか。

史料 22[52]

　今回観察したる炭鉱中，三井田川，赤池，大之浦は総て純直轄であつて三菱新入に於ては世話方制を存して居たが，旧納屋制度の因襲を全然打破するまでには至らずもまず過渡的の中間制度であるといつてよい。

三菱新入炭鉱は世話方制度であり，かつそれは納屋制度に近いものであったという。直接雇用によって労働者を管理することが，新しい熟練である企業内養成熟練を身につけさせ，長期雇用することに補完的な動きであったとすれば，逆に，三菱新入炭鉱では間接雇用組織の体質を残すことと，勤続 1 年未満の鉱夫が多いこととが補完的だったのではないだろうか。既に純直轄制度へ移行していた三井田川炭鉱においては，三菱新入炭鉱に比べると，相対的に勤続期間が長期化していた。この二つの炭鉱の勤続年数の差の背後には，雇用体系の違いも要因のひとつとしてあったのではないだろうか。この史料 22 は 1926 年刊行のものであるが，1908 年の刊行史料でも既に三井田川炭鉱と三菱新入炭鉱の労働組織に違いが見られた。先に見たように三井田川は世話方制度となっている一方で，三菱新

52）大阪地方職業紹介事務局（1926），21 頁。

入は納屋制度であったのである[53]。

加えて，

史料 23[54]
　三井田川及明治赤池等は鉱夫恩給制若しくは年功慰労金給与の実施されて居る為であらう，勤続期間は比較的永いといはれており，殊に明治鉱業の各炭山に於ては一般に勤続成績が良好であるとの評がある。

とあるように，三井田川炭鉱などでは年功序列賃金の一種である年功慰労金が採用されていたことが分かる。年功慰労金が支給されていることにより，勤続期間が長くなっている，と述べられている。したがって，企業は，鉱夫を定着させるために，こういった賞与によって，長期勤続への誘因を与えていたのだろう。具体的に見てみよう。

史料 24[55]　「炭山概況　三井田川鉱業所第三坑」
　十五，稼働者優遇及表彰
　法令に定るものの外一般に退職手当を支給し，更に二十五年勤続者に養老手当，二十年以上勤続者に準養老手当，十五年勤続者に銀時計，十年勤続者に木杯を各贈与して勤続を奨励せり。

これより，1929 年時点で，三井田川炭鉱では，勤続年数に応じて，詳細に手当の内容が決められていたことが確認できる。

明治鉱業も先進的な企業のひとつである。明治鉱業が所有する明治炭鉱と明治赤池炭鉱では 1900 年代後半に既に「年功賞与」を与えていた。在坑 2 年以上の者に給与するのだが，年 2 回，現金によって給与するものと，積み立てておき，死亡または解雇の際に給与するものとを選択することができた。明治赤池炭鉱では，1908 年 2 月の調査で鉱夫は合計 1,539 名いたのであるが，この給与に該当する者が毎年半期で約 550 名だったという[56]。そうした施策は 1920 年代にはさら

---

53) 『筑豊石炭鉱業組合月報』第 44 号，1908 年，22 頁；『筑豊石炭鉱業組合月報』第 49 号，1908 年，15-16 頁。新入炭鉱では鉱夫の募集も監督も納屋頭が行い，「稼賃金の代受」も納屋頭が担っていた。
54) 大阪地方職業紹介事務局（1926），85 頁。
55) 『筑豊石炭鉱業組合月報』第 305 号，1929 年，59 頁。

に充実していた。

史料 25[57] 「炭山概況　赤池鉱業所」
　福利施設　(3) 経済施設
イ，扶助救済　　稼働者並に其家族に対しては無料診察をなせり。
ロ，給料賞与，精勤賞与，特別賞与，年功慰労金を毎年二回給与せり。
ハ，住宅及寄宿舎　　役員在宅数　一五三戸，稼働者住宅数　一,三六〇戸を有し無料とす。
ニ，日用品の供給　　会社経営の分配所二ヶ所ありて廉価を以て支給す。その他選択せる指定商店を配置しあり。

つまり明治鉱業では，1900年代後半には長期勤続への誘因付与を始めており，1920年代を通じてそれを充実させてきた。長壁式の導入などで新しい熟練を養成する必要に気付き，長期勤続への誘因付与を1900年代に既に試みていたのであろう。そして，史料23でも触れられているように，年功慰労金が勤続成績を向上するように作用しているという。また，史料25のイで，労働者に医療を無料で提供することを明らかにしているのは，労働におけるリスクを企業が引き受けることを含意させている。さらに，イ，ハ，ニで述べられている福利厚生の目的には，労働者に家族を持たせることも含まれている。家族単位で炭鉱の周辺に住めば，移動費用が高まるため，長期勤続を選択する確率は高まるであろう。

史料 26[58] 「炭山概況と所長漫談，明治鉱業所」
　　岩永所長の談
　移動率は如何です，最近特に安定してゐます，移動性の激しい坑夫連中で移動率の少ないのは明治鉱業の誇りとしてゐる所です。夫婦ものは如何です，全員数の三分位でしよう，独身者との稼働率は如何です，独身者が良いこともあります，けれども一歩誤ると非常に悪く稼働率は高下が甚だしいのです。之に反し夫婦ものは稼働歩合が平均して永続的ですから結局夫婦ものが良いように思はれます。

---

56)『筑豊石炭鉱業組合月報』第37号，1907年，10頁；『筑豊石炭鉱業組合月報』第47号，1908年，32頁。
57)『筑豊石炭鉱業組合月報』第304号，1929年，66頁。
58)『筑豊石炭鉱業組合月報』第281号，1927年，81頁。

これは，史料25で見た赤池炭鉱を所有する明治鉱業の所長の話である。1927年時点で，明治鉱業では移動率は低いという。これは，年功慰労金などの福利厚生の結果であろう。そして，ここで注目したいのは，夫婦者の稼働率が平均して永続的であるから，勤続の上下が激しい独身者よりもよい，と述べられている点である。したがって，史料25の福利厚生とは，家族を持つことが継続的かつ安定的に働く誘因を与えることを前提として，家族を持ちやすい環境を整えようとしたものであろう。

より直接的な勤続奨励金も導入されていた。

史料27[59)]

　賞与には勤勉目的の賞与の中に精勤賞与，入坑賞与，方数(かたすう)賞与等の名称がある。又勤続目的の賞与には，定期賞与（夏冬二期）勤続賞与を挙ぐることが出来る。勿論勤勉の目的，勤続の目的といつても坑夫募集，能率増進等の目的から出たもので，好況時代には種々雑多な制度が生れたのであつたが，現今に於ては優良坑夫の足止策位の目的であつて突飛なものは見当らない，而しそれだけ健実な制度だといふ事は出来る。

勤続賞与は「足止策」であると明言されている。優れた鉱夫，すなわち熟練を持った鉱夫を足止めさせることは，企業にとって，給与を余分に払ってでも実現すべきことだったのである。自企業に定着させ，長期雇用を実現することによって，人的資本投資を無駄にせず，熟練を蓄積した労働者を使用することができる。そして，それがより多くの出炭量につながるのである。

史料28[60)]

　坑夫に愛山心を起こさしめ，父子相続で従業せしむることは，あらゆる点に於て効果を治むる所であつて，各所が共に之が為に勤続者優遇の道を講じ，福利施設の完璧と共に前途安心して斯業に終始する事のできる様前記恩給制度の如き生まれた所以である。

個々の労働者が自身の働く炭鉱に愛着を持つように，すなわち，より長く働くように促すだけでなく，さらにその子どもが働くように促進することは，より徹底

---

59) 大阪地方職業紹介事務局（1926），47-48頁。
60) 大阪地方職業紹介事務局（1926），85頁。

した長期雇用促進策と言えよう。父子が共に働くことを企業が歓迎すれば，父親は子どもが働くようになるまで継続して働くし，父子がそろって働き始めたとすれば，一家族が炭鉱周辺に定着すると考えられ，長期勤続が期待できるからである。

史料 29[61]

　次表は貝島大の浦，三井田川両所の家族数調であるが，非稼働者の内には幼児，児童が大部分であつて成年男女及び老年の者は少ない，左表貝島大の浦非稼働者数九千三百六十二人中小学校通学児童が三千二百五十五人といふ調になつて居り，実際坑夫街を歩いて子供が比較的多いのには驚かされるのである。其れは若年の夫婦者を好んで採用するため出産率が比較的高い。

若い夫婦を好んで雇用するとは，出産によって2世代家族が形成されてしまうと移動しにくいことを念頭に置き，若い頃から同じ炭鉱に定着させ，長期的に雇用しようとしていたのであろう。また，鉱夫街は鉱夫らの住居が集まった所であるが，住居に関して，史料25のハに述べられているように，住居を無料で与えている炭鉱も存在した。このことからも，自炭鉱に定着することを促していると言って間違いない。

　以上より，長期雇用の目的は，企業内養成熟練を形成しようとするためだと考えられる。企業は，出炭量を増加させるために，労働者に熟練を身につけさせ，そして引き続いて，熟練者を定着させる目的で，年功慰労金などの福利厚生を充実させた。また，夫婦など家族を持つ者や，若い夫婦など，長期に勤続をしそうな者たちを雇用するようにもなったのである。

　もっとも，機械が導入されたことによって不熟練化した，とはしばしば主張されることである。たとえば，長廣（2009）は機械が導入された後でも熟練が存在したことを否定している[62]。工程によっては，不熟練化したところもあったであろう。しかし，少なくとも長廣（2009）自身が引用している史料20や21から不熟練化を読み取ることはできない。そこに強調されているのは新たな熟練の必要性である。また，作業の単純化から，「合理的経営」の施行のため納屋制度には

---

61) 大阪地方職業紹介事務局（1926），57頁。
62) 長廣（2009），168頁。

委託できなくなり，直接管理が必要となったと主張しているが[63]，正しくは，機械が導入されたことによって，それ以前は納屋頭が技術に関して情報優位だったものが，機械は企業が導入した企業の所有物であるから，納屋頭には一切の情報がないため，納屋頭には何もできないと言うべきであろう。逆に企業側が情報劣位であれば，納屋頭への委託は効率性を改善する「合理的」な次善解である。企業が技術条件を把握でき，情報優位となったために，企業が熟練を養成し，リスクを管理し，労働組織も直接雇用となるのである。機械導入後も，企業内で養成されるしかない機械操作に関する知的熟練が必要となり，内部労働市場が形成され，年功慰労金などの勤続への誘因を与えていたことは明らかである。

おわりに

　炭鉱業の持つ技術的特性から，少なくとも19世紀末以前において労働者の管理を納屋制度に委託することは合理的な次善解であった。炭鉱業ではまず採炭法として残柱式が用いられていた。残柱式では経験によって培われた勘がものを言う。さらに，炭鉱の作業のほとんどすべてが，手作業で行われていた。炭鉱業務についての情報は，鉱業主ではなく現場に情報優位であり，鉱業主と労働者との間に深刻な情報の非対称性が存在していた。

　本章では，直接雇用への移行が急にもたらされたのではなく，情報の非対称性に起因する逆選択とモラル・ハザードが漸次的に緩和されることによって進行する過程を検討してきた。漸次的にしかなされえなかったのは，炭鉱業の労働過程が伝統的に，採炭，運搬，行動の枠入れ，選炭などに明確に分かれていたことと関連する。これは，各工程において適当な技術と技能が異なっていたことに由来していた。逆選択とモラル・ハザードを緩和するためには，情報の非対称性が軽減されなければならない。それには機械化をはじめとする近代技術の導入が大きく作用した。まず初めに，坑内の湧水を汲み上げる排水ポンプが導入され，次いで運搬過程に捲揚機が導入された。その後，炭鉱業の核である採炭過程にも変化が生じる。それはまず，採炭方式に生じた。1900年代後半以降，主要炭鉱にお

---

63) 長廣（2009），169頁。

いては伝統的熟練に依存していた残柱式から，西洋から導入された長壁式へと変えられたのである。さらに長壁式は切羽面を拡大することによって機械の導入にも適しており，採炭機械についても1930年代頃には導入が完了した。これによって，企業側が技術的情報について情報優位になり，労働内容を把握できるようになったのである。

　長壁式への移行が，まず採炭夫の労働組織に大きく影響した。長壁式の導入によって，切羽管理技術に関する情報を企業側が持つようになるが，それだけではなく，坑道を維持する支柱法の抜本的な変化をともなったことから，坑道の安全管理についても企業が把握するようになったのである。それは，安全管理の知識が現場，納屋頭ではなく，企業側に移転することを意味した。したがって，それまで納屋頭の裁量によって決められていた，鉱夫に引き受けさせるリスクの代償，具体的にはリスクと賃金のバランスも企業が決定することになる。労働者は自身のリスク回避度に応じて自身の効用を最大化させるリスク負担と賃金の配分を選ぼうとする。労働者に対する誘因の付与において，リスク管理は賃金決定と同様の重要性を持つのである。加えて，企業と労働者とが互いの出方を完全に予測できないとき，リスクを管理する者をある日突然に変更することは不可能に近い。リスクを管理する者が危険性の大小によってどういう行動をとるのか，鉱夫にとってはその見立て，すなわち確率的予想ができなければ，その者をリスク管理者として受け入れることはできない。一方で，納屋頭側も，この程度の危険度で，この程度の収入が予想できるならば，鉱夫らはこの程度働くであろう，または事故などのときにはこの程度協力するであろう，などの確率的予想を立てる必要がある。この「信念の体系」が互いに整合的であるときにしか，ベイジアン均衡としての労働組織は機能しない。それゆえ長壁式へ採炭法を変えようと試みる企業側職員は，鉱夫社会固有の文化に近づこうとしたり，実際に坑内に入ったりすることによって，リスク管理についての知識を持っていることを鉱夫に示し，鉱夫らが自らの属性を知り，そして確率的予想をするように促した。その結果，「漸進的」（史料13）に鉱夫らに受け入れられ，長壁式への移行にも成功したのである。同様のことは，採炭機械を導入する際にも生じたであろうと考えられる。機械を導入した企業は安全講習会や，機械操作について講習会を開いた。その主たる目的が鉱夫の人的資本投資にあったことは言うまでもないが，そうした研修

会の開催には，企業側が安全管理について理解していることを示す意味もまたあったと思われる。

　長壁式への移行とそれに続いた採炭機械の導入によって，長らく支配的であった伝統的熟練は不要となり，代わって機械操作における熟練，知的熟練が重要となったことは強調すべきことであろう。そうした新しい熟練は企業内で養成されるほかない。これらの機械が西洋から導入された新しいものであるがゆえに，他炭鉱に熟練者もおらず，企業自らが機械操作を教え，その熟練を身につけさせなければならなかったためである。市場に存在しない知的熟練であるから，企業は自ら企業内で養成するしかなく，鉱夫にとっては，市場でいまだ評価されていないものであるので自ら費用を負担して知的熟練を養成しようとはしない。企業は追加的な出炭を上げられると見込んで，機械を導入し，講習会などを開いて人的資本投資を行うが，投資をしたならば，それを回収しなければならない。鉱夫の移動率は伝統的に高かったが，企業側による人的資本投資を行い始めたいま，その高い移動率を放置することはできない。企業は，鉱夫の勤続への誘因を与えることになる。それが，市場均衡賃金以上の賃金を意味する諸々の勤続奨励金であった。労働者は市場均衡賃金以上の賃金を得られる限り，その炭鉱で働き続ける。このため，企業は年功慰労金をはじめとする勤続への誘因体系を構築し，内部労働市場を形成していたのである。

　こうして，1920年代後半になると，多くの炭鉱で「足止策」として勤続賞与等を与えている。知的熟練の養成と長期雇用は補完的であったのである。

　技術的条件と情報構造との相互依存関係によって，最も望ましい次善解としての労働組織が選択される。伝統的な熟練に依存していた19世紀末までは納屋に誘因制御を委任する間接雇用が合理的な組織構造として選択され，一方，長壁式への移行と採炭機械の導入がいずれも完了した1930年代において直接雇用が選択されることは，それぞれにおける技術的条件と情報構造を踏まえるならば，必然であった。これは，均衡が成立した後の状況に対する理論的な把握からただちに導かれる説明である。

　一方，個々の分業工程のそれぞれにおける技術的条件と情報構造が複雑に絡み合うがゆえに漸進的にしか進行しない，納屋制度という均衡から直接雇用という均衡への動学的な組織変化の解明にふさわしい接近のひとつはおそらく歴史学

的，帰納的な実証分析である。均衡が動くとき，その背後では，均衡戦略を成り立たせる当事者たちの信念そのものもまた動いているからである。本章はそうした動学的な変化の解明を試みたものである。

附表 8-1　変数一覧

C	定数項
Y_i	炭坑 i の採炭量
MNG_i	炭坑 i の採炭夫数
APL_i	炭坑 i の支柱夫（仕操夫）数
ELV_i	炭坑 i の樟取夫数
MGL_i	炭坑 i の火夫数＋大工数
CLN_i	炭坑 i の選炭夫数
MCN_i	炭坑 i の機械夫数＋電工数
FAC_i	炭坑 i の雑夫数

第9章

内部労働市場の深化と外部労働市場の変化
—— 製鉄業における教育と経験と賃金

中　林　真　幸

はじめに

　企業における生産組織の構造は，短期的には，契約前における労働者の質に関する情報の非対称度と，契約後における業務遂行に関わる情報の非対称度に依存する（序章第1節2項①）。そして長期的には，企業組織内において最適と考えられる業務のあり方に対応した技能が，どれだけ特殊的か，にも依存する。労働者の質に関する情報の非対称度が，企業内における長期的な観察によって緩和される程度の水準にあり，また，技能もまた，個々人に特殊的な職人技ではなく，少なくとも企業内においては標準化されうるものである場合，長期雇用と内部昇進を組み合わせた内部労働市場が採用されることになる。

　たとえば，ドイツの場合，近代的に再編された徒弟制度の下，技能は産業別に高度に標準化されており，その結果として，企業特殊的な人的資本が賃金成長に及ぼす影響は無視しうるほどに小さい[1]。アメリカの場合，産業特殊的な人的資本も企業特殊的な人的資本も，いずれも賃金成長に影響するが，前者の影響の方がより大きい[2]。それに対して日本の場合には，特定企業における勤続年数が賃金成長に大きく影響しており，企業特殊的な人的資本への投資が賃金成長に重要

---

1) Dustmann and Meghir (2005), pp. 90-96.
2) Neal (1995), pp. 660-669 ; Parent (2000), pp. 308-320 ; Weinberg (2001), pp. 236-247 ; Poletaev and Robinson (2008), pp. 402-413 ; Shaw and Lazear (2008), pp. 717-720.

な意味を持つことを示唆している[3]。

　そうした相違はありながらも，現代の先進諸国の大企業において内部労働市場は何らかの形で広く採用されている。Doeringer and Piore (1971) は，さらに進んで，当該企業の最下位の職位のみが新規採用者に開かれている，すなわち言い換えれば，すべての上級職位が内部昇進のみによって満たされるとする「入職口」(ports of entry) 仮説を提唱した[4]。内部労働市場に関するこの極端な推論はよく知られているものの，欧米においてその実在を指示する実証的根拠は乏しく，むしろそれを否定する実証結果が提出されている[5]。そのように極端に内部化された内部労働市場が欧米諸国においては滅多に観察されないなか，現代日本企業は，「入職口」政策が実践されている例外的な事例と言ってよい。事務職だけでなく現業職に対しても，大企業はもっぱら新規学卒者を採用し，昇進は内部からのそれが支配的である[6]。

　まさに賃金の高い大企業においてこの採用政策が支配的であるがゆえに，その実践は日本の所得分布にマクロ大の影響すら及ぼしている。仮に「入職口」政策が遂行されれば，労働者がある企業に就職する機会は実質的に最終学校の卒業年に限られる。たまたま卒業した年が不況期に重なっていた場合，大企業に就職できる確率は通常の年よりも小さくなる。「入職口」政策が厳密に実施される限り，この労働者が，後年により大きな企業における雇用へと上昇する機会は制約される。したがって，大企業の方が概して賃金水準が高いとすると，すべての大企業によって「入職口」政策が厳格に遂行された場合，労働者の生涯所得は彼，彼女たちが卒業した年の好不況に大きく影響されることになる。こうした歪みの度合いは，内部労働市場の普及の度合いに依存し，具体的には，労働市場における世代効果の持続として観察されることになる。内部労働市場が普及しており，労働市場が硬直的であればあるほど，労働者の卒業年におけるマクロ経済状態は彼，彼女たちの雇用機会に長期にわたり影響し続けることになる。

　そうした歪みはアメリカやドイツ，カナダにおいても報告されているが，日本

---

3) Altonji and Schakotko (1987), pp. 442-454 ; Abe (2000), pp. 261-264.
4) Doeringer and Piore (1971), pp. 43-48.
5) Baker, Gibbs, and Holmstrom (1994a), pp. 897-903.
6) 菅山 (2011), 9-11 頁。

の場合，相対的に低学歴の労働者，すなわち現業職に就いている労働者において
も，この歪みが顕著に観察されることは特に強調されてよい[7]。「入職口」政策の
普及は，事務職労働市場のみならず，現業職労働市場にも「二重構造」をもたら
している[8]。それが現在の日本の特徴である。

「日本的」な内部労働市場政策は，1980年代には「革新的」な労務管理政策と
呼ばれ[9]，現在は，漠然と古びたものと見なされている。が，その起源は依然と
して判然としていない。そこで，本章では，製鉄企業における1930-1960年代の
従業員パネル・データを用いて，日本における内部労働市場の深化に迫ってみた
い。

第1節においては理論研究と実証研究を承けつつ，内部労働市場に期待されう
る機能が概観され，本章が依拠する内部労働市場の理解が示される。すなわち，
内部労働市場政策が持ちうる様々な機能のうち，労働者を企業特殊的な人的資本
の投資へと誘導することと，自身が雇う労働者の能力をよりよく学習すること，
この2点を，内部労働市場の核心的なそれと見なす立場が示される。第2節は分
析対象の事業所とデータの性質を述べるとともに，対象期間においてこの事業所
に内部労働市場が存在したことを検証し，かつ，対象期を通じたその変化を追
う。第3節においては，この事業所における賃金の成長を，従業員の身体的特
徴，就学歴，労働市場経験年数，この事業所での勤続年数，および企業研修の効
果に分解し，それぞれの効果を検討する。

得られた主要な結果は以下の通りである。(1) 企業特殊的な人的資本への投資
の収益は1930-1960年代を通じて増加し続けたが，同時に，一般的，もしくは産
業特殊的な人的資本への投資の収益も正であり，中途採用市場は活発で，また，
労働者の家族計画も，特定企業への勤続だけでなく，職業経験一般にも依存して
いた。(2) 一方，1950年代以降，就学による一般的な人的資本への投資の収益は
顕著に増加した。(3) 加えて，低学歴の労働者については，職業経験一般の収益

---

[7] アメリカについてはKahn (2010)，日本についてはGenda, Kondo, and Ohta (2010)；玄田 (2010), 21-46頁；Abe (2012)，ドイツについてはvon Wachter and Bender (2006)，カナダについてはOreopoulos, von Wachter, and Heisz (2012)。

[8] 氏原 (1966), 402-425頁；尾高 (1984), 260-273頁；石川 (1991), 281-327頁；石川 (1999), 337-377頁。

[9] Waldman (2007), pp. 45-51.

が1950年代以降に顕著に低下した。1950年代以降，若年時における一般的な人的資本投資の機会としては，拡張された中等教育が職業経験を代替したのである。

1　内部労働市場に想定される機能

1) 技術と技能と組織

　ある組織の望ましい構造は，必要な情報の分布状況によって左右される。一方，技術的条件はその情報構造を形作るので，それを通じて技術的条件は組織構造を左右する。こうした関係は，企業内の労働組織において顕著に見られる。技術的条件の変化は必要とされる技能の類型を変え，そしてこの変化は，適切な技能を，労働者と企業のいずれがよく知っているかを決める。もし，企業の方が必要な技能をよく知っているならば，労働組織を直接に統制することによって，労働者に対する誘因をより効率的に与えることができるのである。技術，技能，そして情報構造を所与として，企業は情報の非対称性から生じる損失を減らすために，より望ましい労働組織を選択する（第7章第1節）。内部労働市場もまた，当該企業が必要な技能をよく知っており，それらの技能が相互に補完的であるか，もしくは企業特殊的である場合に選択される組織構造の候補のひとつである[10]。

　長期雇用と内部昇進によって特徴づけられる内部労働市場は，先進国大企業の熟練労働者に対する労働組織として広く見られる。事務職労働者と上級技術者の労働組織は技術によって一意に決まるとは限らず，かつ，しばしば企業特殊的であり，それゆえ，内部労働市場政策は事務職労働者と技術者に広く適用されている。加えて，鉄鋼や石油化学，製紙業等を典型として，体系的な作業工程が求められる産業においては，通常の現業職労働者に対しても内部労働市場が適用されると言われている[11]。

　過去20年にわたって積み上げられてきた内部労働市場論をめぐる実証的，記

---

[10] Doeringer and Piore (1971), pp. 1-7; Williamson, Wachter, and Harris (1975), pp. 269-277; Milgrom and Roberts (1992), pp. 358-385.

[11] Doeringer and Piore (1971), pp. 6, 50-51, 58.

述的な研究は，内部労働市場が賃金動態を労働の成果や労働者の能力から切り離しているという仮説をおおむね退けてきた。内部労働市場は，むしろ，労働の成果を賃金に反映させるための次善の評価機構として機能し，かつ，企業と労働者との間において情報が非対称である場合に産業特殊的もしくは企業特殊的な人的資本に投資する誘因を労働者に与えるものと考えられるようになっている。すなわち，内部労働市場において決まる賃金は，限界生産性に等しい競争市場賃金から，短期的に離れることはあるとしても，長期的には大きくは違わない[12]。

　評価機構としての内部労働市場には，「雇用者の学習」過程としての一面が含まれる。「雇用者の学習」は就学歴の賃金に対する効果について典型的に言及される。採用時点における労働者の能力は，一般に，企業側が知りえない労働者側の私的情報である。より就学歴の高い者は，正の確率で，より高い能力を持つと想定されるので，雇用者は応募者をその学歴に基づいて統計的に差別する。しかし，ひとたび採用されれば，雇用者は労働者たちの真の能力を次第に学習していくであろう。労働者が経験を重ねるとともに，雇用者は，賃金決定にあたり，採用後に観察された能力情報により大きく，学歴背景により小さく依存するようになる。それに応じて，学歴が賃金に及ぼす作用は，労働者が経験を重ねるにともなって，減衰していくのである[13]。賃金上昇曲線は，それゆえ，労働者の隠された能力の「真の値」に向かう軌道を描くであろう。「雇用者の学習」過程は競争市場においても生じるが，長期雇用関係においてはより加速されうる[14]。

　さらに，長期雇用関係において加速される「雇用者の学習」は，内部労働市場の自立可能性を高めることになる。もし，現雇用者が，他の潜在的な雇用者よりも，自身の雇う労働者についてよりよく知っているとすれば，その雇用者は，相対的に優れた労働者の転職を抑えようとするであろう。すべての雇用者がそのような行動を採る均衡においては，ある雇用者から放出された滞留労働力の質は相対的に低いと他の雇用者に予想され，それゆえ労働者の側も現在の企業を離職した場合の賃金も低いと予想するから，中途採用市場は縮小することになる[15]。

---

12) Alexander (1974), pp. 74-83 ; Aoki (1988), pp. 54-60 ; Baker, Gibbs, and Holmstrom (1994a), pp. 881-884 ; Baker and Holmstrom (1995), pp. 256-257.
13) Farber and Gibbons (1996), pp. 1010-1018 ; Altonji and Pierret (2001), pp. 316-323.
14) Baker, Gibbs, and Holmstrom (1994a), p. 901 ; Baker, Gibbs, and Holmstrom (1994b), pp. 952-953 ; Pinkston (2009), pp. 381-389.

2) 人的資本の蓄積と非対称的な「雇用者の学習」

　Doeringer and Piore（1971）によって提起された内部労働市場の重要な側面のひとつに，企業内の賃金決定が何らかの方法によって競争的な外部労働市場から「隔離」されている，というものがある。この要素は，閉鎖的な企業組織が内部労働「市場」と呼ばれる理由そのものである。内部労働市場が言及されるときには，企業内における賃金決定が，多かれ少なかれ，市場における価格付けを代替することが含意されているのである。

　人々は学校では一般的な人的資本に投資する。彼，彼女たちはまた，就業経験を重ねるなかでも一般的な人的資本に投資するかもしれない。そして，彼，彼女たちのある者は，長期雇用を保障するとともに，単に外部労働市場に追随するのではなく経営管理規則に基づいて賃金を決める企業に入職する。そうした企業は賃金決定を外部市場から「隔離」することに利益を認めているが，一方，そのことは，就学や前職歴において蓄積された一般的な人的資本を無視することを意味するわけではない。企業は労働者の能力を学習する一方，自身が認識する企業特殊的な人的資本の相対的な重要性に応じて，就学年数，前職経験，そして自社における勤続年数への重み付けを与える誘因体系を構築し，労働者の人的資本投資を誘導するであろう。自社内における投資が重要性を増すほど，自社勤続年数への重み付けを増すといった具合である。

　そうした内部労働市場の機能に関連する文献のなかでも，DeVaro and Waldman（2012）は，最も包括的で，かつ，捕捉しやすい洞察を与えているもののひとつであると本章は考えている。彼らのモデルは Gibbons and Waldman（1999）(2006）の理論的枠組みを引き継いで，人的資本蓄積経路としての職業経験と就学を総合的に捉えている。同時に，Gibbons and Waldman（1999）(2006）が，「雇用者の学習」に関しては，それぞれの労働者の能力について現雇用者と潜在的雇用者が対称的に学習することを仮定し，また，人的資本蓄積に関しては企業特殊的人的資本の蓄積を捨象しているのに対して，DeVaro and Waldman（2012）は，企業特殊的人的資本が蓄積されるとともに，現雇用者が非対称的に労働者の能力を学習するという，内部労働市場の核心的機能を捉えた Waldman（1984）の

---

15) Williamson, Wachter, and Harris (1975), pp. 273-275 ; Greenwald (1986), p. 339.

設定を包摂することに成功している。

そうした DeVaro and Waldman (2012) のモデルを操作することにより,ただちに次の補題を導くことができる[16]。

補題1
企業特殊的人的資本投資の収益が正であり,かつ,現雇用者が非対称的に労働者の能力を学習しているならば,賃金上昇には世代効果が現れる。

すなわち,各企業が,企業特殊的な人的資本投資の場としての機能と,労働者の能力を他企業に先んじて学習する機能を有しているならば,入職年次の好不況が賃金上昇について継続的に影響し続けるということである。

もっとも,この補題に対してただちに付け足されるべきひとつの留保は,Gibbons and Waldman (2006) が,DeVaro and Waldman (2012) とほとんど同じ生産関数を仮定して,技能の企業特殊性ではなく産業特殊性もしくは業務特殊性が世代効果をもたらしうると示していることである。もうひとつの留保は,Beaudry and DiNardo (1991) による,マクロ経済的なショックからリスク回避的な労働者を隔離する保険機能も内部労働市場の重要な機能であるとする指摘である。そうした保険機能が効いている場合にも,それぞれの世代の従業員の賃金上昇には,それぞれの世代が経験した最好況期の影響が残存し続けるので,世代効果が検出されることになる。

本章は,内部労働市場の核心的機能を,企業特殊的な人的資本への投資と,非対称的な「雇用者の学習」に求め,そうした機能の証左として,世代効果が検出されるか否かを次節で確かめる。その際には,Gibbons and Waldman (2006) が指摘する産業特殊的もしくは業務特殊的な人的資本の効果と,Beaudry and DiNardo (1991) の指摘する保険機能を惹起するマクロ経済的なショックが制御される必要がある。

3) 鉄鋼業の転換

日本の製造業は,アメリカと同様に重工業に先導されつつ,1920年代に内部

---
16) 厳密な議論については Nakbayashi (2012b), pp. 4-6 を参照。

労働市場の形成へと向かい，そして，第二次世界大戦後は，アメリカ以上に緻密に組み立てられた内部労働市場を作り上げた。以来，「終身雇用」は日本の製造業の特徴として知られるようになる。戦後の日本企業がアメリカ以上に長期雇用と勤続による昇給に傾斜してきたのは事実であるが，アメリカにおいても業績の優れた企業は継続的に長期雇用を維持しているのであるから[17]，「終身雇用」それ自体が日本企業固有の性質に由来するわけではない。むしろ，戦後日本は他の先進国と同じ方向に，より速く，より深く移行したと言うべきであろう[18]。

一方，20世紀初めに内部労働市場が形成された産業として Doeringer and Piore (1971) が指摘した産業は，20世紀初めに技術と技能，技術と教育補完的な成長を始めたと Goldin and Katz (1998) が指摘する産業に重なる[19]。これは偶然ではない。アメリカでは，20世紀初め以来，高等学校が一般的な人的資本を装備した大量の卒業生を供給し，そして，そうしたより高い教育を受けた労働力は，労働者の一般的な認知能力が企業特殊的な人的資本に編み上げられる内部労働市場に，よりふさわしかったのである。日本の経験も例外ではない。第二次世界大戦後に加速された内部労働市場の構築は，中等教育修了者を大量に増加させる教育改革にともなわれて進んだのである。

石油化学工業のように20世紀に新たに登場した産業は別として，より長い伝統を持つ主要産業における内部労働市場への移行は，自立性を持った中間労働組織の解体も，企業によって体系的に計画され，直接的に管理される労働組織の形成をともなっていた。この組織変化は，労働者の自律性喪失に関心を持つラディカル派経済学によってまず注目され，そして，新制度派経済学によって，より効

---

17) Hall (1980), pp. 97-107 ; Hall (1982), pp. 719-720. 人的資本投資における長期雇用の重要性を計るひとつの指標は，ある企業における勤続年数と，総就労経験年数とが賃金にもたらす相対的な作用の重みである。Abe (2000) は，1980年代の日米データに基づき，賃金上昇に対する勤続経験年数と総就労経験年数の相対的な効果を比較し，確かに日本の方が勤続年数がより大きな効果を持っているものの，アメリカにおいても，総就労経験年数を制御した後になお，勤続年数が賃金上昇に対して相当の効果を持っていたことを示している (Abe (2000), pp. 261-264)。

18) Hashimoto and Raisian (1985), pp. 721-732 ; Aoki (1988), pp. 59-69 ; Mincer and Higuchi (1988), pp. 112-115 ; Moriguchi (2003), pp. 640-652. 1990年代以降においては若年層の流動性が高まっているものの，長期雇用は依然として日本の大企業において広く採用されている (Ono (2010), pp. 13-22)。

19) Goldin and Katz (1998), pp. 707-716.

率的な次善の組織への移行として再定義された[20]。第7章も論じたように，こうした移行は，企業側に人的資本獲得における情報優位を与え，それゆえに企業による直接管理の相対的効率性を高める技術変化とともに進む。

　日本の製鉄業は，平炉の大規模化が進められた1920年代と1950年代，そして転炉が導入された1960年代に，大きな技術変化を経験した。技術の移行にともない，個々の従業員に帰属していた伝統的な技能は，手順化され，経営側に把握された技能へと変換されていった[21]。アメリカにおける製鉄業と同様に[22]，日本における製鉄業もまた，体系的な賃金と昇進の枠組みを持つ労働組織への移行の中核に位置していた。

　本章では，戦前日本を代表する製鉄所のひとつであった岩手県釜石市の釜石製鐵所[23]に1929-1969年の間に就業していた正規現業従業員のうち1,557名の賃金個票を分析し，内部労働市場形成期の賃金動態に迫りたい。

2　分析対象事業所における内部労働市場の実在

1) 歴史的文脈における釜石製鐵所

　南部藩によって1857年に設立された釜石製鐵所は，日本において最も長い歴史を持つ近代製鉄所である。明治維新後の1873年に国有化され，官営製鉄所として事業の拡大が図られたが失敗，1884年に払い下げを受けた田中長兵衛が再興した。田中の下，釜石製鐵所には新たな高炉が建設され，1903年には日本で初めて銑鉄から鋼鉄への一貫生産に成功した。1924年，経営不振から三井鉱山株式会社傘下に入った後，1934年に官営八幡製鐵所等とともに日本製鐵株式会社に統合された。この統合は技術改善を目的として政府によって調整されたもの

---

20) Marglin (1974), pp. 60-81 ; Stone (1974), pp. 128-147 ; Williamson (1985), pp. 206-239.
21) 分析対象となる釜石製鐵所の整備部門においては，経験を重ねた長老工から若年工へと暗黙的な知識が継承されていたが，1970年代に手順化された技能が経営側に管理されるようになった。中村 (2010), 24-25頁。
22) Novack and Perlman (1962), pp. 339-347 ; Stone (1974), pp. 128-136 ; Williamson (1985), pp. 234-236.
23) 1970年以降は富士製鐵と八幡製鐵の再統合によって設立された新日本製鐵株式会社に属している。

であった。

　しかし，日本はその後，日中戦争，太平洋戦争に突入し，戦時中の孤立は日本製鉄業の技術的後進性を強めることになった。第二次世界大戦後，アメリカ占領下の1950年に，日本製鐵株式会社は東日本の富士製鐵株式会社と西日本の八幡製鐵株式会社に分割され，釜石製鐵所は富士製鐵株式会社に属することになった。

　1950年代以降，政府は製鉄業をはじめとする主要製造業に対して長期金融の供与を誘因として設備投資を促す産業政策を遂行した。その過程で製鉄業界は1951-1954年の第一次から，1956-1960年の第二次，そして1961-1964年の第三次に及ぶ鉄鋼合理化計画を策定，実施した。これらの合理化計画を通じて，釜石製鐵所については，製銑製鋼の効率性改善と鉄鋼生産の増大が強調されたが，高炉の更新は計画されなかった。

　1950年代以降の生産工程における近代化のなかで生じた大きな変化のひとつは，生産手続きの標準化，すなわち「手順化」であった。第二次世界大戦以前，製鉄業においては，作業手続きは従業員によって洗練され，それらは年長の従業員から年少の従業員へと継承されていた。しかし，1950年代以降，生産工程における手続きは，より高度な教育を受けた従業員によって手順化され，職場における最善の実践は，企業側の知るところとなったのである[24]。

　企業全体の投資計画の一環として，富士製鐵は名古屋市に東海製鐵と名付けた最新鋭の製鉄所を建設することを決めた。東海製鐵は新工場であったから，そこに熟練労働者はいなかった。富士製鐵は釜石の製銑生産能力を削減し，東海をはじめとする新工場の製銑能力を増強するとともに，釜石をはじめとする旧来の工場から熟練労働者を東海に転籍させることを決めた。最終的には，1964年および1967-1969年に，1,678名の熟練労働者が釜石から東海に転籍した[25]。

---

24) 中村（2010），8-21頁。
25) 釜石からの1,678名に加えて，室蘭製鉄所から908名，広畑製鉄所から972名，川﨑製鉄所から127名が東海に移籍した。梅崎（2010），33-38頁。東海製鐵は現新日本製鐵名古屋製鐵所。

2) データ

 本章では釜石から転籍した従業員 1,557 名の賃金のパネル・データを用いる。含まれる年代は，従業員の入職年に応じて 1920 年代末から，彼らが釜石を離れる 1960 年代までである。パネル化された合計標本数は 24,022 である。このデータ・セットには相当な短所と長所がある。

 短所は，従業員の選抜と生存の歪みに関わる。転籍者の選抜は経営側と組合側の協調によって進められ，原則として，転籍を望む者はすべてが認められた。したがって，選抜に用いられた基準は従業員の意思のみである[26]。ただし，そのことは，このデータ・セットが歪みのない標本であることを意味しない。第一に，東海への転籍を望んだ従業員とは，最新鋭工場において自分が成果を上げられると信じた者たちであった。彼らはより野心家もしくは自信家であった。第二に，標本労働者はすべて，1960 年代に名古屋に転籍するまで釜石において勤続した者たちであった。釜石内部の競争から脱落した者は含まれていない。選抜された従業員たちは技術の移行期にあって，新技術に対応するよう，よく訓練された者たちであった可能性が高いのである。彼らは，釜石での勤務経験を持つ者たちの平均ではなかった。

 同時に，このデータ・セットは，とりわけ本章の分析に役立つ長所も持つ。ここで用いられる人事資料は，従業員が雇用された時点における重要情報と，昇進昇給情報のすべてが含まれる。その従業員の誕生から，1960 年代に転籍するときまでの人生を再現できるわけである。その情報には，前職経験と，就学歴のみならず身長，体重，肺活量といった身体的特徴も含まれる。それらが現業職労働者には重要と考えられたからであろう。

 分析される賃金個票に含まれるのは以下の項目である。

1. 就学歴（変数 S）
2. 身体的特徴：身長（変数 hgt），体重，肺活量
3. 昇進昇給身上パネル・データ：
   (1) 所内研修受講歴
    ・体系的な研修

---

26) 梅崎 (2010), 47-49 頁。

1927-1935 年：青年訓練所（変数 dcy）。週 3 日，4 年間，計 400 時間
1935-1948 年：青年学校（変数 sy）。週 3 回半日
1939-1946 年：技能者養成所（変数 dct）。全日，3 年間，計 6,453 時間
1946-1973 年：教習所（変数 dc）。週 3 日（1950 年まで），週 6 日（1950 年以降），2 年間。1963 年以降，受け入れ対象を高等学校卒業者に限る

・短期研修（初等算数等）
(2) 取得免許
(3) 家族構成
(4) 病歴
(5) 基本給
(6) 昇進と配属：職位，部門と課の配属，職の配属

基本給のパネル・データは当該従業員が入職したときから始まり，1964-1969 年のいずれかの年に東海製鐵所に転籍したときに終了する。

入職年代別の構成は表 9-1 に示されている。採用の最初の頂点は，1937 年の日中戦争開始と 1941 年の太平洋戦争開始にともなって，1938-1942 年に見られる。第二の頂点は戦後復興の始まる 1948-1951 年である。第三の頂点は高度成長が始まる 1950 年代後半である。

表 9-1 に見られる特に重要な特徴は，入職前労働市場経験年数（学校卒業から入職までの年数，変数 pre）が減少傾向を示していないこと，すなわち現代日本企業とは明確に異なって，1960 年代に至るまで新規学卒者はついに支配的な採用対象とはなっていないことである。現業職への新規学卒者の一括採用は，少なくとも 1960 年代以前に典型的な採用法ではなかったのである。

重工業が欧米から移植された 19 世紀後半以降，複数の職場で必要な技能を獲得し，しかる後に大企業に長期に雇用される，もしくは起業するという職歴形成は，男子熟練労働者に典型的なそれとなった。ほぼ新規学卒者のみを採用する，典型的に「日本的」な企業のいわゆる「入職口」政策は，決して長い伝統を持つものではない。表 9-1 はむしろそうした慣習が，製鉄業の主導的企業においてさえ，対象となる 1928-1967 年の時期には普及していなかったことを示している。

現業職への新卒定期採用が普及した時期について，菅山（2011）は，1970 年

第9章 内部労働市場の深化と外部労働市場の変化　315

表9-1 採用従業員数, 就学年数, 労働市場経験年数

採用年	採用者数	パネル標本数	就学年数 (S)				入職前労働市場経験年数 (pre)			
			最大値	最小値	中央値	平均値	最大値	最小値	中央値	平均値
yj1928	1	24	11.00	11	11	11	4.00	4	4	4
yj1929	1	38	8.00	8	8	8	0.00	0	0	0
yj1930	1	28	8.00	8	8	8	2.00	2	2	2
yj1931	0	na	na	na	na	na	na	na	na	na
yj1932	0	na	na	na	na	na	na	na	na	na
yj1933	3	81	8.00	8	8	8	1.57	1	3	1
yj1934	2	56	6.82	6	8	6	7.46	5	11	5
yj1935	5	141	8.82	8	12	8	2.95	1	7	0
yj1936	7	152	8.00	8	8	8	5.97	6	9	0
yj1937	7	193	8.00	8	8	8	6.27	7	13	0
yj1938	18	495	7.64	8	8	6	4.79	5	12	0
yj1939	39	1,010	7.93	8	9	6	5.20	5	12	0
yj1940	41	1,053	7.96	8	13	6	5.13	6	13	0
yj1941	44	998	8.22	8	14	6	4.61	4	13	0
yj1942	29	651	8.08	8	13	6	3.93	1	16	0
yj1943	23	522	8.38	8	13	6	3.58	2	17	0
yj1944	26	564	8.17	8	13	6	2.75	0	14	0
yj1945	17	376	8.25	8	11	6	0.00	0	0	0
yj1946	17	344	8.00	8	8	8	1.38	0	23	0
yj1947	11	203	8.00	8	8	8	0.09	0	1	0
yj1948	282	5,298	8.78	8	14	5	9.06	8	23	0
yj1949	257	4,532	8.97	8	14	6	7.92	7	21	0
yj1950	37	609	8.99	9	13	6	4.43	0	18	0
yj1951	53	856	8.44	8	13	6	8.34	8	14	3
yj1952	7	104	8.16	8	9	8	5.86	6	7	4
yj1953	13	154	9.00	9	9	9	2.00	2	2	2
yj1954	19	220	9.83	9	12	9	1.45	2	2	0
yj1955	11	122	9.00	9	9	9	2.30	2	10	2
yj1956	90	910	8.88	9	13	7	7.39	7	20	1
yj1957	69	620	9.04	9	12	6	6.24	6	17	0
yj1958	25	189	9.00	9	9	9	2.23	2	8	1
yj1959	87	586	10.25	9	13	8	3.47	2	15	0
yj1960	46	250	10.09	9	12	8	3.94	2	25	0
yj1961	35	148	9.47	9	15	9	3.50	2	13	0
yj1962	84	279	10.74	12	12	9	1.19	0	9	0
yj1963	41	109	9.02	9	15	7	8.13	2	35	0
yj1964	15	71	8.38	8	9	8	19.38	19	34	2
yj1965	9	29	12.00	12	12	12	0.14	0	10	0
yj1966	10	20	12.00	12	12	12	0.35	0	1	0
yj1967	8	15	10.47	11	12	9	6.13	5	10	0
合　計	1,490	22,050								

注) 入職前労働市場経験年数：学校卒業から釜石製鐵所入職までの年数。

代に至ってもなお中途採用者が多かったとする小池（1991）を批判し，大企業の採用活動を長期の歴史的文脈に位置づけるならば，1960年代に新卒定期採用が普及したと見なすべきであると論じている[27]。しかし，少なくとも釜石の事例は小池（1991）を支持する。

戦後改革にともない，1947年に義務教育は6年から9年に延長された。表9-1においてその時期をはさんで平均就学年数が延びているのは義務教育延長によるものである。すなわち，従業員の就学年数は，1946年度以前卒業者については，主に小学校卒の6年間と高等小学校卒の8年間の間に分布することになるが，表9-1は，1947年以前において，高等小学校卒業者が多数派であったことを示している[28]。一方，1947年以降について，1947年度以降卒業者については中学校卒9年間と高等学校卒12年間の間に分布することになるが，多数派は中学校卒業者であり，高等学校卒業者は1960年代においてもまだ少数派であった。大きな学制改革をはさむにもかかわらず，1930-1960年代において，釜石製鐵所は一貫して8-9年程度の就学歴を持つ者を採用し，その動向に目立った変化はなかった，ということになる。

3）内部労働市場の存在とその変化

ここまで，内部労働市場が釜石製鐵所に形成されていたことを前提に議論してきたが，もとより，賃金決定を外部市場から何らかの形で「隔離」する内部労働市場の存否は，それ自体が実証的に検証されるべき課題である。企業特殊的な人的資本の収益が正で，かつ，「雇用者の学習」が非対称的に進行する形で「隔離」が起こっているとするならば，そのひとつの指標は，上記の**補題1**に述べた世代効果である。産業特殊的もしくは業務特殊的な人的資本の収益を制御し（Gibbons and Waldman（2006）），マクロ的なショックを制御しても（Beaudry and DiNardo（1991）），なお，世代効果が観察されるならば，それは企業特殊的な人的資本投資を促し，かつ現雇用者に労働者の能力を非対称的に学習させる仕掛けとしての内部労働市場の存在を支持するものと言えよう。

---

27) 小池（1991），53頁；菅山（2011），423-443頁。
28) 1920年代には既に，重工業大企業は，とりわけ職長候補者について，小学校卒業者よりも高等学校卒業者を好んで採用していた。菅山（2011），37頁。

表9-2には，実質日給（rw）を，学歴効果を制御するために就学年数（S），入職前労働市場経験年数（pre），釜石製鐵所勤続年数（ten），入職年次2カ年を合わせたダミー（yj1930-1931, yj1932-1933, ...），2カ年入職年次ダミーと勤続年数の交差項（yj1930-1931×ten, yj1932-1933×ten, ...）に回帰させた結果が掲げられている[29]。加えて，産業特殊的もしくは業務特殊的な技能の収益（Gibbons and Waldman (2006)）を制御するために，釜石製鐵所入職前雇用経験年数（pem）と前職同一産業ダミー（ibs）および前職同一職種ダミー（jbs）との交差項（pem×ibs, pem×jbs）も説明変数として挿入されている。マクロ経済的なショックを制御する（Beaudry and DiNardo (1991)）説明変数としては，国民総支出の成長（Δrgne）が挿入されている。また，対象期には製鐵所全体において顕著な生産性上昇が見られるので，その効果を制御するために年ダミーも挿入されている。

すると，モデル2-1に示されているように，産業特殊的もしくは業務特殊的な技能の収益（pem×ibs, pem×jbs）と外生的なショック（準ダミーとΔrgne）を制御してもなお，ほぼすべての入職年次集団において有意な入職年次効果が観察される。そして，モデル2-2に示されているように，各入職年次集団の賃金曲線は似通ってはいるが，有意に異なっている。釜石製鐵所における内部労働市場は1930年代には既に形成されていたと考えてよさそうである。この統計的推論は，記述資料と聞き取りに基づく把握[30]とも整合的である。

さらに，労働市場経験年数（exp）を説明変数として挿入してもなお正に有意な釜石製鐵所勤続年数（ten）の係数は，総経験年数とは独立の効果を持つ勤続の効果，事業所内における人的資本投資の効果を捉えている。釜石製鐵所内における経験の蓄積は賃金の成長に強く貢献しており，そのことは，釜石製鐵所内において内部労働市場が機能していたとする仮定と整合的である。

Baker, Gibbs, and Holmstrom (1994b) が述べているように，賃金残余の系列相関も内部労働市場の存在を確かめる便利な手段である[31]。競争市場においては観察可能な変数が賃金の偏りのない予測を与えると仮定することができ，それゆえ，観察可能な変数によって推定された賃金を観察された賃金から差し引いた残

---

29) 変数の定義については章末附表9-1参照。
30) 梅崎 (2010), 42-51頁。
31) Baker, Gibbs, and Holmstrom (1994b), pp. 943-953.

表 9-2 賃金に対する年次効果と勤続効果のパネル推定

	2-1		2-2		2-3	
推定法	パネル最小自乗法		パネル最小自乗法		パネル最小自乗法	
被説明変数	log(rw)		log(rw)		log(rw)	
個体 (cross-section) 次元	プール (非制御)		プール (非制御)		プール (非制御)	
期間次元	固定 (年ダミー挿入)		固定 (年ダミー挿入)		固定 (年ダミー挿入)	
説明変数	係数	t 値	係数	t 値	係数	t 値
C	1.0259	58.5498 ***	0.1858	15.8144 ***	1.2552	58.1633 ***
log(S)	0.0793	20.2840 ***	0.0979	21.2966 ***	0.0793	20.8082 ***
log(pem)	0.0783	87.8428 ***	0.0862	94.4266 ***	0.0787	90.4507 ***
log(pem)×ibs	0.0113	12.4031 ***	0.0091	9.4443 ***	0.0112	12.6312 ***
log(pem)×jbs	0.0192	18.4178 ***	0.0214	19.3410 ***	0.0188	18.5190 ***
log(ten)	0.1068	48.8122 ***	0.1977	61.4664 ***	0.0292	6.5046 ***
yj1930-1931	−0.0664	−3.1110 ***			−0.0131	−0.2629
yj1932-1933	−0.0688	−4.2581 ***			−0.2040	−6.4404 ***
yj1934-1935	−0.1416	−10.1613 ***			−0.2472	−11.3152 ***
yj1936-1937	−0.1701	−12.6437 ***			−0.3064	−15.4784 ***
yj1938-1939	−0.1824	−14.2604 ***			−0.3575	−20.5543 ***
yj1940-1941	−0.2369	−18.5503 ***			−0.4360	−25.3715 ***
yj1942-1943	−0.3011	−23.2736 ***			−0.5640	−31.8966 ***
yj1944-1945	−0.3656	−27.9614 ***			−0.6877	−38.5697 ***
yj1946-1947	−0.4000	−29.8086 ***			−0.7592	−41.3079 ***
yj1948-1949	−0.4677	−35.9202 ***			−0.6918	−39.5150 ***
yj1950-1951	−0.5401	−40.4203 ***			−0.7948	−42.4627 ***
yj1952-1953	−0.6091	−42.1070 ***			−0.8623	−39.1903 ***
yj1954-1955	−0.6373	−44.5672 ***			−0.9062	−42.4827 ***
yj1956-1957	−0.7695	−55.2790 ***			−1.0103	−51.0522 ***
yj1958-1959	−0.8536	−59.3754 ***			−1.0991	−52.8219 ***
yj1960-1961	−0.9041	−60.3538 ***			−1.1657	−51.8778 ***
yj1962-1963	−0.9470	−61.7582 ***			−1.1572	−50.0551 ***
yj1964-1965	−0.8564	−49.7182 ***			−1.0801	−32.0611 ***
yj1966-1967	−0.9392	−43.0552 ***			−1.0815	−20.6270 ***
yj1930-1931×log(ten)			0.0123	13.7630 ***	−0.0031	−1.4496
yj1932-1933×log(ten)			0.0159	25.7359 ***	0.0060	4.6278 ***
yj1934-1935×log(ten)			0.0137	25.3509 ***	0.0044	4.5885 ***
yj1936-1937×log(ten)			0.0143	27.9814 ***	0.0062	7.2346 ***
yj1938-1939×log(ten)			0.0161	32.9005 ***	0.0084	11.2656 ***
yj1940-1941×log(ten)			0.0151	29.7237 ***	0.0101	13.4014 ***
yj1942-1943×log(ten)			0.0146	26.3162 ***	0.0149	17.9592 ***
yj1944-1945×log(ten)			0.0136	22.9470 ***	0.0200	23.1121 ***
yj1946-1947×log(ten)			0.0146	22.2182 ***	0.0249	26.4728 ***
yj1948-1949×log(ten)			0.0102	15.2100 ***	0.0151	16.8488 ***
yj1950-1951×log(ten)			0.0084	10.7760 ***	0.0197	17.9671 ***
yj1952-1953×log(ten)			0.0049	4.6320 ***	0.0216	12.4854 ***
yj1954-1955×log(ten)			0.0057	5.2025 ***	0.0259	15.1794 ***
yj1956-1957×log(ten)			−0.0077	−6.7456 ***	0.0259	17.3393 ***
yj1958-1959×log(ten)			−0.0174	−11.9398 ***	0.0320	16.1331 ***
yj1960-1961×log(ten)			−0.0257	−13.3928 ***	0.0415	14.1824 ***
yj1962-1963×log(ten)			−0.0378	−15.5329 ***	0.0342	9.1698 ***
yj1964-1965×log(ten)			−0.0093	−2.9491 ***	0.0439	6.4691 ***
yj1966-1967×log(ten)			−0.0266	−4.1064 ***	0.0295	1.7782 *
年ダミー	yes		yes		yes	
Δrgne	yes		yes		yes	
個体数	1,489		1,489		1,489	
期間数 (年)	41(1929-1969)		41(1929-1969)		41(1929-1969)	
合計標本数	21,876		21,876		21,876	
調整済み R^2	0.9776		0.9747		0.9788	
F 値	14,717.8051 ***		12,969.5232 ***		12,039.5438 ***	

注) 基準入職年次は yj1928-1929。***, * はそれぞれ 1 パーセント,10 パーセント水準の有意性を示す。変数の定義については章末附表 9-1 を参照。

余は時系列方向に独立しているはずであり，したがってこの賃金残余の軌跡は単位根を持つランダム・ウォークとなっていなければならない。もし企業が何らかの賃金政策によって賃金決定を市場から多少なりとも隔離しているとすれば，結果は異なるであろう。

勤続 ten 年目の従業員 i について，実質賃金を $rw_{i,ten}$，後掲表 9-3 のモデル 3-1 および 3-3 による推定値を $[rw_{i,ten}]$ と置き，モデル 3-1 による推定値残余 $rwsd01_{i,ten} = \log(rw_{i,ten}) - [rw_{i,ten}]$ とモデル 3-3 による推定値残余 $rwsd02_{i,ten} = \log(rw_{i,ten}) - [rw_{i,ten}]$ を考えよう。モデル 3-1 は説明変数に相対身長を含まず，3-3 は含んでいる。すると，$rwsd01_{i,ten}$ と $rwsd02_{i,ten}$ のいずれについても，パネル単位根検定は棄却され，賃金残余には系列相関があることが分かる[32]。この結果は，それぞれの賃金履歴が従業員の真の能力である不動点に向かって収束していたとする想定に整合的である。

また，仮に従業員の人的資本獲得能力が等しく，各期のショックはランダムで，系列相関していないとすれば，事業所全体の生産性上昇を制御した後には，賃金残余の自己回帰式は同一方向への自己相関を持たないはずである。言い換えれば，標本に含まれる従業員は多様であり，おそらくは人的資本投資蓄積の能力の相違によって，「規則的に勝ち続ける者と負け続ける者」がいた[33]ものと思われる。

加えて，この「規則的に勝ち続ける者と負け続ける者」は，雇用者が従業員の「隠された」能力を学習する過程で発見されたと考えることが妥当である。もし，個々の従業員の賃金上昇にとって，企業特殊的な人的資本投資の蓄積のみが重要であり，「雇用者の学習」に意味がないとすれば，今年速く，すなわち短期間で昇給した者は，企業特殊的な何かを身につける時間も少なかったわけであり，来

---

32) (1) rwrsd01 について。共通単位根検定（Levin, Lin, and Chu 検定）の結果は，t 値：-7.3196^{***}，個体数：946，合計パネル標本数：9,991。個別単位根検定（Im, Pesaran, and Chin 検定）の結果は，W 値：-310.4427^{***}，個体数：900，合計パネル標本数：9,853。(2) rwrsd02 について。共通単位根検定（Levin, Lin, and Chu 検定）の結果は，t 値：-16.2350^{***}，個体数：899，合計パネル標本数：9,917。個別単位根検定（Im, Pesaran, and Chin 検定）の結果は，W 値：-283.5373^{***}，個体数：856，合計パネル標本数：9,068。最適ラグ次数は赤池情報量基準による。*** は 1 パーセント水準の有意性を示す。

33) Baker, Gibbs, and Holmstrom (1994b), p. 947; Baker and Holmstrom (1995), p. 257.

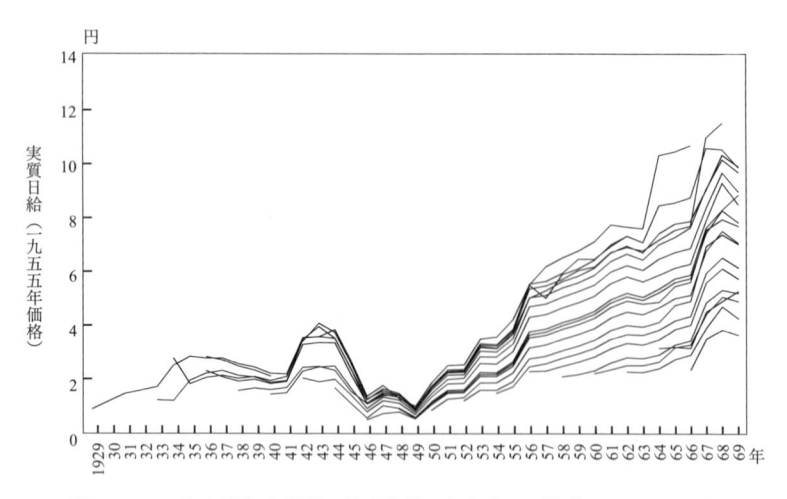

320　第 III 部　内部労働市場の成立

図 9-1　2 カ年入職年次群別の賃金曲線：各年中の平均値，1929-1969 年

年は遅く昇給する形で調整が働くであろうから，それに応じて系列相関も弱まるはずである。一方，たとえば従業員の配属等を通じて得た情報を用いた「雇用者の学習」の効果が大きいならば，今年速く昇給した者は来年も速く昇給し，それゆえ規則的な系列相関が見られると予想される[34]。賃金残余の系列相関はこの予想も支持する。

　図 9-1，図 9-2，図 9-3 は 2 カ年入職年次群の各年における平均賃金，最高賃金，最低賃金を表したものである。特に最低賃金を示す図 9-3 を図 9-1 および図 9-2 と比較すると賃金曲線は下方に顕著に圧縮されており，「規則的な勝ち負け」が，下位集団の昇給抑制によって生じていたことが分かる。入職後，勤続にともなって急速な賃金上昇を経験したのは，あくまでも各年次群の上位集団であった。

　一方，おおむね単調に見えるこの上昇軌道も，入職年次群が異なれば微妙に異なっていた。表 9-2 のモデル 2-2 に見られるように，隣接する入職年次群であっても，勤続年数（ten）の係数は異なっており，しかも，この相異は世代の固定効果を制御したモデル 2-3 においても消えない。それは図 9-1，図 9-2，図 9-3

---

[34] Baker, Gibbs, and Holmstrom (1994a), pp. 901, 916 ; Baker, Gibbs, and Holmstrom (1994b), pp. 924, 926-927, 952-954.

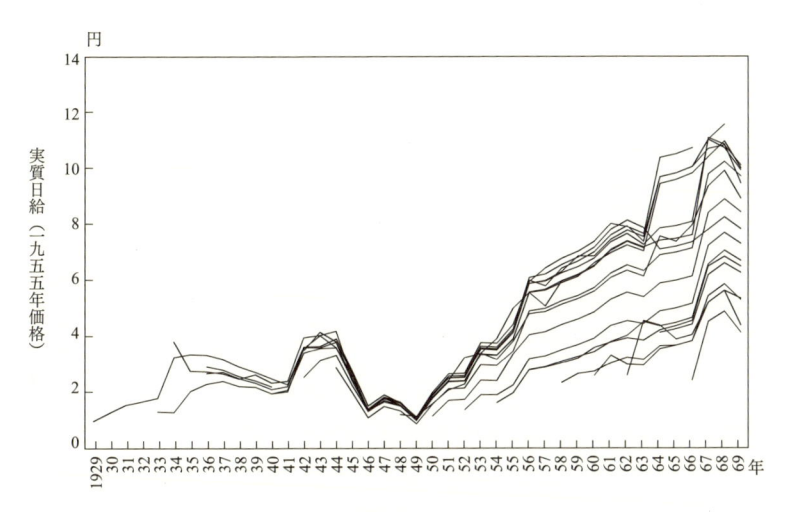

図 9-2　2 カ年入職年次群別の賃金曲線：各年中の最大値，1929-1969 年

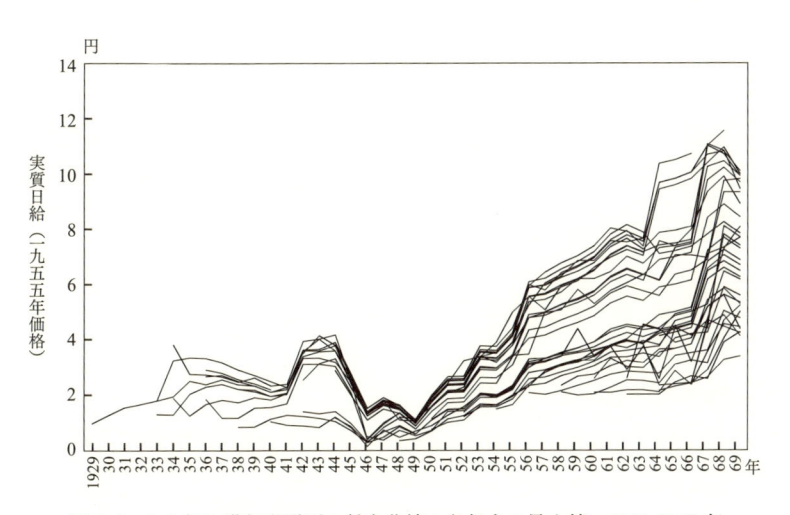

図 9-3　2 カ年入職年次群別の賃金曲線：各年中の最小値，1929-1969 年

にも見て取れる。

　さて，内部労働市場が存在したことは確かめられた。そこで次に，そこにおける人的資本投資の収益の変化を見てみよう。表 9-2 のモデル 2-2 においては，2 カ年入職年次ダミーと勤続年数の交差項（yj×ten）が入社年次を下るとともに増

加しているが，これは，事業所内における人的資本投資の効果が時期を下るとともに増加していることを示している。全事業所に生じている生産性上昇の効果は年ダミーによって制御されているから，このことは，そのまま，企業内における人的資本投資の収益が分析対象期を通じて増加していたことを示唆している。モデル2-3によってこの解釈の頑健性を点検しよう。2カ年入職年次ダミーによって年次効果を制御すると，2カ年入職年次ダミーと勤続年数の交差項（yj×ten）の係数はおおむね安定的となってしまう。これは，年次を下るにつれて人的資本投資の収益が増加したとするモデル2-2の解釈と整合的である。

なお，モデル2-2においては，末尾近くの入職年次において2カ年入職年次ダミーと勤続年数の交差項（yj×ten）の係数が急激に大きくなっているが，これは人的資本投資の収益が1960年代後半に急増したことを意味するわけではない。モデル2-3において入職年次効果を制御した後にもなお，1960年代後半のyj×tenの係数が例外的に大きい係数を取ることからもそれは明らかである。したがって，1960年代後半において極端に大きいyj×tenの係数は人的資本投資の収益がその時期に急増したことを示すものではなく，人的資本投資の収益が逓減する側面を捉えたものである。yj×tenの係数が1960年代において特に大きな値を取っていることは，単に，人的資本投資の収益は若者ほど大きいこと，を示しているに過ぎない。

3　内部労働市場における賃金の成長

1）人的資本投資と賃金成長と再生産

賃金決定式の推計にあたっては，労働者の生産関数が，個々の人的資本要素について収穫逓減なコブ＝ダグラス型関数で近似できると仮定し，両辺について対数を取る。被説明変数である賃金についてのみ対数を取り，説明変数については真数を取るとともに，経験年数や教育年数の自乗項を挿入するMincer (1974) 型の賃金関数は，自乗項を取る要素についての収穫逓減と共に，2次関数の頂点以遠における収穫の減少を捉える点に特徴があり，特に賃金減少の始まっている高齢労働者を標本に含む場合には便利な定式化であるが，本章の扱うデータには賃金成長が負となる高齢層は含まれておらず（図9-1），収穫逓減を捉えられれば

よいので，Mincer（1974）型ではなく，コブ＝ダグラス型による近似を採ることとしたい。

表9-3は，入職時点における身長（hgt）[35]，就学年数（S），学校卒業から入職までの入職前労働市場経験年数（pre），釜石製鐵所での勤続年数（ten），入職前における自営業以外の雇用経験年数（pem），入職前雇用経験年数と前職同一産業ダミーとの交差項（pem×ibs），前職同一職種ダミーとの交差項（pem×jbs），企業研修修了ダミーとして，青年訓練所（1927-1935年）修了ダミー（dcy），青年学校（1935-1948年）修了ダミー（sy），技能者養成所（1939-1946年）修了ダミー（dct），教習所（1946-1969年）修了ダミー（dc），それらの修了ダミーと勤続年数の交差項（dcy×ten，sy×ten，dct×ten，dc×ten）に，実質日給を変量効果モデルによって回帰させた結果を列挙している。1947年に義務教育が6年から9年に延長されており，義務教育の延長が生産性に大きな影響を及ぼすとする実証結果もあるので[36]，就学年数と1947年以降卒業者を1とする戦後教育世代ダミー（psw）との交差項（S×psw）も挿入した。

就学年数（S）は正に有意の係数を持ち，より高い学歴を得ることが生産性と実質賃金の上昇をもたらしたことを示している。入職前雇用経験年数（pem）の正の係数と，pemを制御した下での入職前経験年数（pre）の負の係数とは，農業等の自営業以外の雇用経験が生産性を有意に上昇させたことを示している。モデル3-2および3-4においては身長（hgt）が正に有意の係数を持っており，製鉄業において体力が重要であったことが分かる。

人的資本投資は従業員の家族計画にも影響した。従業員家庭における出生率が内生的であるとすれば，人的資本の蓄積は家族再生産の計画にも影響すると考えられる。表9-4は扶養子女の数（noc）を人的資本の諸要素に回帰させた結果である。勤続年数（ten）によって捕捉される雇用保障は確かに正に有意な係数を持つが，入職前労働市場経験年数（pre）もまた有意に正の係数を持つ[37]。一般的に，雇用保障の弱さは労働者の家族計画に負の影響を及ぼすと考えられる

---

35) 対象期を通じた栄養の改善を制御するために，身長（hgt）として，各年の学校保健統計における当該者の年齢の平均身長に対する相対身長を用いた。すなわち，（個票上の身長）／（文科省学校保健統計における当該者の年齢の平均身長）が説明変数hgtとして用いられている。

36) Oreopoulos（2005），pp. 158-170.

表 9-3　身体的特徴，就学年数，および経験年数への賃金回帰

	3-1		3-2		3-3		3-4	
推定法	パネル一般化最小自乗法		パネル一般化最小自乗法		パネル一般化最小自乗法		パネル一般化最小自乗法	
被説明変数	log(rw)		log(rw)		log(rw)		log(rw)	
個体(cross-section)次元	変量効果 (random effect)		変量効果 (random effect)		変量効果 (random effect)		変量効果 (random effect)	
期間次元	プール (非制御)		プール (非制御)		プール (非制御)		プール (非制御)	
説明変数	係数	t 値	係数	t 値	係数	t 値	係数	t 値
C	−5.1929	−90.3758 ***	−5.1849	−90.5617 ***	−4.9152	−79.9421 ***	−4.9043	−80.1085 ***
log(hgt)			0.5825	8.2301 ***			0.5631	8.0003 ***
log(age)	1.5966	83.4939 ***	1.5866	82.8477 ***	1.5772	75.9297 ***	1.5690	75.4308 ***
log(S)	0.1261	8.0918 ***	0.1353	8.7012 ***	0.0015	0.0897	0.0087	0.5040
log(S) × psw	0.1926	56.1371 ***	0.1868	54.2152 ***	0.2294	67.6927 ***	0.2248	65.9329 ***
log(pre)	−0.0649	−13.5960 ***	−0.0658	−13.8355 ***	−0.0787	−13.5901 ***	−0.0787	−13.6572 ***
log(pem)	0.0093	2.6088 ***	0.0084	1.9813 ***	−0.0196	−4.8360 ***	−0.0249	−5.2098 ***
log(pem) × ibs			0.0316	7.8710 ***			0.0319	7.3004 ***
log(pem) × jbs			−0.0432	−9.9478 ***			−0.0381	−7.9866 ***
log(ten)	0.3013	53.8670 ***	0.3051	54.4364 ***	0.3807	68.7515 ***	0.3831	69.0893 ***
dcy	−1.1508	−2.7924 ***	−1.1462	−2.7821 ***				
dcy × log(ten)	0.3935	2.7183 ***	0.3934	2.7177 ***				
sy	−0.3313	−8.2417 ***	−0.3457	−8.6061 ***				
sy × log(ten)	0.1034	6.7614 ***	0.1052	6.8851 ***				
dct	−0.3483	−9.4918 ***	−0.3581	−9.7508 ***				
dct × log(ten)	0.1125	8.0721 ***	0.1141	8.1829 ***				
dc	0.4271	22.6746 ***	0.4412	23.4141 ***				
dc × log(ten)	−0.1500	−17.1910 ***	−0.1539	−17.6580 ***				
個体数	1,557		1,557		1,246		1,245	
期間数（年）	41(1929-1969)		41(1929-1969)		31(1939-1969)		31(1939-1969)	
合計標本数	23,099		23,099		16,637		16,616	
調整済み R^2	0.7561		0.7569		0.8413		0.8417	
F 値	5,116.0158 ***		4,494.6646 ***		12,587.6862		9,815.2451 ***	

注）1939 年以前に入職した従業員の記録は身体的特徴に関する情報を欠く．*** は 1 パーセント水準の有意性を示す．変数の定義については章末附表 9-1 参照．

が[38]，釜石製鐵所の従業員の場合，釜石製鐵所において長期雇用を得る前であっても，家族計画を延期していた形跡を見出すことは難しい．彼らは，身体的特徴 (hgt)，一般的な職業経験年数 (pre)，釜石製鐵所での勤続年数 (ten) といった，人的資本を構成する諸要素を組み合わせて家族計画を立てていた．その組み合わせのなかで，勤続年数が相対的に大きな影響を及ぼしていたことは事実である

---

37) 就学年数 (S) はモデル 4-1 において負に有意の係数を持つが，身長 (hgt) を説明変数から取り除くと正に有意の係数を持ち，就学と身長の双方が，観察されない能力と相関していることを示唆している．
38) Doiron and Mendolia (2011), pp. 385-395.

表 9-4　従業員の再生産選択

	4-1		4-2	
推定法	パネル一般化最小自乗法		パネル一般化最小自乗法	
被説明変数	noc		noc	
個体（cross-section）次元	プール（非制御）		変量効果（random effect）	
期間次元	固定（年ダミー挿入）		プール（非制御）	
説明変数	係数	t 値	係数	t 値
C	−3.9310	−41.0856 ***	−3.3146	−22.7870 ***
log(hgt)	0.2125	2.9278 ***	−0.0794	−0.4104
log(age)	1.2704	34.8650 ***	1.1175	28.0919 ***
log(S)	−0.0861	−5.0113 ***	−0.1065	−2.2885 **
log(pre)	0.0354	5.6221 ***	0.0960	8.2808 ***
log(ten)	0.0366	3.5823 ***	0.0693	7.1136 ***
log(rw)	0.3200	9.6514 ***	0.0912	8.8631 ***
個体数	1,246		1,246	
期間数（年）	31(1939-1969)		31(1939-1969)	
合計標本数	16,637		16,637	
調整済み R^2	0.5718		0.5234	
F 値	617.9844 ***		3,046.3080 ***	

注）***，** はそれぞれ 1 パーセント，5 パーセント水準の有意性を示す。変数の定義については章末附表 9-1 参照。

が，他の要素を圧倒していたわけではないのである。

2）教育と前職と研修

　表 9-3 は企業内研修の役割が時とともに変化したこともまた示している。モデル 3-1 と 3-2 において，戦前の研修修了ダミーと勤続年数の交差項（dcy×ten，sy×ten，dct×ten）が有意に正の係数を持つのに対して，戦後の研修修了ダミーと勤続年数の交差項（dc×ten）は有意に負の係数を持っている。

　勤続年数との交差項は，勤続との補完性を捉える指標でもある。研修と企業内経験の蓄積とが補完的である場合，研修と勤続の交差項は正の値を取るであろう。であるとすれば，戦前期の青年訓練所，青年学校，技能者養成所と勤続年数の交差項（dcy×ten，sy×ten，dct×ten）から戦後の教習所と勤続年数の交差項（dc×ten）への符号の変化を説明しうる解釈のひとつは，研修内容の変化ということになろう。戦前期の研修が，勤続にともなう企業特殊的な人的資本投資と補完的であったのに対して，戦後期の研修は，より一般的な人的資本投資に焦点を

表 9-5　企業内研修に受け入れられる確率

	5-1		5-2		5-3		5-4	
推定法	二項ロジット		二項ロジット		二項ロジット		二項ロジット	
被説明変数	dcy		sy		dct		dc	
説明変数	係数	z 値	係数	z 値	係数	z 値	係数	z 値
C	2.3746	0.6086	−8.8777	−9.5963***	2.9806	2.5088**	16.7397	24.8991***
log(hgt)			−5.0770	−5.2063***	−0.9344	−0.6923	6.3238	9.9823***
log(age)	−3.5316	−3.4444***	1.6106	7.3966***	−0.0497	−0.1808	−2.6587	−20.1175***
log(S)	−1.2195	−1.0438	0.3655	1.4109	−3.4230	−9.3482***	−3.4935	−17.0443***
log(pre)	2.4420	4.4549***	−1.1127	−12.3857***	−0.4552	−3.4648***	−1.0546	−25.3514***
log(pem)			0.9264	10.5333***	1.1091	10.5331***	−1.8567	−23.6954***
標本数	24,068		16,809		16,808		16,809	
McFadden R^2	0.0910		0.0602		0.0933		0.4174	
LR 値	33.3034***		279.3557***		320.9954		5,990.2243***	

注）dcy に対する身長（hgt）と入職前雇用経験年数（pem）との影響については，十分な標本数が得られない。***，** はそれぞれ 1 パーセント，5 パーセント水準の有意性を示す。変数の定義については章末附表 9-1 参照。

当てたものへと変わったのではないだろうか。

さらに，企業側による研修対象者の選抜も，時とともに変わっていた。表 9-5 は，企業内研修（dcy, sy, dct, dc）に受け入れられる確率を，二項ロジット推定により就学年数（S）と入職前労働市場経験年数（pre）に回帰させたものである。

1926 年青年訓練所令と 1935 年青年学校令は，大企業に対して，中学校を卒業していない従業員を対象とした青年訓練所と青年学校の設置を奨励しており，さらに 1939 年以降は設置を義務化した。これらの規制は，1947 年に中学校が義務教育となると廃止された。青年訓練所（dcy）と青年学校（sy）が入職前経験年数（pre）もしくは入職前雇用経験年数（pem）の長い者を採用する傾向にあった少なくとも一部の理由は，こうした規制に求められよう。しかし，企業が独自に設置した技能者養成所もまた入職前雇用経験年数（pem）の長い者を採用する傾向にあったことは，その方針が，企業側の人的資本蓄積政策とも整合的であったことを示唆している。この傾向は戦後，一変する。教習所は入職前雇用経験年数（pem）の短い者を採用する方針に転じたのである。もうひとつの顕著な変化は，身長（hgt）の効果に現れている。戦前戦時の研修（dcy, sy, dct）が，同世代のなかでも相対的に身長の低い者を受け入れる傾向にあったのに対して，戦後の研修（dc）は相対的に高身長の者を受け入れている[39]。

こうした結果を概観するならば，第二次世界大戦後，釜石製鐵所は，入職前雇用経験に富んだ労働者よりも，新規学卒者の，とりわけ体格に勝れた者に対して体系的な人的資本投資を集中させる方向に舵を切ったと見なしてよいように思われる。この面を見るならば，釜石製鐵所は，戦後，「入職口」政策に向けて動き始めたと言ってよいであろう。

3）就学の収益の増加と入職前経験の収益の減少

表9-3において就学年数と戦後教育世代ダミーの交差項（$S \times \mathrm{psw}$）の係数が正の値を取っていることは，就学によって賃金増という形で従業員が得る収益が，第二次世界大戦後に増加したことを示している。表9-6は，「雇用者の学習」効果（$S \times \mathrm{ten}$）を制御しつつ，実質日給（rw）を，2カ年入職年次ダミーと就学年数の交差項（yj1930-1931$\times S$, yj1932-1933$\times S$, ...）に変量効果モデルによって回帰させ，世代ごとの就学の収益の変化を追ったものである。モデル6-1の交差項の係数を見ると，戦前戦時期には就学の収益は安定的であったが，戦後，急上昇したことが分かる。モデル6-2には，期間中における就学の収益の変化を制御するために，年ダミーと就学年数の交差項（dy1929$\times S$, dy1930$\times S$, ...）が挿入されている。すると，モデル6-1とは異なり，入職年次にかかわらず就学の収益は高い水準を維持する。言い換えれば，モデル6-1の入職年次にともなう就学収益の変化は，主に時期を通じた変化から生じていたということになる。

就学の収益が増加する背後で，入職前経験の収益は低下していた。表9-7のモデル7-1からは，入職前労働市場経験年数（pre）の収益が戦後も増加し続けていたかのように見える。しかし，年ダミーと就学年数との交差項（dy$\times S$）によって就学収益の増加を制御すると，モデル7-2に見られるように，結果は正反対になる。就学の収益の増加を制御すると，入職前経験の収益は，戦後，低下し続けたのである。

同時に，モデル7-1の結果は，高学歴の者については引き続き入職前の職業経験が評価されたことをも示唆している。若年職業経験による人的資本投資は就学

---

39) 身長（hgt）を説明変数から取り除くと，モデル5-4において就学年数（S）は正に有意の係数を持つ（Nakabayashi (2012a)）。おそらくは，身長や学歴が潜在的な能力と相関すると想定し，それらによる統計的差別に基づいて研修対象者を選抜したのであろう。

表 9-6 就学収益の変化

	6-1		6-2		6-3	
推定法	パネル一般化最小自乗法		パネル一般化最小自乗法		パネル一般化最小自乗法	
被説明変数	log(rw)		log(rw)		log(rw)	
個体 (cross-section) 次元	変量効果 (random effect)		変量効果 (random effect)		変量効果 (random effect)	
期間次元	プール (非制御)		プール (非制御)		プール (非制御)	
説明変数	係数	t 値	係数	t 値	係数	t 値
C	−0.9826	−34.7064 ***	−1.0913	−27.4007 ***	−0.9943	−35.1979 ***
log(pre)	0.1198	35.5105 ***	0.1181	34.7707 ***	0.1088	51.9371 ***
log(ten)	0.7398	221.7444 ***	0.7741	82.0526 ***	0.7903	85.6815 ***
log(S)×log(ten)			−0.0039	−3.8809 ***	−0.3265	−77.0755 ***
yj1930-1931×log(S)	−0.0836	−2.4515 **	−0.0347	−0.9563	0.0138	0.4656
yj1932-1933×log(S)	−0.0119	−0.5221	0.0369	1.4218	0.0165	0.7792
yj1934-1935×log(S)	0.0004	0.0226	0.0510	2.3683 **	−0.0183	−1.0144
yj1936-1937×log(S)	0.0145	0.9529	0.0642	3.2286 ***	−0.0372	−2.2082 **
yj1938-1939×log(S)	0.0297	2.2539 **	0.0794	4.3204 ***	−0.0524	−3.3172 ***
yj1940-1941×log(S)	0.0204	1.5904	0.0709	3.8779 ***	−0.0778	−4.9609 ***
yj1942-1943×log(S)	0.0275	2.0734 **	0.0782	4.2016 ***	−0.1125	−7.0928 ***
yj1944-1945×log(S)	0.0385	2.8024 ***	0.0888	4.7023 ***	−0.1248	−7.8059 ***
yj1946-1947×log(S)	0.0608	4.1497 ***	0.1108	5.6798 ***	−0.1682	−10.3068 ***
yj1948-1949×log(S)	0.1120	9.5726 ***	0.1644	9.2028 ***	−0.1864	−12.0325 ***
yj1950-1951×log(S)	0.1809	14.5197 ***	0.2328	12.7433 ***	−0.2221	−14.1319 ***
yj1952-1953×log(S)	0.2211	14.5233 ***	0.2727	13.4930 ***	−0.2703	−16.3457 ***
yj1954-1955×log(S)	0.2752	19.6006 ***	0.3275	16.8233 ***	−0.2912	−17.9801 ***
yj1956-1957×log(S)	0.3186	26.0797 ***	0.3704	20.4785 ***	−0.3378	−21.5183 ***
yj1958-1959×log(S)	0.3544	28.7238 ***	0.4058	22.4233 ***	−0.3934	−24.9609 ***
yj1960-1961×log(S)	0.3955	29.5031 ***	0.4469	23.7188 ***	−0.4170	−26.1997 ***
yj1962-1963×log(S)	0.4445	33.3611 ***	0.4948	26.6102 ***	−0.4404	−27.7495 ***
yj1964-1965×log(S)	0.4865	26.5974 ***	0.5384	23.7596 ***	−0.4066	−24.3892 ***
yj1966-1967×log(S)	0.6178	25.0225 ***	0.6679	23.9780 ***	−0.4757	−27.5336 ***
dcy	−2.3750	−4.8698 ***	−2.3687	−4.8570 ***	−0.2129	−1.7608 *
dcy×log(ten)	0.7238	4.1440 ***	0.7221	4.1347 ***	0.0237	0.5826
sy	−0.5665	−12.5166 ***	−0.5646	−12.4729 ***	0.0317	2.4166 **
sy×log(ten)	0.2237	12.7276 ***	0.2229	12.6867 ***	0.0094	2.1171 **
dct	−0.5445	−13.5534 ***	−0.5431	−13.5190 ***	0.0717	6.0781 ***
dct×log(ten)	0.2244	14.3493 ***	0.2230	14.2572 ***	0.0235	5.9259 ***
dc	−0.0747	−3.5195 ***	−0.0750	−3.5313 ***	−0.0304	−4.5765 ***
dc×log(ten)	0.0387	3.8408 ***	0.0377	3.7402 ***	0.0591	21.1030 ***
dy×log(S)	No		No		Yes	
個体数	1,490		1,490		1,490	
期間数 (年)	41(1929-1969)		41(1929-1969)		41(1929-1969)	
合計標本数	21,902		21,902		21,902	
調整済み R^2	0.7254		0.7256		0.9841	
F 値	1,995.9100 ***		1,930.9966 ***		19,376.8188 ***	

注）基準入職年次は yj1928-1929。***，**，* はそれぞれ 1 パーセント，5 パーセント，10 パーセント水準の優位性を示す。変数の定義については章末附表 9-1 参照。

第9章 内部労働市場の深化と外部労働市場の変化　329

表9-7　入職前経験年数収益の変化

	7-1		7-2	
推定法	パネル一般化最小自乗法		パネル一般化最小自乗法	
被説明変数	log(rw)		log(rw)	
個体（cross-section）次元	変量効果（random effect）		変量効果（random effect）	
期間次元	プール（非制御）		プール（非制御）	
説明変数	係数	t値	係数	t値
C	-1.5040	-38.5382 ***	0.7721	31.3067 ***
$\log(S)$	0.3817	22.8836 ***	-0.6680	-15.8473 ***
$\log(\text{ten})$	0.7272	217.0572 ***	0.1594	77.5090 ***
yj1930-1931×log(pre)	-0.2524	-3.2224 ***	0.4138	7.5492 ***
yj1932-1933×log(pre)	-0.1702	-3.2218 ***	0.4394	12.2587 ***
yj1934-1935×log(pre)	0.0047	0.2282	0.2264	15.6921 ***
yj1936-1937×log(pre)	0.0124	0.9361	0.2323	25.8521 ***
yj1938-1939×log(pre)	0.0282	3.6060 ***	0.2260	43.4484 ***
yj1940-1941×log(pre)	0.0202	2.8682 ***	0.1929	41.9910 ***
yj1942-1943×log(pre)	0.0437	4.6432 ***	0.1793	28.9781 ***
yj1944-1945×log(pre)	0.0386	2.5344 **	0.1679	16.4962 ***
yj1946-1947×log(pre)	0.0641	2.3179 **	0.2087	11.9011 ***
yj1948-1949×log(pre)	0.1086	29.7683 ***	0.1211	55.8757 ***
yj1950-1951×log(pre)	0.1802	29.0458 ***	0.0885	23.4763 ***
yj1952-1953×log(pre)	0.2040	12.0810 ***	0.0598	6.0022 ***
yj1954-1955×log(pre)	0.2693	12.6736 ***	0.0115	0.9917
yj1956-1957×log(pre)	0.3053	52.5736 ***	0.0060	1.8108 *
yj1958-1959×log(pre)	0.3889	37.9170 ***	-0.0700	-13.3223 ***
yj1960-1961×log(pre)	0.4021	31.5316 ***	-0.0710	-11.7570 ***
yj1962-1963×log(pre)	0.4687	32.8774 ***	-0.0685	-11.4832 ***
yj1964-1965×log(pre)	0.3787	26.9705 ***	0.0306	4.8372 ***
yj1966-1967×log(pre)	0.7771	18.0706 ***	-0.0502	-3.1390 ***
dcy	-2.2793	-4.6437 ***	-0.3814	-2.7739 ***
dcy×log(ten)	0.7435	4.2562 ***	0.0658	1.4233
sy	-0.6544	-13.9240 ***	0.0373	2.5054 **
sy×log(ten)	0.2271	12.6021 ***	0.0213	4.2161 ***
dct	-0.6437	-15.4032 ***	0.0712	5.3172 ***
dct×log(ten)	0.2172	13.5392 ***	0.0491	10.9157 ***
dc	0.2689	12.5150 ***	-0.1401	-18.7466 ***
dc×log(ten)	-0.0809	-7.9525 ***	0.0760	24.0301 ***
dy×log(S)	No		Yes	
個体数	1,490		1,490	
期間数（年）	41(1929-1969)		41(1929-1969)	
合計標本数	21,902		21,902	
調整済み R^2	0.7036		0.9769	
F値	1,794.0461***		13,400.8465***	

注）入職年次 yj についての基準入職年次は yj1928-1929，dy × log(S) についての基準年は dy1929 × log(S)。***，**，* はそれぞれ 1 パーセント，5 パーセント，10 パーセント水準の優位性を示す。変数の定義については章末附表 9-1 参照。

に代替されていったが，学歴の高い者の職業経験を評価する中途採用市場は依然として機能していたのであろう。

おわりに

第二次世界大戦後，日本政府は義務教育を拡張し，また，高等学校の数も急増した。1920年代のアメリカに起こった中等教育の爆発的増加は，日本においては1950-1960年代に起こったのである。ヨーロッパに倣った戦前日本の中等教育体制は，複線的な中等教育の拡充によって漸進的な変化を含みつつも[40]，基本的には，少数の選良を育成することに焦点を当てていた。こうした体制は，戦後，国民の大多数に大規模に投資する，アメリカの教育体制に似たそれに完全に移行した。すなわち，戦後の新制中学校と，新制高等学校の大部分は，特定の技能を身につけさせる職業教育ではなく，一般教養教育に焦点を当てていた。20世紀初めにおける中等教育の拡大という「特殊アメリカ的発明」[41]は第二次世界大戦後に日本に導入された。そしてこの変化は，アメリカが先導した技術-技能補完的な発展への収束をともなっていたのである[42]。

高学歴の労働者数の急増にもかかわらず，表9-3の就学年数と戦後教育世代ダミーの交差項（$S \times psw$）が有意に正の係数を持つこと，そして表9-6のモデル6-1において，入職年次と就学年数の交差項（yj1930-1931$\times S$, yj1932-1933$\times S$, ...）の係数が入職年次を下るほどに，とりわけ1950年代以降において増加していることは，いずれも，第二次世界大戦後において就学の収益が増加したことを意味している[43]。

表9-2のモデル2-2に見たように，釜石製鐵所に入職してから事業所内において行う人的資本投資の収益は，1930年代から1960年代まで，上昇を続けた。また，表9-6のモデル6-2に見たように，就学の収益は1950年代以降，特に上昇した。さらに，企業内研修の性質も第二次世界大戦後に変化した。表9-5に見たように，第二次世界大戦前にはより長い釜石製鐵所入職前経験を持つ者が研修機

---

40) 沢井（2012），415-421頁。
41) Goldin (2001), pp. 269-275；Ueshima, Funaba, and Inoki (2006), pp. 72-73.
42) Goldin (1998), p. 350.

構に受け入れられたのに対して，第二次世界大戦後には，入職前経験がより短い者が研修機構に受け入れられるようになった。そして，表9-7のモデル7-1に示されるように，入職前労働市場経験年数の収益は，1950年代以降，顕著に低下した。就学収益の増加と釜石製鐵所入職前経験収益の減少が併進したことは，一般的な人的資本投資の機会としての多様な職業経験が，1950年代以降，就学に置き換えられていったことを示唆している。

新規学卒者を採用し，内部労働市場政策を適用する「入職口」政策は，1960年代に，大企業の事務職労働者だけでなく現業職労働者にも広く適用されるようになり[44]，そしてそれ以後，学歴と緊密に結び付いた企業内研修も日本企業に根付いた[45]と考えられている就学の収益の増加と釜石製鐵所入職前経験収益の減少という本章の結果は，長期的な変化の方向としては，こうした理解と平仄を合わせるものである。しかし，同時に，本章の結果は，こうした典型的な日本企業像に対して，一定の留保を置くことをも迫る。釜石製鐵所が，第二次世界大戦後，新規学卒者を優遇する人的資本投資政策を採ったことは事実であるが，厳格な「入職口」政策が原則となることは，1960年代までついになかった。そうした政策が普及したとしても，それは1970年代以降のことである。

本章の結果は，むしろ，炭鉱業を素材に内部労働市場の黎明期を分析した第8章の分析に整合的である。第8章では，農業から炭鉱業への新規参入者を積極的に採用しつつも，中途採用市場も積極的に利用する炭鉱業大企業の事例が分析された。1960年代までの製鉄企業もまた，新規学卒者の採用を拡大しつつも，中途採用市場に依存し続けたのである。

---

43) なお，本章の分析が1960年代までに限定されていることには留意しておく必要がある。表9-6の戦後入職世代における就学収益の増加は，要するに，高等学校を卒業することによる賃金の増分が拡大したことを捉えている。しかし，高等学校卒業以上の者と高等学校卒業未満との間の賃金格差は1960年代半ばに向けて上昇し，その後は低下してきたとされる（Ohkusa and Ohta (1994), pp. 180-181）。Ueshima (2003) によれば，高等学校卒業者の急増によって高等学校卒業によって得られる賃金割り増し部分は圧縮されたという。外生的な制度変化による影響も強いとはいえ，同様の傾向は1950年代のアメリカにおいても見られた（Goldin and Margo (1992), pp. 17-32；Goldin (1999), S80-S92）。
44) Gordon (1985), pp. 386-411；菅山 (2011), 338-443頁。菅山 (2011) は特に中学校卒業者の円滑な就職にあたって政府の職業紹介事業が果たした役割を活写している。
45) Higuchi (1994), pp. 172-174.

こうした実証結果を要約するならば，以下のように考えることができよう。まず第一に，少なくとも1960年代までは，現業職労働における内部労働市場と外部労働市場の併存が，欧米と同様，常態であった。第二に，現場訓練ではなく，中等教育の拡張が，内部労働市場に組み入れられる前の職業経験が担っていた役割を代替した。しかし，第三に，日本企業に見られる，「入職口」政策という極端な内部労働市場のあり方は，戦時中の孤立の後，アメリカに追いつく過程において偶発的に成立したものであって，1世紀以上にわたる日本製造業の歴史において，必ずしも持続的な特徴でなかった。

附表9-1 変数一覧

変数	種別	説明
C		定数項
rw		実質日給
hgt		入職時点における相対身長：(賃金台帳に記載された身長)/(入職年における同一年齢者の平均身長)
S		就学年数：(就学年数)+1
psw	ダミー変数	戦後教育世代ダミー：1947年において12歳以下ならば1
exp		労働市場経験年数：(年齢)−(6+修学年数)。ただし，在職中の就学年数(夜学等)は労働市場経験年数に含む
pre		釜石製鐵所入職前の労働市場経験年数：(年齢)−(6+S+ten)+1。標本従業員は記録のある最後の年まで釜石製鉄所に勤務
pem		釜石製鐵所入職前の雇用経験年数：自営業および実家自営業手伝いを除く入職前雇用経験年数
ibs	ダミー変数	前職同一産業ダミー：釜石製鐵所入職前に鉄鋼業に従事した経験がある場合に1
jbs	ダミー変数	前職同一職種ダミー：釜石製鐵所入職後に割り当てられた職種(たとえば重機運転士等)と同一の職種に入職前に就いた経験がある場合に1
yj19XX	ダミー変数	入職年次ダミー：19XX年に釜石製鐵所に入職した場合に1
yj19XX-19YY	ダミー変数	入職複数年次ダミー：19XX年から19YY年に入職した場合1
dy19XX	ダミー変数	年ダミー
ten		釜石製鐵所勤続年数：(入職後年数)+1
dcy	ダミー変数	釜石製鐵所青年訓練所(1927-1935年に運営)を修了した場合に1
sy	ダミー変数	釜石製鐵所青年学校(1935-1948年に運営)を修了した場合に1
dct	ダミー変数	技能者養成所(1939-1946年に運営)を修了した場合に1
dc	ダミー変数	教習所(1946-1973年に運営)を修了した場合に1
noc		扶養している子供の数
rgne		実質国民総支出

資料）平均身長：文部科学省学校保健統計 (http://www.e-stat.go.jp/)。実質国民総生産：大川／高松／山本 (1974)，232-233頁。それ以外の値は釜石製鉄所資料による。

注）実質国民総支出の1945年は線形補間，1955年接続指数は大川／野田／高松／山田／熊崎／塩野谷／南 (1967)，134頁の「総合支出」リンク倍率による。

終章
共同体と市場，市場と企業

中　林　真　幸

はじめに

　匿名的な取引を統治する司法制度によって市場経済の拡大を図る政府が出現したのは戦国期であり，続く近世期，少なくとも幕府直轄の大都市においてはそれが確立された。その延長に私たちが暮らす近代的な市場経済はある。それが序章において強調したところであるが，こうした歴史叙述に対してただちに寄せられうる疑問のひとつは，それは，近代合理主義と似て非なる前近代人の意識と行動を，近代的に深読みしているだけではないか，というものであろう。実際，『源氏物語』をはじめとする平安文学に登場する人物たちは，「物忌み」や「方違え」や「物の怪」等々，魔術に怯える人々ばかりであり，その言語と現代の私たちとのそれとは，しばしば共約不可能にさえ見える。

　第9章までの各章を通じて，制度と組織が補完的なナッシュ均衡の組み合わせとして説明される際には，常に，当事者の合理性が前提とされていた。この経済学における「合理性」は，端的には，最適化する能力を持つことを指す，極めて広い概念である。人類に関しては，300万年前に我々の先祖が出現して以来，その条件を一貫して満たしてきたであろう。その意味で，経済学的な合理性は超歴史的な概念であり，魔術に怯える人々の行動も，経済学的には「合理的」に説明することができる。しかし，そのことは，私たち近代人が近代人に固有であると考えてきた，「魔術から解放」（Entzauberung）[1]された精神，近代合理主義の精神

が，経済発展を考える上で無意味であることを意味しない。

不完全情報下において，均衡戦略としての制度が安定するには，起こりうる事象におけるお互いの行動に対して割り当てる確率の体系，すなわち信念の体系 (belief system) が互いに整合的でなければならない。たとえば，実際には完全情報ではない環境において機能するほかはない価格機構のなかで，それでも他者の顔ではなく，価格を観察して自らの行動を決める者の意識は，「私は考える，であるとすれば私は存在する」(Je pense, donc Je suis)[2] と覚悟する個人合理主義的な信念に整合的である。一方，価格機構に頼ることが困難な状況において，私たち近代人は，伝統的，自生的な制度に頼るだけでなく，「顔の見える」長期的な関係を，企業組織や行政組織といった高度に複雑な組織に組み上げていく。そのときの意識は，長期的な関係がもたらす社会的制約を，外生的に与えられた自由への束縛と見るのではなく，社会的制約を自ら選ぶことこそが自由であると自覚し直す近代的な「法と権利の哲学」[3]に整合的である。あるいは，巨大な司法制度を維持する財政支出を引き受けることによって，圧倒的に匿名的な財とサービスの市場を作り出してきたアメリカにおいて，表現の自由に対する財政措置が，言論の自由市場を維持するためのそれとして議論されることも[4]，偶然ではない。

対して，魔術を信ずるとは，ある事象に対して，自分個人がどう考えるかはともかく，とりあえずは畏れる信念を，特定の共同体のなかで共有することにほかならない。集権的な政府の下に個人が匿名的に動き回る市場経済を拡大させ，同時に，個人間の契約を組み合わせて巨大な国家機構と企業組織を自覚的に建設する社会は，いずれも，どこかの時点で，「魔術から解放」されてきた。

平安時代人が魔術のなかに生きていたことは確かであるとして，私たちの先祖は，いつ頃，魔術の微睡みから解放されたのであろうか。『平家物語』は，天狗や死人の群れ等，あらゆる「物怪」に対していささかも動じず，一睨みで消滅させる平清盛，必要とあらば奈良の寺社を焼き払い，熱病で「あつち死」する最期まで運命に屈することを拒否した清盛を生き生きと描いている[5]。そこには，魔

---

1) Weber (1920), pp. 94-95.
2) Descartes (1986), p. 32.
3) Hegel (1986), pp. 49-54.
4) 中林 (2007), 265-274頁。

術に立ち向かう強さを持つ個人への憧憬が確かに反映されているが，しかし，同時代の平均的日本人が，人は魔術には逆らえないと信じていたこともまた見て取れる。ところが，やや下って，室町時代に書かれた『太平記』になると，状況は変わってくる。鎌倉幕府の御家人に擬せられる青砥左衛門尉藤綱は公正な男として朋輩の信頼厚い侍であったという。時の執権は，そんな藤綱に対して所領を増やすようにとの夢のお告げを受け，加増しようとした。しかし，藤綱は事情を聞いて冷静に拒否した。夢に首を刎ねよと告げられれば刎ねるのか，と藤綱は問い返したという。信頼に足る武人は魔術を信じない。そこには，私たち近代人の意識に直接につながる個人が肯定的に描かれている[6]。

そして，私たちは，古代日本人が，およそ，他から突出した，畏るべき物や動物や人を，その属性の倫理的な善悪にかかわらず「神」と見なす，八百万の神の世界に生きていたことを知っている。この「神」の定義は，近世期において，本居宣長が，『古事記』を中心とする上代文学の帰納的考証から新たに発見した認識であった[7]。近代文献学的な実証研究によって再発見されなければならないところまで，既に「神ながらの道」は，近世人に遠いものとなっていたのである。本居の国学から派生した国粋主義的な思潮もまた，伝統的な魔術の微睡みに見る夢ではなく，むしろ，微睡みから覚醒してしまい，共同体から切り離されてばらばらになりつつある個人を，「魔術がもう一度結び合わせてくれる」(Deine Zauber binden wieder) ことを期待する，勝れて近代国民国家的な妄想と言うべきであろう。

織田信長の比叡山焼き討ちを引くまでもなく，戦国期には魔術や密教を信じない合理主義的な選良たちが権力の中枢に辿りつき，近世期に至って彼らの常識が社会的常識となったと考えることに，大きな無理はないと思われる。

最後に，本書において分析されてきた日本経済の「長い近代化」を，いくらか

---

5) 著者不詳（1989）巻第五「物怪之沙汰」，363-365 頁，「奈良炎上」，413-419 頁，巻第六「入道死去」，451-452 頁；石母田（1957），64-65 頁。
6) 西郷（1971），25-26 頁。藤綱はおそらく架空の人物であると考えられている。ここでは，室町期の人々が何を「格好いい」と思っていたかを，この逸話が示していることが要点である。西郷（1971）は，「夢の神性が信じられた時期の下限」は「鎌倉初期あたり」ではないかとしている（西郷（1971），24 頁）。
7) 本居（1988），125-127 頁；西郷（1967），3-6 頁。

抽象化しつつ,整理し直してみよう。論点は三つである。

　まず第一には,長い近代化の前半期において,成長の原動力は,異なる相対価格体系を持つ複数の共同体を接続し,価格裁定益を獲得しようとする,すなわち,外なる差異を裁定する商取引であったことである。この裁定行動の広がりと深さは,その市場における取引の標準化可能性に依存しており,標準化可能性は取引対象物の特性によって異なるから,近代化の進行速度は市場によって異なり,場合によっては非常に「長い」期間を要する。

　第二に,国内市場が統合される,すなわち,めぼしい裁定機会が外部から失われると,成長の重心は組織,とりわけ,雇用契約によって成り立つ企業組織の効率性改善に移動することになる。もちろん,外部の差異を裁定する行動と,内部に差異を創出してから裁定する行動との,いずれの局面において付加価値生産性が高まるかは,企業家の環境を構成する条件によって異なるし,論理的時間においては,市場の拡大から組織の深化への移行が不可逆的である必然性はない。また,近代において,外部における差異裁定の重要度が減るわけでもない。実際,内部に差異を作り出すことができた企業を不断に発見し,絶えずその差異を裁定する外部市場である証券市場は,高度に発達した資本主義経済に不可欠の価格機構である。にもかかわらず,奥州藤原氏やマグリビ商人が市場をつないで富を蓄積し,それが社会的厚生を改善する原動力であった中世と,企業組織の作り込みが厚生改善の原動力となる近代とは,やはり同じではないように見えるし,歴史的時間において,前者から後者に向けて,市場の統合と同時に,企業組織の効率性が相対的に重要性を増してきたことは否めない。

　両者の関係を捉える上で,ひとつ重要な点を挙げるとすれば,アダム・スミスの言う分業の深さと市場の広さの補完性[8]であろう。残余利益を稼ぎ出す資本主義企業とは,より効率的な組織を作り出しては,他企業が追い付いてくるまでの間に超過利潤を上げる組織である。そのように,内部に差異を創出し,それを自ら裁定する営みの繰り返しが企業に利益をもたらす社会とは,個々のサービス供給者に対してきめ細やかな分業を割り当てる行為が効率性を高めうる社会にほかならない。スミスによれば,細かい分業の利益を成り立たせる社会とは,広く統

---

[8] Smith (1937), pp. 17–21.

合された市場を持つ社会である。そして，ロナルド・コース，アルメン・アルキアン，ハロルド・デムゼッツが洞察したように，細かな分業の割り当てと価格付けを，市場取引よりも低費用においてなしうるとき，その取引は企業組織に取り込まれる[9]。そうした企業組織は，市場においては競争価格で取引しながら，組織内においては，まだ市場に知られていない効率的な方法によって取引を組み合わせ，残余利益を稼ぐ。それが，カール・マルクスの描いた資本主義企業にほかならない[10]。

　第三は，4世紀にわたる超長期の近代化過程において，今日の私たちが「日本的」と称している制度が持つ意味である。終身雇用に近い長期雇用を保障する企業組織と，極めて不活発な中途採用市場から成る「日本的」な企業組織と労働市場が形成されたのは，そう昔のことではない。それは4世紀にわたる長期的な制度変化の文脈にどのように位置付けられるのか。現在，私たちが居る場所をよりよく知るために，意味のある問いであろう。

1　共同体と市場──外なる差異の裁定

1)　土地市場

　土地取引の標準化は西日本の先進地においては近世初期までに既に進んでおり，それ以外の地域についても，少なくとも幕府領においては高度に標準化されていた。また，村役所が裁判権を有する村内土地市場は，土地を担保とする農村金融に不可欠の基礎を提供していた。江戸幕府と諸藩は，すべての本百姓(ほんびゃくしょう)が土地所有者であるとする前提の下，本百姓が，負担可能な水準を超えたリスクをとることを慎重に避けようとしていた。村境を越えた土地売買取引や土地抵当金融取引に対する司法業務の非提供も，そのひとつである（序章第2節2項①②）。

　しかし，現実における本百姓のリスク耐性は多様であり，幕府諸藩の設計した制度においてもなお，市場リスクを負い切れない農民もいた。農村の富農は，しばしば，そうしたリスク耐性の低い農民と市場の間に介在し，リスク・プレミアムを稼いだ。典型的な取引の有り様が，リスク耐性の低い農民と小作契約を結

---

9) Coase (1937), pp. 387-403 ; Alchian and Demsetz (1972), pp. 794-795.
10) Marx (1988), pp. 331-440.

び，当該農民からは現物を小作料として収取し，市場に対してはその現物小作料を販売して利益を得ようとするものであった。そうした取引を分析した第1章は，そのように制度設計の端点に位置づけられる取引の統治に大きな変化が生じていたことを明らかにした。18世紀後半に至るまで，玉尾家は，書面の契約を通じて村役所の統治を受けることなく，村人同士の顔の見える長期的な関係に土地担保金融取引の統治を委ねていた。しかし，18世紀末，当時の当主は，同家の慣行を改め，代官所の介入を頼り，法の許すぎりぎりまで自家の所有権を確定する方向に経営方針を大きく転換する。法の支配を頼りうる限り，村内の共同体から自家が遊離することを恐れる必要はない。訴訟にあたるその姿勢は，共同体と決別した経済人のそれそのものである。

　明治維新後，村境を越えた土地売買と土地抵当金融に司法の統治が提供されるようになると，こうした取引は一挙に拡大し，地主制として近代日本の農村社会を規定することになる。

2) 財市場

　年貢米の品質情報が非対称であることから生じる非効率は，中世においては問題でありえたが，年貢米の藩際通商にあたってそれぞれの領主が米の品質に責任を持つ仕組みが形成された近世においては，取引対象米の量と質に関わる情報は，もはや深刻な問題ではなくなった。良質な米を運ぶこと自体から利益を得られた初期豪商の没落は，そのまま，財市場としての米市場が高度に統合されたこと，したがってそこに価格裁定機会は乏しいこと，を示している[11]。藩が発行する短期財務証券が，米との兌換を前提とした「米切手」であったことも，米取引に関する情報が速やかに伝播し，共有されていたことのひとつの帰結であったと言えよう。

3) 金融市場

　一方，近世期における金融市場の統合は極めて緩慢であり，「長い」期間を要した。地方政府財務証券市場である堂島米会所に対しては，幕府は米切手保有者

---

11) 宮本 (1988), 49-118頁。

の債権を強く保護する司法業務を提供し、それゆえに、堂島は高度に洗練された証券市場として育った[12]。しかし、反面、幕府自身は紙幣も国債も短期財務証券も発行せず、地金通貨のみを供給するという超保守的な通貨政策と財政政策を維持した。透明性が高く信頼に足るが小さい市場、それが、近世日本が持ちえた証券市場であった。

幕府の保守的な通貨政策と財政政策は、国民通貨を定着させ、市場経済の信頼性を高めることには大きく貢献したと思われる。しかし、デフレーショナリな通貨政策は成長を抑制した可能性があるし、政府が長期国債を発行しない社会において公共財投資は過小とならざるをえない。外部性の大きい財への投資の利益は、投資した者以外に漏れ出してしまうので、それを民間に委ねれば、その水準は過小となる。実際、幕府は道路網の整備をはじめとする社会資本投資の責任を負った。社会資本整備によって生産性が上がれば、年貢や助郷役[13]を引き上げ、さらに社会資本投資を拡大することができるかもしれないが、それも社会資本整備が終わった後の話である。結局、社会資本投資の成果が税収増として帰ってくるまでの間は、自己金融か借り入れに頼る必要がある。すなわち、国債を発行しないとは、社会資本投資を自己金融可能な範囲に限ることに等しい。通貨主権を確立し、安定した課税基盤を築いたことは江戸幕府の大きな達成であったが、国民経済に成長通貨を供給するとともに、最適水準に近い社会資本投資を実現するには、信任される紙幣と国債を発行できる財政国家の出現が必須であった。

幕藩体制の課税基盤を継承し、この財政国家の建設にあたったのが維新政府であった。もっとも、ヨーロッパ諸国の経験からも明らかなように、債務不履行を経験せずに財政国家を建設することは決して自明の経路ではない。第2章に論じたように、近代日本の場合、大日本帝国憲法の権力分散的な構造と、それを強める憲法解釈の定着が、内閣と衆議院が対決した初期議会期における財政規律を与え、そして、1897年に導入された金本位制が、政党内閣制に向けて軟化してゆく衆議院の財政規律機能を補完したと考えられる。

関係的な金融に結ばれていたに過ぎない地域間金融や農村金融が画一的な金融制度の下に統合され、匿名的な取引が急速に拡大したのも、明治維新後である。

---

12) 宮本 (1988), 163-232 頁; 高槻 (2012), 69-132 頁。
13) 街道整備のために沿道の村に課された道路整備の労役。

地方の事業機会に関する情報格差は大きく，1900年代までの地方金融においては，顔の見える関係的な金融が重要な役割を果たしたが[14]，中央の近代産業を支えたのは，深く広い匿名的な金融市場の出現であった。特に，投機のために株式市場に集まる顔の見えない遊休資金に，匿名的な銀行融資がさらに梃子を掛ける株式担保金融は，企業勃興に一気に火をつける力を持っていた。間接金融によって可能となった高梃子率の（highly leveraged）投資が支えていた株価が最初に暴落したのが，1890年の景気後退時であった。銀行資産の毀損を通じて信用が収縮するなか，日本銀行は，指定した銘柄を指定した価格で担保とし，融通手形を割り引く株式担保品付手形再割引を公に，かつ大規模に開いた。有価証券を大規模に買い付ける量的緩和政策は，2008年以降における世界的な金融危機のなかで，中央銀行の「普通の」政策手段として定着した感があるが，それ以前には，明らかに異常な政策手段であった。1890年，日本銀行はその異常な政策手段の導入を断行し，1900年代初めまで継続させた。それが，鉄道業を中心とする株式投資を活性化させ，短期間のうちに直接金融を肥大化させた要因のひとつである。

　この政策の特徴のひとつは，担保品銘柄を日本銀行が指定することにあった。結果として，第3章に見たように，1890年代における日本銀行の金融政策は，株価と出来高の双方について，指定銘柄と非指定銘柄とに非対称的な効果を及ぼした。その歪みは，指定銘柄の大部分を占める鉄道株の取引が活発であった東京市場において特に顕著であった。もちろん，その歪みは市場において速やかに裁定され，国債投資収益に対する株式リスク・プレミアム（equity risk premium）は東京市場において特に顕著に低下し，株式投資の収益は定期預金や国債投資のそれとほとんど変わらない水準にまで低下した。株式投資リスクを日本銀行の介入を通じて社会化する金融政策は，鉄道業に極端に安い資金を供給し，鉄道網整備を促すことになったのである。

---

14) 中村（2010b），100-278頁。

2 市場と企業——内なる差異の創出

1) 企業組織

　近代製糸企業の勃興は，アメリカ絹織物業の興隆にともなう器械糸需要の増大，それがもたらした国際市場における相対価格の変化にいち早く反応し，超過利潤を獲得しようとする行動から始まった[15]。近代製糸業は，国際市場とは隔たった農村において孤立的，在来的に成長した産業ではない。国際生糸価格の上昇に同期して反応し，在来製糸業と生産を企業が組織する近代製糸業との，いずれが超過利潤を獲得できるのかを，製糸家と養蚕農家とが見極めた結果として，後者が勃興したのである。そうした見極めが現実に超過利潤を稼ぎ出すには，同じ国際市場価格に直面している他の供給国よりも速く動ける方がよい。近代的な司法制度とそれに基づく市場の統合がまだ途上にあった1880年代，効率的な制度を押し付けられて設置された横浜開港場市場は，国際市場価格を速やかに伝達する窓口の役割を果たした。第4章に見たように，ニューヨーク市場においては，日本糸価格と中国糸価格はイタリア糸価格を常に先導していた。不平等条約によって押し付けられた横浜と上海という開港場市場には，輸出品が集中し，効率的に価格が形成され，日本と中国の供給家に対して，速やかな反応が超過利潤につながる条件を提供したのである。そして，日本の場合には，維新政府による鉄道網等の社会資本整備と金融市場の整備によって，製糸家はもとより養蚕農家も，国際市場における事業機会を利することができた。近代製糸業の勃興と養蚕市場の統合が同時に進行し，製糸業が巨大な輸出産業に成長したのも，その結果にほかならない。

　株式市場に奔流する資本は，必ずしも短期的な利益分配のみを求めていたわけではない。投資先企業にその可能性があるならば，長期的な株価の成長を望む株主も分厚く存在した。長期投資を望む投資家を，長期成長戦略に結び付けることは，外部における差異の短期的な裁定を越えた成長を指向する企業が，まず向き合うべき課題である。取締役会，あるいは株主総会という場は，情報が対称的な

---

15) 中林（2003），161-188頁。

完全資本市場においては不要であるし，また，企業経営者と株主の利害に一致する可能性がないのであれば，やはり不要である。従業員は組織内部の定型業務に関する知識を持つ。その知識を経営判断に活かすには，彼らを取締役会に組み込むことが有益であるが，そのこと自体が，経営者のモラル・ハザードの可能性を拡大する。第5章は取締役会における株主と従業員の情報共有の強化によって，モラル・ハザードが緩和されうることを示している。

2) 労働市場における情報の非対称性と労働組織における情報の非対称性

ヨーロッパから移植された技術の上に発展した製糸業や紡績業においては，生産技術に関する情報も，その生産技術を用いて生産活動に従事する技能に関する情報も，当初から企業側に優位であった。それゆえ，それらの産業においては，当初から直接雇用と直接管理が支配的であったのみならず，1900年代までに精緻な賃金体系が形成された。本質的に多次元的である人間の労働を，賃金を介して制御する誘因体系が構築されたのである[16]。

また，近代紡績業においては，1900年代，企業合併が活発に行われていた。なかでも鐘淵紡績は，1900年代において最も攻撃的に買収を繰り返した紡績企業のひとつである。しかし，競争的な紡績糸市場において，企業規模を大きくすること自体から利益は発生しない。そうした「紡績大合同」批判は，同時代的にも唱えられていた。実際，第6章に見たように，鐘淵紡績による買収は，出荷高の増加それ自体を追求したものではない。生産設備に対して相対的に組織が劣等な，それゆえに設備を割安に評価されている企業を買い，自社の優れた組織を移植した上で，他企業との効率性の格差から利益を得たのである。

これに対して，鉱工業のなかで，特に男性を雇用する部門として極めて大きな構成比を持っていた鉱山業の場合，欧米においても機械化途上にあったため，まったく異なる発展経路を辿った。1890年代までは筑豊炭鉱業もまた，伝統的な熟練に多くを依存しており，それゆえに，採用と管理の双方を納屋頭に委ねる間接雇用組織が支配的だったのである。しかし，第7章において概観されたように，この組織は，炭鉱技術の近代化とともに1920年代にかけて，いくつかの段

---

16) 中林 (2003), 241-288 頁；中林 (2010), 247-252 頁。

階を経て変化してゆく。まず第一は，1900年代に既に始まっていた部分的直轄化である。現場の最末端に関する知識を企業側が得ることはいまだ難しかったが，運炭工程の機械化等により炭鉱全体の把握を強めた企業は，納屋頭配下に位置づけられていた，鉱夫数人から成る組の一部について，直接に請負契約を結ぶようになった。その企業には組のリーダーから下は見えず，したがって一定の情報レントは組のリーダーに帰属するが，リーダーへの職務命令は企業によって与えられたのである。第二は，同じく1900年代に始まっていた，納屋の独立性縮減である。麻生藤棚第二坑が「直轄」納屋において仕操作業の孫請けを廃したように，納屋全体への管理を強める試みがなされた。そして第三は，1920年代以降採炭機械の普及とともに広まった，採用のみを請け負わせ，採用後における勤怠は企業が直接に管理する世話役制度である。採炭機械の採用が作業現場による企業側の監視を容易にしたためである。この変化の延長上に，採用と管理の双方を直轄化する完全な直接雇用組織への移行があった。

　第7章が実証分析を与えた1900年代は，まさにその変化の途上にあった。請負作業を縮小した直轄納屋の設置をはじめとして，生産工程に関する情報を企業側に集約する努力が払われたのであるが，それは，間接管理を急激に廃止するようなものではなかった。農業出身者をはじめとする鉱業未経験者の吸収においては，企業職員による「直轄」採用とともに，大規模納屋による採用も併存していた。その先の技能形成においても，直轄納屋とともに，大規模納屋も重要な役割を果たしていたと思われる。全体としては，採用と技能形成において，伝統的な経路と企業直轄の経路とが併存していたと考えられるのである。一方，職種別に見ると，この併存状況はまた違った様相を呈している。採炭夫の場合，炭鉱業に入職し，熟練を形成した後の炭鉱移動は，同時期の金属鉱山と同様，採炭夫同士の水平的なネットワークを介していた。これに対して，昇降機を操る棹取夫や，読み書き能力を求められる坑内夫などの，新しい熟練を身につけている者は，小集団を形成し，その小集団のリーダーが集団を率いて企業職員に「直轄」採用される傾向にあった。技術進歩によってある工程に企業側の情報優位が生じたとき，そのときにのみ，その工程に限って，管理の直轄化が進められたのである。そして，直轄化が進められた場合にも，この時期には，最小単位の組が解体されることはなかった。

1900年代を通じて採炭法が長壁式に移行し，さらに，1920年代に採炭過程が機械化されるに及び，炭鉱業の全工程において，企業側が情報優位となる技術的な条件が整った。しかし，そのことは，炭鉱内が完全に安全になったことを意味しない。伝統的な残柱式採炭法において納屋頭に担われた役割は，採炭現場を観察し，鉱夫の生産性に応じた賃金を配分することに限られていたわけではない。炭層と上下の岩盤の質に応じて，どれだけ炭柱を残して掘進すれば，鉱夫と納屋頭自身に対して，効用を最大化する出来高と落盤リスクの組み合わせがもたらされるのか，それを見極めること，そして，見極めたならば，その線でリスクを徹底的に管理することである。納屋頭がリスク管理のために打つ方策を鉱夫が適切に予想し，納屋頭もまた，自身のリスク管理が鉱夫に周知されていることを認識するとともに，それに対する鉱夫の反応を適切に予想できること，それが満たされて初めて，互いが互いの行動を予想する信念の体系は相互に整合的となり，生産組織は安定的な均衡となる。この均衡を維持することが，間接管理の現場で納屋頭に委任されていた業務であった。直接管理に移行するにあたっては，鉱夫の信念の体系もそれに応じて変化させ，企業側の安全管理に対する姿勢を適切に予想させ，企業の期待と鉱夫の信念の体系が整合的となるように，鉱夫の意識を誘導しなければならない。第8章に見たように，そうした新しい信念の形成は，文字通り，漸進的にしか進みえなかった。

3) 内部労働市場の彫琢

　鉱山業や重工業において，企業が直接雇用管理を指向したひとつの動機は，間接雇用管理者に帰属する情報レントの節約であったが，もうひとつの深刻な理由は，技術進歩にともなう熟練の変化である。第8章に見たように，技術的な近代化は，労働者にもまた，知的熟練ともいうべき，定型化された技能を修得することが求められるようになる。実際，第9章に言及されているように，戦前の製鉄所においては，小学校卒業者ではなく，高等小学校卒業者が多数派であった。しかも，技能の定型化のあり方は，個々の炭鉱や事業所によって異なるから，労働者に長期勤続を促し，それぞれに固有の定型業務（routine）を修得させることによって生産性のさらなる上昇が期待できる。それが，両大戦間期，鉱工業の大規模事業所が労働者に勤続への誘因を強く与えるようになる背景であった。特に第

9章において分析された製鉄業の場合，第二次世界大戦後においては，企業勤続が賃金に与える影響も増大する一方，就学年数の増加が賃金に与える影響も急激に増大する。内部労働市場における企業特殊的な人的資本の投資は，職人的な技能ではなく，より高度な学校教育を前提とした技能の形成を指向していたのである。

そもそも，企業特殊的な人的資本への投資とは，個人特殊的な職人芸を解体し，企業側が技能情報に関する優位を確立し，技能形成の方法を，少なくとも企業内においては標準化できるところまで一般化しないと成り立たないものである[17]。企業内において標準化できなければ，第7章に見たように，技能形成は現場の間接雇用組織に委任されるであろう。その意味では，企業が直轄する内部労働市場が形成される局面において，技能情報が言語化され，共有されることは，偶然ではない。その局面における技能の「特殊性」とは，標準化，言語化された技能情報を，どのような順序で利用するか，具体的には，「うちの仕事の回し方」程度以上のものではありえないであろう。そして，言語化された「うちの仕事の回し方」をより速く吸収するには，より高い認知能力が求められるから，現業従業員に対しても，より高い学歴が求められることになる。第9章の分析において，企業特殊的な人的資本に対する投資の収益に連動すると考えられる勤続の収益と，就学の収益とが，第二次世界大戦後，並進して増大することはむしろ当然なのである。

しかし，熟練の特殊性が，定型化された技能情報の順列組み合わせの特殊性程度なのであれば，それは，何十年も勤続しなければ身につかないようなものではないであろう。一定期間の勤続によって習得可能なはずである。そして実際，第9章は，1960年代末に至るまで，現業従業員の採用にあたっては中途採用者を積極的に採用していたことを示している。新卒一括採用と終身雇用を前提とする硬直的な労働市場は，そこにはまだ存在していなかった。

---

17) 中村 (2010a), 9-10頁。

3 持続可能な資本主義経済へ

1) 開かれていた大企業

すなわち，第8章と第9章の分析からから明らかなことのひとつは，1920年代以降，鉱工業大企業が内部労働市場を形成し，その後，その彫琢を重ねてきたことである。しかし，もうひとつ明らかなことは，両大戦間期は言うまでもなく，1960年代に至ってもなお，大企業の内部労働市場は，外部労働市場に対して，一定の幅を以て開かれていたということである。「日本的」な経済システムの「源流」として，しばしば，戦時統制が言及されるが[18]，第9章の分析によれば，たとえば，入職時における労働市場経験年数において，1940年代に大きな変化が起こった形跡はない。戦時統制が企業金融を大きく歪めたことは確かであり，その功罪はともかくとして，この歪みは1970年代に至るまで，日本の企業金融を強く規定した[19]。しかし，企業内の生産組織に対する影響は，少なくとも実証的に取り出せるほど大きくはなかったと思われる。まして，中途採用市場が薄く，新規学卒時に大企業に就職できなければかなりの確率で一生就職できないという，いわゆる「日本的」な内部労働市場[20]が形成されたとすれば，それは早くとも1970年代以降のことである[21]。

2) 二重構造の歴史的文脈

大企業が中途採用を拒絶する「企業封鎖的」な内部労働市場を構築しているため，上方に硬直的な二重構造が形成されているとする仮説を提起したのは，1951年の京浜工業地帯調査に基づく氏原（1966）であった[22]。菅山（2011）は氏原が用いた調査票を再検討し，氏原が述べている1950年代には大企業の内部労働市

---

18) 岡崎／奥野（1993）; Okazaki（2006）; 菅山（2011），92-171頁。
19) Hoshi and Kashyap（2001），pp. 51-143.
20) 玄田（2010），21-46頁。
21) 「日本的」な雇用慣行の定着をいつ頃に求めるかについては，今なお議論があるが（菅山（2011），423-428頁），少なくともそれが1960年代以前ではありえないことについては大方の合意があると言ってよい。
22) 氏原（1966），418-419頁。

場は「封鎖的」ではなく，中小企業から大企業への中途採用者も少なくなかったことを鮮やかに示した[23]。しかし，その上で，菅山は，高度成長期に，大企業が現業労働者の採用を新規学卒者の定期採用に絞る「日本的」雇用関係が普及したと展望する[24]。しかし，菅山が挙げている間接的なデータを以てしても，1960年代中に定期採用が大企業の間で一般化したと言い切ることは難しい。そして，第9章に見たように，製鉄業の場合，1960年代終わりまで，入職前労働市場経験年数が減小する傾向は見られない。封鎖的な「日本的」雇用関係が定着した時期があるとすれば，それは早くとも1970年代，すなわち高度成長期が終わり，労働市場の需給が緩んでからではないだろうか。いずれにしても，私たちが「日本的」雇用関係と考えている大企業の封鎖的な内部労働市場は，決して長い歴史を持つものではないのである。

3）大いなる逸脱

両大戦間期の炭鉱業と製鉄業，そして高度成長期に至る製鉄業の事例から帰納されるひとつの絵は，分厚い中途採用市場があり，一定の期間，一般的な人的資本に投資してから大企業の内部労働市場に入るという職歴は，1960年代までの数十年間，日本においても労働市場の常態であったというものである。

1970年代は高度成長が終わって労働市場の需給が若干緩和された時期であった。一方，産業政策の下に政府に強く規制された間接金融体制はまだ堅固に機能し，製造業大企業を資本市場から遠ざけていた。それゆえ景気後退時の売り上げ減少に際し，労働者を解雇して短期的にも利益率を死守する必要性は小さかった[25]。実は，私たちが「日本的」雇用関係と呼んでいる労働組織は，労働需給が緩和したがゆえに労働者にとって転職の誘因が小さくなっている外部環境と，産業政策によって規制された間接金融が依然として支配的であるという，企業にとって雇用を守りやすい外部環境とが，偶然同時に生じたことによって実現された，逸脱なのかもしれない[26]。その特異な均衡が，いわゆる正規労働者に限定し

---

23) 菅山（2011），262-295頁。
24) 菅山（2011），423-443頁。
25) 小佐野（1996），284-286頁。
26) 小佐野（1996），307-312頁。

た形で今日まで続いている理由を解明することは，1960年代末までで分析を終えている本書の課題ではない。ただ，無期雇用のいわゆる正規労働者に対する強い解雇規制と，有期雇用のいわゆる非正規労働者に対する弱い解雇規制という非対称な法規制が，雇用の弾力性を有期雇用労働者に皺寄せする一方，無期雇用労働者で構成される組織の柔軟な変化を妨げているということ[27]，その点には大方の合意があろうかと思われる。

加えて，外部の中途採用市場が不活発であることが，大企業内部における上下間の情報疎通を妨げる可能性にも留意が必要である。Aoki (1988) が整理したように，日本の大企業における情報構造の特徴は，労働者間の水平的な情報共有にある[28]。一方，労使間の垂直的な情報共有に脆弱性を抱えていることにも，一定の合意があろうかと思われる。転職という「退出」行動が抑制されていると，使用者が労働者の「声」に耳を傾ける誘因はそれに応じて弱まる。それを見越した労働者が正しい「声」を伝達する誘因も弱まってしまう。企業特殊的な人的資本と一般的もしくは産業特殊的な人的資本が程良い割合で蓄積され，使用者側に企業特殊的な人的資本を手許に置く誘因があり，一方，一般的もしくは産業特殊的な人的資本ゆえに労働者が「退出」の切り札を持つとき，労働者の「声」は最も正確に使用者に伝達される。労働者の「退出」と「声」とは補完的でありうるのである[29]。内部労働市場の黎明期を検討した第8章においては，労働者の「声」に耳を傾けようとする使用者の姿が活写されていた。日本企業においても，「退出」と「声」とは確かに補完的だったのである。

おわりに

外なる差異を裁定する市場が限りなく透明に近づいてゆくと，成長の動因は競

---

27) 日本の雇用規制が，有期雇用に対しても無期雇用に対しても規制が弱いアメリカのそれとも，双方に対して規制の強い大陸ヨーロッパとも異なり，後者に対して非対称的に強いことが，1990年代以降，無期雇用労働者が急速にその構成比を下げつつ，「日本的」雇用保障を受け続ける一方，有期雇用労働者の構成比を急速に高めつつある背景にあると考えられている。鶴 (2011), 28 頁。
28) Aoki (1988), pp. 32-43.
29) 清水（近刊）。

争的な市場のなかで内部労働市場を彫琢し，内なる差異を創出する企業に移る。4世紀を見通して得られるこの軸の上に，この，市場の時代から組織の時代への転換点を位置づけるならば，それは，鉱工業大企業が，経営陣に従業員出身者を登用する一方，職場の直接管理を試み，流動性の高い労働者に対して長期勤続を促す方向に大きく舵を切った20世紀初頭に求められよう。そこでは，何らかの規制によって労働者の雇用を保障しようとする政府の政策が正規雇用を生み出したのではない。労働者が自由に移動できる，統合された労働市場のなかにあって，企業組織がその生産性を高めるために，勤続奨励策を導入することにより，勤続の長期化が達成された。市場の競争圧力を所与として，生産性を高めるための職場管理の直轄化，雇用の長期化というこの時期に生じていた変化は，それが企業の利益を増加させると期待されたから生じたのであって，何らかの規制がもたらしたものではない。そして，その変化は，個別企業のなかでも，一様に進んだわけではない。たとえば，第8章に見た炭鉱企業の場合，設備の管理にあたる技術者については企業が個々人を直接に採用かつ管理する雇用形態が採られたが，昇降機の操作にあたる棹取夫は数人単位の組を構成しており，その組のリーダーが企業と直接に雇用契約を結ぶための交渉にあたっていたことが推測される。一方，伝統的な技能を蓄積している採炭夫は，企業から相対的に独立した水平的なネットワークのなかで移動し，入職後は納屋による間接管理下に入った。こうした雇用形態の相違は，生産に必要な技能に関する情報を，企業と現場のどちらがどれだけ蓄積しているかに依存していた。採用と監督の権限を分権的に運用するのか，集権的に運用するのか，その適否を決めるのは，労働者の質と行動に関する情報の分布だからである。それが職種ごとに異なれば，同じ企業の内部にあっても，雇用形態が異なることは当然であった。

　Aoki（1988）によるJ企業とA企業の対比，すなわち，定型化された日米比較は，日本の企業組織を鳥瞰的に理解する有力な手がかりを与えた[30]。その視角が，1980年代までの日本経済を全体として理解する上で有益であったことに議論の余地はない。一方，1990年代以降，雇用保障や組単位の生産，水平的な情報共有といった「日本的」な人事管理の道具は，「革新的な人的資源管理」とし

---

30) Aoki (1988), pp. 7-26.

て，アメリカに普及した。もちろん，アメリカ経済全体が日本化したわけではなく，日本において形成された組織が，それにふさわしい技術的条件と情報構造を持つ企業に採用されたのである。日本化することがふさわしいアメリカ企業はこの20年に日本化しており，おそらく，1980年に見られたJ企業とA企業のような対照的な様相は，なくなってはいないにせよ，弱まっていると考えられている[31]。

効率性を高めるために，技術変化に応じて最適な企業組織を形成する。第7章と第8章に見たように，それが，鉱工業の現業労働者に直接雇用が波及し，洗練される過程において起こっていたことであり，したがって，職場の情報構造に応じて多様な組織が形成されることもまた必然であった。そうした柔軟性が現代のアメリカ企業には観察されるにもかかわらず，日本では観察されないとしたら，日本の硬直的な労働市場規制が持つ効果が，真剣に考察されるべきかもしれない。20世紀の前半においても，政府は労働市場に無関心だったわけではない。裁判所は製糸家に賃金支払いの履行を迫ったし[32]，1890年鉱業条例は鉱業労働者の個別把握を鉱山企業に課した。しかし，そこにおいて一貫していることは，司法と行政の努力が，市場の透明性を高める方向に向いており，労働者と企業の組織選択を事前に規制する政策になってはいなかったということである。

逆選択が深刻であるゆえに雇用組織が「多様化」してしまうことを「悪い多様化」とすれば，生産現場の技術的条件と情報構造が多様であるがゆえに雇用組織が多様化することは「良い多様化」であろう[33]。「悪い多様化」による非効率的な資源配分を避ける一方，「良い多様化」の可能性を圧殺しないために政府に求められることは，労働者と企業の分権的な取引を透明化することを強制することであって，分権的な取引を事前に規制することではない[34]。組織の時代への転換点にあった20世紀初頭，日本の企業が多様な組織を柔軟に選択しえた背景には，取引の透明性を追求するが事前規制には踏み込まない政府の存在があったとすれば，その経験に立ち返ることも，無意味ではないであろう。

---

31) Waldman (2007), pp. 45-51.
32) 中林 (2003), 252-255 頁.
33) 鶴 (2009), 21-23 頁.
34) 水町 (2009), 212-213 頁.

参考文献

序　章　取引の統治と諸市場の逐次的な拡大

[研究文献]

青木昌彦,「制度とは何か―制度変化を考えるために―」, 中林真幸／石黒真吾編,『比較制度分析・入門』, 有斐閣, 3-14 頁, 2010 年。
安良城盛昭,『幕藩体制社会の成立と構造』増訂第 4 版, 有斐閣, 1986 年。
石井進,『鎌倉武士の実像―合戦と暮しのおきて―』, 平凡社, 1987 年。
石黒真吾,「ゲーム理論の基礎」, 中林真幸／石黒真吾編,『比較制度分析・入門』, 有斐閣, 55-89 頁, 2010 年 a。
石黒真吾,「契約の経済理論(1)」, 中林真幸／石黒真吾編,『比較制度分析・入門』, 有斐閣, 90-137 頁, 2010 年 b。
伊藤秀史,「組織の経済学」, 中林真幸／石黒真吾編,『比較制度分析・入門』, 有斐閣, 15-36 頁, 2010 年 a。
伊藤秀史,「契約の経済理論(2)」, 中林真幸／石黒真吾編,『比較制度分析・入門』, 有斐閣, 138-167 頁, 2010 年 b。
稲垣泰彦,『日本中世社会史論』, 東京大学出版会, 1981 年。
稲田雅洋,『日本近代社会成立期の民衆運動―困民党研究序説―』, 筑摩書房, 1990 年。
稲葉継陽,『戦国時代の荘園制と村落』, 校倉書房, 1998 年。
井原今朝男,『日本中世債務史の研究』, 東京大学出版会, 2011 年。
岩橋勝,「徳川経済の制度的枠組」, 速水融／宮本又郎編,『日本経済史 1　経済社会の成立 17-18 世紀』, 岩波書店, 85-128 頁, 1988 年。
岩橋勝,「近世の貨幣・信用」, 桜井英治／中西聡編,『新 体系日本史 12　流通経済史』, 山川出版社, 431-469 頁, 2002 年。
岡崎哲二,「制度の歴史分析」, 中林真幸／石黒真吾編,『比較制度分析・入門』, 有斐閣, 37-51 頁, 2010 年。
岡田章,『ゲーム理論』, 有斐閣, 1996 年。
荻野喜弘,『筑豊炭鉱労資関係史』, 九州大学出版会, 1993 年。
尾崎行也,「信州佐久郡牧布施村けん女一件」,『歴史評論』第 419 号, 45-66 頁, 1985 年 3 月。
尾高煌之助,『労働市場分析―二重構造の日本的展開―』, 岩波書店, 1984 年。
笠谷和比古,『主君「押込」の構造―近世大名と家臣団―』, 平凡社, 1988 年。
川口由彦,『日本近代法制史』, 新世社, 1998 年。
神田千里,「中・近世移行期の村と土地」, 渡辺尚志／長谷川裕子編『中世・近世土地所有史の再構築』, 青木書店, 74-95 頁, 2004 年。
黒田基樹,「菅浦村の土地売買」, 渡辺尚志／長谷川裕子編『中世・近世土地所有史の再構築』, 青木書店, 99-125 頁, 2004 年。
小島庸平,「1930 年代日本農村における無尽講と農村負債整理事業―長野県下伊那郡座光寺村

を事例として―」,『社会経済史学』第 77 巻 3 号, 3-26 頁, 2011 年 11 月.
斎藤修,『賃金と労働と生活水準―日本経済史における 18-20 世紀―』, 岩波書店, 1998 年.
斎藤修,『比較経済発展論―歴史的アプローチ―』, 岩波書店, 2008 年.
坂口正彦,「行政村の政策執行におけるコミュニティの存在形態」,『社会経済史学』第 78 巻 2 号, 77-96 頁, 2012 年 8 月.
桜井英治,「中世の貨幣・信用」, 桜井英治/中西聡編,『新 体系日本史 12 流通経済史』, 山川出版社, 42-77 頁, 2002 年 a。
桜井英治,「中世・近世の商人」, 桜井英治/中西聡編,『新 体系日本史 12 流通経済史』, 山川出版社, 112-148 頁, 2002 年 b。
佐藤正広,「明治「近代」法制の導入と伝統的農村慣習法―家産所有と家長権の事例研究―」,『社会経済史学』第 50 巻 5 号, 53-72 頁, 1980 年 2 月.
白川部達夫,『日本近世の村と百姓的世界』, 校倉書房, 1994 年.
白川部達夫,「近世前期の検地名請と小百姓」, 渡辺尚志/長谷川裕子編,『中世・近世土地所有史の再構築』, 青木書店, 273-297 頁, 2004 年.
白川部達夫,『近世質地請戻し慣行の研究―日本近世の百姓的所持と東アジア小農社会―』, 塙書房, 2012 年.
菅山真次,『「就社」社会の誕生―ホワイトカラーからブルーカラーへ―』, 名古屋大学出版会, 2011 年.
隅谷三喜男,『日本石炭産業分析』, 東京大学出版会, 1968 年.
髙槻泰郎,『近世米市場の形成と展開―幕府司法と堂島米会所の発展―』, 名古屋大学出版会, 2012 年.
高橋典幸,『鎌倉幕府軍制と御家人制』, 吉川弘文館, 2008 年.
田中克行,『中世の惣村と文書』, 山川出版社, 1998 年.
靎見誠良,『日本信用機構の確立―日本銀行と金融市場―』, 有斐閣, 1991 年.
戸沢行夫,『江戸の入札事情―都市経済一断面―』, 塙書房, 2009 年.
中林真幸,『近代資本主義の組織―製糸業の発展における取引の統治と生産の構造―』, 東京大学出版会, 2003 年.
中林真幸,「中近世における土地市場と金融市場の制度変化」, 社会経済史学会編,『社会経済史学会創立 80 周年記念会 経済史学の課題と展望』, 有斐閣, 56-70 頁, 2012 年.
永原慶二,『日本中世社会構造の研究』, 岩波書店, 1973 年.
中村尚史,『地方からの産業革命―日本における企業勃興の原動力―』, 名古屋大学出版会, 2011 年.
西谷正浩,『日本中世の所有構造』, 塙書房, 2006 年.
長谷川裕子,「売買・賃借にみる土豪の融通と土地所有」, 渡辺尚志/長谷川裕子編,『中世・近世土地所有史の再構築』, 青木書店, 127-155 頁, 2004 年.
早島大祐,『首都の経済と室町幕府』, 吉川弘文館, 2006 年.
藤田覚,「江戸の入札制度」,『史学雑誌』第 117 編 3 号, 37-39 頁, 2008 年 3 月.
ホリオカ, チャールズ・ユウジ,「日本人は利己的か, 利他的か, 王朝的か?」, 大塚敬二郎/中山幹夫/福田慎一/本多佑三編,『現代経済学の新潮流 2002』, 東洋経済新報社, 23-45 頁, 2002 年.

参考文献（序　章）　353

三谷太一郎，『政治制度としての陪審制―近代日本の司法権と政治―』，東京大学出版会，2001年。
宮本又郎，『近世日本の市場経済―大坂米市場分析―』，有斐閣，1988年。
森下徹，『日本近世雇用労働史の研究』，東京大学出版会，1995年。
義江明子，「古代の氏と共同体および家族」，『歴史評論』第428号，21-39頁，1985年12月。
吉田伸之，『近世都市社会の身分構造』，東京大学出版会，1998年。
吉田伸之，『日本の歴史　第17巻　成熟する江戸』，講談社，2002年。
渡辺尚志，「近世的土地所有の特質」，渡辺尚志／五味文彦編『新 体系日本史3　土地所有史』，山川出版社，247-258頁，2002年。
Alchian, Armen A., and Harold Demsetz, "Production, information costs, and economic organization," *The American Economic Review*, 62(5), 777-795, December 1972.
Aoki, Masahiko, *Toward a Comparative Institutional Analysis*, Cambridge, MA : The MIT Press, 2001（青木昌彦著，瀧澤弘和／谷口和弘訳，『比較制度分析に向けて』，NTT出版，2001年）．
Coase, R. H., "The nature of the firm," *Economica*, new series, 4(16), 386-405, Novermber 1937.
Dixit, Avinash K., *Lawlessness and Economics : Alternative Modes of Governance*, Princeton : Princeton University Press, 2004.
Grossman, Sanford J., and Oliver Hart, "The costs and benefits of ownership : A theory of vertical and lateral integration," *Journal of Political Economy*, 94(4), 691-719, August 1986.
Hart, Oliver, *Firms, Contracts, and Financial Structure*, Oxford : Oxford University Press, 1995.
Hart, Oliver, and John Moore, "Property rights and the nature of the firm," *Journal of Political Economy*, 98(6), 1119-1158, December 1990.
Hayek, F. A., "The use of knowledge in society," *The American Economic Review*, 35(4), 519-530, September 1945.
Holmes, Stephen, and Cass R. Sunstein, *The Cost of Rights : Why Liberty Depends on Taxes*, New York : W. W. Norton, 1999.
Horioka, Charles Yuji, "Are the Japanese selfish, altruistic or dynastic?" *The Japanese Economic Review*, 53(1), 26-54, March 2002.
Hoshi, Takeo, and Anil Kashyap, *Corporate Financing and Governance in Japan : The Road to the Future*, Cambridge, MA : The MIT Press, 2001（星武雄／アニル・カシャップ著，鯉渕賢訳，『日本金融システム進化論』，日本経済新聞社，2006年）．
Marx, Karl, *Das Kapital*, Erster Band, Berlin : Dietz Verlag, 1988, first published in 1867（カール・マルクス著，岡崎次郎訳，『マルクス＝エンゲルス全集』第23巻第1分冊，大月書店，1965年）．
North, Douglass, *Understanding the Process of Economic Change*, Princeton : Princeton University Press, 2005.
Saito, Osamu, and Masahiro Sato, "Japan's civil registration systems before and after the Meiji Restoration," Discussion Paper Series A No. 456, Institute of Economic Research, Hitotsubashi University, 2011.
Smith, Adam, *An Inquiry into the Nature and Causes of the Wealth of Nations*, New York : The Modern Library, 1937, first published in 1776.

Teece, David, "Towards an economic theory of the multiproduct firm," *Journal of Economic Behavior and Organization*, 3(1), 39-63, March 1982.

Williamson, Oliver, *The Economic Institutions of Capitalism : Firms, Markets, Relational Contracting*, New York : The Free Press, 1985.

第1章　財市場と証券市場の共進化

[一次史料]

「近江国蒲生郡鏡村玉尾家文書」，国文学研究資料館所蔵。

「近江国蒲生郡鏡村玉尾家文書」，滋賀大学経済学部附属史料館所蔵。

「苗村家文書」，滋賀大学経済学部附属史料館所蔵。

[刊行史料]

「大坂米売買之大意」，神宮司廳編，『古事類苑　産業部二』，吉川弘文館，547頁，1998年。

「正空売買聞書」，島本得一，『堂島米会所文献集』，所書店，1970年。

「八木のはなし」，内藤耻叟／小宮山綏介編，『近古文芸温知叢書』第十二編，東京博物館，400-442頁，1891年。

[資料目録／市町村史]

国立史料館編，『史料館所蔵史料目録』第23集，国立史料館，1974年。

国立史料館編，『近江国鏡村玉尾家永代帳』，東京大学出版会，1988年。

滋賀県市町村沿革史編さん委員会編，『滋賀県市町村沿革史』第5巻，同委員会発行，1962年。

竜王町史編纂委員会編，『竜王町史』下巻，滋賀県竜王町役場，1983年。

[研究文献]

岩橋勝，『近世日本物価史の研究』，大原新生社，1981年。

宇佐美英機，『近世京都の金銀出入と社会慣習』，清文堂出版，2008年。

小林孝雄，「市場の効率性：ファーマから35年」，『証券アナリストジャーナル』第44巻10号，60-71頁，2006年10月。

桜井英治／中西聡編，『新 体系日本史12　流通経済史』，山川出版社，2002年。

島本得一，『蔵米切手の基礎的研究』，産業経済社，1960年。

高槻泰郎，『近世米市場の形成と展開―幕府司法と堂島米会所の発展―』，名古屋大学出版会，2012年。

鶴岡実枝子「近世近江地方の魚肥流入事情―湖東農村商人の相場帳の紹介（一）―」，『史料館研究紀要』第3号，207-293頁，1970年3月。

中林真幸，「日本資本主義論争―制度と構造の発見―」，杉山伸也編，『岩波講座「帝国」日本の学知　第2巻　「帝国」の経済学』，岩波書店，173-216頁，2006年。

速水佑次郎，『新版　開発経済学』，創文社，2000年。

本城正徳，『幕藩制社会の展開と米穀市場』，大阪大学出版会，1994年。

水原正享，「近世近江における肥料商仲間について（一）　湖東における仲間の成立過程」，『研究紀要』〔滋賀大学経済学部附属史料館〕第17号，26-95頁，1984年3月。

宮本又郎，『近世日本の市場経済』，有斐閣，1988年。

八木滋，「佐賀藩大坂蔵屋敷のネットワーク―「家質公訴内済記録」を通して―」，『大坂商業大学商業史博物館紀要』第 9 号，67-82 頁，2008 年 11 月。
山崎隆三，「江戸後期における農村経済の発展と農民層分解」，『岩波講座日本歴史 12　近世 4』，岩波書店，331-374 頁，1963 年。
山田盛太郎，『日本資本主義分析―日本資本主義における再生産過程把握―』，岩波文庫，1977 年。
吉田悦造，『近世魚肥流通の地域的展開』，古今書院，1996 年。
Fama, Eugene, "Efficient capital markets : A review of theory and empirical work," *The Journal of Finance*, 25 (2), 383-417, May 1970.
Stiglitz, Joseph E., "Incentives and risk sharing in sharecropping," *The Review of Economic Studies*, 41 (2), 219-255, April 1974.

第 2 章　財政国家の成立

[一次史料]
「伊東巳代治関係文書」，国立国会図書館憲政資料室所蔵。

[刊行史料]
井上毅伝記編纂委員会編，『井上毅伝　史料篇第二』，國學院大学図書館，1968 年。
「衆議院議事速記録」，『官報』(国会帝国議会議事録検索システム (http ://teikokugikai. ndl. go. jp) においても検索，閲覧，保存可能)。
向山誠斎，「御取箇辻書付」，向山誠斎，『向山誠斎雑記』天保弘化編，第 3 巻，ゆまに書房，2003 年。

[統計]
江見康一，『長期経済統計 4　資本形成』，東洋経済新報社，1971 年。
江見康一／塩野谷祐一，『長期経済統計 7　財政支出』，東洋経済新報社，1966 年。
大川一司／高松信清／山本有造，『長期経済統計 1　国民所得』，東洋経済新報社，1974 年。

[官公庁刊行物]
日本銀行統計局編，『明治以降本邦主要経済統計』，日本銀行統計局，1966 年。

[研究文献]
安良城盛昭，『幕藩体制社会の成立と構造』増訂第 4 版，有斐閣，1986 年。
五百旗頭薫，『大隈重信と政党政治―複数政党制の起源　明治十四年―大正三年―』，東京大学出版会，2003 年。
一木喜徳郎，『日本法令予算論』，1892 年。
伊藤博文，『憲法義解』，1889 年。
稲葉継陽，「戦国期の土地所有」，渡辺尚志／五味文彦編『新 体系日本史 3　土地所有史』，山川出版社，225-238 頁，2002 年。
岩橋勝，「近世の貨幣・信用」，桜井英治／中西聡編，『新 体系日本史 12　流通経済史』，山川出版社，431-469 頁，2002 年。
大口勇次郎，「天保期の性格」，朝尾直弘／石井進／井上光貞／大石嘉一郎／鹿野政直／黒田俊

雄／佐々木潤之介／戸田芳実／直木孝次郎／永原慶二／尾藤正英／藤原彰／松尾尊兊編，『岩波講座日本歴史 12　近世 4』，岩波書店，325-362 頁，1976 年．
岡義武，「帝国議会の開設」，『国家学会雑誌』第 58 巻 1 号，40-77 頁，1944 年 1 月．
岡義武，「第一議会に関する若干の考察―第一議会と伊東巳代治―」，『国家学会雑誌』第 60 巻 2 号，63-78 頁，1946 年 2 月．
神山恒雄，『明治経済政策史の研究』，塙書房，1995 年．
小嶋和司，『日本財政制度の比較法史的研究』，信山社，1996 年．
坂井雄吉，『井上毅と明治国家』，東京大学出版会，1983 年．
桜井英治，「中世の貨幣・信用」，桜井英治／中西聡編，『新 体系日本史 12　流通経済史』，山川出版社，42-77 頁，2002 年．
佐々木隆，『藩閥政府と立憲政治』，吉川弘文館，1992 年．
白川部達夫，「近世前期の検地名請と小百姓」，渡辺尚志／長谷川裕子編，『中世・近世土地所有史の再構築』，青木書店，273-298 頁，2004 年．
高木昭作，『日本近世国家史の研究』，岩波書店，1990 年．
高槻泰郎，『近世米市場の形成と展開―幕府司法と堂島米会所の発展―』，名古屋大学出版会，2012 年．
中林真幸，『近代資本主義の組織―製糸業の発展における取引の統治と生産の構造―』，東京大学出版会，2003 年．
西川誠，『天皇の歴史 07　明治天皇の大日本帝国』，講談社，2011 年．
林知更，「ドイツ―国家学の最後の光芒？―ベッケンフェルデ憲法学に関する試論―」，辻村みよ子／長谷部恭男編，『憲法理論の再創造』，日本評論社，261-284 頁，2011 年．
速水融／宮本又郎，「概説　17-18 世紀」，速水融／宮本又郎編，『日本経済史 1　経済社会の成立　17-18 世紀』，岩波書店，1-84 頁，1988 年．
坂野潤治，『明治憲法体制の成立―富国強兵と民力休養―』，東京大学出版会，1971 年．
藤田正，「初期議会期における帝国議会の機能についての一試論―第一議会を中心に―」，『早稲田法学会誌』第 25 号，283-308 頁，1975 年 2 月．
水林彪，「第一議会における憲法六七条問題と第三議会における民法典論争」，『法学協会雑誌』第 89 巻 12 号，1757-1791 頁，1972 年 12 月．
三谷太一郎，『日本政党政治の形成―原敬の政治指導の展開―』増補版，東京大学出版会，1995 年．
美濃部達吉，『憲法撮要』，有斐閣，1923 年．
美濃部達吉，『憲法撮要』改訂第 5 版，有斐閣，1933 年．
渡辺尚志，「近世的土地所有の特質」，渡辺尚志／五味文彦編『新 体系日本史 3　土地所有史』，山川出版社，247-258 頁，2002 年．
Bonney, Richard, "Introduction," Richard Bonney, ed., *The Rise of the Fiscal State in Europe, c. 1200-1815*, New York : Oxford University Press, pp. 1-17, 1999.
Meissner, Christpher M., "A new world order : Explaining the international diffusion of the gold standard, 1870-1913," *Journal of International Economics*, 66(2), 385-406, July 2005.
Sussman, Nathan, and Yishay Yafeh, "Institutions, reforms and country risk : Lessons from Japanese government debt in the Meiji Era," *The Journal of Economic History*, 60(2), 442-467, June 2000.

Suzuki, Toshio, *Japanese Government Loan Issuers on the London Capital Market : 1870-1913*, London : Athlone Press, 1994.
Yun-Casalilla, Bartolomé, "Introduction : the rise of the fiscal state in Eurasia from a global, comparative and transnational perspective," Bartolomé Yun-Casalilla and Patrick O'Brien with Francisco Comín Comín, *The Rise of Fiscal States : A Global History, 1500-1914*, Cambridge : Cambridge University Press, 2012.

第3章　株式市場の誕生と金融政策の成立

［一次史料］
「日本銀行統計月報」, 日本銀行所蔵.

［統計］
大川一司／高松信清／山本有造, 『長期経済統計　推計と分析 1　国民所得』, 東洋経済新報社, 1974年.
大川一司／野田孜／高松信清／山田三郎／熊崎実／塩野谷祐一／南亮進, 『長期経済統計推計と分析 8　物価』, 東洋経済新報社, 1967年.
藤野正三郎／五十嵐副夫, 『景気指数：1888-1940年』, 一橋大学経済研究所日本経済統計文献センター, 1973年.

［官公庁刊行物］
日本銀行, 『日本銀行沿革史』第1輯第2巻, 日本銀行, 1913年.
日本銀行百年史編纂委員会, 『日本銀行百年史』第2巻, 日本銀行, 1983年.

［研究文献］
石井寛治, 「戦前日本の株式投資とその資金源泉」, 『金融研究』〔日本銀行〕第25巻1号, 41-51頁, 2006年3月.
石井寛治, 「企業金融の形成」, 阿部武司／中村尚史編著『講座・日本経営史2　産業革命と企業経営―1882-1914―』, ミネルヴァ書房, 257-278頁, 2010年.
大島清, 『日本恐慌史論』上, 東京大学出版会, 1952年.
小林和子, 『日本証券史論―戦前期市場制度の形成と発展―』, 日本経済評論社, 2012年.
志村嘉一, 『日本資本市場分析』, 東京大学出版会, 1969年.
鈴木恒夫／小早川洋一／和田一夫, 『企業家ネットワークの形成と展開―データベースからみた近代日本の地域経済―』, 名古屋大学出版会, 2009年.
髙槻泰郎, 『近世米市場の形成と展開―幕府司法と堂島米会所の発展―』, 名古屋大学出版会, 2012年.
高村直助, 『日本資本主義史論』, ミネルヴァ書房, 1980年.
寺西重郎, 「戦前日本の金融システムは銀行中心であったか」, 『金融研究』〔日本銀行〕第25巻1号, 13-40頁, 2006年3月.
長岡新吉, 『明治恐慌史序説』, 東京大学出版会, 1971年.
中西聡, 『海の富豪の資本主義―北前船と日本の産業化―』, 名古屋大学出版会, 2009年.
中村尚史, 『地方からの産業革命―日本における企業勃興の原動力―』, 名古屋大学出版会,

2010 年.

宮尾龍造,『マクロ金融政策の時系列分析―政策効果の理論と実証―』, 日本経済新聞社, 2006 年.

Honda, Yuzo, and Yoshihiko Kuroki, "Financial and capital markets' responses to changes in the central bank's target interest rate : The case of Japan," *The Economic Journal*, 116(513), 812-842, July 2006.

Hoshi, Takeo, and Anil Kashyap, *Corporate Financing and Governance in Japan : The Road to the Future*, Cambridge, MA : The MIT Press, 2001 (星武雄／アニル・カシャップ著, 鯉渕賢訳, 『日本金融システム進化論』, 日本経済新聞社, 2006 年).

Kling, Gerhard, Masaki Nakabayashi, and Takenobu Yuki, "The equity-premium puzzle : Evidence from Japan and Germany, 1870-1913," presented at the session J7 of the 15th World Economic History Congress, August 2009.

Miyao, Ryuzo, "The effects of monetary policy in Japan," *Journal of Money, Credit and Banking*, 134 (2), 376-392, May 2002.

Ogawa, Kazuo, "Why commercial banks held excess reserves : The Japanese experience of the late 1990s," *Journal of Money, Credit and Banking*, 39(1), 241-257, February 2007.

Wieland, Volker, "Quantitative easing : A rationale and some evidence from Japan," *NBER International Seminar on Macroeconomics*, 6(1), 354-366, 2009.

第 4 章　市場と生産の相互作用

［新聞／雑誌］
『中外商業新報』.
『中外物価新報』.
『東京経済雑誌』.
The American Silk Journal.
The Economist, London.

［官公庁刊行物］
農商務省,『農商工公報』.
農商務省,『農商務統計表』.

The Department of the Interior, *Report on the Manufacturers in the United States at the Tenth Census (June 1, 1880)*, Washington DC : Government Printing Office, 1883.

The Department of the Interior, Census Office, *Twelfth Census of the United States, taken in the Year 1900, Manufacturers Part 3, Special Reports on Selected Industries*, Washington DC : Government Printing Office, 1902.

Treasury Department, *Annual Report and Statements of the Chief of the Bureau of Statistics on the Foreign Commerce and Navigation, Immigration, and Tonnage of the United States*, Washington DC : Government Printing Office.

［研究文献］
石井寛治,『情報・通信の社会史―近代日本の情報化と市場化―』, 有斐閣, 1994 年.

寺西重郎,「松方デフレのマクロ経済学的分析 (改訂版)」, 梅村又次／中村隆英編,『松方財政と殖産興業政策』, 東京大学出版会, 157-210 頁, 1983 年.

中林真幸,「製糸業の発達と幹線鉄道──長野県諏訪の場合──」, 高村直助編著,『明治の産業発展と社会資本』, ミネルヴァ書房, 161-196 頁, 1997 年。

中林真幸,『近代資本主義の組織──製糸業の発展における取引の統治と生産の構造──』, 東京大学出版会, 2003 年。

藤井信幸,『テレコムの経済史──近代日本の電信・電話──』, 勁草書房, 1998 年。

Acemoglu, Daron, and James A. Robinson, "Political losers as a barrier to economic development," *The American Economic Review*, 90(2), 126-130, May 2000.

Acemoglu, Daron, Simon Johnson, and James A. Robinson, "The colonial origins of comparative development : An empirical investigation," *The American Economic Review*, 91(5), 1369-1401, December 2001.

Aoki, Masahiko, *Toward a Comparative Institutional Analysis*, Cambridge, MA : The MIT Press, 2001.

Bernhofen, Daniel M., and John C. Brown, "A direct test of theory of comparative advantage : The case of Japan," *The Journal of Political Economy*, 112(1-1), 48-67, February 2004.

Bernhofen, Daniel M., and John C. Brown, "An empirical assessment of the comparative advantage gains from trade : Evidence from Japan," *The American Economic Review*, 95(1), 208-225, March 2005.

Bouvier, Jean, *Le Krach de L'union Générale (1878-1885)*, Paris : Presses Universitaires de France, 1960.

Broadberry, S. N., "Technological leadership and productivity leadership in manufacturing since the industrial revolution : Implication for the convergence debate," *The Economic Journal*, 104(423), 291-302, March 1994.

Chernyshoff, Natalia, Alan M. Taylor, and David S. Jacks, "Stuck on gold : Real exchange rate volatility and the rise and fall of the gold standard, 1875-1939," *Journal of International Economics*, 77(2), 195-205, April 2009.

Clemens, Michael A., and Jeffrey G. Williamson, "Wealth bias in the first global capital market boom, 1870-1913," *The Economic Journal*, 114(495), 304-337, April 2004.

Cottereau, Alain, "The fate of collective manufactures in the industrial world : the silk industries of Lyons and London, 1800-1850," in Charles F. Sable and Jonathan Zeitlin, eds., *World of Possibilities : Flexibility and Mass Production in Western Industrialization*, Cambridge : Cambridge University Press, pp. 75-152, 1997.

Coyne, Christopher J., and Steve Davies, "Empire : Public goods and bads," *Econ Journal Watch*, 4(1), 3-45, January 2007.

Duran, Leo, *Raw Silk : A Practical Hand-book for the Buyer*, New York : Silk Publishing Company, 1913.

Federico, Giovanni, *Il filo d'oro : L'industria mondiale della seta dalla restaurazione alla grande crisi*, Venezia : Marsilio, 1994.

Federico, Giovanni, *An Economic History of the Silk Industry, 1830-1930*, Cambridge : Cambridge University Press, 1997.

Ferguson, Niall, and Moritz Schularick, "The empire effect : The determinants of country risk in the first age of globalization, 1880-1913," *The Journal of Economic History*, 66(2), 283-312, June 2006.

Furuta, Kazuko, "Kobe seen as part of the Shanghai Trading Network : The role of Chinese merchants in the re-export of cotton manufactures to Japan," in Kaoru Sugihara, ed., *Japan, China and the Growth of the Asian International Economy, 1850-1949*, Oxford : Oxford University Press, pp. 23-48, 2005.

Hall, Robert E., and Charles I. Jones, "Why do some countries produce so much more output per worker than others?" *The Quarterly Journal of Economics*, 114(1), 83-116, February 1999.

Huber, Richard J., "Effect on prices of Japan's entry into world commerce after 1858," *The Journal of Political Economy*, 79(3), 614-628, May/June 1971.

Hunter, Janet, *Women and the Labour Market in Japan's industrializing Economy : The Textile Industry before the Pacific War*, London : Routledge, 2003.

Lévy-Leboyer, Maurice, and François Bourguignon, *The French Economy in the Nineteenth Century : an Essay in Econometric Analysis*, Cambridge : Cambridge University Press, 1990.

López-Córdova, J. Ernesto, and Christopher M. Meissner, "Exchange-rate regimes and international trade : Evidence from the classical gold standard era," *The American Economic Review*, 93(1), 344-353, March 2003.

Ma, Debin, "The modern silk road : the global raw-silk market, 1850-1930," *The Journal of Economic History*, 56(2), 330-355, June 1996.

Ma, Debin, "Why Japan, not China, was the first to develop in East Asia : Lessons from sericulture, 1850-1937," *Economic Development and Cultural Change*, 56(2), 369-394, January 2004.

Mauro, Paolo, Nathan Sussman, and Yishay Yafeh, "Emerging market spreads : Then versus now," *The Quarterly Journal of Economics*, 117(2), 695-733, May 2002.

Meissner, Christopher M., "A new world order : Explaining the international diffusion of the gold standard, 1870-1913," *Journal of International Economics*, 66(2), 385-406, July 2005.

Mitchener, Kris James, and Marc Weidenmier, "Empire, public goods, and the Roosevelt Corollary," *The Journal of Economic History*, 65(3), 658-692, September 2005.

Mitchener, Kris James, and Marc Weidenmier, "Trade and empire," *The Economic Journal*, 118(533), 1805-1834, November 2008.

Motono, Eiichi, *Conflict and Cooperation in Sino-British Business, 1860–1911 : The Impact of the pro-British Commercial Network in Shanghai*, Basingstoke : Macmillan, 2000.

Nakabayashi, Masaki, "The rise of a factory industry : silk reeling in Suwa, Nagano," in Masayuki Tanimoto, ed., *The Role of Traditional Factors in Japanese Industrialization : 1880-1920*, Oxford : Oxford University Press, pp. 183-216, 2006.

Nakabayashi, Masaki, "The rise of a Japanese fiscal state," in Patrick O'Brien and Bartolomé Yun-Casalilla, eds., *The Rise of the Fiscal State : A Global History, 1500-1914*, Cambridge : Cambridge University Press, pp. 378-409, 2012.

North, Douglass C., *Understanding the Process of Economic Change*, Princeton : Princeton University Press, 2005.

North, Douglass C., and Robert Paul Thomas, *The Rise of the Western World*, Cambridge : Cambridge University Press, 1973.

O'Brien, Patrick Karl, "The Pax Britannica and American hegemony : Precedent, antecedent or just another history?" in Patrick Karl O'Brien and Armand Classe Burlington, eds., *Two Hegemonies : Britain 1846-1914 and the United States 1941-2001*, Aldershot : Ashgate, 2002.

Parente, Stephen L., and Edward C. Prescott, "Barriers to technology adoption and development," *The Journal of Political Economy*, 102(2), 298-321, April 1994.

Patrick, Hugh T., "External equilibrium and internal convertibility : Financial policy in Meiji Japan," *The Journal of Econmic History*, 25(2), 187-213, June 1965.

Piore, Michael J., and Charles F. Sable, *The Second Industrial Divide : Possibilities for Prosperity*, New York : Basic Books, 1984.

Rawlley, Ratan C., *The Silk Industry and Trade*, London : P. S. King and Son, 1919.

Stephen, L. Parente, and Edward C. Prescott, "Monopoly rights : A barrier to riches," *The American Economic Review*, 89(5), 1216-1233, December 1999.

Sussman, Nathan, and Yishay Yafeh, "Institutions, reforms and country risk : Lessons from Japanese government debt in the Meiji Era," *The Journal of Economic History*, 60(2), 442-467, June 2000.

White, James W., "Economic development and sociopolitical unrest in nineteenth-century Japan," *Economic Development and Cultural Change*, 37(2), 231-260, January 1989.

Wyckoff, W.M.C., *The Silk Goods of America : A Brief Account of the Recent Improvements and advances of Silk Manufacture in the United States*, New York : D. Van Nostrand, 1879.

Wyckoff, W.M.C., "Report on the silk manufacturing industry of the United States," in Census Office Department of the Interior, ed., *Report on the Manufactures of the United States at the Tenth Census (June 1, 1880)*, Washington DC : Government Printing Office, 1883.

第5章　企業統治の成立

[研究文献]

石井寛治，『近代日本金融史序説』，東京大学出版会，1999年。

石井寛治，「企業金融の形成」，阿部武司／中村尚史編，『講座・日本経営史2　産業革命と企業経営』，ミネルヴァ書房，257-278頁，2010年。

伊藤秀史，『契約の経済理論』，有斐閣，2003年。

伊藤靖史／大杉謙一／田中亘／松井秀征，『会社法』，有斐閣，2009年。

岡崎哲二，「経営者，社外取締役と大株主は本当は何をしていたか？—東京海上・大正海上の企業統治と三菱・三井—」，CIRJE-J-237，Discussion Paper J series，2011年。

胥鵬「2章　株主，取締役および監査役の誘因（インセンティブ）」，三輪芳朗／神田秀樹／柳川範之，『会社法の経済学』，東京大学出版会，63-88頁，1998年。

鈴木恒夫／小早川洋一／和田一夫，『企業家ネットワークの形成と展開—データベースからみた近代日本の地域経済—』，名古屋大学出版会，2009年。

中林真幸，「自由な市場経済の歴史」，『経済セミナー』第647号，38-45頁，2009年4・5月。

中村尚史，『日本鉄道業の形成　1869-1894年』，日本経済評論社，1998年。

南條隆／橘川武郎，「戦間期日本企業の資金調達，資本コスト，資本構成—最適資本構成理論からみた1930年代における企業財務—」，『金融研究』第28巻2号，81-108頁，2009年。

宮本又郎／阿部武司，「工業化初期における日本企業のコーポレート・ガヴァナンス—大阪紡績会社と日本生命保険会社の事例—」，『大阪大学経済学』第48巻3・4号，176-197頁，1999

年。
森川英正編,『経営者企業の時代』,有斐閣,1999年。
山口和雄編,『日本産業金融史研究　紡績金融篇』,東京大学出版会,1970年。
由井常彦,「明治時代における重役組織の形成」,『経営史学』第14巻1号,1979年。
結城武延,「企業統治における株主総会の役割―大阪紡績会社の事例―」,『経営史学』第46巻3号,56-77頁,2011年。
結城武延,「資本市場と企業統治―近代日本の綿紡績企業における成長戦略―」,『社会経済史学』第78巻3号,71-88頁,2012年。
Fama, Eugene F., and Michael C. Jensen, "Separation of Ownership and Control," *Journal of Law and Economics*, 26, 1-31, 1983.
Jensen, M. C., and W. H. Meckling, "Theory of the firm : Managerial behavior, agency costs and ownership structure," *Journal of Financial Economics*, 3(4), 305-360, 1976.
Milgrom, Paul, and John Roberts, *Economics, Organization and Management*, Englewood Cliffs, NJ : Prentice Hall, 1992 (ポール・ミルグロム／ジョン・ロバーツ著,奥野正寛／伊藤秀史／今井晴雄／西村理／八木甫訳,『組織の経済学』,NTT出版,1997年).
Myers, Stewart C., "Chapter 4 Financing of Corporations," George M. Constantinides, Milton Harris, and Rene M. Stulz, eds., *Handbook of the Economics of Finance*, Vol. 1A : Corporate Finance, Tokyo : Elsevier B. V., 2003.

第6章　企業組織内の資源配分

［一次史料］
「鐘紡資料」,神戸大学経済経営研究所所蔵。

［統計］
日本統計協会編,『日本長期統計総覧』,日本統計協会,1999年。

［企業および団体刊行物］
大日本綿糸紡績同業聯合会,『大日本綿糸紡績同業聯合会報告』。
『考課状』,各社。

［社史／県史／伝記］
カネボウ株式会社社史編纂室,『鐘紡百年史』,1988年。
福岡県地域史研究所,『福岡県史　近代史料編綿糸紡績業』,1985年。
武藤山治,『武藤山治全集』第一巻,新樹社,1964年。
武藤山治,『武藤山治全集』第二巻,新樹社,1964年。
武藤山治,『武藤山治全集』増補,新樹社,1964年。

［研究文献］
青木昌彦,「第1章　制度とは何か」,中林真幸／石黒真吾,『比較制度分析・入門』,有斐閣,3-14頁,2010年。
市原博,「特集：労働史研究の現在―1980～2000年(1)　戦前期日本の労働史研究」,『大原社会問題研究所雑誌―』No.510,1-16頁,2001年。

伊藤秀史,「序章 企業とガバナンス」,伊丹敬之他編,『日本の企業システム 第II期第2巻 企業とガバナンス』,有斐閣,1-11頁,2005年.

川井充,「従業員の利益と株主利益は両立しうるか？―鐘紡における武藤山治の企業統治―」,『経営史学』第40巻2号,51-78頁,2005年.

桑原哲也,「日本における近代的工場管理の形成―鐘淵紡績会社武藤山治の組織革新,1900～7年―（上）」,京都産業大学『経済経営論叢』第27巻4号,47-75頁,1993年a.

桑原哲也,「日本における近代的工場管理の形成―鐘淵紡績会社武藤山治の組織革新,1900～7年―（下）」,京都産業大学『経済経営論叢』第28巻1号,17-43頁,1993年b.

桑原哲也,「日本における工場管理の近代化―鐘淵紡績会社における科学的管理法の導入,1910年代―」,神戸大学『国民経済雑誌』第172巻6号,33-62頁,1995年.

桑原哲也,「日本における工場管理の近代化―日露戦争後の鐘淵紡績会社―」,『国民経済雑誌』第174巻6号,49-78頁,1996年.

桑原哲也,「第1章 武藤山治と大原孫三郎―紡績業の発展と労務管理の革新―」,佐々木聡編,『日本の企業家群像II―革新と社会貢献―』,丸善株式会社,1-37頁,2003年.

菅山真次,『「就社」社会の誕生―ホワイトカラーからブルーカラーへ―』,名古屋大学出版会,2011年.

中林真幸,「第2章 生産組織と労働組織と企業文化」,阿部武司／中村尚史編,『講座・日本経営史 第2巻 産業革命と企業経営 1882～1914』,ミネルヴァ書房,55-80頁,2010年a.

中林真幸,「第3章 生産組織と生産管理の諸相IV 綿紡績業の生産組織―鐘淵紡績に見る先端企業の事例―」,佐々木聡／中林真幸編,『講座・日本経営史 第3巻 組織と戦略の時代 1914～1937』,ミネルヴァ書房,87-109頁,2010年b.

守屋典郎,『紡績生産費分析』,御茶の水書房,1973年.

山口和雄編,『日本産業金融史研究 紡績金融篇』,東京大学出版会,1970年.

結城武延,「綿紡績企業の合併効果―紡績大合同論の意義―」,東京大学社会科学研究所ディスカッションペーパーシリーズ,J-187,1-33頁,2010年（中林真幸／石黒真吾編,『企業の経済学―構造と成長―』,第6章「複数単位企業の生産組織―20世紀初頭の鐘淵紡績会社の合併―」として所収予定,近刊）.

米川伸一,『紡績業の比較経営史研究―イギリス・インド・アメリカ・日本―』,有斐閣,1994年.

若林幸男,『三井物産人事政策史1876～1931年―情報交通教育インフラと職員組織―』,ミネルヴァ書房,2007年.

Alchian, A.A., and H. Demsetz, "Production, information costs, and economic organization," *The American Economic Review*, 62(5), 777-795, 1972.

Chandler, Jr., Alfred, *The Visible Hand: the Managerial Revolution in American Business*, Cambridge, MA:Belknap Press, 1977（アルフレッド・チャンドラー Jr. 著,鳥羽欽一郎／小林袈裟治訳,『経営者の時代―アメリカ産業における近代企業の成立―』上・下,東洋経済新報社,1979年）.

Itoh, Hideshi, and Fumitoshi Moriya, "Economic theories of middle management : monitoring, communication, and the middle manager's dilemma," *Japan Labor Review*, 7(4), 5-22, 2010.

Teece, David J., "Towards an economic theory of the multiproduct Firm," *Journal of Economic Be-*

havior and Organization, 3(1), 39-63, 1982.

第 7 章　労働市場と労働組織
［一次史料］
「麻生家文書」，九州大学附属図書館付設記録資料館所蔵。

［刊行史料］
藪俊二，『鉱員必携　炭鉱用語註解』，日本工業新聞社，1942 年。
労働運動史料委員会，『労働運動史料』第 1 巻，中央公論事業出版／東京大学出版会，1962 年。

［官公庁および団体刊行物］
大阪地方職業紹介事務局，『筑豊炭山労働事情』，大阪地方職業紹介事務局，1926 年（池田信，『労働事情調査資料集』4，青史社，1996 年）。
筑豊石炭鉱業組合，『筑豊石炭鉱業組合月報』。
農商務省鉱山局，『鉱夫待遇事例』，農商務省鉱山局，1908 年。

［資料目録］
秀村選三編集代表，『九州石炭礦業史資料目録』第 1 集，西日本文化協会，1976 年。
秀村選三／田中直樹／松下志朗／東定宜昌／安藤保／今野孝／荻野喜弘／武野要子／長野暹／西成田豊／野田恒世／広渡正利／藤本隆士／細川章／和田一夫編，『九州石炭礦業史資料目録』第 2 集，西日本文化協会，1976 年。
秀村選三／田中直樹／松下志朗／東定宜昌／今野孝／今津健治／江藤彰彦／荻野喜弘／北村慶子／武野要子／長野暹／藤本隆士／細川章／松下志朗／安武政子／山下直登／和田一夫編，『九州石炭礦業史資料目録』第 4 集，西日本文化協会，1978 年。

［研究文献］
氏原正治郎，『日本労働問題研究』，東京大学出版会，1966 年。
荻野喜弘，『筑豊炭鉱労資関係史』，九州大学出版会，1993 年。
小池和男，『仕事の経済学』第 3 版，東洋経済新報社，2005 年。
隅谷三喜男，『日本石炭産業分析』，岩波書店，1968 年。
武田晴人，『日本産銅業史』，東京大学出版会，1987 年。
田中直樹，『近代日本炭鉱労働史研究』，草風館，1984 年。
土井徹平，「近代の鉱業における労働市場と雇用―足尾銅山及び尾去沢鉱山の「友子」史料を用いて―」，『社会経済史学』第 76 巻 1 号，3-20 頁，2010 年 5 月。
畠山秀樹，「三菱合資会社設立後の鯰田炭坑」，『三菱史料館論集』〔三菱経済研究所〕第 9 号，191-271 頁，2008 年。
村串仁三郎，『日本の伝統的労資関係―友子制度史の研究―』，世界書院，1989 年。

第 8 章　内部労働市場の形成
［刊行史料］
日本鉱山協会，『日本鉱山協会資料　第三十三輯　炭礦に於ける鑿岩機使用状況調査報告』，日本鉱山協会，1935 年。

労働運動史料委員会，『日本労働運動史料』第 1 巻，中央公論事業出版，1962 年．

［官公庁および団体刊行物］
大阪地方職業紹介事務局，『筑豊炭山労働事情』，大阪地方職業紹介事務局，1926 年（池田信『労働事情調査資料集 4』，青史社，1996 年）．
筑豊石炭鉱業組合，『筑豊石炭鉱業組合月報』．
農商務省鉱山局，『鉱夫待遇事例』，農商務省鉱山局，1908 年．

［研究文献］
市原博，『炭鉱の労働社会史―日本の伝統的労働・社会秩序と管理―』，多賀出版，1997 年．
荻野喜弘，『筑豊炭鉱労資関係史』，九州大学出版会，1993 年．
尾高煌之助，『労働市場分析』，岩波書店，1984 年．
上妻幸英，『三池炭鉱史』，教育社，1980 年．
隅谷三喜男，『日本石炭産業分析』，岩波書店，1968 年．
田中直樹，『近代日本炭鉱労働史研究』，草風館，1984 年．
長廣利崇，『戦間期日本石炭鉱業の再編と産業組織―カルテルの歴史分析―』，日本経済評論社，2009 年．
三池炭鉱主婦会，『三池主婦会 20 年』，労働大学，1973 年．

第 9 章　内部労働市場の深化と外部労働市場の変化
［統計］
大川一司／高松信清／山本有造，『長期経済統計　推計と分析 1　国民所得』，東洋経済新報社，1974 年．
大川一司／野田孜／高松信清／山田三郎／熊崎実／塩野谷祐一／南亮進，『長期経済統計　推計と分析 8　物価』，東洋経済新報社，1967 年．

［研究文献］
石川経夫，『モダン・エコノミックス 13　所得と富』，岩波書店，1991 年．
石川経夫，『分配の経済学』，東京大学出版会，1999 年．
氏原正治郎，『日本労働問題研究』，東京大学出版会，1966 年．
梅崎修，「経営合理化と東海転出― 1960 年代における内部労働市場形成の一側面―」，『社会学研究』〔東京大学〕，第 61 巻 5-6 号，27-54 頁，2010 年 3 月．
尾高煌之助，『労働市場分析―二重構造の日本的展開―』，岩波書店，1984 年．
玄田有史，『人間に格はない―石川経夫と 2000 年代の労働市場―』，ミネルヴァ書房，2010 年．
小池和男，『仕事の経済学』，東洋経済新報社，1991 年．
沢井実，『近代大阪の工業教育』，大阪大学出版会，2012 年．
菅山真次，『「就社」社会の誕生―ホワイトカラーからブルーカラーへ―』，名古屋大学出版会，2011 年．
中村尚史，「戦後釜石製鉄所における熟練の再編―保全職場の事例―」，『社会科学研究』〔東京大学〕第 61 巻 5-6 号，3-26 頁，2010 年 3 月．
Abe, Yukiko, "A comparison of wage structures in the United States and Japan : Results from cell mean

regressions," *The Japanese Economic Review*, 51(2), 252-267, June 2000.

Abe, Yukiko, "A cohort analysis of male labor supply in Japan," *Journal of Japanese and International Economies*, 26(1), 23-43, March 2012.

Alexander, Arthur J., "Income, experience, and the structure of internal labor markets," *The Quarterly Journal of Economics*, 88(1), 63-85, February 1974.

Altonji, Joseph G. and Charles R. Pierret, "Learning and statistical discrimination," *The Quarterly Journal of Economics*, 116(1), 313-350, February 2001.

Altonji, Joseph G. and Robert A. Schakotko, "Do wages rise with job seniority?" *The Review of Economic Studies*, 54(3), 437-459, January 1987.

Aoki, Masahiko, *Information, Incentives, and Bargaining in the Japanese Economy*, Cambridge : Cambridge University Press, 1988 (青木昌彦著, 永易浩一訳, 『日本経済の制度分析―情報・インセンティブ・交渉ゲーム―』, 筑摩書房, 1992年).

Baker, George and Bengt Holmstrom, "Internal labor markets : Too many theories, too few facts," *The American Economic Review*, 85(2), 255-259, May 1995.

Baker, George, Michael Gibbs, and Bengt Holmstrom, "The internal economics of the firm : Evidence from personnel data," *The Quarterly Journal of Economics*, 109(4), 881-919, November 1994a.

Baker, George, Michael Gibbs, and Bengt Holmstrom, "The wage policy of a firm," *The Quarterly Journal of Economics*, 109(4), 921-955, November 1994b.

Beaudry, Paul and John DiNardo, "The effect of implicit contracts on the movement of wages over business cycle : Evidence from micro data," *The Journal of Political Economy*, 99(4), 665-688, August 1991.

Chuma, Hiroyuki, "Is Japan's long-term employment system changing?" in Isao Ohashi and Toshiaki Tachibanaki, eds., *Internal Labour Markets, Incentives and Employment*, London : Macmillan, pp. 225-268, 1998.

DeVaro, Jed and Michael Waldman, "The signaling role of promotions : Further theory and empirical evidence," *Journal of Labor Economics*, 30(1), 91-147, January 2012.

Doeringer, Peter B. and Michael J. Piore, *Internal Labor Markets and Manpower Analysis*, Lexington, MA : Heath Lexington Books, 1971.

Doiron, Denise and Silvia Mendolia, "The impact of job loss on family dissolution," *Journal of Population Economics*, 25(1), 367-398, December 2011.

Dustmann, Christian and Costas Meghir, "Wages, experience and seniority," *The Review of Economic Studies*, 72(1), 77-108, January 2005.

Farber, Henry S. and Robert Gibbons, "Learning and wage dynamics," *The Quarterly Journal of Economics*, 111(4), 1007-1047, November 1996.

Genda, Yuji, Ayako Kondo, and Souichi Ohta, "Long-term effects of a recession at labor market entry in Japan and the United States," *Journal of Human Resources*, 45(1), 157-196, Winter 2010.

Gibbons, Robert and Michael Waldman, "A theory of wage and promotion dynamics inside firms," *The Quarterly Journal of Economics*, 114(4), 1321-1358, November 1999.

Gibbons, Robert and Michael Waldman, "Enriching a theory of wage and promotion dynamics inside firms," *Journal of Labor Economics*, 24(1), 59-107, January 2006.

Goldin, Claudia, "America's graduation from high school : The evolution and spread of secondary schooling in the twentieth century," *The Journal of Economic History*, 58(2), 345-374, June 1998.

Goldin, Claudia, "Egalitarianism and the returns to education during the Great Transformation of American education," *The Journal of Political Economy*, 107(s6), S65-S94, December 1999.

Goldin, Claudia, "The human-capital century and American leadership : Virtues of the past," *The Journal of Economic History*, 61(2), 263-292, June 2001.

Goldin, Claudia and Lawrence F. Katz, "The origins of technology-skill complementarity," *The Quarterly Journal of Economics*, 113(3), 693-732, August 1998.

Goldin, Claudia and Robert A. Margo, "The Great Compression : The wage structure in the United States at mid-century," *The Quarterly Journal of Economics*, 107(1), 1-34, February 1992.

Gordon, Andrew, *The Evolution of Labor Relations in Japan : Heavy Industry, 1853-1955*, Cambridge, MA : Council on East Asian Studies, Harvard University, 1985.

Greenwald, Bruce C., "Adverse selection in the labour market," *The Review of Economic Studies*, 53(3), 325-347, July 1986.

Hall, Robert E., "Employment fluctuations and wage rigidity," *The Brookings Papers on Economic Activity*, 2, 91-124, September 1980.

Hall, Robert E., "The importance of lifetime jobs in the US economy," *The American Economic Review*, 72(4), 716-724, September 1982.

Hashimoto, Masanori and John Raisian, "Employment tenure and earnings profiles in Japan and the United States," *The American Economic Review*, 75(4), 721-735, September 1985.

Hersch, Joni, "Profiling the new immigrant worker : The effects of skin color and height," *Journal of Labor Economics*, 26(2), 345-386, April 2008.

Higuchi, Yoshio, "Effects of job training and productivity growth on retention of male and female workers in Japan," in Toshiaki Tachibanaki, ed., *Labour Market and Economic Performance : Europe, Japan and the USA*, New York : St. Martin's Press, pp. 155-182, 1994.

Kahn, Lisa B., "The long-term labor market consequences of graduating from college in a bad economy," *Labour Economics*, 17(2), 303-316, April 2010.

Kuhn, Peter and Catherine Weinberger, "Leadership skills and wages," *Journal of Labor Economics*, 23(3), 395-436, July 2005.

Marglin, Stephen, "What do bosses do? : The origins and functions of hierarchy in capitalist production," *The Review of Radical Political Economics*, 6(2), 60-112, Summer 1974.

Milgrom, Paul and John Roberts, *Economics, Organization, And Management*, Englewood Cliffs, NJ : Prentice Hall, 1992 (ポール・ミルグロム／ジョン・ロバーツ著, 奥野正寛／伊藤秀史／今井晴雄／西村理／八木甫訳, 『組織の経済学』, NTT出版, 1997年).

Mincer, Jacob, *Schooling, Experience, and Earnings*, New York : National Bureau of Economic Research, 1974.

Mincer, Jacob and Yoshio Higuchi, "Wage structure and labor turnover in the United States and Japan," *Journal of the Japanese and International Economies*, 2(2), 97-133, June 1988.

Moriguchi, Chiaki, "Implicit contracts, the Great Depression, and institutional change : A comparative analysis of U. S. and Japanese employment relations, 1920-1940," *The Journal of Economic History*,

63 (3), 625-665, September 2003.
Nakabayashi, Masaki, "Acquired skill and learned ability : Wage dynamics in internal labor markets," ISS Discussion Paper Series, F-153, Institute of Social Science, The University of Tokyo (http://jww.iss.u-tokyo.ac.jp/publishments/dp/dpf/pdf/f-153.pdf), December 2012a.
Nakabayashi, Masaki, "Career experiences replaced : Emergence of Japanese internal labor markets," ISS Discussion Paper Series, F-157, Institute of Social Science, The University of Tokyo (http://jww.iss.u-tokyo.ac.jp/publishments/dp/dpf/pdf/f-157), December 2012b.
Neal, Derek, "Industry-specific human capital : Evidence from displaced workers," *Journal of Labor Economics*, 13 (4), 653, 677, October 1995.
Novack, David E. and Richard Perlman, "The structure of wages in the American iron and steel industry, 1860-1890," *The Journal of Economic History*, 22 (3), 334-347, September 1962.
Ohkusa, Yasushi and Souichi Ohta, "An empricial study of the wage-tenure profile in Japanese manufacturing," *Journal of the Japanese and International Economies*, 8 (2), 173-203, June 1994.
Ono, Hiroshi, "Lifetime employment in Japan : Concepts and measurements," *Journal of the Japanese and International Economies*, 24 (1), 1-27, March 2010.
Oreopoulos, Philip, "Estimating average and local average treatment effects of education when compulsory schooling laws really matter," *The American Economic Review*, 96 (1), 152-175, March 2005.
Oreopoulos, Philip, Till von Wachter, and Andrew Heisz, "The short- and long-term career effects of graduating in a recession," *American Economic Journal : Applied Economics*, 4 (1), 1, 29, January 2012.
Parent, Daniel, "Industry-specific capital and the wage profile : Evidence from the National Longitudinal Survey of Youth and the Panel Study of Income Dynamics," *Journal of Labor Economics*, 18 (2), 306-323, April 2000.
Pinkston, Joshua C., "A model of asymmetric employer learning with testable implications," *The Review of Economic Studies*, 76 (1), 367-394, 2009.
Poletaev, Maxim and Chris Robinson, "Human capital specificity : Evidence from the dictionary of occupational titles and displaced worker surveys, 1984-2000," *Journal of Labor Economics*, 26 (3), 387-420, July 2008.
Shaw, Kathryn and Edward P. Lazear, "Tenure and output," *Labour Economics*, 15 (4), 705-724, August 2008.
Stone, Kathrine, "The origins of job structures in the steel industry," *The Review of Radical Political Economics*, 6 (2), 113-173, Summer 1974.
Ueshima, Yasuhiro, "Why wages equalized in the high-speed growth era : Japanese manufacturing, 1961-1969," *Journal of the Japanese and International Economies*, 17 (1), 33-54, March 2003.
Ueshima, Yasuhiro, Takuji Funaba, and Takenori Inoki, "New technology and demand for educated workers : The experience of Japanese manufacturing in the era of high-speed growth," *Journal of the Japanese and International Economies*, 20 (1), 50-76, March 2006.
von Wachter, Till and Stefan Bender, "In the right place at the wrong time : The role of firms and luck in young workers," *The American Economic Review*, 96 (5), 1679-1705, December 2006.
Waldman, Michael, "Job assignments, signalling, and efficiency," *RAND Journal of Economics*, 15 (2),

255-267, Summer 1984.
Waldman, Michael, "Theory and evidence in internal labor markets," Munich Personal RePEc Achive Paper, 5113, 1-70 (http://mpra.ub.uni-muenchen.de/5113/1/MPRA_paper_5113.pdf), October 2007.
Weinberg, Bruce A., "Long-term wage fluctuations with industry-specific human capital," *Journal of Labor Economics*, 19(1), 231, 264, January 2001.
Williamson, Oliver, *The Economic Institutions of Capitalism: Firms, Markets, Relational Contracting*, New York: The Free Press, 1985.
Williamson, Oliver, Michael Wachter, and Jeffrey Harris, "Understanding the employment relation: The analysis of idiosyncratic exchange," *The Bell Journal of Economics*, 6(1), 250-278, Spring 1975.

終 章　共同体と市場，市場と企業
［研究文献］
石母田正，『平家物語』，岩波書店，1957年．
氏原正治郎，『日本労働問題研究』，東京大学出版会，1966年．
岡崎哲二／奥野正寛編著，『現代日本経済システムの源流』，日本経済新聞社，1993年．
小佐野広，「日本の金融労働システム―制度補完性・多様性と進化―」，伊藤秀史編，『日本の企業システム』，東京大学出版会，281-315頁，1996年．
玄田有史，『仕事のなかの曖昧な不安―揺れる若年の現在―』，中央公論新社，2001年．
玄田有史，『人間に格はない―石川経夫と2000年代の労働市場―』，ミネルヴァ書房，2010年．
西郷信綱，『古事記の世界』，岩波書店，1967年．
西郷信綱，『古代人と夢』，平凡社，1971年．
清水崇，「組織における退出と発言の補完的機能」，中林真幸／石黒真吾編，『企業の経済学―構造と成長―』，有斐閣，近刊．
菅山真次，『「就社」社会の誕生―ホワイトカラーからブルーカラーへ―』，名古屋大学出版会，2011年．
高槻泰郎，『近世米市場の形成と展開―幕府司法と堂島米会所の発展―』，名古屋大学出版会，2012年．
鶴光太郎，「日本の労働市場改革―問題意識と処方箋のパースペクティブ―」，鶴光太郎／樋口美雄／水町勇一郎編著，『労働市場制度改革―日本の働き方をいかに変えるか―』，日本評論社，1-54頁，2009年．
鶴光太郎，「非正規雇用問題解決のための鳥瞰図―有期雇用改革に向けて―」，鶴光太郎／樋口美雄／水町勇一郎編著，『非正規雇用改革―日本の働き方をいかに変えるか―』，日本評論社，1-44頁，2011年．
中林暁生，「給付と人権」，長谷部恭男／土井真一／井上達夫／杉田敦／西原博史／阪口正二郎編，『岩波講座憲法2　人権論の新展開』，岩波書店，263-282頁，2007年．
中林真幸，『近代資本主義の組織―製糸業の発展における取引の統治と生産の構造―』，東京大学出版会，2003年．
中林真幸，「多次元的な仕事と誘因の制御―20世紀初頭における近代製糸業の経験―」，中林真幸／石黒真吾編，『比較制度分析・入門』，有斐閣，237-260頁，2010年．
中村尚史，『地方からの産業革命』，名古屋大学出版会，2010年a．

中村尚史,「戦後釜石製鉄所における熟練の再編─保全職場の事例─」,『社会科学研究』第61巻5・6号, 3-26頁, 2010年3月 b。

宮本又郎,『近世日本の市場経済─大阪米市場分析─』, 有斐閣, 1988年。

水町勇一郎,「むすび─まとめと新たな法システム─」, 水町勇一郎編,『個人か集団か? 変わる労働と法』, 勁草書房, 277-292頁, 2006年。

水町勇一郎,「労働法改革の基盤と方向性─欧米の議論と日本─」, 鶴光太郎／樋口美雄／水町勇一郎編著,『労働市場制度改革─日本の働き方をいかに変えるか─』, 日本評論社, 197-214頁, 2009年。

本居宣長,「古事記伝」, 大野晋／大久保正編集校訂,『本居宣長全集』第9巻, 筑摩書房, 1988年。

著者不詳, 市古貞次校注・訳,『日本古典文学全集29 平家物語一』第20版, 小学館, 1989年。

Alchian, Armen A., and Harold Demsetz, "Production, information costs, and economic organization," *The American Economic Review*, 62(5), 777-795, December 1972.

Aoki, Masahiko, *Information, Incentives, and Bargaining in the Japanese economy*, Cambridge : Cambridge University Press, 1988 (青木昌彦著, 永易浩一訳,『日本経済の制度分析─情報・インセンティブ・交渉ゲーム─』, 筑摩書房, 1992年).

Coase, R. H., "The nature of the firm," *Economica*, new series, 4(16), 386-405, November 1937.

Descartes, René, *Discours de la méthode : pour bien conduire sa raison, et chercher la vérité dans les sciences ; plus, la dioptrique ; les météores ; et, la géométrie qui sont des essais de cete méthode*, Paris : Fayard, 1986, originally published in 1637 (デカルト著, 谷川多佳子訳,『方法序説』, 岩波書店, 1997年).

Hegel, Georg Wilhelm Friedrich, *Grundlinien der Philosophie des Rechts, oder, Naturrecht und Staatswissenschaft im Grundrisse*, Frankfurt am Main : Suhrkamp, 1986 (ヘーゲル著, 藤野渉／赤沢正敏訳,『法の哲学』, 中央公論新社, 2001年).

Hoshi, Takeo, and Anil Kashyap, *Corporate Financing and Governance in Japan : The Read to the Future*, Cambridge, MA : The MIT Press, 2001 (星岳雄／アニル・カシャップ著, 鯉渕賢訳,『日本金融システム進化論』, 日本経済新聞社, 2006年).

Marx, Karl, *Das Kapital*, Erster Band, Berlin : Dietz Verlag, 1988 (カール・マルクス著, 岡崎次郎訳,『マルクス＝エンゲルス全集』第23巻第1分冊, 大月書店, 1965年).

Okazaki, Tetsuji, "'Voice' and 'Exit' in Japanese Firms during the Second World War : Sanpo Revisited," *The Economic History Review*, 59(2), 374-395, 2006.

Smith, Adam, *An Inquiry Into the Nature and Causes of the Wealth of Nations*, New York : The Modern Library, 1937.

Waldman, Michael, "Theory and evidence in internal labor markets," Munich Personal RePEc Archive Paper, 5113 (http://mpra.ub.uni-muenchen.de/5113/1/MPRA_paper_5113.pdf), October 2007.

Weber, von Max, *Gesammelte Aufsätze zur Religionssoziologie*, Bd. 1, Tübingen : J. C. B. Mohr, 1920 (マックス・ウェーバー著, 大塚久雄訳,『プロテスタンティズムの倫理と資本主義の精神』, 岩波書店, 1989年).

図表一覧

図 1-1	鏡村周辺概略図 ……………………………………………………	53
図 1-2	小作料の推移, 1763-1866 年 ……………………………………	57
図 1-3	小作料未回収率の村別推移, 1763-1866 年 ……………………	75
図 2-1	幕府領の地税（年貢）収入, 1716-1841 年 ……………………	84
図 2-2	中央政府の租税収入総額に占める地税（地租）収入額, 1868-1914 年 ……	88
図 2-3	中央政府の国債発行, 1870-1914 年 ……………………………	91
図 2-4	国民総支出（GNE）と政府財政支出, 1885-1914 年 …………	107
図 2-5	政府部門と民間部門の固定資本形成, 1868-1914 年 …………	108
図 4-1	器械糸の相対価格：ニューヨーク市場日本器械糸 No.1 / リヨン市場日本提糸（在来糸), 1881-1886 年 ………………………………………	139
図 4-2	横浜市場における器械糸と提糸（在来糸）の相対価格, 1881-1890 年 ……	141
図 4-3	農家の生糸 60 キログラム当たり粗利益, 1886 年 ……………	143
図 4-4	東日本における繭価格の地域間変動係数, 1886-1919 年 ……	143
図 4-5	円為替相場の推移, 1880-1903 年 ………………………………	145
図 4-6	YPJF と YSJF に対する YAJF のインパルス応答, 1888 年 11 月-1903 年 12 月 ……	153
図 4-7	YPJR と YSJR に対する YAJR のインパルス応答, 1888 年 11 月-1903 年 12 月 ……	155
図 7-1	納屋制度 ………………………………………………………………	228
図 7-2	部分的直接雇用 ……………………………………………………	229
図 9-1	2 カ年入職年次群別の賃金曲線：各年中の平均値, 1929-1969 年 ……	320
図 9-2	2 カ年入職年次群別の賃金曲線：各年中の最大値, 1929-1969 年 ……	321
図 9-3	2 カ年入職年次群別の賃金曲線：各年中の最小値, 1929-1969 年 ……	321
表 1-1	玉尾家の主穀生産, 1789-1866 年 ………………………………	55
表 1-2	小作収入の推移, 1763-1866 年 …………………………………	56
表 1-3	肥料売掛残高の推移, 1772-1793 年 ……………………………	62
表 1-4	岡屋村・繁八との取引内容, 1773 年 …………………………	63
表 1-5	小作契約と肥料販売, 18 世紀中期-19 世紀前期 ………………	65
表 1-6	玉尾家による米投機取引, 18 世紀後期-19 世紀前期 …………	72
表 2-1	近世期の人口と米生産, 1600-1872 年 …………………………	84
表 2-2	江戸幕府の財政収入構造, 1730, 1843-1844 年 ………………	86
表 2-3	江戸幕府の財政支出構造, 1730, 1843-1844 年 ………………	86
附表 2-1	幕府領の米生産と地税（年貢）収入, 1716-1841 年 …………	110-112
表 3-1	東京株式取引所の株価と金融政策：月次, 1890 年 10 月-1898 年 5 月 ……	120
表 3-2	大阪株式取引所の株価と金融政策：月次, 1890 年 10 月-1899 年 10 月 ……	122
表 3-3	東京株式取引所の売買数量と金融政策：月次, 1890 年 10 月-1898 年 5 月 ……	124
表 3-4	大阪株式取引所の売買数量と金融政策：月次, 1890 年 10 月-1898 年 5 月 ……	126

表 3-5	東京株式取引所上場銘柄の株式リスク・プレミアム，1880-1914 年	128
表 3-6	大阪株式取引所上場銘柄の株式リスク・プレミアム，1880-1914 年	128
附表 3-1	変数一覧	130
表 4-1	横浜生糸市場と外国為替市場の挙動：YPJF と YEXUSD の多変量自己回帰分析の結果，1888 年 1 月-1889 年 12 月	146
表 4-2	ニューヨーク生糸市場の挙動：NPJF と NPIF の多変量自己回帰分析の結果，1882 年 10 月-1903 年 12 月	149
表 4-3	ニューヨーク市場の挙動：NPJF と NPIF と NPCF の多変量自己回帰分析の結果，1884 年 8 月-1903 年 12 月	149
表 4-4	ニューヨーク市場の挙動：NPJR と NPCT の多変量自己回帰分析の結果，1881 年 1 月-1903 年 12 月	150
表 4-5	ニューヨーク市場と横浜市場の挙動：YPJF と NPJF の多変量自己回帰分析の結果，1881 年 10 月-1903 年 12 月	150
表 4-6	ニューヨーク市場と横浜市場の挙動：YPJR と NPJR の多変量自己回帰分析の結果，1881 年 2 月-1903 年 12 月	151
表 4-7	横浜市場の挙動：YPJF と YPJR の多変量自己回帰分析の結果，1880 年 1 月-1903 年 12 月	151
表 4-8	横浜市場器械糸の価格，入荷，在荷の先行遅行関係：YPJF と YAJF と YSJF の多変量自己回帰分析の結果，1888 年 11 月-1903 年 12 月	152
表 4-9	横浜市場器械糸の価格，入荷，在荷の先行遅行関係：YPJR と YAJR と YSJR の多変量自己回帰分析の結果，1888 年 11 月-1903 年 12 月	154
附表 4-1	単位根検定（Augmented Dickey-Fuller unit root test）の概要	159
表 5-1	大阪紡績会社の資本構成，1893-1914 年	165
表 5-2	大阪紡績会社の業績，1896-1914 年	166
表 5-3	大阪紡績会社の社債発行，1892-1914 年	167
表 5-4	紡績会社の財務指標，1898-1914 年	170
表 5-5	資本構成の決定要因（負債比率，固定効果）	171
表 5-6	資本構成の決定要因（社債比率，固定効果）	171
表 5-7	重役の構成，1893-1914 年	173
表 5-8	取締役会議の推移，1893-1914 年	181
表 5-9	議題別取締役会議の推移，1894-1913 年	184
表 5-10	取締役会における重役の出席率，1893-1914 年	187
表 6-1	注意箱における投書数，1903 年 8 月	208
表 6-2	紡績工場における平均費用の推移，1900-1909 年	210
表 6-3	工場間の労働生産性の比較，1900-1909 年	211
表 6-4a	中間管理職の推移，1899-1906 年	213
表 6-4b	中間管理職の推移，1907-1914 年	214
表 6-5	中間管理職が工場に与えた影響：労働生産性，1902-1914 年	215
表 7-1	麻生藤棚第一坑における鉱夫納屋および現住人員	237
表 7-2	麻生藤棚第二坑における建物の棟数および建坪数	237

表 7-3	麻生藤棚第二坑における志願者出身別人数，前職内訳，1902-1907 年	240
表 7-4	麻生藤棚第二坑における 4 名以上男子単身者を保証する保証人，1902-1907 年	241
表 7-5	麻生藤棚第二坑において 3 組以上の家族同時契約者を保証する保証人，1902-1907 年	242
表 7-6	麻生藤棚第二坑において 2 名以上の農業出身者を保証する保証人，1902-1907 年	243
表 7-7	麻生藤棚第二坑における鉱夫の属性：前職と印鑑，1902-1907 年	245
表 7-8	麻生藤棚第二坑における鉱夫の属性：前職と家族帯同，1902-1907 年	246
表 7-9	麻生藤棚第二坑における鉱夫の前職と保証人の属性：事務直轄，1902-1907 年	247
表 7-10	麻生藤棚第二坑における鉱夫の前職と保証人の属性：直轄納屋頭，1902-1907 年	248
表 7-11	麻生藤棚第二坑における鉱夫の前職と保証人の属性：納屋頭，1902-1907 年	248
表 7-12	麻生藤棚第二坑における鉱夫の前職と保証人の属性：通常の保証人，1902-1907 年	249
表 7-13	麻生藤棚第二坑における志願者の属性と保証人の活動規模，1902-1907 年	250
表 7-14	麻生藤棚第二坑における鉱夫の属性と保証人への出世，1902-1907 年	253
附表 7-1	変数一覧	258
表 8-1	筑豊炭鉱の 1903 年頃と 1927 年頃との比較	264
表 8-2	生産関数の推計（抗内夫），1910-1912，1914-1915 年	267
表 8-3	生産関数の推計（抗内夫），1925-1929 年	267
表 8-4	生産関数の推計（全鉱夫），1910-1912，1914-1915 年	268
表 8-5	生産関数の推計（全鉱夫），1925-1929 年	269
表 8-6	間接雇用組織の利用率，1908 年	275
表 8-7	三井田川炭鉱使用人員数，1918 年 2 月 12 日	283
表 8-8	三菱鯰田炭鉱における採炭夫移動の推移，1915-1919 年	291
表 8-9	三井山野四抗における採炭夫移動の推移，1914-1920 年	291
表 8-10	福岡県における炭鉱夫移動の状況，1925-1935 年	291
表 8-11	筑豊炭鉱における鉱夫の月別移動統計，1925 年	292
表 8-12	三井鉱山における従業員勤続年数の構成，1921-1935 年	292
表 8-13	三井田川炭鉱における鉱夫の移動状況，1921-1939 年	293
表 8-14	三井鉱山（炭鉱）における鉱夫移動の状況，1922-1935 年	293
表 8-15	鉱夫勤続年数，1925 年 11 月末	294
附表 8-1	変数一覧	302
表 9-1	採用従業員数，就学年数，労働市場経験年数	315
表 9-2	賃金に対する年次効果と勤続効果のパネル推定	318
表 9-3	身体的特徴，就学年数，および経験年数への賃金回帰	324
表 9-4	従業員の再生産選択	325
表 9-5	企業内研修に受け入れられる確率	326

表 9-6	就学収益の変化	328
表 9-7	入職前経験年数収益の変化	329
附表 9-1	変数一覧	332

索　引

【人　名】

朝吹英二　191-2
麻生太吉　231
阿部房次郎　172, 177, 182
天野若圓　99, 103-4, 106
石渡信太郎　269, 279-80
一木喜徳郎　102, 106
伊藤伝七　178-9
伊藤博文　93, 97-8, 105-7
伊東巳代治　93-106
井上毅　93-4, 105-6
伊庭貞剛　175-6
大川栄太郎　172, 177, 182
大隈重信　89
岡村勝正　172, 182
織田信長　14, 335
許斐鷹助　231
佐伯勢一郎　175-6
佐々木清麿　178-9
渋沢栄一　174-9, 188
島田三郎　101-2
末松顕澄　97, 103
高橋是清　109
玉尾藤左衛門　37, 54, 60, 65-6, 68

多和田督太郎　213
坪田繁　98, 103-4
徳川慶喜　87
徳川吉宗　16-7, 26, 83
中上川彦次郎　191-2
中村庸　213
東尾平太郎　103
福原八郎　213
藤正純　212-4
星亨　107
穂積八束　28
松方正義　81, 89, 98, 101, 107
松本重太郎　174-9
三崎亀之助　100
美濃部達吉　104
三宅郷太　212-3
宮本又郎　83, 85
武藤山治　192, 195-207, 209, 212-4, 216
望月栄作　213
山県有朋　95-100, 102-7
山口武　212
山辺丈夫　172, 176-80, 182, 186, 188

【事　項】

あ　行

相対済令　16, 26
足止策　260, 297, 301
預所　18
麻生　220, 231-2, 236-7, 239
麻生炭鉱　41
麻生藤棚第二坑　220, 226, 230-2, 235-6, 238, 240,
　　244, 246, 249, 251-2, 255-6, 343
　──印鑑　244, 247, 256
　──乙種　234, 236-9, 246, 256
　──乙種納屋　236
　──「解雇ニ付報告」　238

　──家族帯同　245-6
　──家族同時契約者　242, 256
　──機械課　238, 256
　──甲種　235-9, 246, 256
　──甲種仕操夫　237, 239
　──甲種納屋　236, 246
　──坑内大工　244
　──坑内日役　244
　──鉱夫戸籍簿　220, 232, 237, 239, 256
　──採炭夫納屋　236
　──桟橋樿取（夫）　251, 254
　──志願者の数（NOG）　250
　──志願書　220, 226, 232, 234-6, 238-40, 242,

244-6, 253-4, 256
——事務直轄　220, 231, 247, 250-1, 253, 256-7
——事務直轄（FRM）　247, 249, 252
——事務直轄雇用　220
——「修繕」作業の「見合貸」　251
——周旋人　220, 249-50, 253, 257
——「出世」　253
——「出世」ダミー（GRT）　252
——除籍簿　220, 238
——職工　236-9, 256
——職工納屋　236, 246
——除名報告　238
——前職梼取夫（ELV）　244, 247, 249, 253
——前職採炭夫　244-5
——前職採炭夫（MNG）　249-50, 253
——前職雑業（MIS）　244
——前職仕操夫（APL）　244-5
——前職その他の鉱夫（MGL）　244, 247
——前職農業（農業出身者）　34, 228, 243, 247, 250, 252, 255-7, 343
——前職農業（農業出身者）（AGR）　244, 247, 249-50, 253
——その他の鉱夫出身者（MGL）　247, 250
——男子単身契約者　242
——男性（MALE）　244-5
——直轄採用　249-51
——納屋頭（直轄納屋頭）　240, 242-3, 251-2, 254, 257
——納屋頭（直轄納屋頭（FN））　247
——納屋頭（通常の納屋頭（HNN））　247, 252
——保証人　220, 232-5, 240, 242-3, 246-7, 250, 252-4, 256-7
——保証人（事務直轄の保証人）　240, 243, 250, 252, 254, 257
——保証人（通常の保証人）　220, 240, 249-50, 253, 257
——保証人（通常の保証人（OGT））　249-50, 252
——保証人数（NOG）　250
新しい熟練　230, 250-1, 253, 257, 286, 290, 294, 296, 301, 343
充行状　19
跡間　251
後向　265
尼崎紡績　169
アメリカ　13, 38, 87, 115, 135-6, 138-41, 144, 146, 155, 157, 192, 303-4, 309-12, 330, 332, 334, 341, 350
暗黙知　191, 193-4, 199, 201, 209, 216

違憲審査　93
一山請負制　219
一般的な人的資本　33, 35, 42, 305-6, 308, 310, 325, 331, 347
請負夫　282-3
請負名義人　282
受持　254
後ろ向き推論法　7
売込商　144
エージェンシー仮説　168
エージェンシー費用　162, 168-9, 172, 176, 179-80, 182, 185, 188
江戸幕府　1, 15, 24-5, 35, 80-3, 90, 337, 339
延久荘園整理令　17
奥羽越列藩同盟　87
王朝モデル　27
大阪株式取引所　81, 90, 114, 116, 118, 121, 123, 127, 129
大坂米市場　16, 47-8, 72-3, 76
大坂堂島米会所　36, 76, 79, 115
大阪紡績会社　39, 116, 160, 164, 169, 174-80, 182, 185, 188-9
——監査役　160-1, 163-4, 172, 175-6, 178, 180, 185-6, 188-9
——監査役会　185, 189
——取締役　160-3, 172, 175-6, 185-6, 188
——取締役会　172, 174-5, 177-80, 182-6, 188-9
——取締役会議事録　163, 175, 180
——取締役会原案通過率　180, 182-3, 188-9
——取締役会の従業員組織化　163, 172, 180, 182, 186
大津　15-6, 59-62, 64, 71-2, 74
大津米会所　75-6, 115
大津（米）市場　36, 47, 59-60, 62-4, 72-3
折返糸　140
女後山　287

　　　　　　　　　　か　行

会計法補則　92, 96, 104
開港場　134-7, 144, 155, 157-8
開港場市場　38, 135, 137, 148-9, 155, 157-8, 341
貝島大之浦炭鉱　272, 278, 289, 294, 298
改進党　96, 101
階層制（的）組織　190-4, 212, 215
開明社　140-1
改良座繰糸　140, 148, 150-1, 153
顔の見える取引関係　113
価格機構　6, 10-2, 32, 39, 123, 144, 334, 336
科学的管理法　216

索引 377

書入　26
隠された行動　223
隠された知識　223
加地子　19-20
加地子名主職　19
方違え　333
家長廃立制度　27
勝見家　58-9, 74, 76
金巾製織会社　172, 182
鐘淵紡績会社　40, 69, 191-3, 195-6, 198-9, 215-6, 342
　——打綿担任　197
　——営業部　197, 200, 206
　——大株主所有比率　170
　——「回章」　199-200, 202-3, 205-6
　——『鐘紡の汽笛』　199-205, 209
　——汽鑵担任　197
　——汽機担任　197
　——熊本支店　209, 212-3
　——久留米支店　209, 212-3
　——原動部　197
　——工場長　196-208, 211-3, 216
　——後部　197
　——工務主任　197, 206, 212-3
　——作業部　197
　——主任　197
　——常務監査役　172
　——常務取締役　172, 177, 180, 182, 186
　——初紡担任　197
　——住道支店　209, 212-3
　——住道支店工場長　212
　——洲本支店　209, 212
　——精紡担任　197
　——前部　197
　——専務　163, 192, 213
　——総支配人　178, 197-8, 209, 216
　——相談役　174-9, 188
　——梳綿担任　197
　——代表取締役　162, 185
　——担任　197
　——電気担任　197
　——東京本店　198, 207, 209, 212
　——東京本店工場長　212
　——中島支店　209, 212-3
　——中津支店　200, 209, 212-3
　——バンドル担任　197
　——兵庫支店　198-9, 207, 209, 212
　——兵庫支店長　192, 200
　——『兵庫の汽笛』　200

　——三池支店　209, 212-3
火夫　265-6
火夫＋大工数（MGL）　267
株式市場　33, 38, 109, 125, 167, 340-1
株式担保金融　115-7, 129, 340
株式担保付融通手形　37
株式担保品（保証品）付手形再割引　115
株式投資金融　116-7, 129
株式取引所条例　116
株式リスク・プレミアム　128-9, 340
株仲間　16, 87
株主　9-10, 29, 39, 161-3, 168-71, 174, 177, 182-3, 185-6, 188-9, 341-2
株主資本比率　169-70, 172
株主総会　160-2, 175, 182, 186, 188, 341-2
株主利益　12, 39, 160-1, 168, 182, 184-5, 188
釜石　311-3, 316
釜石製鐵所　42, 311-2, 316-7, 323-4, 327, 330-1
　——技能者養成所　314, 325-6
　——技能者養成所（1939-1946 年）修了ダミー（dct）　323
　——教習所　314, 325-6
　——教習所（1946-1969 年）修了ダミー（dc）　323
　——勤続年数　293-5, 303, 305, 308, 317, 320-1, 323-5
　——勤続年数（ten）　317, 320-3
　——研修修了ダミー　323, 325
　——雇用経験年数（pem）　323
　——実質日給（rw）　317, 327
　——職種ダミー　323
　——職種ダミー（jbs）　317
　——身長（hgt）　323, 326
　——青年学校　314, 325-6
　——青年学校（1935-1948 年）修了ダミー（sy）　323
　——青年訓練所　314, 325-6
　——青年訓練所（1927-1935 年）修了ダミー（dcy）　323
　——戦後教育世代ダミー（psw）　327, 330, 323
　——前職同一産業ダミー（ibs）　317, 323
　——前職同一職種ダミー（jbs）　317, 323
　——2 カ年入職年次ダミー　317, 321-2, 327
　——入職前経験収益の減少　331
　——入職前雇用経験年数（pem）　317
　——入職前経験の収益　327
　——入職前雇用経験年数（pem）　323, 326
　——入職前労働市場経験年数（pre）　42, 317, 323, 326-7, 347

――扶養子女の数（noc） 323
――労働市場経験年数（exp） 305, 317, 323
鎌倉幕府 14, 24, 87, 335
空米切手停止令 49
カルテル 12, 14-6
寛永通宝 15, 17, 79, 85
官営八幡製鐵所 311
関係的な取引 113
監査役 213
監視機能 180, 182-3, 193-4
関税自主権 87
間接管理 33, 234, 252, 254, 343-5, 349
間接雇用 33-4, 225, 277, 284, 301, 342, 344
間接雇用組織 218, 220, 227, 230, 232, 282, 285, 294
幹線鉄道網 129, 144
完備契約 9, 12
器械糸 136, 139-42, 146-53, 155-7, 341
機会主義 9, 27, 39, 207
器械製糸家 136-8, 142, 144, 151-7
機械夫 239, 266
企業組織 2, 12, 14, 32-3, 38-40, 194, 197, 303, 308, 334, 336-7, 349-50
企業統治 29, 39, 160-2, 164, 172
企業特殊, ―性, ―的な熟練 33, 41, 285, 290, 306, 308-9, 319
企業特殊的な人的資本 34-35, 303, 305, 307-10, 316, 319, 325, 345, 348
企業と市場の代替性 39
企業内養成熟練 41, 288-9, 294, 298
企業の境界 11, 38-9
企業文化 32, 194-5, 201, 278
期待倒産費用 168
逆選択 3, 5, 30, 113, 219, 222-3, 225, 227-30, 255, 299, 350
九州鉄道会社 163
教義論的解釈 106
業務特殊性 309
業務特殊的な人的資本（技能） 309, 316-7
共有信念 259-60, 278
居留地 134, 136, 144
切羽 225, 260-3, 268, 270, 286, 300
切端 262-3, 265, 270-1
切羽運搬機 225
ギルド 12
銀行借入率 170, 172
勤怠表 220, 232, 243, 254
近代立憲主義的 105
金本位制 37, 81, 108-10, 125, 145, 147-8, 339

銀本位制 125, 145, 147
公癖稲制 17
区裁判所 26
組 41, 227-8, 252, 254-5, 343
――のリーダー 228-9, 239, 251-2, 254-5, 257, 343, 349
組頭 83
グレンジャー因果性 138, 146, 148, 151-2
経営者所有比率 170, 172
継続的な取引関係 7, 10-1, 36, 77, 113
契約後 2-3, 6, 13, 30, 33, 113, 223-4, 303
契約後における情報の非対称性 5, 223, 229
契約書 10, 13, 21, 220, 233, 235
契約前における情報の非対称性 5, 223
契約前 2, 30, 33, 113, 303
下司 18
原案通過率 180, 182-3, 188-9
憲政党 104, 107
検地帳 21, 23, 50, 66, 78, 83
公共財投資 80, 339
鉱業主 221, 224-5, 255, 299
鉱業条例 220, 232-3, 350
公債市場 37
控訴院 26
公定歩合 123, 125
鉱夫名簿 220, 232-3
公領 17-8
コール・カッター 225, 260, 286
コール・ピック 225
国民経済 16, 38, 90, 108, 339
国民総支出 107, 317
国民通貨 1, 17, 35, 79, 85, 339
国立銀行条例 27, 89-90, 116
小作経営 58, 73
小作契約 5, 23, 36-7, 50-1, 57, 64, 70, 74, 337
小作人 50-1, 56-8, 64, 66, 73, 76
個人特殊的な人的資本 33
戸籍 25, 29
固定資産比率 169, 172
コブ＝ダグラス型 266, 322-3
コブ＝ダグラス型労働投入関数 259
米会所 16, 115
米切手 15-6, 36-7, 48-50, 73-4, 76, 79, 87, 115, 338
米切手先物市場 16
米切手市場 36
米商会所条例 115
雇用契約 5, 11-3, 29-31, 219-20, 224-5, 230, 233, 237, 244-5, 336, 349

雇用者の学習　307-8, 319-20, 327
墾田永年私財法　17

さ　行

差異　2, 32, 60, 272-3, 289, 336, 341, 348-9
裁可　92-3, 99, 102, 105
裁可権　93, 105
再繰在来糸　140, 148, 151, 153
最高経営責任者　161
財政国家　37, 80, 339
財政国家（fiscal state）　78
財政立憲主義　37
最善解　9
截炭機　286
採炭夫　236, 238-9, 242, 244, 246, 251-2, 256-7, 264-5, 282, 300, 343, 349
採炭夫（MNG）　269
採炭夫＋支柱夫　267
採炭夫＋支柱夫（MNG＋APL）　267-8
採炭夫後山　264
採炭夫先山　264
裁定　2, 21, 38, 49, 83, 336, 338, 340-1, 348
裁定益　32, 336
最適資本構成仮説　168
裁判官　3, 13, 26
裁判所　3-5, 7, 9-10, 26, 29, 89, 114, 134, 350
在来糸　138-40, 142, 144, 148, 156
棹取夫　222, 225, 247, 251, 253, 256-7, 265, 343, 349
棹取夫（ELV）　266-9
鑿岩機　225, 264, 286, 289
　　インガーソルランド（Ingersoll Rand）社製——　289
　　ジーメンス（Siemens）社製——　289
　　デンバー（Denver）社製——　289
作職　18-9, 21-2
作手　19
作人　18-9
揚糸　136, 141-2, 156
雑務沙汰　19
産業革命　29, 40, 114, 116
産業特殊性、——的、——的熟練、——的な人的資本　33, 41-2, 285, 303, 305, 307, 309, 316-7, 348
残柱　262, 270, 279
残柱式（採炭法）　33, 41, 220, 223, 225, 231, 252, 256, 259-63, 269-71, 279-85, 299-300, 344
残柱式長壁法　261
残余　19, 23, 31, 82, 317, 319-20
残余（利益）請求権　9-10, 15, 19-22, 29, 37, 50, 82, 160
残余制御権　9-10, 12, 21-2, 31, 82, 160
残余利益　11-2, 19, 31, 336-7
仕上担任　197
地方知行制　78, 84
時価簿価比率　170-2
職の体系　18
職補任状　19
事業所特殊的　34, 288-9
仕操（繰）　221, 252, 282-3, 343
仕操（繰）夫　237-9, 242, 244-6, 251-2, 256-7, 265
事後における情報の非対称　30
市場と代替的な資源配分の仕組み　31
市場年数（pre）　326
地所質入書入規則　26, 73
次善解　14, 32-3, 222, 228, 259, 275, 284, 299, 301
事前の情報の非対称　30
支柱夫　265-6
支柱法　270, 300
七里糸　140, 148
私的情報　161, 307
地主経営　52, 57, 70, 73-6
地主小作契約　51, 58, 66, 68
支配人　175-6, 178-9, 192, 206
司法　4, 14-5, 18, 26, 35, 48, 69-70, 73-4, 77, 337-9, 350
司法権の独立　26
司法制度　1, 3, 9, 13, 24, 26, 28-9, 35-7, 48, 50, 89, 109-10, 113-4, 333-4, 341
司法部　26
資本主義社会　12, 29
社外取締役　162, 183-6, 188-9
社長　163, 172, 176-7, 179, 182, 185-6, 192
社内取締役　162, 172, 178, 183-5
上海市場　136
就学収益の増加　327, 331
就学年数　42, 308, 316, 323, 327, 330
就学年数（S）　317, 323, 326
就学の収益　42, 327, 330
「就社」社会　42
終身雇用　310, 337, 345
「修繕」作業の「見合貸」　251
自由党　96, 104, 107
自由な市場経済　3, 15, 29
自由民権運動　37, 81, 92, 109-10
宗門改帳　25
自由労働（市場）　13, 25
主権国家体制　37, 80, 87

主任　278
荘園　14, 17-20, 22, 46
荘園公領制　18
荘園制　14, 82
荘園領主　14, 18, 46-7
商業手形割引歩合　119, 121, 123, 125, 127
昇降機　222, 225, 247, 249, 251, 257, 343, 349
「承認」と「監視」　189
「承認」と「監視」の機関　160, 163
商標　140
商法改正　186
情報行動　208
情報の非対称，一性，一度　2-5, 9, 11, 32-3, 39, 85, 113, 163, 168, 176, 178-9, 183, 185, 188-9, 201, 209, 219, 222, 224, 255, 271, 284, 299, 303, 306
情報優位　5, 34, 40, 198, 216, 219, 222, 229, 299-300, 311, 343-4
情報劣位　5, 299
情報レント　33-4, 222, 224, 228, 230, 232, 254-5, 275, 343-4
職工　195, 198-9, 201, 203, 205-6, 213, 266, 286
所有権　9-10, 12, 14, 17, 21-3, 27-8, 37, 67-9, 78-80, 82-3, 88-9, 161, 338
人事係　283-5
新制度派経済学　310
人的資本　33-5, 40-1, 227-8, 236, 243, 252, 254-7, 260, 282, 286, 288, 290, 297, 300-1, 308-9, 311, 317, 319, 321-4, 326-7, 330-1
信念の体系（belief system）　8-9, 12, 32, 40-2, 194, 201, 259-60, 271, 300, 334, 344
水平的なネットワーク　41, 250, 257, 289, 343, 349
枢密院　93
枢密院書記官　93, 105
住友忠隈炭鉱　285
住友忠隈　289
成長通貨　79, 339
政党内閣制　104, 106, 108, 339
西南戦争　81, 89
青年学校令　326
青年訓練所令　326
世代効果　304, 309, 316
積極主義　107-8
節税効果　168
摂津紡績　169
世話方　272
世話方制度　276-7, 282, 291, 294
世話役制度　230, 272, 343
先議権　96-7

戦国大名　14, 47-8, 78, 83
前職　244-5, 249-50, 253, 317, 323
前職年数　323
漸次立憲政体移行の詔勅　89, 92
全体ゲーム　7
選炭夫　265-6
専門経営者　162-3, 172, 180, 182-3, 188-9
総払式長壁法　261
喞筒方　222, 266
損害賠償責任　186

た　行

第一銀行　174, 176, 178-9, 188
代官　21, 23, 47, 68-9, 83, 338
大工　192, 265-6
太閤検地　21, 27-8, 82-3
第三者執行　10, 14, 35, 113, 132, 134
大正デモクラシー　104, 106
大審院　26, 89
大成会　97-9
大頭領　280
大日本帝国憲法　26, 37, 81, 92-6, 98, 100-6, 108-10, 339
　——第4条　106
　——第33条　97, 103, 105
　——第62条　92
　——第64条　92, 102, 104
　——第66条　104
　——第67条　92-7, 101-2, 104, 106
　——第67条費目　93-101, 105
　——第67条費目予算　102
　——第71条　92, 102, 105-6
　——第73条　96
大宝律令　17
玉尾家　36, 51-4, 56, 58-62, 64-77, 338
単位根　118-9, 138, 319
炭柱　260-2, 270, 344
担保品付手形再割引　117-8, 120-1, 123, 125, 127, 129, 340
担保品付手形再割引経路　129
担保品付手形再割引高　119-22, 125
担保品付手形割引　125-7
担保品付手形割引高　123, 127
治外法権　144
地券　26
地租　81, 88-90, 109
地租改正　24, 26, 37, 50, 88-9
地租改正条例　81, 88
地租改正反対一揆　88

地租増徴 107
秩父事件 24, 90
知的熟練 230, 260, 299, 301, 344
地方生糸商人 153-4
地方債市場 79, 110
地方裁判所 26
注意箱 199, 205-9, 214, 216
中間管理職 40, 190-9, 201, 204-5, 207-9, 212-6
中途採用市場 42, 305, 307, 330-1, 337, 346-8
柱房式採炭法 261
超過利潤 11, 14, 32, 38, 127, 137-8, 141-2, 148, 150, 152, 154-5, 157-8, 191, 201, 215-6, 289, 336, 341
超過利潤（rent） 289
長期勤続 30, 41, 196, 260, 288-9, 291-2, 294-6, 298, 344, 349
長期雇用 34-5, 238, 256, 294, 297-8, 301, 303, 306-8, 310, 324, 337
長期的な関係 3, 23, 114, 334, 338
長期的な取引関係 3-4, 89, 113
逃散 25
朝廷 17-9, 22
長壁式 223, 225-6, 259, 261-3, 268, 270-1, 278-80, 282-4, 296, 300-1, 344
長壁式採炭法 41, 264
長壁法 41, 270, 279
直接雇用 33-4, 41, 218-20, 222, 224-6, 228-30, 232-3, 238-9, 252, 254-7, 271-2, 276-8, 284-5, 290, 292, 294, 299, 301, 342-4, 350
直接雇用組織 218-20, 222, 227, 275-6, 281-4
土一揆 23-4
鶴嘴 220, 231, 256
定型業務 32, 39-40, 191, 195, 198-9, 201, 205, 208-9, 211-2, 344
（帝国）議会 26, 37, 80-1, 92-106
　――確定議 94-100, 102
　――貴族院 80, 94-9, 103-5
　――議定権 105
　――衆議院 80-1, 92-108, 339
帝国憲法体制 81, 106
帝国効果 157
定常 118-9
定免制 83
手子 265
手継証文 19, 21
手作 52, 54-6, 58, 74, 76, 220, 222-5, 229, 251, 255-6, 285, 288, 299
鉄鋼合理化 312
鉄道局 144

電工 266
伝統的な熟練 219-20, 222-3, 225, 229, 237, 239, 250, 252-8, 260, 262-3, 282, 285-6, 289, 300-1, 342
天皇大権 92, 101-2, 104-5
田畑永代売買禁止令 23
転炉 311
東海製鐵所 312, 314
東京株式取引所 29, 81, 90, 114, 116, 118-9, 123, 125, 127-9
東京綿商社 191
倒産コスト 168-70, 172
堂島米会所 36-7, 49, 109, 338
同職者集団 12
東洋紡績株式会社 180
棟梁（頭領）制 219, 221
徳政一揆 24
徳政令 14, 18, 23-4
得分 18
匿名的な財取引 16
匿名的な取引 1, 3, 13-6, 29, 35-6, 113, 144, 333, 339
土地売買譲渡ニ付地券渡方規則 26
友子 251
豊臣政権 15, 25, 82
豊臣秀吉政権 21, 80, 82
取締役 39, 191, 212-3
取締役会 39, 341-2
取締役の損害賠償責任 186
取引の統治 5, 14, 18, 36, 338
奴隷制 13
トレード・オフ仮説 168

な 行

内部昇進 34-5, 162, 172, 303-4, 306
内部労働「市場」 308
内部労働市場 34-5, 40-3, 230, 299, 301, 303-11, 316-7, 321, 331-2, 345-9
名請 23
名請人 21-3, 50
長い近代化 14, 335-6
仲間 5, 16, 48, 61-2, 64
ナッシュ均衡 4, 5, 7, 333
名主 82-3
納屋 30, 34, 40-1, 218, 220, 223, 227-8, 231, 233-4, 236-7, 242-6, 252, 254-7, 271-4, 276, 282, 285, 288, 301, 343, 349
　――直轄納屋 34, 41, 220, 228, 231, 254-7, 343
納屋頭 30, 33-4, 40-1, 219-30, 232, 234, 240, 242-

4, 249-52, 254-7, 259, 270, 272-5, 277, 279-82, 284-5, 299-300, 342-4
納屋制度　219-22, 224, 226-8, 230-1, 255, 259, 272, 274-8, 280-2, 284-5, 294-5, 298-9, 301
名寄帳　66
二重構造　227-9, 254-5, 305, 346
仁正寺藩　52, 54, 57, 59-60, 65, 68-70, 74
仁正寺藩代官　65, 68
日米修好通商条約　87
日米和親条約　87
日本勧業銀行　176
日本銀行　29, 37-8, 90, 109, 115, 117-9, 121-5, 127-9, 340
日本銀行条例　117
日本銀行統計月報　118
日本製鐵株式会社　311-2
「日本的」雇用関係　42, 347
「日本的な」企業統治　162-3, 188
「日本的な」経営　189
日本鉄道会社　116, 144
「入職口」（ports of entry）　250, 304-5, 314, 327, 331-2
入職年次効果　317, 321
ニューヨーク市場　135-7, 139, 146-52, 154-5, 157, 341
ニューヨーク市場器械糸　136
人別改帳　25
年季奉公制　13
年貢　15, 18-22, 24, 26, 46-7, 78-80, 82-3, 85, 338-9
年毛　20, 22-3
年毛請求権　21-3, 25
年毛担保金融　22-4
年功慰労金　260, 288-9, 295-9, 301
年功序列賃金　295

は　行

廃戸主制度　27-8
排水ポンプ　222, 225, 299
博多　212
博多支店　209, 211
幕藩領主権力　48
幕府　14-8, 21, 23-7, 37, 47, 49, 52, 61, 78-85, 87-8, 90, 109-10, 132, 333, 337-9
　　──司法　16, 21, 26, 36-7, 74, 76, 79
　　──法廷　14-5, 19, 22-3, 87-8
柱引　261
はた売　61-2
パネル単位根検定　118, 319

藩債　49
藩札　17, 79, 87
飯場　218, 274
飯場頭　274-5
飯場制度　275
引き上げ機械　266
引取商　144
非占有担保　26, 73, 76
非対称性　222, 227
非対称な雇用者の学習　309, 316
非匿名的な取引統治　16
人宿　25
百姓職　19, 22
百姓代　83
標準化　4, 13, 30, 36, 132-3, 303, 312, 336-7, 345
評定所　21, 83
品質差益　140
富士製鐵株式会社　312
藤棚坑　230-1
富士（瓦斯）紡績　169
物権　13, 19, 21, 23-4
補任　18
部分ゲーム　7
部分ゲーム完全均衡　7-8, 10
部分的直接雇用　228, 255, 257
不輸田　17
不輸免田　17
文化　7, 9, 12, 54, 57, 70, 73, 271-2, 278, 284, 300
ベイジアン均衡　7-10, 12, 259, 271, 300
ベイジアンゲーム　271
平炉　311
ペッキング・オーダー仮説　168
封建的連邦国家　87
封建的連邦制　87
法実証主義　105-6
封国国家（domain state）　78
法の支配　16, 36-7, 77, 338
保険機能　237, 309
保証品付手形再割引　129
戊辰戦争　87
本所（本家）　18-24, 47, 285
本洞炭鉱　230-1, 236
本百姓　10, 17, 21-5, 27, 50-1, 78-9, 83, 88, 337

ま　行

捲揚機　222, 225, 266, 299
捲方　266
町奉行（所）　15-6, 25, 61, 74, 79, 87
松方デフレ　24

三重紡績　169, 179
三重紡績会社　178
見越米　62
三井越後屋　16
三井銀行　191-2
三井鉱山株式会社　231, 311
三井田川炭鉱　254, 260, 272, 283, 286-7, 289-95, 298
三井物産　196
三井三池炭鉱　289, 291
三井山野炭鉱　290
三菱飯塚炭鉱　289
三菱新入炭鉱　272, 289, 293-5
三菱鮎田炭鉱　290
名主　18
名主職　18-9, 21-2, 46
Mincer（1974）型の賃金関数　322
無限回繰り返しゲーム　7
村請制　20-1, 27, 82-3
村役所　21, 23, 78, 82-3, 88-9, 337-8
室町幕府　14, 19, 22, 24
明治赤池炭鉱　272, 294-7
明治維新　1, 24, 26-7, 29, 33, 35, 37, 80, 87, 109, 115, 311, 338-9
明治鉱業　276, 295-7
明治炭鉱　269, 276, 280, 289, 295
明治天皇　106
メイン・バンク　188
免田　17
元方　221
物忌み　333
物の怪　333
モラル・ハザード　3, 5, 30, 35, 39, 113, 169, 193, 199, 207, 219, 222-4, 227-30, 255, 299

や　行

約束手形再割引高　119, 122
八幡製鐵株式会社　312

山元　221
養蚕業の再編　142, 155, 157-8
養蚕農家　38, 138, 142, 147, 150-1, 153, 156-8, 341
横浜　28, 90, 134-5, 137, 140, 144-5, 147, 152, 341
横浜市場　28, 38, 135-8, 141-2, 146-58
横浜市場器械糸　146
横浜正金銀行　90
予算議定権　96, 98, 100-1, 104
予算行政主義　95
予算先議権　104, 106
予算法律主義　95
万相場日記　59-60, 70-1, 73-4

ら・わ　行

楽市楽座政策　15-6
楽市令　14
ラディカル派経済学　310
ランダム・ウォーク　119, 319
リーダー　227-8, 255, 343
リスク回避, ―的, ―度　6-7, 20, 64, 300, 309
リスク中立的　6
リスク・プレミアム　6, 18, 20, 113-4, 147-8, 174
立憲自由党　100, 102
立憲主義　91-2, 105
立憲政友会　104, 107
立憲体制　81
立証可能　3, 10
立証可能性　13, 114
領家　18-9, 22
領事裁判権　28, 87, 134, 144
領主米市場　47-8, 70, 74, 76
リヨン市場　136, 139
労働市場経験年数　42, 346-7
　――の収益　331
労務係　283-5
ロンドン金融市場　80-1
割引歩合　121, 123
割増賃金　35, 224

《執筆者紹介》（執筆順，＊は編者）

＊中林 真幸（執筆担当：序章，第 2～4 章，第 9 章，終章）
　　東京大学社会科学研究所准教授
　　著　書　『近代資本主義の組織』（東京大学出版会，2003 年）他

高槻 泰郎（執筆担当：第 1 章）
　　神戸大学経済経営研究所准教授
　　著　書　『近世米市場の形成と展開』（名古屋大学出版会，2012 年）他

結城 武延（執筆担当：第 5～6 章）
　　秀明大学総合経営学部助教
　　論　文　「企業統治における株主総会の役割」（『経営史学』第 46 巻第 3 号，2011 年）他

森本 真世（執筆担当：第 7～8 章）
　　㈱ LIXIL
　　論　文　"Technological progress and transformation of work organization: Modernization of Japanese coal mining from the 1900s to the 1930s," ISS Discussion Paper Series, F-149, Institute of Social Science, The University of Tokyo, 2009 他

日本経済の長い近代化 ── 統治と市場，そして組織 1600-1970

2013 年 2 月 28 日　初版第 1 刷発行

定価はカバーに表示しています

編　者　中　林　真　幸

発行者　石　井　三　記

発行所　一般財団法人　名古屋大学出版会
〒464-0814　名古屋市千種区不老町 1 名古屋大学構内
電話 (052) 781-5027/FAX (052) 781-0697

Ⓒ Masaki NAKABAYASHI et al., 2013　　　Printed in Japan
印刷・製本 ㈱クイックス　　ISBN978-4-8158-0725-2
乱丁・落丁はお取替えいたします。

Ⓡ〈日本複製権センター委託出版物〉
本書の全部または一部を無断で複写複製（コピー）することは，著作権法上での例外を除き，禁じられています．本書からの複写を希望される場合は，必ず事前に日本複製権センター (03-3401-2382) にご連絡ください．

高槻泰郎著
近世米市場の形成と展開
―幕府司法と堂島米会所の発展―
A5・410頁
本体6,000円

谷本雅之著
日本における在来的経済発展と織物業
―市場形成と家族経済―
A5・492頁
本体6,500円

中西　聡著
海の富豪の資本主義
―北前船と日本の産業化―
A5・526頁
本体7,600円

中村尚史著
地方からの産業革命
―日本における企業勃興の原動力―
A5・400頁
本体5,600円

籠谷直人著
アジア国際通商秩序と近代日本
A5・520頁
本体6,500円

石井寛治著
帝国主義日本の対外戦略
A5・336頁
本体5,600円

山本有造著
「大東亜共栄圏」経済史研究
A5・306頁
本体5,500円

沢井　実著
近代日本の研究開発体制
A5・622頁
本体8,400円

菅山真次著
「就社」社会の誕生
―ホワイトカラーからブルーカラーへ―
A5・530頁
本体7,400円

鈴木恒夫／小早川洋一／和田一夫著
企業家ネットワークの形成と展開
―データベースからみた近代日本の地域経済―
菊・448頁
本体6,600円